大学校长与中国近代大学本土化研究

吴立保 著

中国社会科学出版社

图书在版编目（CIP）数据

大学校长与中国近代大学本土化研究/吴立保著. —北京：
中国社会科学出版社，2010.6
ISBN 978-7-5004-8758-6

Ⅰ.①大… Ⅱ.①吴… Ⅲ.①高等学校—教育史—研究—
中国—近代 Ⅳ.①G649.29

中国版本图书馆 CIP 数据核字（2010）第 090617 号

责任编辑　刘志兵
责任校对　韩天炜
封面设计　毛国宣
技术编辑　李　建

出版发行　中国社会科学出版社
社　　址　北京鼓楼西大街甲 158 号　　　邮　编　100720
电　　话　010—84029450(邮购)
网　　址　http://www.csspw.cn
经　　销　新华书店
印　　刷　北京君升印刷有限公司　　装　订　广增装订厂
版　　次　2010 年 6 月第 1 版　　　印　次　2010 年 6 月第 1 次印刷
开　　本　880×1230　1/32
印　　张　13.5　　　　　　　　　　插　页　2
字　　数　337 千字
定　　价　35.00 元

# 序

"西邦一千年，中土三十载"，中国近代大学用三十多年时间走过西方大学近千年的道路，这种比喻是说明中国传统高等教育转型成近代大学时期的重要性。高等教育和教育史领域的众多学者对此开展了大量的研究，也积累了丰富的研究成果。在国内学者的研究中，较多采用现代化研究范式，即用现代化理论来阐释中国近代大学的发展，认为是后发外生型发展的类型特征，是通过借鉴西方大学的发展模式走向现代化的，移植西方大学模式是中国近代大学发展的基本路径。也有的研究认为，中国有悠久的高等教育思想和传统，有着独特的高等教育哲学，有着支撑中国传统高等教育发展的大学之道，这些内容也是中国近代大学发展的重要资源，因而从这个意义上来说，中国近代大学的形成与发展并非完全模仿与移植西方大学，其中也蕴含着本土因子。吴立保的博士论文，采用本土化的范式研究中国近代大学的发展历程，探寻中国近代大学发展中具有主体性的本土因素，并选择从对中国近代大学发展具有重要影响的因素——校长的视角开展研究，研究思路新颖，具有重要的现实意义和一定的理论价值。

作者通过大量的文献综述和理性辨析，从哲学的本体论、认识论和方法论三个层面剖析本土化的内涵，克服传统的二元对立观，以连续性认知模式为基点，将传统与现代、本土与世界视为一个连续的发展体，本土化的存在是与全球化的存在紧密相连的。这样，在本体论上将本土化视作一种客观的存在和事物自我演进与发展的状态，本土化可以理解为在本地原有文化的基础上通过吸收新鲜养分及自我调整以完成文化的自身进化的过程，是一种"内部取向"的自我演进，使本土性、民族性与时代发展同步。在方法论上，本土化是通过借鉴与吸收的方式使外来因素和本土因素在既定的历史条件下融合，实现事物发展的现代性转换，是全球视野与本土情怀的结合。本土化具有消减、转化、厘清，乃至超越纯粹移植模仿"他者"的偏误，它可以从主体性的身份来理性辨别外来因素的影响，实现本土与外来的对话与沟通，在消解外来文化强势话语权的同时，实现自身的重构和发展。作者认为，中国近代大学的本土化，是指在近代中国社会转型中，通过移植、借鉴、吸收外国大学制度和大学精神，立足于对本国高等教育传统的批判与继承并融合西方大学发展经验所形成的具有中华民族特色的大学发展过程。

作者将中国近代大学按照办学性质和办学经费来源两个维度分成四种类型，每一类型选取一所典型大学作案例研究，以个案研究法先后研究了蔡元培与北京大学、张伯苓与南开大学、梅贻琦与清华大学、陈垣与辅仁大学等不同的本土化模式。在个案研究过程中，以大学内部发展取向为重点，从大学内部管理制度、教学以及师生生活等方面的变革入手，剖析大学校长在办学实践中所采取的本土化措施，归结每所大学发展所体现出的特有的精神气质，并从本土化的本体论和方法论上两个方面概括每所大学的特征，在本体论上，概括出北京大学的"蓄道"、南开大学的"持道"、清华大学的"卫道"和辅仁大学的"归道"的本土化特征。最后，总结了中国近代大学本土化的五点理性认识，体现了作者的独到见解，它对我国现代大学本土化和国际性之间的关系的处理有着积极的指导意义和学术参考价值。

　　近代大学的发展是我国大学发展史中具有里程碑意义的阶段，其历史意义可以从多角度来解读，我们欢迎和祝贺吴立保博士论文的出版，就是因其给我们提供了一个有益的研究视角。当然大学校长对其发展的影响也是多方面的，与此同时，那时的大学也是造就著名大学校长的舞台，两者之间的互动关系有待吴立保博士今后深入挖掘第一手的资料，开展进一步的研究，我们期待有新的研究成果。在全球化发展日益加速的今天，全球与本土之间的张力构成时代发展的主题，如果本书的出版能引起更多的读者、学者的关注，并深入探索如何正确处理两者之间的关系，那么对我国大学发展具有更重要的现实意义。

谢安邦

2009 年 8 月 29 日

# 目　录

# 第一章

# 导　论

## 第一节　研究背景与选题意义

### 一　问题的提出

在遥远的古代，处于彼此隔绝、互不往来的人群孤立状态决定了人类文明的特殊性与差异性。人类延续发展到现在，是一个漫长的历史与文化的变迁过程。不同民族文化之间的对话在文化的实践发展中至关重要，"很可能及时导向两种相互沟通的传统的一方或两方的信奉者们对他们自己迄今为止已经确立的规范与标准作出一种内在的批判，以便使一方或双方将对方的理智与实践的文化规范方面和文化评价方面采纳到自己的理智和实践的文化规范和评价之中"①。由此推动人类文明的不断发展进步，但无论如何，各种古代文明间的差异也是相当大的。我们感到，各种文化都有它自己的特殊性②。雅斯贝尔斯认为，在公元前 8 世纪至公元前 2 世纪的这一广阔时间区段

---

① ［美］麦金太尔：《谁之正义？何种合理性？》，万俊人等译，当代中国出版社 1996 年版，序言。

② ［德］雅斯贝尔斯：《历史的起源与目标》，魏楚雄译，华夏出版社 1989年版，第 60 页。

里，不少各自独立发展的人类文化共同体先后经历了从原初文明向确立了稳固的基本精神方向的成熟转进的过程，从而形成了"轴心文明"，东西方两极分化的人类精神基础在西方、印度和中国这三个彼此独立的地区产生了[①]。"轴心文明"开启了各文明后来的发展方向，从而形成了不同的文化模式。轴心文明大都经历了一个漫长的历史进程，在逐渐展示其完整的理论内涵空间，充分体现出理论成就的同时亦将自身的困限暴露无遗。尽管如此，各轴心文明在今天并未彻底消亡，而是各自不同程度地保持了对于当代社会与人生的影响力。轴心时代孕育形成了人类反思与超越的力量，由此成为直至近代一直推动人类文明不断发展的精神动力。"人类一直靠轴心时代所产生的思考和创造的一切而生存，每一次新的飞跃都回顾这一时期，并被它重新燃起火焰。自那以后，情况就是这样。轴心期潜力的苏醒和对轴心期潜力的回忆或曰复兴，总是提供了精神动力。"[②] 人类文明的发展并没有完全消除原初文化的特质，即使在全球化浪潮席卷一切的今天，文化的多样性与差异性仍然存在，将会出现一个在全球意识观照下的文化多元发展的新景观。新儒家学者杜维明提出了"新轴心时代"概念，他认为世界的人们正处在一个新轴心时代。新轴心时代的特点是各种不同的文化聚合在一起，此类"聚合的文化"成了新时代的"天下之公器"，为世界所共有。两千多年前"轴心时代"的精神传统在交流、沟通、激荡中相互吸收而充分成熟，但这也只是文化的"聚合"，而非文化的"同一"，不同文化传统

---

① ［德］雅斯贝尔斯：《历史的起源与目标》，魏楚雄译，华夏出版社1989年版，第31页。

② 同上书，第55页。

基因的存在仍然是新轴心时代文化创新的根源，也就意味着文化全球化的趋势不可能掩饰文化的本土特性，多样性和同样性的并存，是新时期文化发展的最重要特征。现代世界无论有多新，总是扎根于过去，过去是我们赖以生长的土壤。

任何一种文化都是扎根于本民族的土壤之中，由此逐渐形成本土文化所特有的内涵和质的规定性，形成与其他国家或地区相区别的文化特点与发展脉络。"每一种文化都以原始的力量从它的土生土壤中勃兴起来，都在它的整个生活期中坚实地和那土生土壤联系着；每一种文化都把自己的影像印在它的材料即它的人类身上，每一种文化各有自己的观念、自己的情欲、自己的身份、愿望和感情，自己的死亡。"① 露丝·本尼迪克也认为，"每一文化之内，总有一些特别的，没有必要为其他类型社会分享的目的"②。因此，每一种民族文化对于所属民族来说都具有它的历史合理性和不可替代性。15 世纪以后的世界，人类文明随着地理大发现和科技的迅猛发展，全球正在变成一个唯一的"地方"，科技的进步把世界上一个个真实的地方联结成了一个无所不在的网络，这种"时空压缩"所造成的虚幻，使人似乎真的无法感觉到历史时空的存在，无法触摸历史脉搏的律动，于是福山发出了"历史终结"的感叹！"行为活动的世界性扩散、洲际关系的扩张、社会生活全球范围的组织，以及共有的全球意识的增长"③，这是对全球

① ［德］奥斯瓦尔德·斯宾格勒：《西方的没落》上册，齐世荣等译，商务印书馆1963 年版，第20 页。

② ［美］露丝·本尼迪克：《文化模式》，何锡章等译，华夏出版社1987 年版，第36 页。

③ ［美］乔治·里茨尔：《虚无的全球化》，王云桥译，上海译文出版社2006 年版，第99 页。

化最为经典的描述，全球化浪潮带来了文化的交融与互通，但同时也在比照互动中彰显了文化的差异性质，引发更多不同民族国家强烈的文化怀乡情结。

从各种迹象显示，我们已迈进一个新的轴心时代。西化和现代化理论所预设的以启蒙精神为主的欧美文明被奉为人类进步和发展的典范已受到质疑，取而代之的绝非如福山的"历史终结"论所期望的"冷战"后美国一枝独秀的景象，也未必即是亨廷顿"文明冲突"论所显示的地缘政治。因为福山和亨廷顿都未摆脱西方（特别是美国）霸权的窠臼。杜维明先生认为："在新轴心时代之中，现代化可以拥有不同的文化形式，因为，轴心时代的精神传统包括西方之外的印度教、伊斯兰教、佛教、道家和儒家，所孕育的认同意识会与日俱增。只有通过对话才能为全球社群开辟一条和平共存、同舟共济的康庄大道。"①

21世纪，人类生活在日益世界化、一体化的社会之中，同时，在精神层面上又有日益追求归乡与故园的趋向。"无论我们自己多么现代化，无论我们的世界多么全球化，我们都不能不记住我们自己来何处。只要我们记住了自我认同的文化根源所在，就不会忘记我们的历史，不会漠视我们各自的异质性和差异性。差异并不排除同一，异质并不意味着丰富多彩，意味着个性创造和自由竞争，意味着真正健全的人类现代化和全球化有着丰富多样的文化资源。"② 因此，人类文明的发展需要我们在全球化与本土化之间保持应有的张力。我们必须仔细思考的新课题是：全球一体化的趋势正激烈加深根源意识并

①　[美]杜维明：《新轴心时代文明对话及儒学的精神资源》，吴光主编《中华文化研究集刊·当代新儒学探索》，上海古籍出版社2003年版，第28页。
②　万俊人：《全球化心态中"现代心态"与"文化乡愁"》，《科学中国人》2002年第1期。

导致本土化的积极回应。种种根源意识，浓郁的"原初联邦"，如族群、性别、语言、地域、阶级、年龄和信仰，不仅在第三世界引起伤身的"政治认同"，在高度工业化的现代国家也发挥了巨大的影响①。全球多样性文化的共存与繁荣，离不开本土文化的发展。正如先进的民族文化不可能是纯而又纯的本土文化一样，新的先进的世界文化不可能是某一种纯而又纯的民族文化，而只能是多种文化的融合互补。著名的人类学家弗郎兹·博厄斯在《种族的纯洁》一文中指出："人类的历史证明，一个社会集团，其文化的进步取决于它是否有机会吸取邻近社会集团的经验。一个社会集团所获得的种种发现可以传给其他社会集团；彼此之间的交流越多样化，互相学习的机会也就越多。"②E. 萨义德认为："每一文化的发展和维护都需要一种与其相异质并且与其竞争的另一个自我的存在。"③ 在他者与自我的转换中才能激发创新的动力。由此可见，本土化不是全球化的对立面，而是一个与全球化相伴生的概念，两者相互依存，全球化发展进入高潮时，也是本土化诉求愈发激烈之时，因此，本土化是本土意识的不断觉醒的过程，它不仅仅是一个事实上正在发生着的过程，同时也是在特定条件下思考问题的一种方式。

　　大学从起源来看，是全球化的产物，它与政治、经济和文化有着天然的联系。在"稀疏全球化"（戴维·赫尔德语）时代，大学由国际化，走向民族国家化，在"密集全球化"时代，再次走向全球化。在保留传统大学基本精神的前提下，现

---

　　① ［美］杜维明：《新轴心时代文明对话及儒学的精神资源》，吴光主编《中华文化研究集刊·当代新儒学探索》，上海古籍出版社 2003 年版，第 23 页。

　　② ［美］斯塔夫里阿诺斯：《全球通史》，吴象婴等译，上海社会科学院出版社 1999 年版，第 57 页。

　　③ ［美］E. 萨义德：《东方学》，王宇根译，三联书店 1999 年版，第 426 页。

代大学与传统大学大相径庭，呈现出纷繁多姿的形态，所有这一切都是大学在国际化和全球化的过程中，传统的大学精神融入本土文化诉求不断创新的结果。如德国的大学在继承中世纪大学教学功能的同时，将科研融入大学之中，形成德国大学的模式。而美国的大学在移植德国模式的同时，融入美国人的服务意识，从而形成教学、科研和社会服务的美国大学模式。这些模式既是全球化，也是本土化发展的结果。如今，大学已从中世纪后期寂寞的"象牙之塔"，演变为五光十色的"城市"，大学由社会的边缘走向社会的中心，成为社会的轴心机构。大学的全球化趋势比其他任何社会机构都越来越彻底，大学理念、大学职能的每一次突破都能够很快地在全球传播。这对第三世界国家的大学发展无疑产生了促进作用，但同时我们也会看到，第三世界国家的大学离它们自己的传统越来越远，当新的大学理念源源不断地输入，在知识精英的大力鼓吹下获得强势话语的时候，外来话语体系取得合法性的后果之一是引起传统与现代的断裂，第三世界的大学对西方大学的依附性也就随之加强，就出现了阿特巴赫所指称的学术知识生产的"世界体系"，边缘和中心泾渭分明，第三世界大学成为知识的消费者而沦入全球化的陷阱之中。因此，在全球化时代，我们不得不思考大学的民族性和本土性的问题。就中国大学来说，现代意义上的大学不过百年，也可以说是西方大学在中国的移植，但诚如张君劢所言："曾不思世之可以移植者制度而已条文而已名词而已，其不可移植者为民族心理。"① 他清楚地指出中国教育的根本问题，不是模仿，而是创造与适应。因而从一开

---

① 张君劢：《民族复兴之学术基础》，中国人民大学出版社 2006 年版，第13 页。

始，中国大学就具有本土化情怀和使命，通过自身的本土化实现救亡图存的社会目的。涂又光先生用一种更加生动和更加深刻的表达方式提出了这一命题：中国所办的大学应该办成"在"中国的大学（a university in China），还是中国"底"大学（a university of China）①？"中国的"大学，从性质上说，首先应该是在文化、思想和学术上独立自主的大学，而不是西方大学的附庸藩篱或学舌之鹦鹉；其次应该是坚守并体现中华民族文化特征的大学——这是中国的大学区别于他国大学的本质特征。从功能上说，中国的大学应该是能够为中华民族的兴旺发达和中国社会的进步与发展提供教育支撑的大学。如今面对全球化的浪潮，所要解决的问题就是如何使"在中国的大学"变为"中国式的大学"，套用康德的话来说，就是"中国式的大学"何以可能？

## 二 研究的意义

（一）以史为镜：中国近代大学本土化成就的现实意义

从严格意义上讲，中国近代大学的产生是西学东渐的结果，因此，相对于西方近代大学的内源性发展而言，"移植性"是中国近代大学的首要特性②。但是，正如英国教育家阿什比所说："大学保存、传播和丰富了人类的文化，它像动物和植物一样地向前进化。所以任何类型的大学都是遗传与环境的产物。"③曾任哈佛大学校长的查尔斯·艾略特也说："一所

---

① 涂又光：《文明本土化与大学》，《高等教育研究》1998 第 6 期。

② 方增泉：《近代中国大学（1898—1937）与社会现代化》，北京师范大学出版社 2006 年版，前言第 1 页。

③ 阿什比：《科技发达时代的大学教育》，滕大春、滕大生译，人民教育出版社 1987 年版，第 20 页。

名副其实的大学，必须是发源于本土的种子，而不能在枝繁叶茂、发育成熟之际，从英格兰或德国移植而来……美国的大学在成立之初就决不是外国体制的翻版。"① 移植于西方的近代大学要与近代中国的国情相适应，要经历一个与本国、本民族文化相互接触、交融而实现本土化的过程。这一过程首先是19世纪末和20世纪上半世纪。从教育制度的发展逻辑来看，中国高等教育制度是通过学习外国先进的制度和经验，建立一个适合中国国情的本土化的教育体系。在此过程中，在清末是通过移植日本模式来实现的。中华民国时期的高等教育制度实现了两个重要的转变：一是从日本模式到美国模式的转变，二是从以引进外国教育制度为主到与中国实际相结合而建立有自己特点的教育制度的转变。在19世纪末20世纪初西方近代大学越来越走向民族化的大趋势下，中国的近代大学也很快从起初更多的"移植性"迅速地向"本土化"方向发展。北京大学、清华大学、南开大学和东南大学等一批具有代表性的大学的产生与发展，包括辅仁大学等教会大学在内，至20世纪二三十年代，通过本土化努力，近代中国大学制度基本形成，多元化的近代大学体系基本建立。至抗日战争期间，以西南联大为典型代表，大学的发展形成弘扬了中华民族精神，体现了中华民族在特殊历史时期的文化精神选择，透过西南联大，可以看到中国大学人对大学精神的坚持与坚守。如果说20世纪二三十年代是中国近代大学发展的"黄金期"的话，西南联大所体现出的民族精神则是一座巍巍的丰碑。

近代中国大学既是中西文化交流、融合的历史产物，也是文化传播的载体。文化的交流与融合是近代中国大学产生和发

---

① 刘玉良编：《大学的精神》，中国友谊出版公司2004年版，第357页。

展的滋养的沃土。自19世纪以来，中西文化的碰撞经历了从借助西学走出经学时代，再到对西方文化的肯定走向极端而颠覆以儒学为代表的传统，最终走向中西文化的融会贯通。钱穆认为："中国人当前遇到了两个问题，第一是如何赶快学到欧美西方文化的富强力量，好把自己国家和民族的地位支撑住。第二是如何学到了欧美西方文化的富强力量，而不把自己传统文化以安足为终极理想农业文化之精神所斲丧或戕伐了。换言之，即是如何再吸收融合西方文化而使中国传统文化更光大与更充实。若第一个问题不解决，中国的国家民族将根本不存在。若第二个问题不解决，则中国国家民族虽得存在，而中国传统文化则仍将失其存在。"[1] 这种观点，代表了文化交流与演进的过程，也代表了当时文化主体的价值选择。19世纪末至20世纪上半世纪，是近代中国向现代社会转型的过程，中西文化从碰撞时期的"文化震惊"逐渐走向文化交融，国人也在全面反思中西文化、酝酿新的文化。中西文化交流与融合的基石是对中国既有传统文化的继承与发展，是通过文化主体的积极选择，形成"文化自觉"来实现的。中国近代大学的发展正是通过对"传统性"的继承而走向"现代性"。从这个意义上说，"现代"或"现代性"不是一个绝对的词，它是相对于"传统"而言的，是由"传统"走向"现代"的一个过程。正如金耀基先生所说："没有一个社会是绝对现代的、世俗的、工业的或契约取向的；也没有一个社会是绝对神圣的、民俗的、农业的或身份取向的。这种二分法的分类只有在建构'模型'（model）时，有便于分析之用，在现实的世界里并不

---

[1]　钱穆：《中国文化史导论》，三联书店上海分店1988年版，第162页。

能找到绝对的'传统社会'，也找不到绝对的'现代社会'。"① 在中国，形成具有西方意义上的"现代"大学历史较短，但并不意味着中国缺乏高等教育的思想，传统高等教育思想的延续和变革成为中国近代大学发展"现代性"的重要资源。季羡林认为："北大实际上是中国历史上从东汉起一直到清朝的大学或国子监的继承者，又是中国现代教育的开拓者。"② 梁启超等人也持同样的观点。由此推算中国大学应是历史悠久，中国近代大学发展是在中国文化和中国本土高等教育思想发展的基础上，通过与西方文化，特别是大学文化、大学精神的交流，融合中西，走本土化的路径实现的。中国大学发展的价值取向也与文化交流的价值取向耦合，会通中西成为中国近代大学本土化的重要价值选择。

　　21 世纪的大学是文化多元价值并存的时代，在全球化的浪潮中，民族文化面临着更多样化的挑战，文化融合与文化霸权共生，机会与挑战并存。如何使中国大学摆脱依附的边缘地位，自觉担负起振兴民族文化的使命，对大学乃至社会的发展起更大的作用？除了从发达国家借鉴经验之外，我们还要把目光投向过去，投向我国大学自身的发展历史中，中国近代大学的本土化发展有着自己鲜明的特色，并取得自己的成功经验。德国哲学家雅斯贝尔斯曾这样提醒人们："在历史这面镜子中我们看到了当下的狭窄性，并找到了衡量事物的标准。没有历史，我们将失去精神的空气，如果我们掩饰历史，那么在我们不知道何原因的情况下，我们将遭到历史出其不意的袭击。"③

---

① 金耀基：《从传统到现代》，中国人民大学出版社 1999 年版，第 127 页。
② 吕林：《北京大学》，湖南教育出版社 1989 年版，序言。
③ ［德］雅斯贝尔斯：《什么是教育》，邹进译，三联书店 1991 年版，第 136 页。

以史为镜，在一定程度上切中时弊，对现代大学的发展更具有实际的借鉴意义。

（二）话语主权：全球化境遇中构建大学本土知识体系的理论意义

知识的保存与生产是现代大学的逻辑起点，产生于中世纪的西方大学，在不断的演变过程中，逐渐将科学理性奉为圭臬，大学的知识生产不仅使大学的权威性在提高，同时也使科学理性的地位推至无以复加的地步，以科学的方法来证明科学是正确的、可能的、进步的和完全有效的知识，在实证主义哲学引导下，科学被认为是价值无涉的，因而具有放诸四海而皆准的普遍价值，这就从理论上为大学的全球化奠定了基础。知识的客观性和"价值无涉"使大学因价值普世而誉满全球。但由于非西方国家主要是通过移植与模仿才发展起现代大学的，从大学制度到课程体系，都是引进和模仿西方大学的范本，有些是直接引用西方的课程内容，于是在知识生产的"世界体系"中西方处于中心地位，非西方国家处于知识消费的边缘地位。处于中心地位的自然就掌握了话语主权，当这种主权被有意识地用于维护他们自身利益时，知识的生产和传播就产生话语霸权。这一方面造成了处于边缘地位的本土知识被现代科学所压制和"吞噬"，本土知识因是特别的、局部的、地区性的知识被贴上"非科学"的标签，从而威胁到本土生活方式中的各个层面，其中最主要的是文化传统、历史悠久的生活方式和自我表现等方面的再生能力，这些知识正是他们的文化传统和个性得以保留和传承的根源。另一方面，戴维·赫尔德认为，与以往的"稀疏全球化"不同的是，当代全球化日益显示出"密集全球化"的特征。在制度化和组织化方面不断巩固，逐渐具有"密集"全球流动和交往网络的标志性特征①。在"密集全球化"时代，非西方的大学经过几代人的努力和发展，在知识生产领域，由于多种因素的共同作用，第三世界的大学越来越成为西方大学劣质的、歪曲的翻版。没有哪个国家真正努力去满足学者的需求，或是去更新那些在当地根深蒂固的教育传统和学术传统。② 当这种现象得以继续时，就会产生"温水煮蛙"效应，非西方大学已自觉地接受西方大学的范式，甘愿处于知识生产的边缘地位，从外在殖民走向自我殖民，大学的民族性和文化使命就会丧失殆尽，大学的发展也就踏入了全球化的陷阱之中。

非西方大学要跳出全球化的陷阱，就必须有话语自主权的意识。随着人们对科学认识的加深，开始逐渐摆脱对科学的盲目崇拜，因为当科学本身成为研究对象时，科学自身的合法性就受到了质疑，如库恩和费伊拉本德（Feyerbend）就得出这样的结论：科学决策的制定从根本上来讲是政治的和宣传方面的事情，此间，优势、权力、年龄和辩论都对相互抗争的理论和理论家之间的斗争结果起着确定性作用③。甚至有人提出科学理论既非正确的，也非可能，既不是进步的知识，也不是完全有效的知识④。福柯通过对知识秩序、知识稳定性、知识权威、知识调节性权力的研究，证明知识与权力存在着诸多的关系，从而使知识和权力相互合法化，这样，在跨国度的普遍性知识秩序中就存在"等级制"，在等级下层的知识就是"受压

---

① ［美］戴维·赫尔德：《全球大变革——全球化时代的政治、经济与文化》，社会科学文献出版社 2001 年版，第 598 页。

② ［加］许美德、潘乃容：《东西方文化交流与高等教育》，南京师范大学出版社 2003 年版，第 42 页。

③ Larry Laudan, *Progress and its Problems: Towards a Theory of Scientific Growth*, Berkeley: University of California Press, 1970, pp. 2 - 4.

④ Ibid., p. 6.

制的知识"，"受压制的知识"大都是与人民生活密切相关的本土性知识，恢复本土性知识的过程福柯称其为"受压制的知识的反抗"，它是通过"局部的批判"而达到的知识回归[①]。大学应担当起这种使命，因而，大学的本土化发展不仅是实践层面的要求，更是理论的需要，发挥自身知识创新的职能，去创造崭新的知识模式，从而获得话语自主权，才能赢得对话的权利，也只有通过平等的对话与交流，才能得到相互的阐释与理解，大学才得到真正的发展。大学本土化发展的理论意义也存在此中，它不仅提供了阐释自身的独特范式，也是"他者"理解"自我"的话语体系，而不是将"自我"看作是"他者"的注脚。

## 第二节　国内外研究现状与述评

### 一　国内外研究现状

有关中国近代大学发展的研究文献十分丰富，既有原始资料的累积，也有从不同的理论视角或学科方法对其进行的研究，其中大学校长与大学发展关系更是研究的重点之一，与本研究相关的国内外研究主要有以下几个方面。

#### （一）大学校长与大学发展

在国外的文献中，主要采用定量分析与定性分析相结合的方法，包括对大学校长影响力的研究、大学校长的类型变迁的研究、大学校长职责权限的研究等方面。国外也有学者对中国近代大学校长做专门的个案研究，其中加拿大学者许美德对复

---

① Michel Foucault, *Power/Knowledge*, New York: Pantheon Books, 1980, p. 82.

旦大学校长马相伯和李登辉展开的深入研究，深刻剖析他们的办学理念对复旦大学发展的影响，特别从文化的视角审视复旦大学对西方大学学术传统的继承与创新，为本研究提供了有价值的示范。

国内对中国近现代大学校长研究的文献越来越多。首先是教育史和高等教育史类著作对近代大学校长的研究。教育史或教育通史类的著作及教材中部分涉及近代大学校长的介绍，主要偏向于大学校长高等教育的思想主张和办学业绩。高等教育史类的著作均用了较大的篇幅对近代大学校长的教育活动与高教思想的介绍和评析，其局限性在于过分集中在对几位著名大学校长的介绍，对早期的著名大学校长及教会大学的校长介绍不足。其次是人物传记类著作。如《中国教育家传略》、《中国近代教育家传》、《中国教育大系·历代教育名人志》，等等，其中涉及中国近代大学校长的生平与教育活动，有助于我们了解他们作为大学校长的身份掌管学校的状况。再次是关于中国近代大学校长的专题研究。智效民在《八位大学校长》一书中展现20世纪上半叶，蒋梦麟、胡适、梅贻琦、张伯苓、竺可桢、罗家伦、任鸿隽、胡先骕八位著名大学校长的教育理念和丰富实践。这八位校长有七位留学美国，张伯苓早年虽未留美，但同样深受欧美教育思想的影响，曾获哥伦比亚大学荣誉博士学位。他们花大力气将西方科学精神和教育理念引入中国，对北大、清华、南开、浙大、中央大学等著名高等学府的建设，对现代中国高等教育与学术体制的缔造，作出了卓越的贡献，积累了宝贵的经验。由章开沅教授和余子侠教授共同组织主编的十卷本《中国著名大学校长书系》，选择北京大学校长蔡元培、清华大学校长梅贻琦、南开大学校长张伯苓、浙江大学校长竺可桢、南洋大学校长唐文治、东南大学校长郭秉文、复旦公学校长马相伯、金陵大学校长陈裕光、辅仁大学校长陈垣、金陵女子大学校长吴贻芳进行个案研究，展现了十位著名大学校长的办学理念与治校方略，更为可贵的是该丛书将以往被忽视的教会大学的校长涵盖在著名大学校长之列。周川教授与黄旭教授主编的《百年之功——中国近代大学校长的教育家精神》收录了50位中国近代大学校长，通过传记式的介绍，让我们认识了中国近代大学校长庞大群体对中国近代大学发展的贡献。吴梓明等著的《基督教大学华人校长研究》，实际选择了十位基督教大学中杰出的华人校长进行研究，这十位校长分别是：沪江大学校长刘湛恩、华中大学校长韦卓民、震旦大学校长马相伯、辅仁大学校长陈垣、金陵大学校长陈裕光、华西协合大学校长张凌高、金陵女子大学校长吴贻芳、华南女子文理学院校长王世静、燕京大学校长吴雷川和燕京大学校长陆志韦。作者对这十位大学校长的教育理念的形成及其实践教育理念的情况进行了分析和介绍，在肯定他们成绩和贡献的基础之上，也揭示了基督教大学中华人校长办学治校的艰辛和他们坚韧奉献的品质。该书的导言部分，从近代教会大学发展的整体视角，对教会大学校长面临的共同问题和特征进行了抽象概括。① 黄延复所著《清华的校长们》一书，以清华发展历史为线索，纵向地考察分析了1949年前清华的15位校长，系统地展现出大学校长对一所大学历史变迁的贡献。程斯辉的博士论文《中国近代大学校长研究》选取中国近代大学校长群体，在个案研究、定量研究、分类研究和比较研究的基础上进行归纳分析和定性分析，总结他们治校办学的成功经验，反

---

① 程斯辉：《中国近代大学校长研究》，博士论文，华中师范大学，2007年，第11页。

思他们的失败教训，揭示他们治校办学的规律，把握近代大学校长群体的共性特征，宏观与微观相结合，比较系统地研究了中国近代大学校长的群体特征与治校理念。论文选取近代大学校长群体中优秀的著名人物：北京大学的蔡元培、蒋梦麟、胡适，清华大学的梅贻琦，武汉大学的王世杰、王星拱、周鲠生，浙江大学的竺可桢，南开大学的张伯苓，复旦大学的李登辉，厦门大学的林文庆，金陵大学的陈裕光，辅仁大学的陈垣，金陵女子大学的吴贻芳，对他们的办学思想与治校方略进行了深入的个案研究。韩延明在《中国近代大学名校长大学理念探要》（见潘懋元主编《中国高等教育百年》）一文中，对严复、蔡元培、张伯苓、梅贻琦、竺可桢等著名校长的教育理念进行了集中的梳理。王建华在《大学校长与中国近代大学》（见潘懋元主编《中国高等教育百年》）一文中，总括了中国近代大学校长对大学自治与学术自由的理解，并分析了近代大学校长的素养，在此基础上总结了大学校长对中国近代大学发展的经验。最后，专门的论文研究。有的作者从教育史学的角度，选取校长的某一特质来论述对大学发展的影响，有的作者选取某一大学校长的治校理念与办学实践开展案例研究，也有作者从群体的角度研究中国近代大学校长的整体特征与办学理念，从而丰富了大学校长与大学发展关系的研究。

（二）本土化与大学本土化

本土化与全球化之间存在着一种张力，构成了相互依存的关系，但是，对本土化的理解却是建立在对全球化的反思之上。美国人伊曼纽尔·沃勒斯坦（Immanuel Wallerstein）从事的"现代资本主义世界体系研究"，其世界体系理论被称为全球化理论的经典。但沃勒斯坦在其代表作《现代世界体系》

中指出，一个世界体系已伴随着几个世纪以来的国际关系的变化而出现，需要一种包含政治、经济因素的结构分析模式，即通过"世界体系分析"来认识现代世界。他认为只有把世界政治置于全球资本主义结构的框架之中才能使其实质和内容得以揭示。他通过"中心—半边缘—边缘"模式分析了世界各个区域的政治、经济和社会的发展，尤其关心边缘区即第三世界的欠发展情况，指出第三世界国家发展有多种本土化发展途径，而非仅仅是资本主义道路这一条路径。在20世纪50年代以后，西方发达国家相继进入所谓的后现代社会，后现代理论开始解构现代性的合理性，对全球化的发展理论进行批判与反思。美国著名的社会批评家和哲学家乔姆斯基（N. Chomsky）就尖锐地指出，当今出现的"全球秩序"实质上是由"新自由主义"的理念支配的"全球资本主义秩序"，亦称"华盛顿共识"，指的是以市场为导向的一系列理论，它们由美国政府及其控制的国际经济组织所制定，并由它们通过各种方式实施，其基本原则简单地说就是贸易经济自由化、市场定价（使价格合理）、消除通货膨胀（宏观经济稳定）和私有化①。乔姆斯基所要提醒人们的是：所谓的全球化，实际上是一个以美国为首的西方国家的"经济陷阱"和"政治陷阱"。德国的马丁和舒曼则进一步将"全球化陷阱"描述为"经济陷阱"、"政治陷阱"和"文化陷阱"，是人们在期待全球化奇迹的同时必须谨慎提防的②。这些理论观点从全球化的视角展示本土化的发展的必要性。

---

① ［美］乔姆斯基：《新自由主义和全球新秩序》，徐海铭译，江苏人民出版社2001年版，第3—4页。

② ［德］马丁、舒曼：《全球化陷阱——对民族和福利的进攻》，张世鹏译，中央编译出版社1998年版，第128页。

依附理论发展于 20 世纪 60 年代初期至 70 年代中期的拉丁美洲，从第三世界的角度对全球化理论进行批判。尽管依附学派内部在很多问题上存在着激烈的争论，但是在其核心观点上，他们是完全一致的，即国际资本主义势力建立起来的全球劳动分工是形成第三世界国家历史进程的主导力量，第三世界今天发展的困难，根源于第一世界所追求的增长方式，第三世界的不发达是第一世界发达的恶果。依附理论经历了霍布森、普雷维什、弗兰克与阿明等人的古典依附理论，属于依附的悲观观点，到卡多索等人依附性发展（dependent development）的演化过程，其最新发展在于承认第三世界的多样性，而不是像先前那样仅仅宣称一个国家是依附性的或者不是依附性的。即承认第三世界的多样性和某些地方因素在长期发展进程中对该地区的重要作用。它既表明了这些地区不断增长的民族主义意识形态，同时也反映出本土因素在决定南方国家变化过程中的重要性，成为其依附性消失的重要力量。

在依附理论的影响下，20 世纪 70 年代以来，第三世界国家逐渐认识到，长期以来人们所信奉的西方发展模式中存在严重的种族中心主义，西方发展理论在一定程度上是对第三世界意识形态和学术的侵略，它扭曲了人们对第三世界的认识，对第三世界造成不利的影响。如今第三世界的发展条件不同，所处的国际环境不同，因而需要重新认识传统制度的作用，并在此基础上，要求实行非西方化的、非种族中心主义的、本土主义的发展模式。这种要求代表着对很多原有的社会科学理论，尤其是关于发展的社会科学的普遍理论的严峻的、根本性的挑战。同时也催生第三世界本土化理论的发端，其中主要包括：（1）印度的发展理论；（2）伊斯兰世界的发展理论；（3）非洲的发展理论；（4）拉丁美洲的发展理论。① 这些理论提醒我们现在需要认真地对待非西方地区和它们独特的制度了，需要在它们自身的历史延续和传统中，而不是按照有偏见的西方社会科学的标准去认识它们了。我们需要重新反思西方社会科学中所有的发展理论。学者们不应该继续认为第三世界本土的制度都是失调的和注定要灭亡的，而应该认识到它们是可行的和有效的，是现代化进程中的过滤器，是传统和现代之间的过渡因素，是把全球化和本土化、民族化和国际化相协调的必要手段。

　　在教育领域，借助依附理论对教育本土化的关注，巴西学者保罗·弗莱雷的《被压迫者教育学》一书，站在第三世界的立场，为被压迫的民族和人民呼唤平等和正义，是对处于社会不利处境的人们悲天悯人的关注，是平等和尊重地对待每一个人的生命呼唤与勇气奉献，无论是主题还是思考问题的方法，都具有本土意义。阿特巴赫利用依附理论来研究第三世界大学发展的问题。他认为世界各国的大学都有着共同的源泉——中世纪的大学。在此基础上，他借用了沃勒斯坦世界体系的方法，认为知识的生产与传播是网络性的，在这网络中也同样存在着"中心—半边缘—边缘"，因而大学的发展也沿着这条路线发展，由于在知识生产中处于边缘地位，发展中国家的大学也处于不利的地位。由于信息社会的到来，第三世界的大学也处于不断发展之中，但大学绝不是一成不变的，发展趋势是越来越本土化，这是第三世界国家借鉴别国教育制度时必须有的思考方式。也就是说我们应"理解"（understanding）西方教育理论，而不是简单地"阐释"（explanation），将西方

---

　　① 　程同顺：《当代比较政治学理论》，南开大学出版社 2001 年版，第 150—158 页。

理论应用到第三世界国家。①

许美德则超越依附论的方法，主张从东西文化交流的视角来研究大学的本土化。1992 年，在多伦多召开了一次国际学术会议——"东西方大学与文化"，来自中国、印度、阿拉伯等文明古国的学者和来自欧洲、北美的学者进行了对话，共同探讨了历史源远流长的古文明对科学和社会知识的贡献以及对现代高等教育的影响。德国政治学和比较教育学家汉斯·韦勒（Hans N. Weller）教授在对世界知识转换和变革的政治动力综述的基础上，提出本土知识、性别的认知感及民主制度下的知识多元化，正在打破国际上高等教育在传授和创造知识及其政治权力的传统模式（《知识、政治和高等教育的未来：对发生在全世界范围内的转变所作的评论性考察》）。伊朗的马吉德·拉尼马（Majid Rahnema）抨击了自然科学的"规范专制"。他认为这种专制造成了对本土知识和基于本土性质的持续发展的抑制。他希望大学能从专一体系的知识理论创造中解放出来，重视褒扬真实扎根的本土知识（《科学、大学和受到抑制的知识：第三世界的观点》）。加拿大的弗纳·J. 柯可尼斯（Verna Kirkness）和雷·巴恩哈特（Ray Barnhardt）的研究表明，北美的大学如何在本质上，从知识结构的组织到大学校园的氛围都不利于土著民族子弟接受高等教育。人们自然设想少数民族学生进入大学就应适应主流文化，而忽视主流文化如何吸取本土民族文化中的精神智慧以及双向交流而丰富主流文化的需要（《印第安民族与高等教育：尊重、适切、互惠、责任》）。非洲的著名学者阿里·A. 麦树理指出，虽然北非有

---

① ［加］许美德、潘乃容：《东西方文化交流与高等教育》，南京师范大学出版社 2003 年版，第 9 页。

世界上最古老的大学，但历史却未能把当代非洲大学从全球的边缘地位中拯救出来。他一针见血地指出，现代欧洲中心和后殖民的高等院校如何在教育语言、课程教材和研究领域等方面漠视本土和边缘文化，而这些方面则有可能构成非洲大学和外部主流世界平等交流的源泉（《来自文化依存的挑战：一个非洲和穆斯林的视角》）。伊朗的女学者法特米·巴盖里恩（Fetemeh Baghrian）论述了伊朗盲目引进和本国发展完好的基础教育和高等科技教育没有多少关联的西方模式的历史教训。她认为只有承上启下才能使现代教育迎合本国和本土的需要（《伊朗教育中传统文化的保留》）。来自印度的女学者雷奴卡·钠兰（Renuka Narang）通过对农村妇女的非正规高等教育的研究，创造了一个为农村妇女能够参与的从扫盲教育到高等教育的不同于常规的教育体系。这一体系同时让在正规高等学校上学的大学生有机会参与农村教育从而习得农村地区丰富的本土文化，通过这样的实践，孟买大学在印度享有本土教育和世界级学府的双重声誉（《大学校外教育等非正规教育的社会公正对待问题：印度个案研究》）。这两位学者所关注的重点都放在如何继承和发展现代教育之本——扎根母土的本土知识和传统。许美德在《中国学术传统的特点与价值》一文中则认为，经过历史发展考验的中国传统学术遗产的特点应该成为东方知识模式和学术构建的丰富宝藏。她不仅论述了西方大学对近代中国大学的影响，也论及在充满冲突的世纪中得以生存发展的中国现代大学对西方也应有所借鉴，进入 21 世纪，中国高等教育的传统也对世界高等教育的发展起着更加积极的作用。①

--------

① 本段所列论文见许美德、潘乃容《东西方文化交流与高等教育》。

在国内教育学界，20 世纪初就有人针对中国教育的西化倾向，提出保存和复兴传统文化，中国教育要中国化，实质上是提出教育的本土化问题。庄泽宣于 1929 年出版了《如何使新教育中国化》（上海：民智书局），这可以说是最早的关于中国教育本土化的研究专著。我国著名心理学家潘菽于 1939 年发表了《学术中国问题的发端》（《读书月报》1939 年第 1 卷第 3 期），这是最早从知识生产的角度来探讨教育本土化的论文。1929 年，国民党中宣部的提案，认为当时教育有四个弊害，其中之三是"未能以实用科学促进生产之发展，以裕国计民生"，之四是"教育制度与设施缺乏中心主义，只模袭流行之学说，随人流转，不知教育之真义，应为绵延民族之生命"[①]。1931 年，由欧洲学者组成的国联考察团来中国考察，批评中国大学的教学计划"若不参照中国之实际生活，反参照外国大学教学之情况，则民族文化必致堕落。仅有模仿而无独创之研究与思想，则其所产生之后一代人才，亦缺少适当之准备，不能各负其责，以解决中国当前之问题"[②]。这些弊端本身也要求学习外来文化必须有一个本土化的过程。而陶行知则是教育本土化的急先锋，他曾经明确批评那种不顾中国社会实际而一味模仿西方教育制度的做法，将其比做"拉洋车"，认为那是"害国害民的事，万万做不得的"[③]。此外，晏阳初、梁漱溟等一大批中国本土教育家，用实际行动致力于将外来教育思想、教育文化民族化、本土化的探索。在高等教育界，张伯苓明确提出以"土货化"为南开今后发展之根本方针。

---

　①　高奇：《中国高等教育思想史》，人民教育出版社 1992 年版，第 306 页。

　②　金以林：《近代中国大学研究》，中央文献出版社 2000 年版，第 277 页。

　③　项贤明：《比较教育学的文化逻辑》，黑龙江教育出版社 2000 年版，第 222—223 页。

新中国成立以后，教育本土化的问题曾有一段时间被忽视，进入90年代，随着教育国际化探讨的升温，教育的本土化也随之受到重视。鲁洁教授较早提出教育学的本土化问题。她指出："中国教育学要走向世界就必须本土化。中国教育学要着重研究在中国这一特定空间和条件下的教育问题，找出解决这些问题的独特途径，探索中国教育运行的特殊规律，在此基础上形成我们的理论框架、研究方法和知识体系。"① 石中英在其《教育学的文化性格》中对"中国教育学的本土化与国际化的关系"做了专门的论述。他认为中国教育学的本土化与国际化之间并不是对立的关系，而是内在统一的关系：它们互为手段、互为目的，是同一过程的两个方面。要处理好它们之间的关系，就要解决两个重要的问题，即西方教育学的中国化问题和中国教育学传统的现代化问题。项贤明在《比较教育学的文化逻辑》中则对本土化能否最终真正达成彻底的去殖民化提出疑问，从而创造性地提出"本土生长"的概念。在他看来，不可把"本土化"与"本土生长"混为一谈。如果说"本土化"是一个主动吸收西方文化的外铄过程，那么"本土生长"才是发源于本土中内部的文化自我演进过程。"本土化"的思路仍然隐含地表达着西方文化霸权主义逻辑，它在实质上与传统殖民主义时期西方宗主国对殖民地教育的"选择性输出"处在同一条发展线索上，是"选择性输出"的后殖民形态。"本土生长"则是立足于本土上的文化演进过程，它对异域的"借鉴"是一种自主吸收，是一种有益而非妨害的"借鉴"。只有弄清这一点，我们才能去除"本土化"对"本土生长"的遮蔽、取代和抑制，把自外的文化移植和

---

① 鲁洁：《论中国教育学的本土化》，《高等教育研究》1993年第3期。

自内的文化演进区分开来。尽管在全球化的今天，已很难区分出真正的本土性存在，但项贤明所提出的"本土化"有可能蕴涵的话语霸权，提升了我们对"本土化"的认识。李政涛在《论教育研究的中国经验与中国知识》一文中认为，中国教育研究的本土论的问题，归根结底是教育研究的知识论和方法论的问题。教育研究中的"中国研究"，即强调中国人、中国社会、中国文化及中国教育自主性的教育研究，"中国人及其文化传统"成为中国教育经验与教育知识的可能性的基本前提，也是其存在的根基所在。中国经验与中国知识的存在形态，主要包括文本性存在、生命性存在和过程性存在。提出"教育研究的中国经验与中国知识"的命题，其宗旨和意义，一是追寻以"中国人"为基点的教育研究，二是为人类教育学界作出中国人的贡献。当代中国教育知识界对人类教育学界的贡献，体现在基础理论、基本实践以及理论与实践的双向转化、双向构成等方面。

对大学本土化的研究，是与大学的国际化和全球化紧密联系的。在 20 世纪 80 年代至 20 世纪末，国内学者对高等教育的本土化研究主要集中在国际化与本土化的关系方面，强调要正确处理好高等教育的国际化与本土民族化的关系。进入 21 世纪以后，研究者开始从全球化的视角探讨中国高等教育的本土化问题。对大学本土化的研究也是放在全球化与本土化的互动关系中加以研究。探讨了大学教育面临全球化与本土化的双重压力之下，转变教育观念、教育思想，面向世界、面向未来、面向现代化的重任。①

---

① 纪宗安、何万宁：《全球化与本土化互动脉络中的大学教育》，《现代大学教育》2003 年第 3 期。

（三）中国近代大学与中国近代大学的本土化

国外对中国近代大学及其本土化研究主要集中在三个方面。第一，从史学的角度描述20世纪中国高等教育及大学制度的形成。如费正清主编的《剑桥中华民国史》、日本学者大冢丰所著《现代中国高等教育的形成》等专著。第二，站在西方的角度，从比较的视角研究西方大学对中国大学的影响以及中外大学的文化交流。如许美德借用韦伯的"理想类型模式"，研究德国大学模式、美国大学模式、法国大学模式和苏联大学模式对中国近代大学的影响。第三，对中国近代大学作深入的实证研究。如许美德所著《中国大学1895—1995：一个文化冲突的世纪》。她首先对中国大学的百年演变进行宏观考察，从文化学的视角探析中国近代大学在产生之初所受到的西方大学传统的影响，中国近代大学精神由于是在西方大学基本精神中融入了中国传统文化因素，从而使中国大学具有不同于西方大学的独特的大学精神。然后通过对中国大学的个案实证研究，发现中国大学内在的文化冲突。美国学者魏定熙所著《北京大学与中国政治文化：1898—1920》则是对北京大学与中国政治文化关系开展深入个案研究的典范。

国内的研究也主要集中在三个方面。第一，从最早的20世纪二三十年代的民国史、教育史专著到目前的教育史学论著以及专门的高等教育史论著，对中国近代高等教育和大学历史进行考证与解释。早期的代表作有周予同的《中国现代教育史》、舒新城的《中华民国之教育》。这些早期著作作者基本上都是那段历史的见证人，由于去时未远，便于收集第一手历史资料，作者一方面为我们提供了这段历史中中国大学发展的翔实的历史资料，另一方面，作者大多是以反思的视角来解释历史，针对时弊，对这段时期对外国大学的模仿与引进，没有顾及中国国情提出批判与反思。在一定程度上，这是中国学者对中国大学的本土化问题在理论上反思的萌芽阶段。而所有的中国教育史类著作都有专门章节论述近代高等教育或大学制度的形成与发展。到了20世纪80年代，相继出现了许多专门研究中国高等教育史的著作。在诸多著作中，涂又光先生的《中国高等教育史论》围绕中国大学之道，以史论道，立足中国高等教育的传统精神，通过对高等教育历史变迁的分析，得出中国大学之道"在明明德，在亲民，止于至善"，只是在不同历史时期所蕴涵的内容不同，但基本精神却没有改变。霍益萍教授在《近代中国的高等教育》中首次在高等教育史论著中专门列举了中国近代几位著名校长与大学办学的案例研究。《中国高等教育百年》与《中国高等教育百年史论》以百年的历史跨度，用专题的方式论述了中国高等教育的产生与制度变迁。比较系统具体地对中国大学发展历史进行研究的当数曲士培教授的《中国大学教育发展史》，从中国古代大学到近代大学的产生以及现代大学的发展，从更长的历史视野考察了我国大学发展的历史，从中可以看出近代大学的转型中所蕴藏的中国本土大学精神。金以林在《近代中国大学研究（1895—1949）》一书中，系统地考察了从清代大学教育萌芽起到1949年新中国成立前中国近代大学教育产生的社会背景、发展演变过程，并就一些问题作了较深入的探讨和分析，提出了自己的见解。储朝晖在《中国大学精神的历史与省思》中，除了从历史的长视角考察中国大学精神的源流外，并通过对北大、清华等大学的个案研究，总结近代中国大学精神的嬗变并对其进行反思。

　　第二，研究中国近代高等教育和大学的近代化问题。中国近代大学的研究文献中反映最多的是采取普遍主义的研究范式，将西方大学的发展模式作为普遍的样板，非西方国家的大学沿着西方大学的发展轨迹"进化式"发展,从而走向现代化的道路。所以,现代化是这类研究的核心话题。朱国仁所著的《西学东渐与中国高等教育近代化》就是从西学东渐的历史背景中,梳理中国高等教育是如何接受西方影响逐步走向现代化的。王凤玉在《借鉴与创新:中国近现代高等教育的成长历程》一书中,站在我国高等教育发展的立场上,将我国高等教育自身的因素融入现代化的发展之中,为我们看待中国高等教育现代化提供了新的视角。荀渊所著《从传统到现代:近代中国的高等教育》则借鉴美国列文森的"中国中心论"的研究范式,从高等教育制度、思想、课程以及知识分子的作用等方面考察了中国近代高等教育从传统走向现代化的变迁过程。李剑萍在《中国现代教育问题史论:中国教育现代化诸矛盾范畴研究》中,以中国现代教育,即19世纪末20世纪初现代学校教育制度在中国确立以来的中国教育为研究对象,对百余年来中国教育现代化的历史作了回顾与总结。杜成宪、丁钢主编的《20世纪中国教育的现代化研究》,探索了20世纪中国教育现代化的轨迹,力求突破把20世纪的中国教育简单地看成向西方学习的历程等观点,从传统与发展相结合的分析研究中,揭示在20世纪中外文化交织中,中国教育在国际背景下进行本土化、民族化变革,实现教育现代化的基本路向和理论取向,为中国教育的民族化建设及走向世界,提供富有意义的理论与实践思考。

第三,对近代中国大学进行深入的个案研究,剖析西方教育思想对中国大学的影响以及中国大学的"文化自觉"。田玲在《中国高等教育对外交流现象研究:北京大学与清华大学个案分析》一书中,在梳理我国高等教育对外交流历史的基础上,对北大和清华两校对外交流现象作了实证研究,具体分析了两校出国和归国两方面的情况，特别是对于归国学者的贡献作了详细的研究。王立诚所著《美国文化渗透与近代中国教育：沪江大学的历史》，通过对沪江大学历史的个案研究，透视出美国文化通过大学在中国的渗透以及中国大学在维护中国文化方面的自觉行为。苏云峰所著《从清华学堂到清华大学（1911—1929）》以及其续篇《从清华学堂到清华大学（1928—1937）》，用详细的中外史料介绍了成立于 20 世纪初的中国新式学校——清华，在一定程度上反映了中国近代化的过程，但"清华学堂系由美国退款创办，是在中国教育体系之外的、一所新制留美预备学校"，这就使清华学堂的历史使命大大不同于其他的近代性高等学府。特别是其续篇介绍抗战前的八年间，无数青年的梦想，从清华学堂到清华大学，从罗家伦到终身校长梅贻琦。清华大学快速发展成为国内一流大学的情形。清华大学有良好的学校领导人，一流的教学和研究环境，坚强的师资阵容，并有优良的传统和教授治校制度，实施严格的通才教育，这使得清华大学的毕业生在各重要领域均有卓越表现和重大贡献，在近代中国动荡不安、欲振无力的高等教育困境中，是一个难能可贵的样板。张雪蓉所著《美国影响与中国大学变革（1915—1927）：以国立东南大学为研究中心》，考察了 1915 年至 1927 年，几乎与文化运动同时，中国大学教育开始的新的变革探索，直接促成中国大学由日本模式转向美国模式。他们对杜威思想的追捧，使中国大学变革直接在实用主义理论的指导下进行。这一系列的变革使大学体制得以根本的改造，美国式的办学体制，其民主性、社会性的特性在中国大学中得到广泛的体现。但与此同时，我们也看到中国高等教育在追求教育目标上的分歧。引进国外经验与保存本土文化是这一分歧的焦点，东南大学是代表这种变革流向分歧的具有典型意义的中国大学。封海清著《西南联大的文化选择与文化精神》，探讨了面对全球化下西方文化的扩张，中国大学如何坚持民族文化的主体地位，体现中国文化特色。该书通过挖掘西南联大坚持民族文化主体地位的前提下注重中西文化会通，以维系民族文脉，致力于民族文化的传承、转化与创造，保持民族文化创造活力的理念与实践，以及"刚毅坚卓"、"自强不息"的文化精神，揭示了西南联大以民族文化为主体，会通古今中西文化而重建现代中国文化的成功探索，并为回答这一问题提供了一个弥足珍贵的范本，同时还为实现高等教育本土化、实施通识教育、维护大学独立与学术自由等方面提供了丰富而深厚的思想资源。王李金所著的《中国近代大学创立和发展的路径——从山西大学堂到山西大学（1902—1937）的考察》，认为中国近代大学教育是在中国近代特殊社会历史条件下产生的特殊的社会历史文化现象。中国近代大学直接采借西方近代大学教育的模式，又深受中国传统教育的荫泽，是二者相互影响和作用的结果，不能简单看成完全西化的东西。事实上，中国近代大学教育在初创阶段，在努力学习和借鉴西方和日本大学教育的办学经验和教学模式的同时，始终没有脱离中国传统教育的影响，更没有放弃对大学教育中国化的探索，山西大学堂就是典型的例子。

## 二　研究现状述评

每一种研究都是在一定的理论基础之上的，称之为理论假设，或理论预设，这些理论构成了研究范式，成为诠释研究对象的概念框架和工具，不同的理论假设会产生不同的解释结果。从目前对中国近代大学的研究现状来看，其理论预设主要是"现代化论"，理论依据是现代化理论。现代化模式具有下列理想的特征：（1）社会被设想成连贯一致的，其子系统紧密相互依赖的组织化系统。（2）历史的发展被解析为两种社会系统类型：传统状态和现代状态，以确定的方式决定其社会子系统的特征。（3）现代尤其是根据西方社会的社会组织和文化来界定的，这些社会是个人主义、民主、资本主义、科学、世俗和稳定的类型，以特定的方式把劳动从家庭中分离出来。（4）作为一种历史进程，现代化被认为是非革命的渐进变迁。（5）历史向现代性演化，即现代化被认为很有可能成功，因而确保给传统社会提供某些资源以便达到帕森斯（1966）称之为适应性"升级"的一般进程，包括经济向工业化起飞、法治民主化、教育世俗化和科学发展。① 罗荣渠在《现代化新论》中说："从历史的角度来透视，广义而言，现代化作为一个世界性的历史过程，是指人类社会从工业革命以来所经历的一场急剧变革，这一变革以工业化为推动力，导致传统的农业社会向现代工业社会的全球性的大转变过程，它使工业主义渗透到经济、政治、文化、思想各个领域，引起深刻的相应变化；狭义而言，现代化又不是一个自然的社会演变过程，它是落后国家采取高效率的途径（其中包括可利用的传统因素），通过有计划的经济技术改造和学习世界先进，带动广泛的社会改革，以迅速赶上先进工业国和适应现代世界环境发展过程。"② 现代化理论是乐观的社会进化论的产物，有着强烈的普遍主义倾向。普遍主义作为一种思想运动，强调历史的统一性，它试图去建立一套对所有人都通用的、统一的价值

---

① ［美］杰夫瑞·G. 亚历山大：《世纪末社会理论》，张旅平译，上海人民出版社 2003 年版，第 7 页。

② 罗荣渠：《现代化新论》，商务印书馆 2004 年版，第 17 页。

准则，不断深化着关于人类一致性的信仰①，强调文化价值的普世性。它是以西方经验为依据，将人类社会划分为传统与现代两大类，强调这种从西方开始的现代化进程的示范性和可逆性，带有十分明显的历史目的论色彩和西方中心主义色彩。现代化范式的普遍主义特征，使现代化理论成为"一种符号系统，这种系统不仅曾有以理性方式解释世界的功能，而且还曾有以一种提供'意义和动机'的方式诠释世界的作用。它曾作为一种指导人们如何生活的元语言（metalanguage）而发挥功能"②。一旦谁掌握现代化的主动权时，就掌握了话语霸权。"现代化论"对教育的解读基本上都是建立在传统向现代转型的理论假设之上，以西方的现代性为范本，传统教育沿着西方的教育历程向西方的现代性进化，在此过程中，如何处理传统元素的自我现代性问题往往被忽视，教育的民族性被消解，教育价值观落入西方普遍主义价值预设之中，虽然有些"现代化论"者也强调不能完全西化，在现代化的同时应当保持民族文化的特性，但民族文化的特殊性和西方普遍主义价值观之间的对立并没有得到很好的解决。典型的"现代化论"者认为中国近代高等教育是抄袭或模仿国外（主要是西方）的高等教育而来的，与中国传统高等教育没有联系或联系甚微。③中国史专家费正清（John K. Fairbank）提出的著名"冲击—反应"模式（impact-response model）最具有影响力。费正清

---

① 胡卫清：《普遍主义的挑战——近代中国基督教教育研究》，上海人民出版社 2000 年版，第 10 页。

② ［美］杰夫瑞·G. 亚历山大：《世纪末社会理论》，张旅平译，上海人民出版社 2003 年版，第 9 页。

③ 朱国仁：《西学东渐与中国高等教育近代化》，厦门大学出版社 1996 年版，第 7—8 页。

认为中西文明是相互对立的两大体系，反映了社会发展截然不同的两个阶段，形成了尖锐的对立。中华文明是一种有别于开放性海洋文明的内向型大陆文明，它不是扩张性的、商业的、工业的、军事的，而是调和的、折中的、停滞的农业、官僚政治文明。西方文明洋溢着勃勃生机，而古老的东方充满着顽固惰性。传统模式的迟滞和稳固，资源的自给自足使近代中国对西方文明表现出顽强的排斥与抵触，作不出相应的反应，因而阻碍了中国近代化的进程。中华文明缺乏内在动力去突破传统框架，它只能在巨大的冲击下，被迫对西方作出反应。费正清认为，西方是中国近代转型的推动者，是西方规定了中国近代史的全部主题。鸦片战争以后西方的"冲击"急速地改变了中国社会的走向与中国思想主题。"冲击—反应"模式假设西方资本主义社会是一个动态的近代社会，而中国社会则是一个长期处于停滞状态的超稳定的传统社会，缺乏自身发展的内在动力，只有经过外来的冲击，中国传统社会才有可能摆脱最悠久的、绵延不断的历史。中国近代大学的发展也是在西方大学冲击下的应对，在文献综述部分所列举的大量研究成果基本上是在现代化范式下展开的。

　　"现代化论"是在二元论的基础上将社会分为传统与现代两种类型，并赋予一定的价值判断，正如金耀基先生所说："没有一个社会是绝对现代的、世俗的、工业的或契约取向的；也没有一个社会是绝对神圣的、民俗的、农业的或身份取向的。这种二分法的分类只有在建构模型（model）时，有便于分析之用，在现实的世界里并不能找到绝对的'传统社会'，也找不到绝对的'现代社会'。"① 现代化论者受到依附

---

　　① 金耀基：《从传统到现代》，中国人民大学出版社 1999 年版，第 79 页。

理论的强烈挑战，本土性就是其中最为重要的武器。费氏研究模式的统治地位受到柯文（Paul A. Cohen）的批判，他在《在中国发现历史——中国中心观在美国的兴起》一书中重构了研究中国历史的新模式——"中国中心论"。柯文提出了"内部取向"这一全新的概念，他认为，"在复杂的环境中，中国社会内部结构产生的各种巨大的势力不断发生作用，不断为自己开辟前进的道路……中国社会演变的动力来自中国内部"①。"中国中心观"也引起了国内学者的重视，对中国近代大学的研究，逐渐开始关注中国社会的独特性，用中国的话语来解读中国大学的发展，强调中国民族文化的独特价值，虽然没有专门用本土化的范式开展研究，但越来越多的对大学本土性的关注，成为本研究强有力的基础，也孕育着本土化范式的种子。

## 第三节　核心概念的界定

本书涉及的核心概念主要有近代、大学、本土化、中国近代大学本土化及大学校长，分述如下。

### 一　近代

近代与古代和现代构成一个时间连续体，是历史学研究历史所作的长时间分段。就中国来说，一般将1840年鸦片战争以前称为古代，鸦片战争至新中国成立称为近代，此后称为现代。本书所用的"近代"概念与其基本接近，略有不同，从时间跨度来说，主要是指中国近代大学发生到新中国成立之前

---

① ［美］柯文：《在中国发现历史——中国中心观在美国的兴起》，林同奇译，中华书局2003年版，第117页。

的这段大学发展史，具体时间为 1895 年至 1949 年。

## 二　大学

作为高等教育机构的大学是西方社会的产物，已有的相关研究都对大学的概念从词源学、发生学、社会学等方面展开过论述，本书不作赘述。本书所指的大学是根据 1912 年《大学令》中所规定的"大学以文、理二科为主；须符合下列各款之一，方得称为大学：一、文理二科并设者；二、文科兼法、商二科者；三、理科兼医、农、工三科或二科一科者"，以及 1917 年《修正大学令》中规定的实施本科教育的单科也可称大学的规定。前者称为综合性大学，后者称为单科性大学。在中国近代大学诞生之前，存在着教会大学，但由于中国大学制度没有建立，当时清政府对教会大学采取"无庸立案"的政策，因此，此时的教会大学不在本研究之内。但随着中国近代大学制度的建立，教会大学也越来越中国化，并于 20 世纪 20 年代末相继向中国政府立案，此时的教会大学作为中国私立大学的一部分也就成为研究对象。由于中国近代之前的高等教育机构在组织形式上与西方自中世纪以来的大学组织机构不同，在概念上很难做到统一，而研究中国近代大学本土化发展就不可避免地追溯到中国传统高等教育机构及其教育思想，为了行文概念的统一，本书将中国近代以前的高等教育机构称为中国传统大学，因而也就有了中国传统大学精神的说法。

## 三　本土化

从词源学的角度来看，有人认为，"本土化"一词在汉语中是"本土"后面加后缀"化"而形成的。"本土"是本地、本民族、本国的传统的、现实的东西。"化"缀于名词或形容词之后表示转变成某种性质或状态。[①] 因此，从语义上看，"本土化"就是使外来的而非本土原有的某事物发生转变，使之在解释、说明、应用等方面适合本国、本地的情况，形成具有本国、本地特色或特征的事物[②]。对于"本土化"的翻译，有的学者用英文中的"nativization"来翻译，有的则用"indigenization"或"indigenous evolution"来解说。不同的翻译，意味着理解的不同。前一种翻译，是立足于"本土的（native）/外来的（foreign）"和"本土主义（nativism）/殖民主义（colonialism）"这两组对立概念来思考本土化的。本土性和本土主义从广泛而言，指涉一个社会对外来文化或异文化的排斥；狭义而言，指涉落后地区社会对帝国主义殖民侵略的抵抗。[③] 从中我们可以看出两者之间的对立与对抗，与中文的"化"为我有具有相当的语义。英文"indigenization"，可以译为"本国化"、"本地化"和"民族化"。与"indigenization"同一词源的词为"indigenous"。据 *Longman modern English dictionary* 对"indigenous"的解释，为"生长或起源于本地，非从外输入"。因而，"indigenization"的"使本土化"从语意上说，即包含了本地原有某种物质的意蕴。所以，"本土化"是在本地原有文化的基础上通过吸收新鲜养分及自我调整以完成文化的自身进化的过程，是一种"内部取向"的自我演进，使本土性、民族性与时代发展同步。从文化学的角度来说，有

---

① 徐红：《文化哲学视野中的教育本土化刍论》，《现代中小学教育》2007第1期。

② 郑金洲：《教育文化学》，人民教育出版社 2000 年版，第 373 页。

③ 陈昭瑛：《台湾儒学的当代课题：本土性与现代性》，中国社会科学出版社 2001 年版，第 156 页。

的人把本土化理解为外来文化的本地化，有的则认为是"本土生长"，是发源于本土社会内部的文化自我演进过程。

许纪霖教授从学术的视角提出本土化的理解误区：一是实证主义的理路，以为外来的理论只能提供普遍性的法则和意义，而无法真正地面对中国的个案。二是欧陆学派注重本体论的人本主义道路，认为学术本土化首先是一个寻找和确立知识"主体性"的问题，它要求研究者不是盲目地信从已有的知识体系和理论架构，而是以知识社会学的态度分析和洞察所有知识背后潜藏的意识形态。① 这两种理解方式都有其合理的成分，但都存在着一定的误区。前者因强调普遍性而容易沦落为"现代化论"的注脚，以另一种方式踏入普遍主义的陷阱。后者是将本土化视为一个具有特定空间蕴涵之关系性的激活式活动，指向的是一个地区之自主性的追求和肯定，也是主体性的形塑和展现。② 因而，本土化具有浓厚的家园意识和民族与文化情结，成为边陲地区学者宣泄其储存已久，且又过度压抑的集体情绪，从而导致针对后殖民主义等思潮对西方既有学科范式的一概拒斥。因此，对于"本土化"的讨论，时常陷入一个悖论：一方面，"本土化"的计划将所有海外的理论洞见当成一个与自己的洞见相对的整体，在二元对立中寻找自身学术论述的文化认同；另一方面，"本土化"本身又预先设定了一个独立的、完整的民族身份和文化体系的存在，令人觉得所有民族的学术都必然和应该具有它们独立的"民族性"。③ 为了

---

① 许纪霖：《本土化的理解误区》，《香港社会科学学报》1994年第4期。

② 叶启政：《社会理论的本土化构建》，北京大学出版社2006年版，第56页。

③ 王铭铭：《西学"中国化"的历史困境》，广西师范大学出版社2005年版，第2—3页。

克服这种悖论，许纪霖提出，有意识形态的"先见"不一定是意识形态的"文本"，即学理有其自身的客观性，不是作者原先可能的主观意识形态所能左右的。"即使是'他者'的立场也并不必然构成歪曲第三世界的'原罪'。我们没有任何充足的学理上理由可以断定'自我'（self）一定比他者更能理解本民族的历史与文化。"① 东方/西方或中国/西方二元思维模式的虚构性，使二者内部的差异性在这种话语当中被抹杀了，本土化成了一种新的谋求权力的手段。许纪霖将中层理论视为本土化的突破口，指出了本土化和世界化是不同层面上的概念："本土化是本体论层面上的概念，而世界化则是逻辑学层面上的概念，前者指的是在从事学术工作时必须从自身的存在处境出发，对一切书写的或经验的文本进行批判地、创造地诠释。而后者指的是在进行理论思考和书写时必须遵循全球学术界约定俗成的、普遍性的、形式化的逻辑规范和游戏规则。"② 将本土化上升到本体论层面，其前提是认识论上的突破，它摆脱二元对立的思维模式，采用连续性的认知模式，将传统与现代、本土与世界视为一个连续的发展体，其实质是肯定本土化是一种存在，而非仅仅是方法，本土化的存在是与全球化的存在紧密相连的，如果将本土性与全球性看做存在的两极的话，两者之间不是对立的关系，而是你中有我的连续体，因为，增强全球性与全球本地性正在迅速摧毁本地性，一个独立的本土性只能是理论上的存在，本土性——至少从任何纯粹是本地东西的意义上说——正从世界舞台上快速消失。同样的道理，全球化的过程也使全球本地性的成分在不断增多。所

---

① 许纪霖：《本土化的理解误区》，《香港社会科学学报》1994 年第 4 期。
② 同上。

以，从本体论上来看，本土化偏居于"本土性—全球性"序列的这端，而全球化则侧重于另一端。

台湾社会学家叶启政从认识论和方法论的层面来诠释本土化可能内涵的深层意义。他认为，作为一种理性的心智活动，"本土化"乃意图运用本土所累积、形塑之文化认知的历史经验，以摆脱、修饰，或超越西方知识体系几近全盘垄断的状况，并进而树立另一种具独特性的理解和诠释模式，以带动一个具正当性的另类知识体系。其根本意义在于促使整个世界的学术体系更加多元、开放、平等，且更具包容性，进而让人类文明的内容更加丰富。① 作为一种认知模式，本土化是一种具自我反省性的象征、创造、转化活动。它就是一个既破坏又建设，既吸纳、保留又扬弃、批判的过程。② 因而从方法论上，本土化具有消减、转化、厘清，乃至超越那种知识创造移植模仿"他者"的偏误，它可以使源自西方的知识体系中的理论预设，得以借用另外一种文化脉络为基础的身心状态去理解，从而得到知识与文化重构的机会，对解构西方知识体系的霸权意识，具有重要的政治和文化意义。

将本土化上升到本体论层面，是一种哲学的回归，具有"本土化回转"的深层意义，从而超越只是在认识论和方法论上追求"本土性契合"③ 这样一个极具局部性的认知旨趣格

---

① 叶启政：《社会理论的本土化构建》，北京大学出版社 2006 年版，第 57—58 页。

② 同上书，第 70 页。

③ 我国台湾学者杨国枢讨论本土心理学的建立时提出"本土性契合"论，他认为只有当地的研究者以本土化的研究活动与方式来探讨当地民众之心理与行为，从而建立一套本土化的心理学知识，才能达到"本土性契合"的状态或境界，如此之契合才能保证"中国人之本土心理学所强调的，是针对中国人之心理与行为的全貌与真相，从事最真切、最彻底的描述、分析、理解及预测"。参见杨国枢《我们为什么要建立中国人的本土心理学？》，《本土心理学研究》1993 年第 1 期。

局。这样，"本土化"最重要的课题，必须指向于成就一个另类的认知图像（尤指哲学人类学的存有预设命题），用以丰富人类的整体文明①。这就说明，本土化是一个动态的过程，"本土化"是起点，而且永远是起点，更是永远的起点，现在是，未来也是②。"全球化"不仅没有削弱"本土化"的作用，反而提供"本土化"更多的活动空间。通过对本土化本体论的体认，来自非西方世界的"本土化"，也才有参与让整个人类文化史进行"回转"的机会。因为，本土性，至少从历史上看，才恰恰是多样性的真正源泉，而它一旦消失，多样性又会怎样呢？我们强调本土化和本土性，这并不仅仅是在全球化之外的一个允许更多选择的问题，同时，还是一个维持世界上一个至关重要的革新源泉的问题。没有萌发自基层、萌发自本土的思想与革新，这个世界将会是更加停滞不前和极其贫困的。因此，我们在使用本土化的概念时，既强调它所具有的本体性存在的哲学意义，同时，在实践层面也强调方法论上的"本土性契合"。就中国近代大学而言，本体性的大学本土化发展所体现的大学精神应具有文化自觉的历史使命，方法论上，则要求大学人，特别是大学校长要有"本土性契合"的意识和自觉，在"他者"与"自我"的相互转换中认识大学发展的路径，从而使本土化的中国大学具有世界性意义。

### 四　中国近代大学本土化

根据对本土化的理解，我们认为中国近代大学本土化是指在近代中国社会转型中，通过移植、借鉴、吸收外国大学制度

---

① 叶启政：《社会理论的本土化构建》，北京大学出版社 2006 年版，第 88 页。
② 同上书，第 95 页。

和大学精神，立足于对本国高等教育传统的批判与继承并融合西方大学发展经验所形成的具有中华民族特色的大学发展过程。

### 五 大学校长

大学校长在不同的国家有不同叫法，在英文中，美国等国大学校长称"President"，英国及英联邦多用"Chancellor"，法国、德国等欧陆国家则用"Rector"，但其职责基本相似，是大学组织的最高行政长官，对内主持学校，对外代表学校，是具有大学最高行政权力的治校主体①。本研究是从大学校长的视角来分析大学本土化发展的历史经验，因此，大学校长首先是指中国近代大学校长群体，他们的群体特征是分析的重要切入点。但是，群体也是由个体组成的。我们也不能忽略大学校长个体的特殊性，因此，在个案研究中，所用大学校长的概念多指具体的个体的校长，从他们治校方略的独特性中抽象出普遍性，才具有理论意义和价值。

## 第四节 研究视角的确定与研究方法的选择

### 一 研究视角的确定

由于中国近代大学的本土化涉及众多方面的内容，是一个复杂的问题，要使研究进行得深入，必须有一个好的切入点。本书选择大学校长作为切入点，是基于以下几个方面的考虑。第一，本研究坚持马克思主义的辩证唯物主义和历史唯物主义

---

① 眭依凡：《大学校长的教育理念与治校》，人民教育出版社 2006 年版，第 28 页。

的思维方法，在承认人民群众创造历史的同时，也不忽视特定历史时期英雄人物的历史作用。中国近代大学总体上是时代变革和中西交融的产物，从人的因素来看，是当时的人民群众推动大学的发展，其中大学师生和管理者是最直接的推动者，校长也是人民群众中的一员，自然也就参与推动了大学的发展，这一点毋庸置疑。但大学校长因其是最高的管理者，是学校的法定代表，他们的作用也应该高于普通群众，所以他们所起的作用是特定的和特殊的。本研究从校长的角度，用历史解释的方法来诠释大学校长对大学本土化发展的贡献以确证他们在近代大学本土化发展中发挥了积极的作用。第二，从大学发展的内部影响因素来看，制度环境、经费、教师、大学文化和大学校长是最主要的五个因素。其中最为活跃的是大学校长，他与其他几个因素紧密相连，并在很大程度上影响其他因素对大学发展的作用。大学校长与其他几个影响因素有着积极的互动关系。大学校长是大学领导管理的主体，因此，大学校长在一定的环境下对制度的设置、大学教师的管理以及其他管理活动等要素进行整合组织，实施大学改革的具体政策方案。大学校长与制度环境的设置、大学教师的管理等既是一种互动关系，同时也体现出主体与客体的关系，要充分认识大学校长的主体地位和主导作用。大学校长如果能对这些因素有科学的认识和把握，就能充分利用有利因素，克服不利因素，引领大学不断变革和发展。第三，从组织行为学的视角来看，中国近代大学是个新型的社会组织，处于组织创建初期，组织制度、组织结构和组织文化都处于建立和变动之中，在这特殊的时期，组织领导起着关键性的作用。我国著名教育家陶行知认为："校长是一个学校的灵魂，要想评论一个学校，先要评论它的校长。"我国台湾学者苏云峰也认为："校长是一校之主，不管他的权力来源为何，他的人品学识、办学热忱和领导能力是一所学校成败的关键。"① 正如《百年之功——中国近代大学校长的教育家精神》一书的作者们，在谈到他们研究和撰著时的体会时所讲："我们是怀着激动和敬佩的心情完成这本书的……为他们的曲折经历而魂牵梦萦，为他们的艰难与挫折而扼腕兴磋，为他们的奋斗和成功而击节赞叹，为他们的警言妙语而拍案叫绝，更为他们的高尚人格而肃然起敬。当然，这些校长自有历史的局限，也有失误或失败。但是他们在办学方面的嘉言善行以及所取得的成就，证明他们不愧为中国近代高等教育的功臣，不愧为一代师表。"② 因此，以大学校长作为切入点来研究中国近代大学的本土化具有较强的针对性。

## 二　研究方法的选择

对于中国近代大学本土化发展过程的研究，涉及既往的历史，对历史和过去的尊重是世界发展的不竭动力。所以，今天我们所需要的是以平和的心情，客观的态度，在适当的距离之下，研究过去，保存一份具有历史意义的记忆。斯宾诺莎认为我们研究过去时，"不必赞许，不必惋惜，也不责难；但求了解而已"（Smile not, Lament not, nor condemn; but understand）③。因此，本研究不是纯粹的大学历史的记录，大学发展的历史只是文本，要通过独特的方式来解读、阐释和理解。

---

① 苏云蜂：《从清华学堂到清华大学（1911—1929）》，三联书店 2001 年版，第 55 页。

② 周川、黄旭主编：《百年之功——中国近代大学校长的教育家精神》，福建教育出版社 1994 年版，第 537 页。

③ Ernest Cassirer, *The Philosophy of the Enlightenment*, Princeton: Princeton University Press, 1951, p. X.

弗雷德里克·詹姆森说:"历史不是文本,不是叙事,也非名家作品或相反。[然而]由于缺场的缘故,除了以文本形式之外,我们难以接近历史,[而且]我们对于历史和实在本身的趋近必须通过其先前的原文本。"① 现有关于大学的历史文献,一种是关注大学"内部历史"的著作,另一种是关注大学"外部历史"的著作②。我国台湾学者苏云峰特别强调,研究学校教育史,就应该本着教育的观点,把研究之主要范围放在校园以内,也就是说我们所要观察者乃师生间、教师间及学生间,在校园内智德体群诸育的连续互动行为,对学生的直接影响,及其向外的辐射作用。研究的重点应该放在学校教育过程,尤其是教师在课堂内外帮助学生学习成长的各种活动,及其所衍生的问题与解决方法之上。③ 因此,在本研究中,侧重于对大学内部的研究,大学制度、大学精神、大学教学和师生生活成为研究的重点。在研究过程中,以事实为出发点,从历史实践中总结经验。正如涂又光先生所言:"讨论问题,要从实际出发,不要从定义出发。定义是第二性的,一句话,其信息含量怎么也不及第一性的实际丰富,用之不竭。定义,是谁的定义?若是西方的定义,就会用西方'套'中国;若是现代的定义,就会用现代'套'古代。'套',害死人!当然也不要用中国套西方,用古代套现代。总之,讨论什么,就从什么的实际出发。讨论哪一段历史,就从那一段历史的实际出

---

① [美]杰夫瑞·G. 亚历山大:《世纪末社会理论》,张旅平译,上海人民出版社 2003 年版,第 1 页。

② [法]雅克·韦尔热:《中世纪大学》,王晓辉译,上海人民出版社 2007年版,第 1 页。

③ 苏云峰:《从清华学堂到清华大学(1911—1929)》,三联书店 2001 年版,第 4 页。

发。"① 因此，在概念处理上，基本上是从实际情况出发阐释其基本，而非科学的定义。在研究方法的选择上，根据研究需要主要有以下几种。

1. 文献法。文献法主要指收集、鉴别、整理文献，并通过对文献的研究形成对事实的科学认识的方法。文献的收集与分析成为本研究的基本方法。对于文献的应用，笔者十分赞同英国史学家韦基伍德（Wedgewood）的写作方法，他认为要知道历史为什么发生，首先应该知道历史发生了什么以及历史是如何发生的。对过去观察得越久，对未来就看得越远。要知道"what"与"how"，就必须大量收集资料。但是正如美国教育家弗莱克斯纳（A. Flexner）所说的那样："收集信息——即使是确定的信息——不是研究。收集大量的描述性材料——在家政学、社会科学和教育学领域这种做法相对普遍——不是研究。未经分析的和无法分析的资料，不管收集得多么巧妙，都不构成研究。"② 对文献的研究、理解和阐释，而不是文献的论证和原始收集是本研究的侧重点。在文献处理上，遵从掌握第一手资料的原则，而非追求原始资料为目的，因此，本研究所采用的第一手资料既包括部分原始资料，也包括大部分经过整理刊集的原始资料，如校史、校史资料选、文集、日记等。

2. 历史研究法。历史研究法是系统地收集和评价数据，以描述、解释，并由此理解过去某个时间所发生的行为或事件的研究，就是对研究对象的各方面事实作详尽的调查，并对其发生、发展和变化过程作全面的分析，从而在了解对象的历史

---

① 涂又光：《中国高等教育史论》，湖北教育出版社1997年版，第5页。
② 张建新：《高等教育体制变迁研究：英国高等教育从二元制向一元制转变探析》，教育科学出版社2006年版，第22页。

与现状的基础上，鉴往知来，揭示其本质和规律的方法。本研究是通过对中国近代大学发展历史的梳理与解读，找出大学本土化发展的史证，总结其历史经验。

3. 个案研究法。个案研究法就是对单一的研究对象进行深入而具体研究的方法。个案研究的对象可以是个人，也可以是个别团体或机构。前者如对一个或少数几个优生或差生进行个案分析，后者如对某先进班级或学校进行个案研究。个案研究一般对研究对象的一些典型特征作全面、深入的考察和分析，也就是所谓"解剖麻雀"的方法。同时个案研究不仅停留在对个案的研究和认识的水平上，而且需要认识个体与整体之间的相互影响关系，尽力从特殊性中抽象出普遍性，使研究的结论具有普遍意义，而非只为了解决某一具体案例的研究。本研究以中国近代几所极具特色的大学为个案，深入分析其本土化特征，既为中国近代大学本土化发展提供实证依据，同时也为中国现代大学的本土化发展提供路径参考。

# 第 二 章

# 中国近代大学制度的本土化

19世纪，欧洲大学模式随着帝国主义和殖民主义的扩张，遍布世界的大部分地方。加拿大学者许美德教授将其称为"欧洲大学的凯旋"①，诚然，从大学制度和组织形式来看，世界各地的大学制度出现了某种形式的"趋同"，但这种"趋同"是否就是欧洲大学的凯旋，还值得商榷。许美德教授自己也承认，这种"凯旋"还存在着文化上的矛盾和冲突，即使是最不发达的非洲，英国在向其殖民地移植大学模式时，也在一定程度上考虑到非洲自身的文化传统。从西方移植而来的大学制度同样受到中国传统文化和高等教育思想的影响，特别是在知识生产方式上，西方大学强调的专业化发展方向与中国传统的理论与实践紧密结合的知识模式以及以"治国平天下"为圭臬的"学以致用"的思想的冲突就不可避免。从19世纪下半叶到20世纪，中国处于国难危急的时期，"治国平天下"的理想演变为救国图强的现实诉求，表现在大学发展上，大学的社会功能和文化功能得以凸显，民族危机所激发的民族自觉意识，使得西方大学制度从移植到中国开始就存在着这种矛盾

---

① ［加］许美德：《中国大学1895—1995：一个文化冲突的世纪》，许洁英主译，教育科学出版社2000年版，第32页。

和冲突：既要获得西方科学和技术可能带来的经济和社会利益，同时又要竭力维护本国文化知识传统，以保持自己的民族特色。① 这就决定了中国近代大学制度从产生之时起，虽然是借鉴了西方发达国家的模式，但无论是大学制度制定的主体，还是大学制度内容的变革，一直在进行着本土化的努力，这是中国大学进入"黄金时期"的制度保障。

## 第一节　中国近代大学制度的界定

大学制度的含义并非"大学"与"制度"两个词文字表面上的简单组合，它有着丰富的内涵。首先，对"大学"和"制度"的理解因东西文化的差异而有所不同，其次，"大学"和"制度"都是发展的概念，随着时间的变迁而不断被赋予新的内涵，因而由此组成的"大学制度"在不同文化和不同时间里就有不同的内涵，有可能造成言者各殊的纷乱现象。因此，本书有必要对所论述的中国近代大学制度进行一定的界定。

"大学"（university）作为一种具有特定内涵的现代高等教育机构是源于中世纪的欧洲，它起初指的是学者的行会（universitas），使学者在教会和政府之间获得一定自治权的行会组织。"行会"制度及组织形式是中世纪大学最初的根基，它以保护大学自身利益尤其是学者的利益和排斥外来干扰为鹄的，从而保证文化的传递。起先作为无国界的学术组织，大学是一个高度国际化的机构，学术自由和大学自治是其内在价值，由此形成的各地大学具有高度的"趋同性"，教师和学生

---

① ［加］许美德：《中国大学1895—1995：一个文化冲突的世纪》，许洁英主译，教育科学出版社2000年版，第50页。

可以比较自由地在大学之间流动。文艺复兴之后，随着民族国家的出现，大学开始被赋予民族性而呈现"趋异性"，大学的组织机构越来越复杂化，各国大学逐渐形成各自独特的模式，并随着资本主义的对外扩张向外传播，由欧洲到美洲，在此过程中，欧洲和美洲历史文化的发展进程已经赋予它特定的形式内容，蕴涵着它在欧美文化背景下丰富的历史遗产。西方的大学在其发展过程中经历了中世纪的大学、洪堡式的现代大学和克拉克·克尔所说的"多元化巨型大学"的演进和超越。虽然无法考证中世纪大学的起始年代，但不可否认中世纪大学的产生是一种演进过程组合的结果，这种演进过程持续得如此长久而不曾中断。① 西方大学的发展与它产生的情形相似，都是一个自然发生、逐渐演进的过程，具有明显的"内生性"特征。这就使西方大学在演进过程中，虽然不断进行自我调整，但作为最稳定的社会机构，它的内涵基本保持不变，因而在西方世界里对大学的理解并没有多少歧义。

相对西方大学，中国有着几千年的高等教育传统，有从传说中五帝时期的"成均"，到汉代的太学以至后来的国子监等官方的高等教育机构，自宋明之后，还出现了书院这种特殊的高等教育机构。无论是从形式还是从内涵上，都无法用西方意义上的大学来框定它。19 世纪末，国内国际形式的变化，中国传统高等教育机构逐渐式微，新型的高等教育机构逐渐兴起，现代意义上的大学在中国得以出现，从其发生历程来看，是在外力催生下产生的，具有明显的"外生性"特征。被催生出来的中国"大学"，从一开始就体现出实用工具价值和政

---

① ［法］爱弥尔·涂尔干：《教育思想的演进》，李康译，上海人民出版社2006 年版，第 98 页。

治工具价值，担负起富国强兵的"西用"和保持中华民族文化特性的"中体"的双重使命。在文化交流和碰撞的过程中，体用之争的根本最终还是回归到中国高等教育内在的"道"与"艺"的矛盾，这就说明了，中国传统高等教育机构的形式可以中断，但中国传统高等教育的思想没有中断，这是移植西方大学形式的砧木，是西方式的大学在中国能够存活，从而创造出中国式的大学的基础，因而，中国的大学从诞生之日起就注定面临着本土化的路径。本书所论的中国大学就是从1895 年以后，出现在中国的具有西方现代意义上的大学。在此之前，在中国出现的教会大学，是嵌入中国文化和高等教育体制之中的完全舶来品，对中国大学制度的形成具有一定的借鉴和推动作用，但是由于晚清政府采取"无庸立案"的消极政策，使其游历于教育体制之外，与本书所论中国大学制度的本土化关系不大，因而不在所论之列。1927 年之后，教会大学纷纷向政府立案，成为中国高等教育体制的重要组成部分，也自然而然成为研究对象。

制度，从词源学的角度来分析，在汉语中，《说文解字》的释义为，"制：裁也"，"度：法制也"。在《中庸》中二字就连用，"非天子不制度"，制度在此表达制定的规则之意，这也就成为汉语中制度的常用意思。在英文中，"制度"（instituion）一词源于"站立"（to stand），这个词的拉丁文形态按照词源学顺序是："institutus"—"institiere"—"in" + "statuere"，最后两词翻译为英文是："to" + "set up"（建立起来），其中后一词又源于拉丁文的"stare"，即英文的"to stand"，它所表达的是一种强制的暴力关系和外在的规约。[1]

---

[1]　朴雪涛：《知识视野中的大学发展》，人民出版社 2007 年版，第 12 页。

从学科发展的角度来看，西方近代学术史上对"制度"的研究源于社会学，法国社会学家涂尔干可以说是开制度研究的先河，在《人性二元论及其社会状况》里提出制度学的研究方法。到 20 世纪初，经济学的介入，对"制度"的研究发展为一个新的学科——制度经济学，并形成"新""老"制度经济学之分。因而关于制度的定义很多。凡勃伦认为制度就是"思想习惯"和"生活方式"[①]；康芒斯认为制度是"集体行动控制个体行动"[②]；施密德认为制度是"人们之间有秩序的关系集"[③]。相对而言，新制度经济学的代表人物道格拉斯·C. 诺思关于制度的定义更能揭示制度的实质。他认为："制度是一个社会的游戏规则，更规范地说，它们是为决定人们的相互关系而人为设定的一些制约。"[④] 诺思认为，制度之所以重要在于：第一，制度建立了产权和经济激励；第二，制度有必须强制执行经济游戏的规则。按新制度经济学的理解，这两点显示了制度的两个最重要的机制：约束机制和激励机制。而制度的约束和激励机制实际上就是关于社会主体间的权力和利益关系的安排和协调机制。

康永久用新制度经济学的理论来分析教育制度，他从三个角度分析教育制度的构成要素：一是着眼于教育内部关系的区分，二是按教育制度的实践领域所做的区分，三是根据教育制

---

① ［美］凡勃伦：《有闲阶级论》，蔡受百译，商务印书馆 1964 年版，第 139—140 页。

② ［美］康芒斯：《制度经济学》，于树生译，商务印书馆 1962 年版，第 87 页。

③ ［美］丹尼尔·W. 布罗姆利：《经济利益与经济制度》，陈郁等译，上海人民出版社 1996 年版，第 55 页。

④ ［美］道格拉斯·C. 诺思：《制度、制度变迁与经济绩效》，刘守英译，上海三联书店 1994 年版，第 3 页。

度主体所进行的区分。① 他在实践领域将教育制度分类为生活惯例习俗、教育教学制度、学校管理制度、学校教育制度、教育行政制度、教育政策法规和教育价值理念七个方面，对我们理解大学制度提供了很好的启发。大学制度无疑属于教育制度的一个亚类。随着中国大学的迅速发展，建立现代大学制度成为研究焦点问题，在这一现象中，大学制度被视为一个约定俗成的概念而没有引起足够的重视。

因此，国内学者对大学制度的理解言者各殊，没有一个统一的定义。从现有的文献来看，潘懋元教授认为："大学制度包括组织机构、决策机制、激励机制、资源配置机制、工作机制（包括科研、教学和社会服务活动的运作模式）和制度创新机制"。② 邬大光教授认为："大学制度一般可以从宏观和微观两个层面进行界定。宏观的大学制度是指一个国家或地区的高等教育系统，包括大学的管理体制、投资体制和办学体制等；微观的大学制度是指一所大学内部的组织结构和运行机制，包括组织结构的分层、内部权力体系的构成等。"③ 他进一步提出，大学自治和学术自由始终是支撑着大学制度维系、发展的根本所在，无论大学制度怎样创新，它的根基不能改变。这就说明了大学制度随着大学的发展不断复杂化，但变的因素中有着不变的因素，这是大学制度移植借鉴所必须关注的问题。张俊宗认为："大学制度是以学术本质为根据、确定大学生存与发展的大学行为规则体系。""大学制度包含多方面

---

① 康永久：《教育制度的生成与变革——新制度教育学论纲》，教育科学出版社 2003 年版，第 100—112 页。
② 潘懋元：《走向社会中心的大学需要建设现代制度》，《现代大学教育》2001 年第 1 期。
③ 邬大光：《现代大学制度的根基》，《现代大学教育》2001 年第 1 期。

的内容，并且表现为多种形式，是多种内容与多种形式的集合"，"大学制度可以归结为基本制度和具体制度两部分。基本制度是关于大学性质、任务以及组织构成和主要行为活动等最基本内容的原则规定或框架，而具体制度是基本制度的展开或具体化"。"大学基本制度包括政府管理制度、社会参与制度和大学管理制度。"① 胡赤弟认为，广义上的大学制度包括大学法人制度和大学教育制度。大学制度包括两方面内容，形成"两层楼"结构，即"上层的"大学教育制度和"下层的"大学法人制度。大学教育制度是大学教学、科学研究和为社会服务等方面的制度总和。以大学教学制度为例，它又包括入学制度、教学制度、课程制度、考试制度、毕业制度、文凭制度、学位制度等。大学法人制度是关于大学设立、运营、财产、责任等方面的制度总和。② 陈磊和高桂娟认为："大学制度就是协调、规范大学组织的各种行为，使其成为一个有机整体，以有效地适应环境的一系列的制度安排及运行机制。它既反映大学自身的发展状况，又反映时代发展的特点。它对内处理大学组织成员之间的相互关系，如教师、学生及学校管理人员之间的关系，由此形成了学校内部管理制度、教师聘用制度、学生培养制度等；对外处理大学与政府、社会之间的相互关系，由此形成了教育行政管理制度、投资及办学制度等。"③ 从众多的大学制度概念中，我们可以看出，第一，大学制度总

---

① 张俊宗：《现代大学制度》，中国社会科学出版社 2004 年版，第 52—58 页。

② 胡赤弟：《大学制度的性质、结构及其形态多样化》，《复旦教育论坛》2005 年第 2 期。

③ 陈磊、高桂娟：《现代大学制度研究：概念与要素》，《辽宁教育研究》2005 年第 8 期。

是与一定的大学理念或精神相联系的。第二，大学制度既指大学对外（国家、社会）的关系，也包括大学内部关系的规则，前者侧重宏观方面，而后者则是微观的。第三，大学制度既然是一种规则，具有约束关系，其中必然涉及利益关系人的问题。在大学制度的建构过程中，不同的社会价值取向和利益对大学制度的关注表现出不同的侧重点。宏观的大学制度更多地反映着社会外部的要求，它往往是社会政治和经济制度在大学制度上的缩影，表现出比较明显的时代特征。而微观的大学制度——内部组织形式和权力体系更多地积淀了大学的历史和传统，体现着大学自身的特性和"主体逻辑"[1]。同时，大学制度作为人类理性活动的产物，具有内生性，即制度来源于个人的利益追求和理性估算[2]。对大学制度来说，宏观层面上的国家，微观层面上的学校本身，都是理性的利益追求者，它们都会立足于自身的成本—收益分析来追求利益最大化，对大学制度的变革的选择具有主体性，但并不排除外在社会因素的影响。因而，对国家和大学来说，无论是移植外来的大学制度，还是推动已有的大学制度的变革，总是从自身利益出发，并寻找最佳的切合点，因而，大学制度的生成与变革就面临一个本土化的问题。

本书所研究的对象是中国近代大学制度，在时间上，主要是从中国近代大学制度的创立——京师大学堂的创办开始，到抗战结束这一段时期的大学制度的生成与变革的过程，经历了"壬寅学制"、"癸卯学制"、"壬子·癸丑学制"和"壬戌学

---

[1] 邬大光：《现代大学制度的根基》，《现代大学教育》2001 第 1 期。

[2] 康永久：《教育制度的生成与变革——新制度教育学论纲》，教育科学出版社 2003 年版，第 125 页。

制"等几个制度变革阶段，在变革模式上，经历了师法日本、日欧融合和借鉴美国转向，在本土化的发展中经历了波折，也获得了一定的经验。在大学制度的内容上，本章主要侧重于宏观方面的大学制度，主要从学制和行政管理制度的变迁来分析中国近代大学制度本土化发展的历程。有关大学内部管理的内容，由于近代中国大学的多元化发展，内部管理形态各异，在下文的四所大学的个案分析中具体剖析大学内部管理制度。

## 第二节　中国近代大学制度产生与发展的社会动因

　　中国近代大学制度的产生有着深刻的社会影响因素。首先，西学东渐思潮的影响。对于中国近代高等教育产生的原因，教育史学者们把原因一致归结为西学东渐的结果。如郑登云教授认为："只要我们清楚地意识到中国教育的近代化历程始终交织着'西学和中学'、'新学和旧学、'学校和科举'之间的抗争这样一条主线，就能使表面上显得纷繁杂乱的中国近代高等教育变得清晰而有条理了，也有助于看出中国近代高等教育发展演变的基本脉络及其延续发展的历史轨迹，便于从总体上认识中国高等教育近代化的基本规律。"[①] 卫道治教授认为："近代中国的高等教育史，就是在'西学东渐'、新学与旧学之争的历史进程中发展起来的。清末、民初的高等教育也就深深地烙上了这一时代的印记。"[②] 还有人认为："中国现代高等教育是在西学东渐这一大规模文化迁移的过程中诞生的，

---

　　① 郑登云：《中国高等教育史》上册，华东师范大学出版社 1994 年版，第 3—4 页。

　　② 卫道治：《人·关系·文化——教育社会学观略》，湖南教育出版社 1988 年版，第 158 页。

它从一开始就受到来自西方及日本的影响。高等教育的创建者们往往是这种外来观念的中介人。"① 西学的输入，改变了中国传统的知识形态和结构，使中国传统社会中强调整体性的知识开始出现了西方知识体系的分类，为大学和大学制度的产生奠定了基础。

其次，教育救国思想的影响。从新制度经济学的观念来看，尽管制度的生成与变革受到外界因素的制约，但是制度的变革，始终是"内生"的而不是"外生"的，无论是自上而下的改革还是自下而上的改革，无论是激进式的改革还是渐进式的改革。只要它们出于利益方面的考虑，能为社会所接受，它们就是内生的。② 中国近代大学制度产生与发展的"内生"动力来源于对国家利益的关注，体现出教育救国的教育理念。从近代大学的萌芽，到大学制度的创立，乃至中国近代大学制度的进一步完善，虽然经历了社会形态的更替，但教育救国的宗旨未变。在教育救国的思想指导下，大学校长积极推动中国近代大学制度建设，到 20 世纪二三十年代，基本上形成了多元化的中国近代大学制度。

最后，中体西用思维方式的影响。从中国近代大学制度的生成与变革来看，新制度的产生与中国传统高等教育制度的中断是在文化变迁的过程中产生的，与此相伴的是思维方式的根本变换。在中国传统天人合一的思想中，体现出主客相融的整体性思维方式，具体到高等教育的基本矛盾时，重"道"而轻"艺"，用中国传统"圆道"的社会发展观来看待中国高等

---

① 朱国仁：《西学东渐与中国高等教育近代化》，厦门大学出版社 1996 年版，第 76 页。

② 康永久：《教育制度的生成与变革——新制度教育学论纲》，教育科学出版社 2003 年版，第 125 页。

教育，表现在教育制度上，则是清随明制，变化甚微，体现出天不变、道不变的发展规律，注重形而上的道的继承，而忽视了形而下的"艺"的创新。中国近代大学制度的产生是在西学东渐的文化交流和碰撞中产生的，高等教育内部的道艺之争则表征为体用之争，如何应对因文化交流而引发的根本性变革，中体西用则成为当时中国发展大学教育制度首选的思维方式。亨廷顿指出，在中国的晚清，提出"中学为体、西学为用"，这是非西方社会对西方文化的影响所采取的改良主义策略，是试图把现代化同社会本土文化的主要价值、实践和体制结合起来①。他认为在对待西方文化的态度中，改良主义更有利于本土文化的复兴，改变社会进一步现代化中的西方文化和本土文化的均势，加强对本土文化的信奉。在思维方式上的"中体西用"而非全盘西化，使中国近代大学教育制度的形成具有更多的本土性。

## 第三节　师法日本：中国近代大学制度的创立

1895 年由盛宣怀创办的"天津西学学堂是我国近代最早的大学"，"是中国第一所新式大学"②。但是，由于当时中国高等教育体制还没有建立，它还不是学制系统上的大学教育机构。因此，京师大学堂的建立才是中国近代大学制度的开始。

### 一　京师大学堂的创立与大学制度的萌芽

京师大学堂是中国近代最早的国立大学，1898 年颁发的第

---

① ［美］塞缪尔·亨廷顿：《文明的冲突与世界秩序的重建》，周琪等译，新华出版社 2002 年版，第 66 页。

② 熊明安：《中国高等教育史》，重庆出版社 1988 年版，第 315 页。

一个京师大学堂章程共分八章，在第一章总纲中就指出其特殊的地位："京师大学堂，为各省之表率，万国所瞻仰。规模当极宏远，条理当极详密，不可因陋就简，有失首善体制。"① 在管理体制上，规定京师大学堂是全国最高学府和全国最高教育行政管理机构。"各省学堂皆当归大学堂统辖，一气呵成。一切章程功课，皆当遵依此次所定，务使脉络贯注，纲举目张。"② 在第六章设官例中详细规定了京师大学堂的内部管理体制，京师大学堂实行的是行政首长负责制。大学堂的最高领导人是管学大臣，下设总办 1 人，设总教习 1 人，另设汉人分教习 24 人；设提调 8 人，供事 16 人，誊录 8 人；藏书楼提调 1 人，供事 10 人；仪器院提调 1 人，供事 4 人③。在学制方面，由于中国新式学堂较少，不能向西方那样由中学堂选拔大学堂学生，因而于"大学堂兼寓小学堂、中学堂之意，就中分列班次，循级而升，庶几兼容并包，两无窒碍"④。由此可见，京师大学堂实际上包含着整个近代学制系统，并孕育着大学制度。

1902 年，张百熙在《奏办京师大学堂情形疏》中认为："查大学堂开办约有二年，学生从未足额，一切因陋就简，外人往观者，至轻之等于蒙养学堂。"⑤ "惟是从前所办大学堂，原系草创，本未详备。"⑥ 张百熙奉旨重办大学堂，在《奏定

---

① 北京大学校史研究室编：《北京大学史料》第 1 卷，北京大学出版社 1993 年版，第 81 页。

② 同上。

③ 同上书，第 85 页。

④ 同上书，第 81 页。

⑤ 张百熙：《奏办京师大学堂情形疏》，陈学恂主编《中国近代教育文选》，人民教育出版社 1983 年版，第 270 页。

⑥ 同上书，第 267 页。

京师大学堂章程》中提出进一步的改革措施："改管学大臣为学务大臣，统辖全国学务，而京师大学堂由总监督专门负责，下设分科大学监督，每科 1 人，共 8 人；每科设教务提调 1 人，庶务提调 1 人，斋务提调 1 人；教员分正教员和副教员。大学堂还设立大学堂会议所和教员监学会议所。大学堂会议所，凡大学各学科有增减更改之事，各次序及增减之事，通儒院毕业奖励等差之事，或学务大臣及总监督有咨询之事，由总监督邀请分科监督、教务提调、正副教员、监学公同核议，由总监督定议论。教员监学会议所，凡分科之事，考试学生之事，审察通儒院学生毕业应否照章给奖之事，由分科大学监督邀请教务提调、正副教员、各监学公同核议，由分科监督定议论。"① 这可以说是后来的评议会和教授会的雏形，标志着中国近代大学内部管理体制的萌芽。

京师大学堂的创立在制度方面是模仿日本的结果。根据阿部洋的实证研究，中国最早的近代大学和学校制度"在 19 世纪后半叶以后中国近代教育的发展过程，基本上是模仿和引进外国教育的过程，其模仿对象，最初为日本，其次是德国，后又转向美国"②。许美德也指出："1898 年建立的京师大学堂当时在整个教育体制中占据着最高的统治地位，它实际是扮演着教育部的角色……在一定程度上，京师大学堂是仿照日本的东京大学而建的。"③ 师法日本是这一阶段的主要特征。

---

① 北京大学校史研究室编：《北京大学史料》第 1 卷，北京大学出版社1993 年版，第 126—127 页。

② ［日］阿部洋：《中国近代学校史研究——清末近代学校制度的成立过程》，福村出版社 1993 年版，第 251 页。

③ ［加］许美德：《中国大学 1895—1995：一个文化冲突的世纪》，许洁英主译，教育科学出版社 2000 年版，第 64 页。

首先，中国人对日本教育的考察为京师大学堂的创办奠定了基础。在 1879 年，黄遵宪在《日本杂事诗》中就对日本东京大学招生、学科设置等作了详细的介绍，向国人展示了赴日考察的实效。他在注文中叙说："东京大学生徒凡百余人，分法、理、文三部（此指以东京开成学校为基础的大学部——引者注）。法学则英吉利法律、法兰西法律、日本今古法律；理学有化学、气学、重学、数学、矿学、画学、天文地理学、动物学、植物学、机器学；文学有日本史［文］学、汉文学、英文学。以四年卒业，则给以文凭。此四年中，随年而分等级。所读皆有用书，规模善矣。"① 除了民间的考察之外，早在京师大学堂创立之际，为了获取外国办理国立大学的经验，清政府即令驻日公使裕庚调查日本大学堂的规章制度、课程设置以及创建规模等。他考察的结果汇报，说明日本仿照西法设立大学，共分六科：一曰法科大学，一曰医科大学，一曰工科大学，一曰文科大学，一曰理科大学，一曰农科大学。"以大臣以至校长教师，则莫不由西国学成而来。"②

其次，在京师大学堂的章程起草到实际举办，都在不断学习日本模式。康有为记京师大学堂章程起草的经过时说："命卓如草稿，酌英美日之制为之，甚周密。"③ 但实际上，梁启超只是移植了日本的制度，而非英美。光绪二十四年（1898）正月二十五日，总理衙门奉旨筹办京师大学堂后，"即查取东

① 黄遵宪著，钟叔河辑校：《日本杂事诗广注》，湖南人民出版社 1981 年版，第 645—646 页。

② 《管理大学堂大臣孙家鼐折》（光绪二十四年七月十四日），《戊戌变法档案史料》，文海出版社 1981 年版，第 275—276 页。

③ 北京大学校史研究室编：《北京大学史料》第 1 卷，北京大学出版社 1993 年版，第 87 页。

西洋各国学校制度及各省学堂现行章程，参酌厘定"学堂办法，但行动迟缓，经两次谕令催办，才请梁启超执笔起草。据罗惇曧说："启超略取日本学规，参以本国情形，为草章程八十余事，乃据上之。"[①] 五月下旬将章程上奏，但仍觉不完美，总理衙门于六月十日，曾派章京顾肇新、徐承煜二人，前往日本驻京使馆与日本林权助商论大学堂事宜，并形成《日本使臣问答》进呈御览[②]。奉命筹办京师大学堂事务的孙家鼐在《奏陈筹办大学堂大概情形疏》中也引用了林权助《问答》里的内容，并强调"日本初设学堂，至今二三十年，章程几经变易，不厌精益求精"[③]。在筹办过程中还进一步搜集有关学制方面的资料，"商当查取东西洋各国学校制度及各省办学章程，体察情形，详慎斟酌，一俟拟设就绪，即当奏陈"[④]。孙家鼐在要求开办京师大学堂的奏折中也指出，"亟应参访各国大学堂章程，变通办理，以切时用"[⑤]。1898 年 8 月 30 日，管学大臣孙家鼐奏请派大学堂办事人员赴日本考察学务。奏折称："窃维大学堂事当创始，一切规条不厌求详。迭次奏定章程，均系参考东西洋各国之制。但列邦学校，日新月盛，条目繁多，必须详考异同，庶立法益臻美备。闻日本创设学校之初，先派博通之士赴欧美各国，遍加采访，始酌定规则，通国遵行，故能学校如林，人才蔚起。今大学堂章程略具，各省中

---

①　舒新城编：《近代中国教育史资料》，中华书局 1928 年版，第 157—158 页。

②　苏云峰编：《中国新教育的萌芽与成长》，北京大学出版社 2007 年版，第 87 页。

③　舒新城编：《近代中国教育史资料》，中华书局 1928 年版，第 148 页。

④　同上书，第 150 页。

⑤　孙家鼐：《议覆开办京师大学堂折》，陈学恂编《中国近代教育史教学参考资料》上册，人民教育出版社 1986 年版，第 340 页。

学堂、小学堂已立者未能划一，未立者尚待讲求，均应大学堂参核定议。……惟欧美各国，路途窎远，往返需时。日本相距最近，其学校又兼欧美之长，派员考察，较为迅速。"① 孙家鼐效仿日本创设学校之初考查欧美的经验，派大学堂办事人员李盛铎等四人考察日本学务，虽因政变未必实际成行，但通过出使日本大臣裕庚和日本驻京使馆获得了《日本大中小学堂现行章程》的第一手资料，日本公使将下列五本教育资料送达总理衙门：（1）照录（教育法规类钞）一本。（2）《东京帝国大学一览》一本。（3）同（上书）英文一本。（4）《京都帝国大学一览》一本。（5）《近世日本教育概览》（英文）一本。② 这些都是重要的日本教育原始资料，包括日本新教育发展史、教育法令与两所大学概况，成为京师大学堂筹办的最重要的参考资料。

最后，在教育价值取向上，明显地体现出社会本位论，这与日本的东京大学创立的宗旨非常相近。日本明治政府非常重视大学教育，1877 年成立东京大学。1896 年颁布《帝国大学令》规定："帝国大学适应国家的需要，以教授学术、技术理论及研究学术、技术的奥秘为目的。"③

## 二 "壬寅学制"、"癸卯学制"与大学制度的形成

中国的学制史最早可追溯至西周，但在两千多年的学制延续中，并没有形成现代意义上的大学制度。1902 年，张百熙

---

① 北京大学校史研究室编：《北京大学史料》第 1 卷，北京大学出版社 1993 年版，第 131 页。

② 苏云峰：《中国新教育的萌芽与成长》，北京大学出版社 2007 年版，第 88 页。

③ 王桂：《日本教育史》，吉林教育出版社 1987 年版，第 162 页。

重新筹办京师大学堂使"我国的大学教育从此渐入正轨了"①。"壬寅学制"标志着中国近代大学制度正式确立下来。

"壬寅学制"是由管学大臣张百熙主持制定的，根据规定，大学机构分三级：高等学堂或大学预科三年（设政、艺两科）；大学堂三年（设政治、文学、格致、农业、工艺、商务、医术七科）；大学堂之上设大学院，年限不定，以研究为主，不立课程，不主讲授。在《京师大学堂章程》中规定，设学宗旨"激发忠爱，开通智慧，振兴实业……端正趋向，造就通才"为"全学之纲领"②。这一章程虽然是以钦定的名义向全国正式颁布，但因种种原因，实际上没有得到贯彻就废止了。1904 年，清政府颁布了由张百熙、荣庆、张之洞主持制定的"癸卯学制"，这是中国近代由中央政府颁布并首次得到施行的全国性法定学制系统，它确立了中国现代学制的基本模式和框架。该学制一直沿用到 1911 年清朝覆灭。与"壬寅学制"相比，"癸卯学制"中有关规定并没有多大变动，大学机构仍分为三级：高等学堂或预科三年（分第一、二、三类）；大学堂三至四年，下设八科（又称分科大学）：经学科、政法科、文学科、医科、格致科、农科、工科、商科——设在京师的大学堂须设上述八科，而设在省城的大学堂至少要设其中的三科；京师大学堂中设通儒院五年，属研究性质，以"能发明新理以著成新书，能制造新器以利民用"③为宗旨。

---

① 何炳松：《三十五年来中国之大学教育》，张元济主编《最近三十五年之中国教育》，商务印书馆（上海）1931 年版，第 79 页。

② 北京大学校史研究室编：《北京大学史料》第 1 卷，北京大学出版社 1993 年版，第 87 页。

③ 同上书，第 97 页。

"癸卯学制"与"壬寅学制"中有关大学教育方面的规定有三点区别：其一是改大学院名为通儒院，并规定年限为五年；其二是大学堂分科由七科增至八科，即增加了经学科，其他科只有略微调整；其三是大学预科由政、艺两类增至三类（即医科专列），其中第一类学科为升入大学堂经学、政治、文学和商学科的准备，第二类学科为升入大学堂格致、工、农科的准备，第三类学科为升入大学堂医科的准备。

"癸卯学制"颁布后，仍陆续作了重大修改，其中最重要的方面是确定了教育宗旨。1907 年 4 月，清政府宣示教育宗旨为："以中学为主，西学为辅，培养通才，首重德育，并以忠君、尚公、尚武、尚实诸端定其趋向。"① 这也是中国实施新教育以来，第一次明确规定的教育宗旨。尽管该宗旨具有明显的封建性，但是从学制的本身来说，是一次较大的完善。总之，"癸卯学制"在中国教育史上具有里程碑意义，它奠定了中国近代学制的第一块重要基石，使中国教育开始全面摆脱自我封闭，融入世界教育发展的大潮流之中。

无论是"壬寅学制"还是"癸卯学制"，其主要是以日本的学制为蓝本，当然也直接参考了欧美各国的学制。张百熙在拟定"壬寅学制"时声称："以求才之故而本之学校，则不能不节取欧美日本诸邦之成法，以佐我中国二千余年旧制，因时势使然，第考其现行制度，亦颇与我中国古昔盛时良法，大概相同。"② 他拟定学制是"上溯古制，参考列邦"③。事实上，

---

① 朱有瓛编：《中国近代学制史料》第 2 辑上册，华东师范大学出版社 1990 年版，第 151 页。

② 张百熙：《进呈学堂章程拆》，陈学恂主编《中国近代教育文选》，人民教育出版社 1983 年版，第 275 页。

③ 同上书，第 276 页。

这一学制与中国古代学制并无联系，基本上是参照外国（主要是日本）的学制拟定的。"癸卯学制"也基本上是如此。有人还指出："光绪二十九年，张之洞等奏定学堂章程，除将日本章程大体抄齐而外，并限定办学者非去日本一行不可。"①阿部洋认为，1904 年学堂章程提出的学校制度的首要特征是全盘模仿当时日本的制度②。由此可见，中国近代大学制度形成的最初阶段具有较强的移植性，师法日本仍是其最明显的特征。

第一，与日本当时的学制进行比较，有极大的相似性。清末中国学制的制定，主要是模仿日本明治后期（1895—1912），尤其是 1900 年前后推行的学制，以 1900 年日本学制（男子）为参照系③。其中"癸卯学制"比"壬寅学制"更接近日本学校系统，只是在名称上作了改变。日本学制的演进过程，对中国近代大学制度产生了直接的影响。如日本自 1894 年 6 月公布《高等学校令》后，原来的高级中学已改为大学预科性质的"高等学校"，所以，高等教育段在改制之后演变为三级。高等学校之上即为"帝国大学"，其上是研究生教育性质的"大学院"。日本学制中高等学校专门化的变化，在壬寅、癸卯学制中得到了反映。"壬寅学制"称："高等学堂之设，使学生于中学卒业后欲入大学分科者，先于高等学堂修业三年，再行送入大学堂肄业。"④"癸卯学制"也规定："设高

---

① 舒新城：《中国学校制度之改革》，《中国教育界》1928 年第 5 期。

② ［日］阿部洋：《向日本借鉴：中国最早的近代化教育体制》，［加］许美德主编《中外比较教育史》，上海人民出版社 1990 年版，第 96 页。

③ 王桂：《日本教育史》，吉林教育出版社 1987 年版，第 372 页。

④ 朱有瓛编：《中国近代学制史料》第 2 辑上册，华东师范大学出版社 1987 年版，第 559 页。

等学堂，令普通中学堂毕业愿求深造者入焉；以教大学预备科为宗旨。"①

第二，中日教育交流的社会背景促成了中国近代大学制度的师法日本。中国近代大学制度创立的直接推动因素是甲午战争后的赴日留学生和被派往日本考察教育的官员，以及日本派往中国任教的教师。清末对日本教育的考察，启迪了中国人改革教育的意识，对制定近代大学制度最为直接影响的是这一时期留日学生翻译了大量关于日本学制方面的书籍，主要有《日本东京大学规则考略》、《日本新学制》、《日本学制大纲》等②，与此同时，在国内刊物（特别是 1901 年创办的《教育世界》）上也发表了许多介绍日本学制方面的文章。所以，有人就认为，中国"最初的新式教育全是留学日本的产品"③。也有人说："当时学制起草者，皆日本留学生，但知抄袭日本成规。"④ 近代大学制度师法日本由此可见一斑。

第三，壬寅、癸卯学制制定者明显的亲日倾向。1900 年因义和团和八国联军战乱，京师大学堂被迫停办，1902 年，张百熙奉诏筹办京师大学堂，以期"端正趋向，造就通才"。张百熙认为重办大学堂，"非徒整顿所能见功，实赖开拓以为要务，断非因仍旧制，敷衍外观所能收效"⑤。他结合中国古

---

① 朱有瓛编：《中国近代学制史料》第 2 辑上册，华东师范大学出版社 1987 年版，第 570 页。

② 同上书，第 26 页。

③ ［日］实藤惠秀：《中国人留学日本史》，谭汝谦、林启彦译，三联书店 1983 年版，第 204 页。

④ 陈学恂编：《中国近代教育史教学参考资料》上册，人民教育出版社 1986 年版，第 558 页。

⑤ 北京大学校史研究室编：《北京大学史料》第 1 卷，北京大学出版社 1993 年版，第 52 页。

代治平天下的规律和欧美日近代发达的原因提出五条建议，其中第一条就是"办法宜预定"，首先考虑的是学制问题，提出京师大学堂应效仿日本，先设大学预备科，三年以后，增设本科。在学制方面，他强调向日本学习，并派京师大学堂总教习吴汝伦考察日本大学的管理以及整个学校制度。吴汝伦在日本的考察对"壬寅学制"以及"癸卯学制"的制定作出建设性贡献。吴汝伦虽然没有直接参与"壬寅学制"的制定，但他在日本的三个月时间内，实际考察了包括大学在内的不同地区的各级学校，在文部省听了有关教育的讲座，并与日本教育界人士和官员进行了交流，他在日本期间所获得的日本教育的信息，结合实际考察所得，都通过信函的方式，与张百熙沟通，为学制的制定提供材料，对学制问题发表见解。他曾致函张百熙："至奏定章程，此间尚未全阅，率臆妄言，以备采择。"[①] 与学制关系密切的日本学校章程、课表、经费表，等等，他也通过多种渠道设法收罗齐全，及时提供给国内制定学制的诸位同人。他写成《东游丛录》一书以及他的弟子编成《东游日报汇编》，详尽地介绍了日本学制，尤其是帝国大学的制度与课程，都有详细的记录，成为"癸卯学制"制定的重要参考依据。"壬寅学制"参与的成员之中有许多是赴日考察人员。1902 年 3 月，张之洞就给张百熙写信"拟俟赴东考察之员回鄂，详酌一妥章，再行奉达请教"[②]，特别强调"日本学制尤为切要"，提议学制章程的颁行应派员考察日本教育"回华再定"。张之洞所派之人为罗振玉和陈毅。罗振玉考察日本回国

---

① 吴汝伦：《与张尚书》，吴闿生主编《桐城吴先生尺牍》，1903 年，第 58 页。

② 陈学恂、田正平编：《留学教育》，上海教育出版社 1991 年版，第 326 页。

后，曾参照考察所得草拟一部学制交给张之洞、刘坤一。罗振玉还在自己创办的杂志《教育世界》上撰文发表对中国建立学制的见解，为"壬寅学制"的制定提供参考、制造舆论。①与罗振玉一起考察日本教育的陈毅直接参与了"癸卯学制"的起草工作。王国维在《奏定经学科大学文科大学章程书后》一文中指出："今日之奏定学校章程，草创之者黄陂陈君毅，而南皮张尚书实成之。"② 对于"癸卯学制"的制定，日本官员也作出重要的贡献，光绪二十八年（1903）十一月二十八日，日本议员伊泽修二来到中国，呈献八本译书，其中有一本是《日本学制大纲》③，这些资料对"癸卯学制"的制定有显著的帮助。

阿部洋认为，是在1904年《奏定学堂章程》颁布后，中国才开始了全国范围内以日本为楷模的教育改革④。对日本教育的考察和模仿并未随学制制定完成而终止，"癸卯学制"之后，强调通过考察日本教育来吸收推进学制的具体经验。在"癸卯学制"的核心文献《学务纲要》中明确提出"各省办理学堂员绅宜先派出洋考察"，强调"学堂所重，不仅在教员，尤在有管理学堂之人……欧美各国道远费重，即不能多往，而日本则断不可不到。此事为办学堂入门之法，费用万不可省。即边瘠省份，至少亦必派两员"⑤。此后，对日本的教育考察逐渐走向制度化、

---

① 田正平编：《中外教育交流史》，广东教育出版社2004年版，第396页。

② 陈景磐、陈学恂编：《清代后期教育论著选》，人民教育出版社1997年版，第535页。

③ 郭廷以：《近代中国史事日志》第2册，中华书局1963年版，第1172页。

④ ［日］阿部洋：《向日本借鉴：中国最早的近代化教育体制》，［加］许美德主编《中外比较教育史》，上海人民出版社1990年版，第117页。

⑤ 朱有瓛编：《中国近代学制史料》第2辑上册，华东师范大学出版社1987年版，第81页。

经常化，1906 年 5 月，学部奏定各省提学使均须出洋考察三个月，然后才准到职任事，并奏派三等咨议官刘崇杰、高逸为驻日调查学务委员，加强了对日本教育考察的管理和领导工作。

### 三　近代大学行政管理制度的创立

随着中国近代大学制度的逐渐完善，教育行政管理制度的改革也势在必行，新式教育的发展，特别是大学教育在人才培养中作用的加强，加速了科举制的终结。1905 年 9 月，面对危局，清廷正式下诏立停科举，并于 12 月成立学部，这是中国历史上首次出现正式的、独立的和专门的中央教育行政机构建制。1906 年制定了《学部官制草案》，草案对学部的机构及其职能进行了规定。学部中央机关的设立，既保留了传统部制的特点，又借鉴了日本文部省的有关成规。最高长官称尚书，其次为左右侍郎，均为政务官。再下来，设各项事务官，包括：左右丞各一员，协助尚书侍郎管理全部工作，领导各司；左右参议各一员，协助尚书侍郎核定法令章程，审议各司重要事宜。下设参事官协助左右参议工作。学部共设五司十二科三局两所。五司为总务司、普通司、专门司、实业司、会计司。与大学教育直接相关的专门司下设专门教务和专门庶务两科，负责"掌核办大学堂、高等学堂及凡属文学、政法、学术、技艺、音乐各种专门学堂一切事务，并稽核私立专门学堂教课设备是否合度及应否允准与官立学堂享用一律权利或颁布补助等事"①。

清末学部的建立是中国大学行政管理体制初步形成的标志，它是一个中央集权的体制。学部尚书等官员由皇帝直接任命，

---

① 中国教育大系编纂委员会编：《历代教育制度考》，湖北教育出版社 1994 年版，第 1784 页。

地方教育行政服从中央教育行政领导。学部的建立不仅标志着新式中央教育行政机关的独立存在，而且意味着中国近代大学行政管理体制开始进入近代化轨道，从这个体制中也不难看出它是学习日本而来的。学部成立的宗旨就明确提出："上师三代建学之深意，近仿日本文部之成规，遴选通才，分研教育行政之法，总持一切，纲举目张。"① 学部设立的过程也是在模仿日本。学部制定的主要负责人严修和陈毅都有留学日本的经历，其中严修于1902、1904年两读赴日本考察教育，亲自参观过文部省各课，与文部省官员会晤，并十次聆听文部省参事松本介绍包括"文部各员之职掌"在内的中央教育行政概况②，熟悉日本教育行政的机构与运作。学部原拟派左侍郎严修"赴日本调查文部省之规则及其现行章程"③，为制定本部官制草案的参考，但因多种原因未能实际成行，替代办法是"点改驻日本大臣调查该国文部省章程，详细造册送部，以凭参酌改良办理"④。此外，1901年以来，国内报刊和赴日官绅游历所写游记，大量报道描述日本学制及教育情况，《教育世界》创刊号就专文介绍日本文部省官制，为学部的设置提供直接参考资料。不过地方官制上沿用了传统惯例。所以有人说它是"土洋结合而成"⑤。这也是中国近代大学行政管理体制的突出特点。

---

① 中国教育大系编纂委员会编：《历代教育制度考》，湖北教育出版社1994年版，第1783页。

② 严修撰，武安隆、刘玉敏点注：《严修东游日记》，天津市人民出版社1995年版，第179—199页。

③ 《严侍郎将赴日本》，《大公报》1906年1月16日。

④ 《电查文部章程》，《大公报》1906年2月3日。

⑤ 程斯辉：《中国近代教育管理史》，武汉工业大学出版社1989年版，第55页。

## 第四节　日欧融合:中国近代大学制度的调适

### 一　"壬子·癸丑学制"与大学制度的发展

辛亥革命成功之后,为了适应政体变革的需要,对清末移植日本学制的做法进行了修正,代之与欧美的融合,标志着中国近代大学制度的发展进入新的阶段。

"壬子·癸丑学制"中大学教育阶段仍然包括三年制的大学预科、三至四年的分科大学和研究性质的大学院。这是一部具有资产阶级性质的学制,它明确了大学在学校系统中的位置以及与其他各级各类学校的关系。民初教育部先后颁布了《专门学校令》(1912)、《大学令》(1912)、《公立私立专门学校规程》(1912)、《大学规程》(1913)、《私立大学规程》(1913)、《高等师范学校规程》(1913)、《高等师范学校课程标准》(1913)等一系列规制。其中对大学体制的改造主要体现在1912年颁布的《大学令》中。其主要内容有:"1.大学以'教授高深学术、养成硕学闳才、应国家需要'为宗旨。2.大学分为七科:文科、理科、法科、商科、医科、农科、工科,以文理两科为主;文、理两科并设者,或文科兼法、商二科者,或理科兼医、农、工三科或二科一科者,方得称为大学。3.大学设预科及本科,预科须设于大学之内不得独立,招收中等学校毕业生或经试验有同等学力者,修业三年,修业期满,试验及格,授以毕业证书,升入本科;本科招收预科毕业生或经试验有同等学力者,修业年限三至四年,毕业合格者得称学士。为了研究学术之蕴奥,大学须设大学院,招收本科毕业生或经试验有同等学力者,不定年限;大学院研究生在院研究,有新发明或重要之著述,经大学评议会或教授会认为合格者，得遵照学位令授以学位。4. 大学设校长一人，总辖大学全部事务；各科设学长一人，主持一科事务。大学设教授、助教授，遇必要时得延聘讲师。大学各科设讲座，由教授担任，教授不足时，得使助教授或讲师担任讲座。大学设评议会，以各科学长及各科教授互选若干人为会员，以大学校长为议长。5. 私人或私法人亦得设立大学。1913 年 1 月，国民政府教育部公布《大学规程》，以《大学令》为基础，对学科分门与大学修业年限予以详细规定，其中延承清末学制将预科依旧分为三部，并规定大学院为大学教授与学生极深研究之所，内分哲学院、史学院、植物学院等；大学院以本门主任教授为院长，由院长延聘相关教授为导师。"① 《大学令》是建立中国近代大学制度的正式文本，它所建构的国家、政府与大学的关系，学术权力与行政权力的关系等方面，在一定程度上体现出现代大学的功能、性质与使命，因而具有历史的进步性。

　　与"癸卯学制"中的有关规定相比，该学制中关于大学教育制度方面的规定主要有以下几点改革：其一，大学设评议会和教授会，让教授参与学校管理，体现了资产阶级的有限民主（虽然最初若干年未实行）。其二，废除经学科，保留原七科。规定大学以文理科为主，初次触及大学的科系设置问题。② 其三，取消了各省的高等学堂，只以大学预科为大学预备学校。其四，将通儒院更名为大学院，将大学堂更名为大学。其五，与旧制相比，取消了学校毕业生奖励出身的制度。其六，大学、专门学校允许私立。

---

　　① 荀渊：《从传统到现代：近代中国的高等教育》，甘肃省民族出版社 2004 年版，第 122 页。

　　② 霍益萍：《近代中国的高等教育》，华东师范大学出版社 1999 年版，第 102 页。

"壬子·癸丑学制"受到外界的许多批评:"民国颁布学制之前,曾开临时教育会议一次,对于日本的学制,也是仍旧随意抄袭。"①"壬子·癸丑学制"以日本学制为蓝本,还有其他方面的原因。民初学制改革过程中,从主持者、参与者到执行者,其主力和骨干多为留日学生,他们的思维定式、学识和阅历,都直接影响或间接影响到他们所从事的工作。"当时教育部之重要工作,即在草拟新学制。招集东西留学生,各就所长,分别撰拟小学、中学、大学规程,每日办公六小时,绝似书局之编辑所。初时志愿甚弘,拟遍采欧美各国之长,衡以本国情形,成一最完全之学制。然当时由欧美回国之人,专习教育者绝少,不能窥见欧美立法精神,译出文件,泰半不适用。且欧美制终不适于国情,结果仍是采取日本制,而就本国实际经验,参酌定之。"②"至对于专门大学规程,缺乏经验,不过将日本学制,整个抄袭,草草了事;虽经公布,而后来办理专门及大学者,并未依照实行。"③蔡元培也承认:"至现在我国教育规程,取法日本者甚多。此并非我等苟且,我等知日本学制本取法欧洲各国。"④由此反映了当时学制制定者的指导思想。该学制虽然没有完全摆脱日本模式的影响,但也在一定程度上体现出国人有意摆脱单一的日本模式,而采取日欧融合。

首先,从学制制定的指导思想和理论层面看,以蔡元培为代表的当时教育界有识之士,积极倡导和传播欧美国家的教育

---

① 璩鑫圭、唐良炎编:《中国近代教育史资料汇编·学制演变》,上海教育出版社1991年版,第1052—1053页。

② 蔡元培:《全国临时教育会议开会词》,《教育杂志》1912年第4卷第6号。

③ 蒋维乔:《民元以来学制之改革》,《光华月刊》1936年第5卷第1期。

④ 高平叔编:《蔡元培教育论集》,湖南教育出版社1985年版,第55页。

新理念和新思想，在观念上提出师法日本不如直接学习德、法，因为日本的教育也是学习借鉴德、法的结果。蔡元培在制定"壬子·癸丑学制"时，更是提出"五育"并举的教育方针，反映出他对康德的美感之教育与世界观教育的推崇和对美国杜威派主张的实利主义教育的倡导。其次，在大学制度上，有意识地引进德国模式。作为学制的主要负责人，蔡元培明确提出："德国各大学，或国立、或私立，而其行政权集中于大学评议会。评议会由校长、大学法官、各科学长与一部分教授组成之。校长及学长，由评议会选举，一年一任。"① 在大学体制的具体规定上，主要体现在：取消清末高等学堂，改设大学预科；大学以文理两科为主；大学设评议会、教授会，等等。这些改革都反映出对欧洲大学制度的借鉴，但从民初高等学校运作的实际情况看，"仿德国大学制"理想的《大学令》中的许多规定并未实现。蔡元培自己也说："清季的学制，于大学之上，有一通儒院，为大学毕业生研究之所。我于大学令中改为大学院，即在大学中，分设各种研究所。并规定大学高级生必须入研究所，俟所研究的问题解决后，始能毕业（此仿德国大学制），但是各大学未能实行。"② 由此可见，摆脱日本单一模式束缚的努力没有取得明显的效果。

## 二 《修订大学令》与中国大学制度的调适

《修订大学令》由担任北京大学校长的蔡元培提议，经教育部召集部分高等学校校长会议讨论，于 1917 年 9 月 27 日由教育部正式公布，其主要思想是蔡元培采用德国大学模式对

---

① 高平叔编：《蔡元培教育论集》，湖南教育出版社 1987 年版，第 488 页。
② 同上书，第 616 页。

1912 年《大学令》日本模式的修正，是日欧融合与中国大学制度的一次调适。

《修正大学令》，共 18 条，主要在四个方面对 1912 年颁布的《大学令》作了修正：（1）取消了《大学令》中大学以文理二科为主，文理二科并设者或文科兼设法商二科者，或理科兼医农工三科或二科或一科者的限制，规定凡设二科以上者得称为大学，"其单设一科者称为某科大学"，这便是中国近代高等教育史上设单科大学的肇始。（2）将《大学令》中大学各科之修业年限三年或四年、预科三年的规定，改为大学本科之修业年限四年、预科二年。（3）"大学设正教授、教授、助教授"，而在必要时得延聘讲师。（4）大学只设评议会，废止《大学令》大学各科各设教授会的规定，凡各科事项必须开会审议者，"得由各该科评议会自行议决"。其中，设单科大学一项延续到了 1922 年的"壬戌学制"。[①] 此外，《修正大学令》的颁布改变了大学内部的系科结构，一些单科的专门学校，纷纷改名为某科大学。

《修正大学令》是由蔡元培主持完成的，他认为"欧洲各国高等教育之编制，以德意志为最善"[②]，深受德国大学理念影响的蔡元培，把自己有关大学教育制度的设想在北大付诸实施，是中国引进德国大学制度的尝试。《修正大学令》的议案是由蔡元培所提的，体现了蔡元培主张的"学、术分校"的精神，大学专设文理两科，"以其专研学理"，法、医、农、工商分科，别为独立大学，注重术即应用研究。《修正大学

---

① 苟渊：《从传统到现代：近代中国的高等教育》，甘肃省民族出版社 2004 年版，第 109 页。

② 高平叔编：《蔡元培教育论集》，湖南教育出版社 1987 年版，第 197 页。

令》对大学内部管理体制作了相应的调整，废止了原大学令中的"各科教授会"，保留了评议会，并调整了评议会成员及审议项目。评议会以各科学长、正教授以及教授互选若干人为委员，大学校长自为议长，可随时召开评议会。1917 年 10 月，教育部召集在京各高等学校代表会议，修订大学规程，蔡元培又进一步提出"沟通文理"的意见，大学本科融通文、理两科的界限，在教学管理制度上，废除年级制，采用选科制。在学科制度上，在原有的分科大学之外，增设美术一门。法科大学可专设法律，其政治学及经济学各门，可并入大学本科。

简言之，从《大学令》的取消经科，不以忠孝相号召，确立教授在大学的主导地位，到蔡元培出掌北大时强调"大学者，研究高深学问者也"，"遵思想自由的原则，兼容并包"，主张"以美育代宗教"，扩充文科、理科、停办工科、商科，以及建立研究所、实行选科制等，均明显打上了德国大学的烙印。这也是蔡元培以北大校长的身份参与大学制度的修改，他将《修正大学令》中的规定，由文本变成实际行动。在北大，蔡元培主持校评议会，按《修正大学令》进行改革，北大成为全国各大学的楷模，使德国大学制度从理念转变为中国大学的实践，在实践层面上做到日欧融合。

### 三　大学区制与法国大学制度的引进

大学区制是法国大学模式，早在民国元年，任教育总长期间，蔡元培就曾建议实行大学区制。当时民国临时政府教育部就制定出《划分大学区议案》，拟在国内大学教育发达的北京、南京、武汉和广州设四个大学区，分别将该区附近的大学合并为一所大学。① 但由于赞成人数不多而未能实现。1922
年，蔡元培再次倡导大学区制，他在《教育独立议》中指出：
"分大学区与大学兼办中小学校的事，用法国制。大学可包括
各种专门学术，不必如法、德等国，别设高等专门学校，用美
国制。大学兼任社会教育，用美国制。大学校长，由教授公
举，用德国制。大学不设神学科，学校不得宣传教义与教士不
得参与教育，均用法国制。瑞士亦已提议。抽教育税，用美国
制。"② 由此可见，此时蔡元培所倡导的大学区制已不是完全
移植法国的体制，而是吸收了美、德等国家的制度。大学区的
主要内容，概括起来，主要体现在以下几个方面。（1）全国
分为若干大学区，每区设立一所大学，凡是中等以上各种专门
学术，都可以设在大学里面。大学区内的中小学教育以及社会
教育等都由大学办理。（2）大学的事务，由大学教授所组织
的教育委员会主持。大学校长也由委员会选举产生。（3）由
各大学校长，组成高等教育会议，办理各大学区相互关系的事
务。（4）教育部，专办理高等教育会议所议决事务之有关系
于中央政府者，及其他全国教育统计与报告等事，不得干涉各
大学区事务。教育总长必经高等教育会议承认，不受政党内阁
更迭的影响。③

　　1927 年，国民政府定都南京后，开始正式推行大学区制，设
立大学院，蔡元培任大学院院长，并决定在浙江和江苏两省试行
大学区制。虽然大学区制在试行不到一年的时间里就因多种原因
结束了短暂的生命，不过，这也是从辛亥革命之后，中国近代大

---

①　黄远庸：《远生遗著》，商务印书馆 1984 年版，第 62—64 页。

②　高平叔编：《蔡元培教育论集》，湖南教育出版社 1987 年版，第 335—336
页。

③　同上书，第 335 页。

学制度摆脱单一日本模式，尝试吸收欧洲大学教育制度的试验。

### 四　大学行政管理制度的改革

辛亥革命之后，为建立与资产阶级性质相适应的教育行政管理制度，1912 年 1 月，南京临时政府成立了教育部以代替清末的学部，为中央教育行政机构。8 月，教育部颁布《修正教育部官制》令，1913 年 12 月和 1914 年 7 月又进行了两次修订，经国会通过后才正式施行。根据修订后的教育部官制，教育部设教育总长、次长各一人，下有司长、佥事、主事等官职。在机构设置上，教育部下设六个平行机关：普通司、视学处、总务厅、参事室、社会司、专门司，分管各项事务。专门司下设大学科、专门科和留学科，大学主要由专门司负责。在中央教育行政体制改革的同时，省级教育行政机构也进行了相应的调整。1912 年，教育部要求原各省教育长官更名为教育司，1913 年 1 月，以大总统令的形式要求各省行政公署内设教育司；1915 年，教育部制订了设立各省教育厅的计划，1917 年 9 月，教育部公布教育厅暂行条例。各省教育厅的建立标志着省级教育行政机构的改革基本成形。教育厅下设三科，第二科分管专门教育和留学教育，师范教育由第三科负责。这样，从地方到中央，大学行政管理制度基本确立。辛亥革命后的大学行政体制改革，与当时大学教育学习日本经验为主一样，借鉴了日本教育行政管理体制，具有明显的中央集权制的特征。"教育部隶属于大总统，管理教育、学艺及历象事务。"[①] 教育总长、厅长、次长都由大总统亲自任命。"各省教

---

① 朱有瓛编：《中国近代学制史料》第 3 辑上册，华东师范大学出版社 1992 年版，第 87 页。

育厅直接隶属于教育部，设厅长 1 人，次长都由大总统简任，秉承省长执行全省教育行政事务，监督所属职员暨办理地方教育之各县知事。"随着 1922 年"壬戌学制"的颁布施行，自辛亥革命之后的教育行政体制改革基本完成。虽然发生了许多社会和政局的变动，但这一体制基本没有发生大的变动。

## 第五节　借鉴美国：中国近代大学制度的转向

### 一　"壬戌学制"与中国近代大学制度的定型

中国近代大学制度发展过程的一个突出特点，就是对西方大学制度的借鉴、模仿、融合所导致发展模式的不断转换。从民国初年的"壬子·癸丑学制"到 1922 年的"壬戌学制"再到 1928 年后的学制改革，高等教育体制完成了第二次转型，即由借鉴自日本的高等教育结构与办学模式转向了主要借鉴美国高等学校办学模式。由于帝制被推翻，新式教育已略具根基，加之文化上自五四运动开始对传统文化的反省、批判和整理，促使民国时期的高等教育走上了一条既要借鉴西方教育制度，又要使之本土化、中国化的道路。中国近代大学制度从1922 年"壬戌学制"的制定为标志，基本实现了由取向日本到借鉴德国，再到模仿美国的转换过程。直至解放前，中国近代大学制度发展模式的主旋律是以美国模式为基本走向，其中也融合了欧洲各国特点和中国本土的需要。

1922 年"壬戌学制"的颁布是清末以来先进的中国人学习西方教育制度，尝试建立和完善中国近代教育制度的结果。"壬戌学制"的制定最早要追溯到新文化运动期间，是近代中国耗时最长的一部学制。它是"五四新文化运动直接影响下的教育战线思想解放运动的综合性成果，充分体现了民主、科学精神"①。该学制取消了教育宗旨的规定，代之的是学制制定的七条标准，是制定"壬戌学制"的指导思想和理论依据：（1）适应社会进化之需要；（2）发挥平民教育精神；（3）谋个性之发展；　（4）注意国民经济力；　（5）注意生活教育；（6）使教育易于普及；（7）多留各地方伸缩余地②。"壬戌学制"中关于大学教育方面的规定，促进了中国近代大学教育制度的完善和定型。从学制系统比较来看，与美国在第一次世界大战后所实行的"六·三·三"十分相似，在大学阶段只设两级：大学或独立学院，研究院。"壬戌学制"中规定，大学设数科或一科均可，只单一设一科者，称某科大学校，如医科的学校、法科的学校之类。大学修业年限四至六年，各科得按其性质之繁简，于此限度内酌定之，医科大学校、法科大学校，修业年限至少三年，师范大学校，修业年限四年。大学校用选科制。因学科及地方特别情形，得设专门学校，高级中学毕业生入之。修业年限三年以上，年限与大学同者，待遇亦同。大学院为大学毕业及具有同等程度者研究之所，年限不定。在大学阶段，取消了预科。

"壬戌学制"对大学教育制度的改革主要有三点：一是取消大学预科，使高等学校和中学校直接衔接，高等教育由原来的三级变成两级。二是大学实行选科制，用法律的形式肯定了北大和东大在教学管理方面的改革。三是允许高等师范学校升格为大学，且独立设置。③

"壬戌学制"颁布之后，大学制度得到进一步的修正与完

①　宋恩荣：《近代中国教育改革》，教育科学出版社1994年版，第199页。

②　李才栋：《中国教育管理制度史》，江西教育出版社1996年版，第607页。

③　霍益萍：《近代中国的高等教育》，华东师范大学出版社1999年版，第168页。

善。1924 年 2 月 23 日，根据北京大学和东南大学的改革经验和具体做法，北洋政府教育部重新制定并颁布了《国立大学条例》，同时宣布原《大学令》和《大学规程》废止。《国立大学条例》共 20 条，另附则 3 条。其中对大学制度的规定并没有多大的改动，但其意义在于用法律的形式，基本上承认了蔡元培在北大和郭秉文在东大的改革，是对中国大学制度本土化试验的肯定，尤其是在大学领导体制上，逐渐完备，教授治校得到法律形式的保障与施行。《国立大学条例》在重申民初《大学令》的宗旨和"壬戌学制"中关于单科大学规定的同时，也做了些变更：一是增加大学董事会设置，与评议会平行，作为学校行政管理的核心组织，评议会则负责学校内部各组织、各项规程及其他重要事宜，并恢复民初大学教授会的设置，主要规划本校课程与教学；二是增设教务会议，必要时设教务长，审议学则、全校教学与训育事宜；三是大学教员设正教授、教授两级，由校长聘任；四是改各科学长为各科、各学系及大学院主任，由正教授或教授兼任；五是恢复了"壬戌学制"取消的预科。其中董事会的设置及其与评议会、教授会的分工以及设教务会议、系主任等规定，使得大学办学越发向美国大学模式靠近了。

1927 年南京国民政府成立后，先后颁布了许多高等教育方面的法规，其中 1928 年 5 月大学院召集的全国教育会议，通过了《整顿中华民国学校系统案》（又称"戊辰学制"），对全国学校教育进行了比较全面的调整，但整体上来看，大学教育方面并无多大变动。此后，国民党政府颁布了一系列高等教育的法规，建立起国民党高等教育制度，其中有关大学制度的法规有《大学组织法》（1929 年 7 月 26 日）、《大学规程》（1929 年 8 月 14 日）和《大学研究所暂行组织规程》（1934

年5月19日）。根据这些法规，大学机构有独立学院、大学和研究所。其中独立学院是规模较小的大学。按照规定，大学内可分八个学院，具备三个学院以上者，称为大学，不满三个学院者，称独立学院，与大学在性质上本无区别。大学以研究高深学术，养成专门人才为宗旨。除医学专业五年外，其余均四年毕业；分国立、省市立和私立三种，所有大学的设立、变更及停办，均须经教育部审核。在这一规定下，教会大学纷纷向教育部立案被纳入中国大学制度之中，对中国近代大学的发展和大学制度的完善具有积极的推动作用。对大学内部管理体制也作了相应的调整，取消了董事会，改评议会为校务会，其性质也由立法决策机关变为议事机关。校内院系设置由两级改为三级，即校、院、系的行政架构。在学科制度上强调对农工商等实科的重视，并延长学制，必修课程趋于统一。在教学管理制度上，实行学年学分制的改革。

《大学组织法》也规定大学可设研究所，但对大学研究所的专门规制，教育部1934年才公布《大学研究院暂行组织规程》，并于1935年颁布《学位授予法》，大学研究所制度日渐完善，开始走上正规化。按规定，大学研究院下分文、理、法、教育、农、工、商、医各研究所，凡具备三个研究所以上者，方可称研究院。研究院院长由大学校长兼任，内设院务会议、所会议，分别处理学术、行政事宜。

《国立大学条例》可以被看作是中国近代大学根本性质转变和从模仿日本到模仿美国这一过程完成的标志①。自"壬戌学制"始，大学制度受到美国影响有着诸多方面的原因，首

---

① 霍益萍：《近代中国的高等教育》，华东师范大学出版社1999年版，第169页。

先是国内教育界对模仿日本的批评和中国教育实践所取得的成就。其次是郭秉文在东南大学移植与借鉴美国模式的成功经验。郭秉文在办学的指导思想方面，吸收了西方，特别是来自美国的大学理念，坚持学者治校、学术自由、学生自治。他在东南大学的改革，完全以美国大学教育制度为蓝本，也开启了此后大学仿行美国大学模式注重实用学科的先声。大学制度方面主要体现在：一是学校领导体制上仿美国大学制度添设校董会，作为全校最高的立法和决策机构，地位与校长并列甚至更高。二是坚持教授治校，并通过《东南大学组织大纲》的形式使之制度化。其中校董会的设立最引人注目，并成为1924年《国立大学条例》的重要内容而在全国推广，此后各大学的董事会纷纷改名为校董会。再次是中外教育交流的进一步发展。在这一时期中美教育交流取代了中日教育交流成为主流，留美学生逐渐超过留日学生，从而带动了美国教育思想的不断输入，特别是杜威和孟禄等美国著名教育家来华演讲和访问，引起了中国教育界在思想上的变革。从美国留学归国的郭秉文、蒋梦麟、胡适、陶行知等人更是参与到中国近代大学改革之中。孟禄通过对中国教育情况的实际调查，对学制的制定甚至产生直接的影响。他参与了1921年在广州的第七届全国教育联合会，围绕着制定学制的一些根本问题，发表一次演讲，并与与会代表进行了讨论。孟禄对于会议的进行贡献很多，"博士本教育行政专家，此次来华，又系为调查学制而来，恰值学制改革草案讨论之际，其言论主张直接影响于会议，间接影响于今后全国教育界者实非浅鲜"[①]。最后，从社会环境来

---

① 钱曼倩、金林祥：《中国近代学制比较研究》，广东教育出版社1996年版，第251页。

看，美国是在 1861 年至 1865 年南北战争以后经济高速发展的情况下提出改革旧学制，实行"六·三·三"学制的，而中国在经历第一次世界大战后，在战争的夹缝中民族资本主义得到暂时较快发展的情况下，提出改革旧学制的要求。因而，借用美国模式有着良好的社会基础。但是，这绝不是对美国模式的简单移植，它也是适合中国国情、有着自己特点的，参加学制制定的教育家陶行知就评价这个学制"颇有独到之处"①。

## 二　大学行政管理制度的改革

1927 年，国民政府定都南京后，开始正式推行大学区制，设立大学院，蔡元培任大学院院长，并决定在浙江和江苏两省试行大学区制。在行政管理上，在中央设大学院，以替代教育部。其职权不仅是管理全国教育行政事宜，同时兼具全国最高学术研究职能。在地方，实行大学区制，废止各省教育厅，以各省国立大学为教育行政机关，大学校长总理区内一切学术与教育行政事宜。包括管理区内大专学校、公立中小学及社会教育。大学院分设三大职能部门：（1）教育行政部门，分管具体事务；（2）学术研究及其他国立学术机构（国立大学、中央研究院、中央图书馆）；（3）各种专门委员会（政治教育、经济计划和考试制度委员会等）。② 此外，还平行设置了"大学委员会"为大学院最高立法机构，也是全国最高学术、教育评议及管理机关，负责推荐本院院长及议决全国教育上学术上重大方案等事项。大学院实行院长制与委员制的结合，采取

---

　　① 陶行知：《陶行知教育文选》，教育科学出版社 1981 年版，第 19 页。
　　② 李才栋：《中国教育管理制度史》，江西教育出版社 1996 年版，第 636页。

计划与实行并进的措施，强调学术与教育并重。大学院制表明，以蔡元培为代表的资产阶级教育家渴望教育独立，"以学术辅助行政"，使大学院成为全国最高的学术教育机关，从而达到"教育官僚化"为"教育学术化"服务的目的，以期改造中国大学教育，形成新的大学制度。从形式上来看，大学院制是借鉴法国的大学制度，但是由于当时中国的政治环境以及大学院本身的缺陷，1928 年 10 月就宣布取消，结束了短暂的生命。因而，在这一时期，大学行政管理的主流还是美国模式，即使是在试行大学院制时期，也是与美国的行政管理制度结合，而并非完全是法国模式的移植。蔡元培在提倡教育独立，实现"教育学术化、学术研究化"的教育体制改革时也指出，"抽教育税，用美国制"①。1929 年，国民政府重建教育部，根据《教育部组织法》，实行政府和教育部门双重领导。重建后的教育部职能得到扩展，其基本职能确立为：（1）管理全国学术及教育行政事务；（2）对地方最高行政长官执行本部主管事务，有指示监督之责；（3）就主管事务对于各地方最高行政长官之命令或处分，认为有违背法令或逾越权限者，得申请行政院提经国务会议停止或撤销之。② 在大学管理方面，改专门教育司为高等教育司，设立大学委员会，重视教育与学术问题，增设学术审议委员会。在地方教育管理机构方面，根据 1931 年颁布的《修正省政府组织法》规定，恢复省教育厅的设置。但教育厅与教育部无直接关系，仅受其业务监督指导，加重政府对教育的控制权。这种行政管理模式一直延续到中国的解放，从中可以看出美国分权管理的影响，强调省

---

① 高平叔编：《蔡元培教育论集》，湖南教育出版社 1987 年版，第 336 页。
② 李才栋：《中国教育管理制度史》，江西教育出版社 1996 年版，第 639 页。

级政府对地方大学的管理权力，通过制定法令和法规对大学实行法治化管理，走以法治校的路径。但仍具有高度的中央集权控制的特点，中央的权力通过财政和法令的形式进一步向地方扩张，既表现在这一时期对大学的统一化管理方面，特别是党化教育的推行，以及大学课程的统一标准，等等，还表现在大学管理的细节上，如助教讲师资格的认定都要报教育部核准。随着国内政治局势的变化，国民党政权对大学生的爱国民主诉求的恐惧，更是加强了对大学管理的控制。即使如此，由于复杂的政治历史原因以及国内国际环境的影响，国民党政府对大学的实际控制并没有得到预期的效果，这在很大程度上得益于以大学校长为主的教育家群体，他们在大学与政府关系的博弈过程中，敢于坚守大学理念，不计个人得失，更不怕丢官弃位，怀着"教育救国"的赤子之心，以中西会通的文化观，将西方大学精神作为大学制度建设的圭臬，才出现了 20 世纪 30 年代中国大学的"黄金"时代。正如费正清所言："到 30 年代，他们（中国的教育家——引者注）成功地创造了较为自主的和多样化的高等教育体系，较少直接受到政府和官方正统观念的控制。"①

## 第六节　借鉴与融合：大学校长与中国近代大学制度的本土化建构

　　产生于 19 世纪末的中国近代大学教育制度，是在中外教育的交流、碰撞、吸纳和融合的背景下，学习借鉴西方大学制

---

① 〔美〕费正清等主编：《剑桥中华民国史》下册，中国社会科学出版社1993 年版，第 416 页。

度，并结合本国国情，不断地进行转换和调适，以探索中国大学制度本土化的道路。从"壬寅学制"到"壬戌学制"的演变，在近半个世纪的历史变迁中，中国近代大学制度的建设不断趋向民主、科学，这也与中国近代大学制度在向西方学习的过程中的本土化努力密切相关。在此过程中，中国教育人士，特别是大学校长的自主意识和创新能力日益提高，中国的近代大学制度也很快从起初的更多的"移植性"迅速地向"本土化"方向发展。如何理解中国近代大学制度的形成与发展，最早对此作出理论解释的是西方学者提出的"冲击—回应"(impact-response model) 的"西方中心论"和"中国中心论"两种截然不同的观点。前者强调的是"西方中心"，早期代表人物是美国著名汉学家费正清。他站在文明冲突和对抗的立场上，认为中华文明缺乏内在动力去突破传统框架，它只能在巨大的冲击下，被迫对西方作出反应。因此，中国近代大学制度也就是在西方大学制度冲击下的被动反应。"中国中心论"则是直接来自对费氏的批判，柯文（Paul A. Cohen）的《在中国发现历史——中国中心观在美国的兴起》对"冲击—反应"模式进行抨击和批判，重构了研究中国历史的新模式——"中国中心论"①。针对"冲击—回应"理论，柯文提出了"内部取向"这一全新的概念，柯文认为："在复杂的环境中，中国社会内部结构产生的各种巨大的势力不断发生作用，不断为自己开辟前进的道路……中国社会演变的动力来自中国内部。"②

---

① 对费正清的中国研究范式提出质疑的还有爱德华·赛义德（Edward W. Said）强调的"东方批判"，德立克（Arif Dirlik）主张的"思想文化研究反思"，黄宗智提出的"中国研究规范认识危机论"等。

② ［美］柯文：《在中国发现历史——中国中心观在美国的兴起》，林同奇译，中华书局 2003 年版，第 117 页。

这就是"中国中心观"。无论是依附论还是中国中心论，它们都没有摆脱普遍主义与特殊主义的二元认识论。普遍主义作为一种思想运动，强调历史的统一性，它试图去建立一套对所有人都通用的、统一的价值准则，不断深化关于人类一致性的信仰[①]，强调文化价值的普世性，而特殊主义则大多持文化相对主义，强调文化个性以及文化的特殊价值以及文化发展的多样性和多元化。普遍主义与特殊主义的悖论无法用来解释中国近代大学制度的形成与发展，罗荣渠认为："近代中国的研究，不论是持'西方中心'观还是'中国中心'观，都是片面的。中国走向现代世界是众多内外因素互动作用的'合力'所推动的。"[②] 在这一观点的启发下，王小丁博士提出了"双向冲击—回应"理论。即一种异域文化在中国的传播必定要对中国文化产生冲击，中国文化并不是消极、被动地接受和吸收异域文化，而是在不断地抵制，改造甚至是对抗，这既是对异域文化的回应，同时产生极大的反作用，对异域文化产生冲击，异域文化也必须作出调整和回应，同理，一种异域的教育要在中国扎根除了对中国教育产生冲击，自身也必然会受到本土文化的反作用。[③] 该理论所强调的本土化反作用，许美德教授也持同样的观点，她认为："没有这种本土化，也就不可能运用这种学术文化来解决每一个国家与民族所面临的不同的时间问题，从而也就必

---

①　胡卫清：《普遍主义的挑战——近代中国基督教教育研究》，上海人民出版社 2000 年版，第 10 页。

②　罗荣渠：《跨世纪的沉思——对近代中国社会巨变的再思考》，《天津社会科学》1994 年第 1 期。

③　王小丁：《中美教育关系研究（1840—1927）》，博士论文，河北大学，2007 年，第 7 页。

然使这种文化失去其生命与活力。"① 这种本土文化的作用对中国近代大学制度形成的作用也被许多学者所认同。郑登云教授说:"中国近代的高等教育,是伴随着中国社会资本主义经济的发展,以及西方的近代科学技术知识在中国的传播而产生的,以 1862 年成立的京师同文馆为标志。但是,中国的高等教育源远流长。在中国古代社会,存在着培养高层次专门人才的古代大学教育,近代高等教育,也是在古代大学教育的基础上发展起来的。"② 熊明安教授指出:"中国近代高等教育虽然是以学习西方资本主义国家的高等教育经验为主体发展起来的,但并不是完全抛弃了中国古代高等教育的经验。在中国近代高等教育中,仍然保留着中国古代高等教育的许多传统。"③

以迈耶、罗文、迪马乔和鲍威尔等人为代表的新制度主义学派提出的制度同形性理论为我们解释中国近代大学制度的形成与发展提供了很好的工具。他们认为,组织领域的特征就是组织的生命周期,在组织年轻阶段,效率是主要的,在成熟期,制度的同形性则控制着生存④。这里所谓的制度同形性,实质上是"制度的形同质异"。即在制度变迁过程中,由于合法性机制的作用,不同组织之间在制度形式上会逐渐趋同,但组织之间实质的差别并不会因此而消失。王建华博士根据这一理论分析了中国近代大学制度的合法化机制,从而指出近代中

① [加]许美德:《东西方大学与文化》,赵曙明译,湖北教育出版社1996 年版,第 124 页。

② 郑登云:《中国高等教育史》上册,华东师范大学出版社 1994 年版,前言第 3 页。

③ 熊明安:《中国高等教育史》,重庆出版社 1988 年版,第 613 页。

④ 薛晓源、陈家刚编:《全球化与新制度主义》,社会科学文献出版社 2004年版,第 135 页。

国式大学制度的产生并非完全来自外源性的模仿，中国大学虽然在组织制度的形式上与西方式大学越来越趋于一致，但实质上二者之间还有很大的差异①。尽管这种"形同质异"的大学制度具有消极意义，但对中国本土因素的吸收是创造未来中国大学制度模式的重要资源。从变迁过程来看，中国近代大学制度经历了强制性变迁和诱致性变迁的转变，从而获得制度的合法性。强制性制度变迁"是由政府法令或法律引入和实行的"②，其主体是国家，国家的基本功能是提供教育法律和教育秩序，并对教育资源进行社会分配。自民国临时政府成立以后，政府通过制定统一学制、颁布法律法规的方式，开始强制性地进行大学制度建设，由于缺乏强有力的政府支撑，强制性制度变迁的效率并不高，这一点毋庸置疑。诱致性变迁指一群（个）人在响应由制度不均衡引起的获利机会时所进行的自发性变迁。肇始于新文化运动期间的"壬戌学制"的出台，可以看作是诱致性制度变迁，这种来自民间教育团体，自下而上变迁的动力主要来自本土因素。中国本土的教育家在这个过程中发挥着重要的作用。庄泽宣指出："我们以往的错误，便是把实业已经发达国家的教育制度，搬到中国来；所以只是造成了若干的高等游民，于国家社会毫无裨益。""改造中国教育之路，则曰从各国新实验里找，从专家研究里找，从本国实例找，从本国需要找，而归终则在中国教育家之自为研究与实

---

① 王建华：《从中国式大学到大学的中国模式》，《现代大学教育》2008 年第 1 期。

② 林毅夫：《关于制度变迁的经济学理论：诱致性变迁与强制性变迁》，［美］R. 科斯等《财产权利与制度变迁——产权学派与新制度经济学派译文集》，陈昕主译，上海人民出版社 1994 年版，第 384 页。

验。"① "要把新教育中国化，至少要合于下列四个条件：一是中国的国民经济力；二合于中国的社会状况；三能发扬中国民族的优点；四能改良中国人的恶根性。"② 张伯苓指出："中国自有其天然特别环境，与夫传统特别文明，适于彼者，未见适于此。外人之法制能资吾人之借镜，不能当吾人之模范。革新运动必须'土货'化，而后能有充分之贡献。"③ 国际联盟教育考察团也强调中国大学教育必须中国化。"现有某数大学，却已从事于解决此种问题。用本国之生活及文化为大学功课之中心，而教学之计划，亦仅在可能范围内，设法由各方面阐明此中心题目。达此目的所必要的方法，似有两项。其一，决定所用课程及课本之教材时，应视此项教材能否满足将来在中国生活之青年男女之需要，以为选择之标准。其二，聘任教师时，不但应注意其普通之教育学识，且应注意其应付本国材料之能力。"④ 中国近代大学校长的本土努力是诱发大学制度变迁的重要力量。

诺思在《制度、制度变迁与经济绩效》中明确提出了制度变迁中的路径倚赖（Path Dependence）的思想。所谓的路径倚赖意味着今天的选择受历史因素的影响，人们过去的选择决定了他们现在可能选择。任何制度创新都离不开一定的历史社会环境。制度变迁是在现有制度矩阵基础上发生的渐进变化。这意味着许多制度可能不是人们根据理性计算设计

---

① 庄泽宣：《如何使新教育中国化》，民智书局1929年版，第1—2页。

② 同上书，第24页。

③ 王文俊编：《南开大学校史资料选》，南开大学出版社1989年版，第38页。

④ 国联教育考察团：《中国教育之改进》，《中国教育年鉴》第2册，宗青图书公司1977年版，第184页。

的结果，而是由原有制度变体和进化而来。制度变迁的方向和可能出现的制度形式，除了受到制度变迁的起点的影响外，还要受到既有的文化、传统、信仰体系等因素的制约，是一种文化适应的累积过程。由于起点、文化、信仰体系等方面的差别，以及文化认知模式的局限，不同国家和地区制度变迁的"终点"在大多数情况下是不相同的。而在这一方面，大学校长作为中国传统"士"层阶级向现代知识分子过渡的典型代表，他们是传统文化的继承者与新文化的创造者，在中国社会转型的大舞台上，立足中国社会，在教育实践中，通过借鉴与融合，建构起中国近代大学制度。从发生学的角度来看，中国近代大学制度的发展绝不是简单模仿与移植，而是在对外来大学教育模式的引进中不断进行转换和调适，使其符合本国国情，不断使之本土化的过程。从"壬子·癸丑学制"到"壬戌学制"，成功地实现了由对日本模式的移植到美国模式借鉴的转向，在发展模式不断转换的过程中，一个重要问题是如何处理传统与移植的关系。其实质是中国传统教育的影响与从西方移植而来的西方高等教育理念、课程体系、教学内容和方法的冲突、融合，构成了中国现代高等教育发展过程中的另一对矛盾。[①] 中国教育界人士，尤其是大学校长在解决这一矛盾的过程中，本土化意识和探索在不断增强。

从京师大学堂开始，中国近代大学制度萌芽阶段就曾作过本土化尝试。首先，在办学指导思想上，体现出本土需要。京师大学堂是维新变法的产物，《奏拟京师大学堂章程》提出了中学为体，西学为用的办学方针，认为"二者相需，缺一不

---

① 　田正平：《中国高等教育百年史论》，人民教育出版社 2006 年版，第 8 页。

可，体用不备，安能成才"，并把"乃欲培植非常之才，以备他日特达之用"①奉为创办大学堂的目的。其次，强调欧美的教育制度、日本教育与本国教育实践融合。军机大臣和总理衙门筹建京师大学堂时就是"查取东西洋各国学校制度，暨各省学堂现行章程，参酌厘定"②。一方面，从梁启超起草的大学堂章程与总理衙门《奏拟京师大学堂章程》的修改中就可以看出。修改稿与原稿相比，只有8章54节，较原稿少30节。在奏章的文字表述上，每节开始多用"西国"，而非日本，由此可见以西方学制为主。③另一方面，在章程中穿插了中国书院及广州万木草堂与湖南时务学堂的制度，体现出西学制度与中国当时各省办学实践相结合的方针。最后，在学科设置上，体现出民族特色，京师大学堂在日本大学六科的基础上添设经科和商科，共有八科。无论我们今日如何批判大学堂经科的封建性，但是，开设经科具有明显的继承汉学的目的和特色。至于"商科"则是随经济的变化发展和当时国际贸易的需要而有所"创新"。但毋庸置疑，相对于整体教育模式来说，此时京师大学堂所做的本土化努力只是初步的，甚至是幼稚的，在许多细节上的移植特征更为明显，例如在课程设置方面，京师大学堂与日本没有太大的走样，甚至两大学堂的房屋建造，也极欲模仿日本。

壬寅、癸卯学制是中国近代大学制度结合中国国情本土

---

① 北京大学校史研究室编：《北京大学史料》第1卷，北京大学出版社1993年版，第82页。

② 陈学恂编：《中国近代教育史教学参考资料》上册，人民教育出版社1986年版，第434页。

③ 苏云峰：《中国新教育的萌芽与成长》，北京大学出版社2007年版，第86页。

化的继续。张百熙声称："以求才之故而本之学校，则不能不节取欧美日本诸邦之成法，以佐我中国二千余年旧制，因时势使然，第考其现行制度，亦颇与我中国古昔盛时良法，大概相同。"① 他认为："虽中外政教风气原本不同，然其条目秩序固不必尽泥其迹，亦不能不兼取其长，以期变通而尽利。"② 张之洞也强调： "总以得西法之意，适中国之用为主。"③ 适合中国国情的本土化努力首先表现在立学宗旨上，虽然中日都强调国家社会本位论，但中国的学制除去了日本浓厚的军国主义色彩，代之以中国传统文化的德治与向善。其次，在教育思想上，逐渐摆脱"中体西用"的思维方式，转向"东西融合"的理路。日本在处理"东西融合"方面所取得的成功经验，对中国本土化大学制度的创立与发展具有最直接的借鉴意义。吴汝伦受命到日本考察教育，日本方面就为其定下应学会"熔而化之"，而不仅在于模仿的基调。《日日新闻》发表文章指出："我国今日之教育，其源全在采取欧美之制度，以至今日之完备。而其所以不惟模仿，兼能熔而化之者，则究由消化之力之强也。"④ 吴汝伦在日本的教育考察也就以摆脱中国融合东西文化的困境为起点，在与日本学者的交流中，逐渐了解了日本"求知识于世界"，实现文化转型的内在机制，改变了自己的传统思维方式，坚定了融合东西文化以解决中国教育问题的思想。尽管这并没有改变壬寅、癸卯学制

---

① 陈学恂主编：《中国近代教育文选》，人民教育出版社1983年版，第275页。

② 刘锦藻：《清朝续文献通考》，浙江古籍出版社1988年版，第8607页。

③ 张之洞：《张文襄公全集》，中国书店1990年版，第978页。

④ 吕顺长编：《晚清中国人日本考察记集成·教育考察记》上册，杭州大学出版社1999年版，第361页。

的"中体西用"根本指导思想，但在大学制度的具体内容上有所体现，如学校管理、教育经费筹措等方面，融合东西成为重要的价值取向。最后，"壬寅学制"在参照日本学制时，考虑到中国尚不具备办大学的条件，决定从预科开始，因而将日本大学的大学院、分科大学两级制，改成大学院、分科大学、大学预科（高等学校）三级制，并根据中国实际需要，在大学设速成科，分为仕学馆和师范馆两门。在学科设置上，在日本的六科大学的基础上增设商科。"癸卯学制"将大学院更名为"通儒院"，更具中国文化特色，在原有的七科大学基础上增设经学科，并将其置于各科之首，反映出其注重经学的特点。尽管"癸卯学制"中尊孔读经的特点一直被认为是封建性而遭到抨击，乃至被一些教育史学者彻底否定，但是除去经学在形式和内容上的封建性，从文化传承的角度来看，对传统文化的继承也应是大学的职能所在，特别是对民族文化的发展和创新起着重要的作用，这也是大学本土化发展所要解决的重要问题。

辛亥革命之后，中国近代大学制度开始有意识地摆脱单一的日本模式影响。蔡元培对"癸丑学制"制定的说明中就提出："惟欧洲各国学制，多从历史上渐演而成，不甚求其整齐划一，而又含有西洋人特别之习惯；本则变法所创设，取西洋各国之制而折衷之，取法于彼，尤为相宜。然日本国体与我不同，不可不兼采欧美相宜之法；即使日本及欧美各国尚未实行，而教育家正在鼓吹者，我等亦可采而行之。我等须从原理上观察，可行则行，不必有先我而为之者。"[1] 在本土化的探索过程中，一方面靠的是借鉴欧洲，特别是德国、法国等国的

---

① 高平叔编：《蔡元培教育论著选》，人民教育出版社 1991 年版，第 15 页。

模式来改造中国大学制度，另一方面，靠的是以蔡元培等为代表的大学校长在实践层面，以兼容并包的精神，在吸收和消化西方大学精神和制度的同时，孕育中国本土的大学精神和制度，形成中国大学制度的楷模，影响着这一时期中国大学制度的形式与内涵。从形式上来看，蔡元培是借用德国大学制度改革日本的单一影响，但他并非单一地用德国模式，其中结合了法、美等国的合理因素，是一种日欧融合的模式。但是，从实质内容上来看，无论是方法还是目的，蔡元培所进行的大学制度改革最终目的是要建立中国的大学制度，而不仅仅是欧化，其中对中国传统书院的提倡更是说明他对中国传统大学制度精华的继承与发扬。

"壬戌学制"是中国近代大学制度转向美国的重要标志。廖世承先生在解放后评价这个学制时说："一方面为了纠正旧制的缺点，一方面为了适应时代的要求，并不是好学时髦，或盲从美制。"① 还有学者认为，"壬戌学制"既有对美国大学教育体制的借鉴，又有对民初相关规定的继承，不但努力与世界先进国家的高等教育体制接轨，也考虑了其中国化问题，较之民初学制应该说要完备②。"壬戌学制"的出台，是经过自下而上的，长达七年多的反复论证和试验，是近代中国教育界探索符合中国国情的教育制度的可贵尝试。这一时期，中国大学改革所取得的成就，既是大学制度本土化发展的结果，也是进一步推动大学制度本土化发展的实践基础，说明了中国近代大学制度的发展不仅是模仿日本、欧美的结果，也是对国内大

---

① 《廖世承先生对1922年学制的看法》，《华东师范大学学报》（教科版）1984年第1期。

② 钱曼倩、金林祥：《中国近代学制比较研究》，广东教育出版社1996年版，第230—277页。

学制度发展经验的升华，从而避免了在吸取国外大学制度上的盲目性，借鉴与融合是中国大学制度的本土化所努力的方向，而不是纯粹的移植和模仿，依附于发达国家大学制度的发展。

从"壬戌学制"制定的过程可以看出，该学制并非完全盲从美制。与前几个学制的制定过程相比，一个最大不同就是这是一个自下而上的过程，中国教育界的本土努力起着重要的作用。1915年湖南省教育会认为"壬子·癸丑学制""仿自日本，数年以来，不胜其弊"①，就提出"改革学校系统案"，并提出完整的学校系统表供教育联合会审议，虽为议决，但开始了"壬戌学制"的酝酿阶段。1919年全国教育联合会第五届年会上，浙江省教育会提出改革师范教育案，并决定以改革学制作为第六届年会的提案方针之一。次年，安徽、奉天、云南、福建四省共向年会提交学制改革议案五件。1921年，在广州举行的第七届年会，汇集了来自17个省区的35位代表，共收到来自广东等省的关于学制问题的议案11件。大会决定以广东提案为基础，结合参考其他省区的提案，拟订学校系统草案，"壬戌学制"进入了实际运作阶段。草案是在认真考察了德、英、美、法、日五个国家的学制，并进行了系统的比较，结合世界各国学制发展的趋势的基础上出台的。其中关于大学教育，主要有两条："大学趋向四年；提高中学程度，不设大学预科。"② 该学制系统草案是经过较为充分的酝酿，集中了教育界广大人士智慧的产物。第七届年会出台的学制草案

---

① 朱有瓛编：《中国近代学制史料》第3辑上册，华东师范大学出版社1992年版，第54页。

② 朱有瓛编：《中国近代学制史料》第3辑下册，华东师范大学出版社1992年版，第746页。

通过媒体的宣传，很快引起国内教育界的热烈讨论，《新教育》、《中华教育界》等比较有影响的刊物，通过开设专号或专栏的方式参与讨论，并在广州、天津等地得到积极的试行，形成了一个群众性学制改革运动，时称"新学制运动"。来自民间的教育改革的推动，也是对政府的一种促进，教育部也"鉴于学制改革之不可缓，乃拟召集学制会议"[1]，从而促成"壬戌学制"进入了正式的审定与颁布阶段。从学制的制定过程来看，在学习美国模式改革学制的态度上，一方面，坚持以"我"为主，集中了中国教育界的集体智慧，是在长期酝酿，广泛讨论，反复修改的基础上形成的。另一方面，在学习外国经验时采取了明辨择善的原则。当时国内许多教育家都提出对外国的经验"最忌抄袭"，应该本着"明辨择善"的原则。陶行知的观点很有代表性："外国经验，如有适用的，采取他；如有不适用的，就回避他。本国以前的经验，如有适用的，就保存他；如不适用的，就除掉他。去与取，只问适不适，不问新与旧。"[2] 正是持这种态度，才具有自我反省与批判的功效，使得 1922 年以后，美国化倾向出现以后，能够得到及时的纠正，这也是中国近代大学制度能够坚持本土化发展的重要原因之一。这次自下而上的学制改革过程，以全国教育联合会为主要载体的民间教育组织在学制制定的过程中起了重要的作用，它集中了来自第一线的教育工作者、行政管理人员和教育专家，包括国外教育专家的建议，并与教育实践相结合，是理论探讨与实践试行相结合的良好范例，因而这个学制是借鉴国外

---

经验与本土经验结合的产物。

南京国民政府成立后，1928 年 5 月通过《整顿中华民国学校系统案》（又称"戊辰学制"），此后的调整或改革的方向越来越本土化、中国化。1928 年"戊辰学制"系统的六项原则中，第一条就是"根据本国实情"[①]，明确提出适应中国国情的问题，说明教育界对新教育中国化的认识进一步深化。通过习得西方大学精神来改造大学制度，由此制定出的大学制度，不仅是形似，更在于其神。在大学制度的质的规定上，吸收和消化了西方大学制度的先进经验，并融入了中国传统大学制度的合理因素，因而，更具有本土适应性。"特别是反映了中国民族资本主义发展对人才的要求，采取了因地制宜的原则，照顾了我国地域辽阔，各地发展不平衡的现实特点，充分注重了学制的弹性和灵活性，克服了壬子、癸丑学制单调、整齐划一、过度刚性的缺陷，因此，它具有明显的本土化特色。"[②] 在五四之后出现了文化反思的潮流，重新认识和评价中国传统文化的价值，反映在大学教育上，是对中国传统大学教育的重新认识和评价，新文化运动的重要发起人胡适、陈独秀都提出应当吸收旧教育的精神和方法。五四后中国高等教育对书院的重视，反映了人们对引进西方教育制度的反思，是当时整个大学文化反思的一部分。它不是怀旧、复古，而是在对外国高等教育全面了解和对中国半个世纪以来高等教育改革反省的基础上，去探索现代大学制度上的一次飞跃。[③]

---

① 宋恩荣：《近代中国教育改革》，教育科学出版社 1994 年版，第 226 页。

② 熊志翔：《高等教育制度创新论》，广东高等教育出版社 2002 年版，第 20 页。

③ 胡国铭：《大学校长与大学发展研究》，华中科技大学出版社 2004 年版，第 188 页。

作为后发展国家的大学制度，移植与借鉴西方大学制度是必然的选择，在对异域文化的吸收与排斥、碰撞与融合的过程中，会产生两种不同的效果。一种是对先进文化精华的吸收，把现代化大学制度中的灵魂即"大学自治、学术自由"植根于大学校长、大学员工与政府首脑的思想之中，这是良性的结果。另一种是对现代化大学制度的外形或结构的照搬照抄，即重组织结构功能，重制度的文字化轻运作机制，重设备轻人才，等等，这是一种变异或变种，是一种恶果。[①] 借鉴、移植西方先进国家的大学教育制度，对于后发展国家而言是一种必然的选择。但是，如果这种模仿、移植缺乏中国传统文化的认同，缺乏对中国教育历史的体认，缺乏对中国本土教育制度资源的利用和创新，就很难取得完全的成功。胡适曾说："我国书院的程度，足可以比外国的大学研究院。""书院之废，实在是吾国的不幸事。一千年来学者的自动研究精神，将不复现于今日。"[②] 书院传统的骤然中断，无疑使得体制外的教育空间和教育资源在制度设计上失去了依归，使现代教育制度的民族化、本土化失去了重要的可资利用的制度资源。中国近代大学校长充分认识到这一点，采取借鉴与融合的方式有力地促进了中国近代大学制度的本土化发展。

---

[①]　胡国铭：《大学校长与大学发展研究》，华中科技大学出版社 2004 年版，第 181 页。

[②]　白吉庵、刘燕云编：《胡适教育论著选》，人民教育出版社 1994 年版，第 193 页。

# 第三章

# 中国近代大学精神的本土化

肇始于中世纪的大学，成为世界上最古老的组织机构，"大学的存在时间超过任何形式的政府，任何传统、法律的变革和科学思想"①。究其原因应归功于大学精神。大学精神使它在产生之日起，就能在宗教和政府的夹缝中生存下来，并能够茁壮地成长，使大学从社会的边缘走向了中心。大学之所以能够名噪一时，誉满全球，其内核是大学精神的延绵不断，时代相继，成为大学的灵魂。只要大学灵魂不死，大学之树就常青，就能担负起人类文化传承的历史使命。因此，A. 弗莱克斯纳指出，"总的来说，在保障大学的高水准方面，大学精神比任何设施、任何组织都更有效"②。正是大学精神这种经历时间的积淀而具有的稳定性和可通约性的特征，使得大学组织能够顺利地从一个大陆输送到另一个大陆，从一种文化传播到另一种文化，大学"趋同"的力量是其得以延续和传播的重要因素。但是，民族国家出现后将大学精神打上民族文化的烙印，民族精神这一"趋异"的力量使得大学发展呈现缤纷多

---

① ［美］约翰·S. 布鲁贝克：《高等教育哲学》，王承绪等译，浙江教育出版社 1987 年版，第 27 页。

② Abraham Flexner, *Universities: American, English, German*, Oxford Umiversity Press, 1930, p. 348.

姿的现象，也成为大学精神得以发展和创新的重要来源。在"趋同"和"趋异"力量的共同作用下，中国近代大学既具有世界大学精神的通则，更具有民族特色。中国大学精神的形成是一个积淀、选择、创新的过程，是中西文化交流与融合的结果，是以中国传统大学精神为基础，吸收西方大学精神的本土化的过程。在这个过程中，以蔡元培为代表的一批大学校长作出重要的贡献，他们是中国大学精神形成的重要主体之一，是中国大学精神的开拓者。

## 第一节　大学精神的界定

中国学术界对大学精神内涵的探讨是在 20 世纪 90 年代，1998 年北京大学 100 年校庆前夕，陈平原写了《北大精神及其他》，任剑涛、杨东平等人使用"大学精神"这一概念写文编书，才有"大学精神"概念的独立运用①。在实践层面，以北大百年校庆为契机的中外校长论坛，从管理层面推动了对大学精神深层次的思考，在创建世界一流大学的声浪中，不可避免地要去追问大学精神，特别是中国大学精神是什么。在理论层面，大学精神以及与之相关的大学理念成为博士论文选题的重要领域，并有代表性著作问世，从理论上推动了对大学精神的研究。为什么在中国近代大学产生近百年之后才形成研究和讨论中国大学精神的热潮呢？其原因还应追溯到中国近代大学的产生。大学作为社会的产物，必然承担起社会的使命。诞生于清末的中国近代大学，是中西交汇的产物，从文化思想的层

①　储朝晖：《中国大学精神的历史省思》，山西教育出版社 2006 年版，第24 页。

面看，中国处于自明末清初以来经世致用的思想占主导地位的时期，顾亭林、黄梨洲、王船山等反对陆王心学和程朱理学的空疏而倡导经世致用，在清末民族危机的时刻则演变为学以救国的教育救国思潮。在中体西用的指导方针下，中国开始有目的地引进西方大学教育制度，之所以如此，是因为看到大学在社会发展中的功利性作用，发展大学有利于教育救国思想的实现。关于这一点，蔡元培在引进德国大学教育制度时就毫不避讳地指出，之所以称大学制度"德意志最善"，是因为德国大学在民族危机和民族复兴中所起的巨大作用。因而，在引进西方大学的时候，人们关注最多的是大学制度及大学功用等工具性层面，而忽视了西方大学最为本质的东西——大学精神。但是，这并不能说明中国人对西方大学精神的完全漠视，蔡元培主掌北大时期，就推动了对西方大学精神的介绍和探讨，开始有意识地从制度层面进入精神层面，提出循世界大学之通例，采思想自由之原则，他所倡导的"兼容并包、思想自由"，实际上是在中国推行西方大学精神。在蔡元培等人的推动下，中国近代大学开始进入多元化发展时期，蔡元培上承中国传统大学精神，外采西方大学精神之精华，创造了北大模式和北大精神。梅贻琦认为制度为一事，精神又为一事，采取会通中西的文化观，创造了清华模式和清华精神。张伯苓认为南开应为中国之南开，非"土货化"不可，采掘深厚的中国传统文化，借鉴西方大学制度进行本土创新产生了南开模式和南开精神。郭秉文、陈垣、唐文治等一大批大学校长，都是从实际出发，创造性地吸收西方大学精神并转化为实际行动，为中国式大学的形成与发展作出重要的贡献。因而，从实践层面来看，对大学精神的探讨在此时虽未从理论上深入，但在实际行动上所取得的丰硕成果应成为中国大学史上第一次大范围的对大学精神的探索。在此基础上，1923 年蒋梦麟作题为《北大之精神》的演讲，1927 年北大著名教授、曾任教务长的马寅初到浙江发表题为《北大之精神》的演讲，清华人更有"Tsing Hua Spirit"（清华精神）的口头禅。这些都可看成是"大学精神"的自觉理论化。但是，由于社会的转型，以及新中国成立后，大学所面临的社会任务的重心在政治和经济之间的不断转换，对大学精神的探讨在理论和实践上都陷于相对停滞。直至 90 年代，当我们对大学的快速发展，特别是进入大众化后的发展方向进行反思时，才感觉到大学精神才是指引大学发展的灯塔，才去追问大学精神是什么。

　　尽管对大学精神的界定成果众多，但大学精神到底是什么，还是言者各殊，争论不断。由于研究重点的不同，笔者无意加入其中的争论，只是通过引用几个比较有代表性的大学精神的概念，从中可以窥见大学精神内涵之一斑，作为本书讨论大学精神的基点。

　　大学精神是一个发展的概念，它自身的内涵在不断地发展与丰富，同时，大学精神是与大学的发展紧密联系的，是在大学的发展过程中形成和发展起来的关于大学存在的体认，是大学人对大学的价值和生存意义的关怀，并以一定的价值观念和行为规范的形式约束着大学的行为，显示着大学不同于其他机构的气质特征。因此，刘宝存认为："大学精神是大学在长期的发展过程中所形成的约束大学行为的价值和规范体系，以及体现这种价值和规范体系的独特气质。"① 大学精神的基本内容包括自由精神、独立精神、人文精神、科学精神、创新精神和批判精神等几个相互联系的方面。苗素莲也认为："大学精

---

　　①　刘宝存：《何谓大学精神》，《高教探索》2001 年第 3 期。

神是在大学发展的形成和过程中，经长期的历史积淀而形成的对大学自身的角色定位，它体现了大学人对大学存在价值和意义的思考，同时它又以价值观念和文化规范的形式约束着大学的行为，显示着大学区别于其他组织机构的独特气质。"① 李辉、钟明华也是从同样的角度思考大学精神，并赋予大学精神时代内涵。他们认为，大学精神"应该是大学自身存在和发展中形成的具有独特气质的精神形式和文明成果；它是科学精神的时代标志和具体凝聚；它是整个社会人类文明的最高形式"②。谈到科学精神，王冀生则进一步将其归结为科学理论，他认为："大学精神是一种科学理论，它是建立在对办学规律和时代特征深刻认识的基础之上的。"③ 从以上对大学精神内涵的讨论中我们可以看出对大学精神的理解由表象的描述转向规律的探讨，逐步将大学精神与大学本质联系起来。冷余生所作的分析更符合下定义要求，他认为："大学精神就是以大学为主体的思想、情感、作风相统一的对大学生发展具有巨大影响力的精神。"④ 在此暂不评论此概念种差能否反映出大学精神的内涵，但从概念中我们看出他对大学精神理解的新意，从关注抽象的概念到具体的主体，确认大学，进一步说是大学人成为大学精神的主体，是具有能动性和创造性的，是不断发展的。大学精神应体现在大学人的主体行为之中。因此，他进一步指出，当我们在肯定某一大学精神时，绝不是某种纯理论的

---

① 苗素莲：《大学精神及其演化——与李森同志商榷》，《教育发展研究》2003 年第 2 期。

② 李辉等：《大学精神的本质特征及其建设思路》，《中山大学学报》（社科版）1999 第 3 期。

③ 王冀生：《大学精神与制度建设》，《有色金属高教研究》2001 年第 1 期。

④ 冷余生：《大学精神的困惑》，《高等教育研究》2004 年第 1 期。

东西或文件上的东西，而必是四者的统一：第一，要有思想；第二，情感与思想是互动的；第三，这种思想与情感必定外化为行为作风；第四，只有当思想、情感、作风达到统一时，才能产生巨大的精神影响力①。韩延明也关注大学精神的主体问题，认为所谓大学精神，"从哲学、社会学、文化学、教育学意义上说，是指赋予大学以生命、活力并反映其历史传统、观念形态、社会声誉、人际关系、师生心态、校风校貌和学校个性化特色的一种校园精神文化形态。它是在校园文化特别是校园传统精神文化的基础上，通过校园文化主体的实践活动并经历史的积淀、凝练、发展而成的，高度成熟并被全校师生员工一致认同，是学校具有特殊意义的优秀文化教育遗产和宝贵精神财富"②。

刘亚敏的《大学精神探论》是以大学精神为研究对象的博士论文。她在梳理有关大学精神概念的基础上，指出大学精神泛化必然造成歧义，究其原因在于对"精神"缺乏本体认识，也就是说对大学精神的理解还没有进入本体论的层面。于是，她以对"精神"的本体论理解为原点，推演出大学精神为"大学立足于本性，在自由地实现内在超越的过程中所凝聚、体现出来的特质和风貌，是大学的质的规定性"③。并且认为，大学首先是一种精神的存在，精神的本质复归使构成大学灵魂的"大学精神"的内涵具有三个最基本的思想意蕴：（1）大学精神就是大学"自由"；（2）大学精神就是大学的内在超越；（3）大学精神就是大学的质的规定性④。而另外一

① 冷余生：《大学精神的困惑》，《高等教育研究》2004年第1期。
② 韩延明：《大学理念论纲》，人民教育出版社2003年版，第83页。
③ 刘亚敏：《大学精神探论》，中国海洋大学出版社2006年版，第28页。
④ 同上书，第27—28页。

篇以大学精神为研究对象的博士论文中，储朝晖从历史的视角省思中国大学精神，在历史的长河里考察中国大学精神的演变，对于作为立论核心概念的大学精神，他利用语言变量理论和语义场理论，对收集到的关于大学精神的概念进行实证的语义分析，从方法论上使人耳目一新，使对大学精神的理解显得更加科学化。他通过语义分析从而得出大学精神的简要概念："关于大学发展的价值取向及其在大学设置与运行中的体现。"① 在此概念中我们可以看出大学精神存在着两个不同的层次：一方面是形而上的价值问题，是大学精神的内核；另一方面是价值在具体的运行主体上的运行问题。在一定意义上，蕴涵着大学精神理解的多层次性，就其本身来说，也是一与多的关系。在价值层面，具有统一的可通约的共性，而在大学精神的具体运作层面，又存在着个性的差异。

　　综合已有的对大学精神内涵的界定，本书认为对大学精神应进行分层理解。首先，它应属于形而上的层面对大学的质的规定性，这是大学的原动力，是大学在发展的历史中被传承、延续、守望和捍卫的部分，标志着大学独有的特征。其次，知识的生产是大学存在的合法性前提，当知识生产发生变化时，大学的存在形态必然要发生改变，特别是考虑到与大学密切关联的文化时，大学的价值观念也必然要受到文化价值观念的影响而发生变异，在具体的大学运行过程中，大学精神的体现方式会发生改变。因此，储朝晖认为，在实际运用中，大学精神语义可以分为三个层级："第一级为大学精神及人们常作为大学精神代名词的大学理念、大学价值、大学灵魂、大学理想、

---

　　① 储朝晖：《中国大学精神的历史省思》，山西教育出版社 2006 年版，第68 页。

大学之道、大学之志；第二个层级是由时间轴上的大学文化底蕴、传统，大学时代特征、时代精神与内容维度的大学的科学精神、人文精神组成的一组类概念；最底层由偏重于人文、偏重于科学、偏重于具体学校特征的三个相互密切关联的义群集合组成。"① 在这三个层级关系上，第一级的大学精神起着统摄作用，第二、三级是由此衍生而来，前者相当于中国传统文化中的"道"，道生万物，生生不息，衍生出不同层级的对大学价值的具体表象。所以袁祖望认为大学精神可分为两大类，一类是本源性精神或称主体性精神，一类是为实现和表达本源性精神而需具备的保障性精神。追求真理是大学的本源性精神。怀疑批判的精神、兼容并包的精神、相对独立的精神属于保障性精神。② 因而，当我们在形而上的层面讨论大学精神时，它是属于存在论，在一定程度上等同于中国传统的"大学之道"一词，而在西方则更侧重于用大学理念（idea of university），两者之间有着紧密的联系，不能完全剥离开来。正如储朝晖所言，中国的大学精神，在西方文化中则转换为大学理念，反之，西方的大学理念，到中国来则转换成为大学精神③。这是我们从历史的角度来讨论大学精神的产生、发展、交融、创新所持的观念，否则，我们无法从文化的层面展开大学精神的对话，也就难以理解大学精神的实质。本书侧重从历史演进的角度论述大学精神在不同文化中的传播并演化，由此引发大学精神的本土化问题。

---

① 储朝晖：《中国大学精神的历史省思》，山西教育出版社 2006 年版，第41 页。

② 袁祖望：《论大学精神》，《暨南学报》（哲社版）2006 年第 5 期。

③ 储朝晖：《中国大学精神的历史省思》，山西教育出版社 2006 年版，第316 页。

## 第二节　西方大学精神源流

### 一　从古希腊到中世纪：西方大学精神的源起与成型

研究西方大学精神的产生必然要追溯西方大学的产生，中世纪的大学是现代大学的源头已无争议。但是追溯大学精神之源流，应该指向大学诞生之前很长的一段历史，在这段历史长河里，埋藏着无数在今天已经无法复原其物质形态，却依然闪烁着精神之光的"大学"。① 古老"大学"的精神之光是对真理的追求，这是古老"大学"、中世纪大学和现代大学的共同逻辑起点，是大学延续的基础，因而应成为大学精神的源头。追求真理的过程是一种精神活动的过程，这种精神活动是以学术自由为前提的。在人类文明史上，古希腊与罗马时期被英国学者 J. B. 伯里称为"理性自由的时代"："我们细看古希腊，罗马的全部历史，直可说那时的思想自由一如我们呼吸的空气，视之为当然而不做细想……有知识的希腊人所以能保持宽容态度者，就因为他们是理性的朋友，并无权威支配着理性。"② 古希腊的城邦制度为自由提供了良好的社会基础，基于主权在民、轮番执政理念设计的城邦制度从本质上促进了自由思想的产生，在这样的早期民主自由的社会里，人们"自由地思考着世界的性质和生活的目的，而不为任何因袭的正统观念的枷锁所束缚"③。卡尔·雅斯贝尔斯说："希腊城邦奠定

---

① 刘亚敏：《大学精神探论》，中国海洋大学出版社 2006 年版，第 66 页。

② ［英］J. B. 伯里：《思想自由史》，宋桂煌译，吉林人民出版社 1999 年版，第 29 页。

③ ［英］罗素：《西方哲学史》，何兆武、李约瑟译，商务印书馆 1986 年版，第 24 页。

了西方所有自由的意识、自由的思想和自由的现实基础。"①
现代美国史专家伊迪丝·汉弥尔顿也认为是在希腊人那里，
"世界第一次有了思想自由"②。不过，这时期的自由在很大程
度上是具有政治意义，并无学术自由的概念，但它隐含在人类
思想自由中间，成为理性时代的重要组成部分。苏格拉底被看
作是理性主义的奠基人，他的教育和学术活动，不是使人以多
数人或权威的意见为判断依据，而是将一切置放在理性的天平
之上进行检验。他的教学与其说是发现知识，还不如说是倡导
一种自由、开放精神的探索活动。对于自由精神，苏格拉底是
以生命的代价来捍卫它，因而斯东称赞他是"言论自由和思
想自由的第一个殉道者"③。艾伦·布卢姆更是断定"大学精
神起始于苏格拉底"④，"苏格拉底的确是具有大学的精神本
质。大学的存在是为了保存和进一步发扬苏格拉底代表着的精
神"⑤。但毋庸置疑，苏格拉底所代表的大学精神，是人类文
明初期所做的不自觉的行为，自由只能属于少数有教养的人的
特权。将这种不自觉行为变为自觉行为，进而设立专门的追求
真理的高等教育机构，则预示着大学精神载体的组织化和结构
化。柏拉图所创立的阿卡德米学园（Academy）可以看作是专
门追求真理的高等教育机构，标志着大学精神载体的组织化和

---

① ［德］卡尔·雅斯贝尔斯：《历史的起源与目标》，魏楚雄、俞新天译，
华夏出版社 1989 年版，第 74 页。

② ［美］伊迪丝·汉弥尔顿：《希腊方式——通向西方文明的源流》，徐齐
平译，浙江人民出版社 1988 年版，第 25 页。

③ ［美］斯东：《苏格拉底的审判》，董乐山译，三联书店 1998 年版，第
229 页。

④ ［美］艾伦·布卢姆：《走向封闭的美国精神》，宋丽娜等译，中国社会
科学出版社 1994 年版，第 334 页。

⑤ 同上书，第 292 页。

结构化，其理想和目的是以培养领袖人才（elite）为中心，领袖人才地位的决定性标准是一定的知识和品德，最终的价值依据是真理。作为该学院最杰出的学生亚里士多德则说："吾爱吾师，吾更爱真理。"从中我们可以看到真理作为最终价值的依据。古希腊文化孕育出的阿卡德米学园所体现的古老大学精神，使柏拉图体制成为欧洲许多国家教育制度的蓝图，也成为中世纪大学发展的前身。欧洲中世纪以后的各国大学教育都扎根于古希腊时期的文化传统，也就继承着古希腊时期的大学精神，因而，萌发于古希腊文化之中，以苏格拉底为代表的教育和学术活动被看作是西方大学精神的源头。

然而，随着古希腊文化的式微，西方文明进入了漫长而又黑暗的中世纪，但中世纪大学却是"千年黑暗世纪里人类文明的绚丽之花"，大学在教会和世俗王权的权力争夺所致的夹缝中自由生长，其文化精神在教会、行会和修道院的多重影响下积淀成形，古老的大学精神在中世纪特定的历史条件下得以型塑。这种精神就是在黑暗的年代保存并发展了人类的学术文化。关于现代大学的起源，哈斯汀·拉什达尔认为："大学这种机构，不仅它的原初的形式和传统，而且在某种意义上它恰好的存在都归因于偶然环境的合成物。"[1] 哈罗德·珀金也认为"大学是一个独特的既分裂又分权的社会的偶然产物"[2]。大学的拉丁文名称是"universitas"，本义是行会，勒高夫（J. Le Goff）认为如果对 13 世纪中行会性质的大学状况作结论的

---

[1] Hastings Rashdall, *The Universities of Europe in the Middle Ages*, Volume I, Oxford University Press, 1936, p. 3.

[2] ［美］伯顿·R. 克拉克：《高等教育新论》，王承绪等译，浙江教育出版社 2001 年版，第 27 页。

话，只能指出其"内部矛盾"和模糊性。① 所谓的"内部矛盾"和模糊性其实是指大学作为城市行会与知识劳动者的协会的矛盾，也表明了在既分裂又分权的中世纪欧洲社会出现的行会组织及其社团环境中，大学作为学术行会成长起来，与社会之间就产生既亲密又紧张的关系，使得大学就具有不同于其他行会的组织形式和价值观念。即大学的恒久不变的基本特征：享有一定的自由和自治权。这是作为一个整体机构的大学精神的集中体现，也是其具有适应能力和长久不衰的关键所在。许美德也认为，欧洲大学最根本的学术价值观，概括起来主要有两个方面：自治权和学术自由。这两方面皆来源于中世纪的大学。②

　　自治是高深学问的最悠久的传统之一③，也是大学精神的重要组成部分。从中世纪大学产生的社会环境来看，大学社会存在的基础是城市，城市为大学提供了活动场所。在城市中，"各类城市的市议会，都是主权实体；每个城市都是一个自治的市民社会，各自制定法律、自行征税、自管司法、自行铸币，甚至根据各自需要结成政治联盟、自行宣战或媾和"④。因而，中世纪的城市具有以往从未有过的自治性。在自治城市里，有权处理自己事务的各阶层市民取得了与日俱增的独立地位，建立起可以用集体力量维护自己利益的组织——行会制

---

　　① ［法］雅克·韦尔热：《中世纪大学》，王晓辉译，上海人民出版社 2007年版，第 61 页。

　　② ［加］许美德：《中国大学 1895—1995：一个文化冲突的世纪》，许洁英主译，教育科学出版社 2000 年版，第 19 页。

　　③ ［美］约翰·S. 布鲁贝克：《高等教育哲学》，王承绪等译，浙江教育出版社 2002 年版，第 31 页。

　　④ ［美］汤普逊：《中世纪晚期欧洲经济社会史》，许家玲等译，商务印书馆 1992 年版，第 174 页。

度。模仿城市而建立起来的行会也同样具有了自治性，这就从本质上赋予了大学作为一种特殊行会的原始自治因子。大学作为学者行会组织与中世纪自治城市中的其他行会一样需要得到法律的认可，从而获得存在的合法性。因为"中世纪某些事物的存在取决于它拥有的法律地位……一个城镇要想得到认可，首要的事情就是争取授予特定的法律权利。一个行会、一所大学或任何其他合作团体，从获得它的特许权那一刻起，才得以合法地存在"①，大学于是成为城市众多行会组织中的一种，但却是一种精神的手工业者行会。大学正是利用法律所赋予的权利，制定对外与对内的管理规章制度。在与世俗与宗教的斗争中，他们以此为依据维护自身的自治权。

就大学与外部关系而言，大学是在教会和世俗权力的双重博弈中获得自身的自治权。通过与教权和王权博弈、与城镇市民斗争而获得的特权就是促成大学自治权形成的一系列条件。许美德认为，对大学作过重大贡献的社会组织是行会、教会和寺院②，它们不仅促使大学成为一个从事集体学习、教学及研究的有效机构，而且成为培育大学精神的温床。行会组织与世俗当局紧密相连，而教会与寺院则总体属于教皇的权力范围。中世纪是一个基督教信仰的时代，在这一时代背景下成长起来的大学，深受宗教色彩的浸染，与此同时，大学对外又享有诸种特权，相对自治是中世纪大学的显著特征③。大学特权，主要是指在中世纪由教会和世俗统治者以及自治城市授予学者个

① ［苏］A. 古列维奇：《中世纪文化范畴》，庞玉洁译，浙江人民出版社1992 年版，第 221 页。

② ［加］许美德：《西方大学的形成及其社会根源》，《教育研究》1981 年第 12 期。

③ 刘亚敏：《大学精神探论》，中国海洋大学出版社 2006 年版，第 78 页。

人和大学团体的各种恩惠和豁免①。大学分别从地方和教会那里获得了一些特权，这些特权主要包括城市居住权、内部自治权、独立审判权、免除赋税及兵役权、学位授予及到各地任教权、自由讲演权、罢教及迁校权，等等②。其中，1158 年神圣罗马帝国皇帝腓特烈一世颁发的《居住法》（Constitutio Habita），导致客观上形成学者的特权，类似于早期形成的教士特权。从某种意义上来说，这个法令被当作大学自治和学术自由的起源或者说根源而深受学者崇敬，等同于英国的自由大宪章而成为后来学者必不可少的参照物。③ 大学也充分利用所享有的特权，来维护大学的自治与学术自由的精神。意大利的博洛尼亚大学，被称为"学生的大学"，学生是大学管理的主体，这种学生行会以"Migratio"（迁移权）为武器，当城市管理者侵犯他们自治权时，他们就以全体离开这个城市相威胁，从而从当局那里获得自治权。巴黎大学则被称为"教师的大学"，是以教师为管理主体的，他们在对抗宗教或民族领袖干涉大学生活的武器则是"Cessatio"（停止工作），并让在教会或国家机构里工作的本校毕业生与校长和大学生一起拒绝履行他们的日常职责。④ 教会则是在利用大学为自己服务的同时，赋予大学自治权。中世纪大学所采取的辩论的教学方式，被教皇认为是获得真理的有效途径，因而许多大学都是从教皇那里

---

① 张斌贤、孙益：《西欧中世纪大学的特权》，《北京师范大学学报》（社科版）2004 年第 4 期。

② 贺国庆：《德国和美国大学发达史》，人民教育出版社 1998 年版，第 11 页。

③ Hastings Rashdall, *The Universities of Europe in the Middle Ages*（2），New York：Oxford University Press Inc.，1936, pp. 128 – 131.

④ ［加］许美德：《西方大学的形成及其社会根源》，《教育研究》1981 年第 12 期。

领到特许证后建立的，这保证了大学不受当地宗教或民政当局的干涉，使大学具有一定的国际地位，从而获得大学所期望的自治权。大学自治权的确立有着如下几个方面的标志：（1）大学具有确认自身合理性的权力，确认自身合理性是获得合法性的基础，大学如果缺失了确认自身合理性的权力，"自治"是很难成立的。中世纪大学在其发展中都获得了教会、国王或城市当局所颁发的诸如特许状之类的东西，由此获得了一定意义上的"合法性"。这种合法性也表明大学拥有了确认自身合理性的权力。（2）大学拥有确认知识合理性或合法性的权力。拥有确认知识合理性或合法性的权力既是大学自治的重要方面，也是学术自由的条件性保障。如果缺失了这一权力，大学也就失去了其存在和发展的内在逻辑。（3）大学拥有自主处理与外界关系的权力以及自主管理大学内部事务的权力如人事权力、财务权力、教师队伍建设权力等，这些方面既是大学自治的实质性内容，也是大学自治的结构性表征。（4）大学拥有评价自身活动结果的权力。大学评价自身活动结果，通过诸如颁发学生毕业证、学位证等活动进行。这些权力也是逐渐成为大学自身所拥有的权力的。①

学术自由，是指大学从政府和教会那里争取到的学术权力，大学在政府或教会许可的范围内有教学、研究和学习的自由。即大学的教师和学生在探求真理的过程中，可以自主解决学术上的事情，而不受学术范围以外的政治、宗教等社会因素的干扰。② 大学在获得许多特权之后，并未完全沦为宗教的工

① 宋文红：《欧洲中世纪大学：历史描述与分析》，博士论文，华中科技大学 2005 年，第 92—97 页。

② 肖海涛：《论大学的学术责任与学术自由》，《高等教育研究》2000 年第 6 期。

具，不再忠实地臣服于教会的控制，而试图努力摆脱宗教的过多干预，走上崇尚科学的世俗化道路。大学辩论式的教学在提高学生逻辑思维能力的同时，也使他们逐渐走向了宗教信仰和神学权威的反面，成为反对中世纪宗教教条和经院哲学的有生力量。在政府和教会权力斗争的夹缝中，大学成为自由研究学术的重镇，学者们正视社会现实，勇于批判教会与政府，大学教师成为既为非附属于教会亦不听命于政府的独立人士，大学与政府及教会俨然成为鼎立之势，并且发挥着重要作用，它不仅成为反权威的庇护所，也成为判决政教纷争的权威机构。①大学之所以能够由教会和政府庇护下的行会组织发展为自由研究学术的重镇，靠的就是坚持学术自由的精神，所以许美德认为，学术自由，是中世纪大学的另一个显著的价值观。它的主要含义是：在大学里，任何学者在其研究领域内，都有权按照他们认为正确的传统和法则，自由地进行知识探索和学术研究。这种学术自由是探索和发展知识的基本前提。② 英国学者科班说："学术自由思想的提出以及永久地保护它的需要，可能是中世纪大学史上最宝贵的特征之一。"③ 里查德·霍夫斯塔德在他的专门研究学术自由的著作中指出，学术自由的"连续的历史是与从 12 世纪以来的大学史相伴生的"④，其意在肯定学术自由的开端始于欧洲中世纪大学。应该说，学术自由的合理性根据存在于它旨在保证大学致力于追求整个社会的

---

① 刘亚敏：《大学精神探论》，中国海洋大学出版社 2006 年版，第 92 页。

② ［加］许美德：《中国大学 1895—1995：一个文化冲突的世纪》，许洁英主译，教育科学出版社 2000 年版，第 20 页。

③ 侯耀先：《欧洲中世纪大学的独立自主性及其启示》，《黑龙江高教研究》2003 年第 4 期。

④ Richard Hofstadter, *Academic Freedom in the Age of the College*, New York and London：Columbia University Press, 1955, p. 3.

共同利益而不是教师个人或整个机构的特殊利益。但是这些特权为当时专门的知识阶层提供了相对独立的活动空间，尽管有一定的限度，却为学术的自由探索创造了某些有利的客观条件，使得现代大学和现代学术自由观念有了可以直接继承或借鉴的东西，即使只是某些形式上的东西。

## 二 从中世纪到近代：西方大学精神的演变与传播

大学精神的演变是大学演变发展的结果，中世纪的大学从产生类型上可以分为原型大学、衍生型大学和新建大学三类。到 15 世纪末，西欧形成的以新建大学为主的大学网络，虽几经变动，但在 18 世纪末之前却没有根本变革。尽管这些新大学也以 13 世纪的大学为样板，也模仿 13 世纪大学的章程，但与 13 世纪最初诞生的机构有着极大不同。在 14—15 世纪两个世纪的发展过程中，大学逐步丧失了它早期所具有的国际性特征，从新建大学学生来源的地理分布特点来看，他们承担了新的作用，这种作用仅限定于当时欧洲发展起来的国家领土范围之内。[①] 恩格斯指出，日益明显、日益自觉地建立民族国家的趋向，是中世纪进步的最重要杠杆之一[②]。这也是引起西方大学精神演变的重要力量。中世纪后期，民族国家的出现，世俗权力在与罗马教廷展开对大学控制权的争夺中，逐渐使大学的发展走上为政治服务的道路，从而引发了大学的哲学基础由认识论向政治论偏离。在 14 世纪和 15 世纪，新建大学成为大学发展的全新态势，它意味着教皇与统治者们不满足于宽容或鼓

---

① ［法］雅克·韦尔热：《中世纪大学》，王晓辉译，上海人民出版社 2007 年版，第 117 页。

② 恩格斯：《论封建制度的瓦解和民族国家的产生》，《马克思恩格斯全集》第 21 卷，人民出版社 1974 年版，第 452 页。

励大学在 12 世纪知识全面飞跃之前自发发展。他们意识到大学可以发挥的作用，并将其作为知识获得者置于教会和君主政权控制之下，这是新建大学发展的根本原因，它意味着大学教育在其文化价值和声誉之外，亦有其实用性和政治意义。① 由此引发了对大学自治权的干预。从大学内部来说，大学学者并不总是满足于充当国家的官吏。他们有时要参与执政，干预政治生活。虽然大学的政治作用是有限的，但这也足以令政府不安，使得政府开始严密控制大学的自治。"中世纪末期的重要大学成为政治力量，在社会各阶层的斗争中发挥了积极的，有时是突出的作用，秉承了大学内部组织起来的民族之间剧烈冲突的舞台。"② 大学正在失去其赖以存在的独特性，它过多地介入政治而日益远离了学术，也给大学带来灾难。如巴黎大学曾被查理五世称为"国王的大公主"，但最后蜕变为"国王的女仆"，终于在 1437—1499 年间巴黎大学逐步失去了它几个世纪的斗争所得到的特权。巴黎大学自治权的被剥夺标志着中世纪大学自治的最终衰落，从此大学享有中世纪那样的自治成了历史。

15 世纪末，欧洲大学与 13 世纪大学已有较大差异。大学从经常因暴力冲突而分裂，但富于活力和独特生活的独立行会，研究和教学的发源地，退居为"服务于国家的职业培训中心"，并由国家严密控制③。大学社会作用的这一转变，在

---

① ［法］雅克·韦尔热：《中世纪大学》，王晓辉译，上海人民出版社 2007 年版，第 34 页。

② ［法］雅克·勒戈夫：《中世纪的知识分子》，张宏译，商务印书馆 1996 年版，第 125 页。

③ ［法］雅克·韦尔热：《中世纪大学》，王晓辉译，上海人民出版社 2007 年版，第 135 页。

于许多大学是主动依附的。大学社会职能的变迁，也是大学精神演变的具体表征。中世纪后期，教会垄断了大学，大学发展步入一个衰落阶段，教育史学家称之为大学的"冰河期"。在教会权力的掌控下，大学存在的合理性及合法性的确认权力，完全归属于教会。大学成为神学的"婢女"，大学的学术也主要被局限于对神学教义的注解或解释上，因而大学基本上失去了对知识的所有权。大学也开始远离社会和尘世，步入了"象牙塔"的生存历程，使本来就只具有相对性的自治权与学术自由受到削弱和限制，可以说大学精神开始走向式微，大学的发展进入了一个相对低谷的时期。

但是，正如阿什比所言，大学是环境与遗传的产物。环境的改变引起大学精神的变异，"冰河期"的大学，作为研究高深学问的机构显得有些名不符实了，大学作为站在知识前沿，理解、把握以及研究最先进知识的机构遭到了质疑。在大学内部，经院哲学占着统治地位，大学变得僵化、保守、落后。但中世纪初期的自治和学术自由的遗传基因并没有灭绝，在大学精神的保护伞下大学一直发展到近代。在中世纪后期，文艺复兴和宗教改革深刻影响了大学的变迁，尽管这两大运动所倡导的人文主义精神并没有立即引起大学的蜕变，"它既没有改变大学的结构，又没有改变大学的社会功能。但是，从意大利到英国的大学艺学院的课程确实发生了变化"①。因而，人文主义运动为近代大学精神的重生提供了肥沃的土壤。

19 世纪，是大学发展的分水岭，柏林大学使古老的大学

---

① Willies Rudy, *The Universities of Europe: 1100 - 1914*, Associated University Press, 1973, p.56.

焕发出新的生命，以至普遍认为现代学术自由的观念始于 19
世纪初创建的德国柏林大学①。洪堡所创建的柏林大学，就其
本质来说是以纯知识为研究对象的学术机构。纯学术的研究活
动正是大学孤寂和自由的存在形式的内在依据。② 洪堡从大学
是从事纯科学活动的机构这一核心观念出发，认为大学的组织
原则应是寂寞和自由。在他看来，对于纯科学活动，"自由是
必需的，寂寞是有益的；大学全部的外在组织即以这两点为依
据"。在大学之中，"寂寞和自由……为支配性原则"。③ 对于
"寂寞"，洪堡并没有给出明确的界定，但是从他的论述中，
我们可以看出这个词所蕴涵的独立意思。它一方面是指大学机
构作为一个整体独立于一切国家的组织形式，独立于社会经济
生活。另一方面，大学的师生应为学术而学术，为了追求科学
而保持独立思考的精神。大学的"寂寞"实际上是要求大学
应以自我精神为主体，与政治、社会保持一定的距离，从而实
现在管理和学术上的自主性。而"自由"一方面是大学组织
管理方面的自由，即大学的自治权问题，教授治校成为德国大
学学术自治的主要模式。另一方面，指学术自由，是研究和教
学的自由的统一。由此可见，洪堡所塑造的德国古典大学精神
仍然围绕自治和学术自由的问题。洪堡创办柏林大学所培育的
近代大学精神，寻找着政治干预与学术独立之间新的平衡。他
一面强调大学在民族振兴中的作用，认为"大学是一种最高
手段，通过它，普鲁士才能为自己赢得在德意志世界以及全世

--------

① 和震：《西方学术自由：走向自觉的历程》，《清华大学教育研究》2003
年第 2 期。

② 陈洪捷：《德国古典大学观及其对中国大学的影响》，北京大学出版社
2002 年版，第 44 页。

③ 同上书，第 39 页。

界的尊重，从而取得真正的启蒙和精神教育上的世界领先地位"①。但另一方面他反对国家控制，大学应该按照大学的逻辑发展，即根据为科学而科学的原则进行活动，而无需依据对社会的某项原则来证明它的存在意义。大学的发展本身就是国家发展的一部分，国家在大学学术的发展上应承担主要的促进作用，国家的任务是确保外部环境适合于维系"教与学的自由"。他指出："就总体而言，国家决不能要求大学直接地和完全地为国家服务；而应当坚信，只要大学达到了自己的最终目标，它也就实现了，而且是在更高的层次上实现了国家的目标。"② 因此，根据洪堡的理念，现代的大学应该是"知识的总和"，教学与研究同时在大学内进行，而且学术自由，大学完全以知识及学术为最终的目的③。因而，至洪堡时代，中世纪大学精神是以文化的形态影响着近代大学的办学理念，成为近代大学争取自治和自由的文化资本。洪堡不仅以"自觉"的文化意识创建"大学自治"和"学术自由"的新模式，而且通过对大学与国家政府关系处理的论述和实践，使"大学自治"这一精神理念，溢出自主决策大学发展、自主管理大学的教学与科研、自主设置课程、自主选聘教师等制度化的层面，渗透于大学"研究自由"、"教学自由"和"学习自由"等大学"精神生活"的场域中，并逐渐积淀为大学人的文化心理和人格特征。"德国大学之教育主义，可以自由研究四字

① 转引自李工真《德意志大学与德意志现代化》，《中国大学人文启示录》编委会编《中国大学人文启示录》第 1 卷，华中理工大学出版社 1996 年版，第 51 页。

② 陈学飞：《美国、德国、法国、日本当代高等教育思想研究》，上海教育出版社 1998 年版，第 146 页。

③ 贺国庆：《德国和美国大学发达史》，人民教育出版社 1998 年版，第 46 页。

尽之。德之学校教育，本施极严肃之教育，惟大学则全然不同，而施无限制之自由主义教育。大学教授得以己所欲讲者讲之，大学学生亦得学己之所欲学，潜心于己所欲研究之问题，遂以是为学制而公认之。"①

可以说，中世纪大学的产生奠定了学术自由的基础，柏林大学的建立标志着学术自由开始走向自觉，学术自由对于大学的根本价值得到了承认②。"大学……在十八世纪晚期、十九世纪初期得到了复兴，成为创造知识的主要制度性场所。"③洪堡及柏林大学所塑造的近代大学精神，深刻地影响了德国以及欧美大学，成为近代大学发展的典范，也成为许多大学仿效的对象。

19世纪后半世纪，美国在向德国等欧洲大陆国家学习的基础上，逐渐成为大学发展的中心。"美国的大学是独特的，是美国生活和需要的产物，它吸取了欧洲的学院、大学和中学的东西，用以满足发展社会的不同需要。"④ 1862年的《莫雷尔法案》，代表着大学形态和功能的发展进入一个新的阶段。在经济力的驱动下，威斯康星大学的理念将大学逐渐变为社会的服务站。到了20世纪，由于知识的分化、社会的分工、专业意义的扩展、高等教育机构数量的剧增等使得大学原有的含义发生了演变，即除大学外高等教育还包括学院、技术学院、

---

① ［日］吉田熊次：《德国教育之精神》，华文祺等译，商务印书馆1916年版，第19页。

② 和震：《西方学术自由：走向自觉的历程》，《清华大学教育研究》2003年第2期。

③ ［美］华勒斯坦等：《开放社会科学》，刘锋译，三联书店、牛津大学出版社1997年版，第8页。

④ ［美］佛罗斯特：《西方教育的历史和哲学基础》，吴有训等译，华夏出版社1987年版，第494页。

师范学院和空中大学等，大学自身也有了新的分类。在实用主义哲学和政治论哲学的指导下，大学服务社会的理念得到彰显，大学的精神也在悄然地发生变化，赫钦斯指出："金钱之恋（love of money）已经造就了'服务站大学'的实际效果。""典型的学术之府既没有了自由，也没有了独立，因为它们不得不追求资金以支持其各种任务。"① 尽管如此，美国大学仍然继承了来自欧陆大学的基本精神："学术性学科与实用性学科同在一校；教学、科研和社会服务三者兼容；公立大学与私立大学并举；英才教育与大众教育兼顾；自治、学术自由与社会责任，以市场为导向与多种渠道的方式相结合，办学方式灵活多样。"② 美国大学所具有的这些特点，是大学精神在新环境下发生变异的结果。弗莱克斯纳指出："大学不是风标，不能什么流行就迎合什么。大学必须时常给社会一些它所需要的东西（what the society needs），而不是社会所想要的东西（what the society wants）。否则，大学就会犯荒唐的甚至是灾难性的错误。"③ 这显然暗示着大学应有自己独特的精神，同时，大学并不是固定不变的东西，而是随着时代的变化而变化，大学并不存在一个统一的或标准的大学模式，在不同的国家期望大学适应一种单一的模式是很荒谬的。集中体现大学共性的大学精神，可以促使不同国家的大学模式能够互相传播，互相影响，大学精神也随之传播到世界各地，与民族性相融合，从而

---

① 转引自施晓光《美国大学思想论纲》，北京师范大学出版社 2001 年版，第 84 页。

② 陈学飞：《当代美国高等教育思想研究》，辽宁师范大学出版社 1996 年版，第 1 页。

③ Abraham Flexner, *University*: *American*, *English*, *German*, New York, etc. : Oxford University Press, 1930, p. 230.

推动大学精神的延续与发展。因此，大学是国际性的，大学也是民族性的，是民族灵魂的反映。

金耀基道出大学精神的真谛："大学不能遗世独立，但却应该有它的独立与自主；大学不能自外于人群，但却不能随外界政治风向或社会风尚而盲转、乱转。大学应该是'时代之表征'，它应该反映一个时代之精神，但大学也应该是风向的定针，有所守，有所执着，以烛照社会之方向。"[1] 克拉克·克尔也认为："高等教育的历史，很多是由内部逻辑和外部压力的对抗谱写的。高等教育从来没有自治过。"[2] 大学总是在寻找独立与社会干预的平衡点，进入20世纪以后，由于受到的政治、经济的干预力量过于强大，大学被赋予新的职能和使命，大学的独立性进一步被削弱，就连内部管理的自治——教授治校也很难得到普遍的执行，大学的发展状况似乎也在印证了克尔的判断。这样一来，大学所能固守的只有学术自由，学术自由成为西方大学发展到近代以后的重要精神依托，以至于雅斯贝斯将自由看作是大学的首要原则，但自由的内涵却发生了变化，有学者将其概括为三个方面：（1）研究自由，即研究者从事学术研究活动时选择研究对象的自由、选择研究方法的自由。研究自由必须包括课题的自由选定以及由此而进行研究的过程以及获得结果的自由，因为许多研究，包括人文社会科学的研究不只是内心的思索，不是闭门造车，而是必须通过调查和实验等方式来进行。这些研究活动毫无疑问都属于学术自由的范畴。（2）研究结果发表的自由。发表的自由意味着

---

[1] 金耀基：《大学之理念》，三联书店2001年版，第24页。
[2] ［美］克拉克·克尔：《高等教育不能回避历史：21世纪的问题》，王承绪译，浙江教育出版社2001年版，序言第5页。

知识生产结果发表的自由以及将研究结果作为一种学说而加以议论、讨论的自由。（3）研究结果的教学自由。① 从中可以看出与中世纪大学的学术自由的巨大差别。

时代变迁，影响着大学精神的发展方向，当大学发展偏离了方向时，就凸显大学精神的重要性。许美德认为，在 18 世纪和 19 世纪，随着许多主权国家在欧洲的出现，大学的自治权和学术自由一面被保存下来，另一方面其含义也发生了改变，在不同的国家，这两个概念侧重点和含义都有所不同。她比较了法国、德国、英国、美国和前苏联对大学学术自由和自治权的不同理解，认为自治权和学术自由这两个价值以各种不同的形式在各个历史阶段重现生机。② 这说明了欧美国家的大学精神有相通之处，都是中世纪大学精神的演变和传播的结果。大学精神又打上民族文化的烙印，作为各自历史遗产的组成部分被延续了下来。

## 第三节　中国传统大学精神的演进

大学精神的形成和发展是一个长期积淀、认同和创新的过程。大学精神的积淀是以继承传统文化为前提的，没有传统文化的积淀就没有人类精神的生成，更不可能有大学精神的形成。对大学精神的认同是对不同历史时期的文化的选择和内化，是大学精神形成和发展的根基。罗素认为："中国与其说是一个政治实体，还不如说是一个文明实体——一个唯一幸存

---

① 周志宏：《学术自由与高等教育法制》，高等教育文化事业有限公司 2002 年版，第 229—230 页。

② ［加］许美德：《中国大学 1895—1995：一个文化冲突的世纪》，许洁英主译，教育科学出版社 2000 年版，第 21—25 页。

至今的文明。"① 中国大学精神就扎根在中国传统文化之中。

中国古代的大学首先指的是"大学问"，其次才是一个教育机构，是建立在"大学问"的基础上的，这与布鲁贝克认为高深学问是大学的逻辑起点的观点基本一致。中国的学术传统深深地烙上中国传统文化的印迹，钱穆先生认为，中国的学术传统由三大系统组成：第一系统是"人统"，其系统中心是人。中国人说："学者所以学做人也。"一切学问，主要用意在学如何使人做人，如何做一有理想有价值的人。第二系统是"事统"，即以事业为其学问系统之中心者。此即所谓"学以致用"。第三系统是"学统"，此即以学问本身为系统者，近代中国人常讲"为学问而学问"即属此系统。② 由此可见，中国人谈学问是分层次的，由此所引申的大学精神也具有层次性，最高的大学精神是一种本体性的存在，被称为"道"。"道"是一个综合体，它不只是儒家的"道"，也不只是道家和佛家的"道"，而是中国传统哲学体系中最普遍、最高层次的、具有本体意义的范畴。③ 何谓"道"？孔子曰："大道者，所以变化而凝成万物者也。"《易传》说："形而上者之谓道，形而下者之谓器。"道即形上之道，即宇宙万物本体存在，即察天地之变，洞万物之原，由万物阴阳化育的法则提升出来的宇宙原理，以及由此获得的纯法则、纯概念、纯理念与纯粹真理性。将一切变化的法则，提升为一个生化万物的宇宙原理，一个无形无象的形上本体或本原的存在。《中庸》讲："大哉

　　① 转引自杨叔子《民族精神：中华民族文化哲理的凝现》，胡显章主编《大学理念与人文精神》，清华大学出版社 2006 年版，第 10 页。

　　② 钱穆：《中国学术通义》，台北学生书局 1984 年版，第 225—226 页。

　　③ 刘复兴、刘长城：《传统教育哲学问题新释》，湖北教育出版社 2000 年版，第 2 页。

圣人之道，洋洋乎发育万物，峻极于天。"而道的哲学，就是以形上之道为本体论的哲学。司马云杰认为："此道也，独立不改，周行不殆，其最高精神为'寂然不动，感而遂通'。正如西方文化从未离开过'逻各斯'与上帝的精神，印度文化从未离开过'梵'的精神一样，中国文化从来也没离开过'道'的精神。此道并非哪一家或哪一派的道，而是融儒道、合名法、兼墨与阴阳、纵古今而研究中华民族几千年大道的根本理念与根本精神。我之谓国家民族之魂者，就是指这种精神。"①"道"分天道和人道，关注人道是中国传统哲学的重要特点。因而，中国传统哲学本体意义的"道"不仅是存在的问题，因涉及人道，人的存在而具有价值论，"道"就属于人与人、人与社会的价值系统，"大学之道"比大学精神更为常用，更为精确，是以人们对大学本体的最高认识所形成的精神文化的集合，也是有关大学发展和大学秩序建设的一套价值系统。②从中国传统学术的三个系统来看，中国大学之道关注的最高境界是"人道"，是人的精神，人的存在，在这方面与中国传统文化的精髓是相通的，也是从这里我们才能找到中国传统大学精神的原点。

据储朝晖博士考证，中国传统社会是建立在血缘关系之上的，基于血缘关系的祖先崇拜而产生的"孝"是在夏商时期最高的道德，这便成为中国传统大学精神的原点③。由对祖先的"孝"逐渐扩展到对人的"礼"，对社会治理来说，"德治"则成为最高的境界与准则。这些古代社会所遵循的价值

---

① 司马云杰：《大道运行论》，陕西人民出版社2003年版，第1页。
② 储朝晖：《中国大学精神的历史省思》，山西教育出版社2006年版，第228—229页。
③ 同上书，第210—214页。

体系，经过孔子理论化后，便形成"仁学"，进而上升为"道"。"道"不仅是本体的自为的存在，而且是运行的"道"，"道"的运行是生生不息的，其载体是"士"，即所谓"无恒产而有恒心者，唯士为能"（《孟子·梁惠王上》）。"士"的这种特征就是"士志于道"的精神，"士"是推动中国大学精神发展的主体，大学精神也就体现在"士志于道"的精神。潘光旦先生将"士"的教育分为两个层次，第一层是理智的，即"推十合一为士"，要"合"的精神，即"士志于道"。第二层是情志的，又分两种情况：在平时，"士"应"不可以不弘毅，任重而道远"；处危难，"士"应"见危授命"，"可杀不可辱"。① 理智与情志的结合，保证"士"能够根据社会发展的变化，以"道"为依据，传承和延续中国大学的精神。

中国传统大学精神的完整表述是《大学》。《大学》开宗明义就是论大学之道，"大学之道，在明明德，在亲民，在止于至善"。《大学》的三纲领要达到至善的终极目的，是秉承"德治"的精神，从中国传统大学精神的原点中衍生出来并理论化的结果。中国台湾学者南怀瑾指出："'大学之道'的道，是根本，也可以说是体。'明德'是由道的致用，是从道体出发的心理和身体力行的行为。'亲民'是由个人学问的道和德的成就，投向人间，亲身走入人群社会，亲近人民而为之服务。这便是明德立己之后，外用到立人的目的。最终结果，无论是个人立己的明德，或是外用立人的亲民，都要达成'至善'的境界。"② 这里所说的"道"就是一种价值体系，它对

---

① 潘光旦：《国难与教育的忏悔》，杨东平主编《大学精神》，辽海出版社2000年版，第62页。

② 南怀瑾：《原本大学微言》，世界知识出版社1998年版，第50—51页。

大学的社会责任和终极追求目标的定位是：通过大学教育发扬人性中本来的善，培养健全的人格，达到修己立人、重视民众、爱护民众、改良社会风气的目的，以便使整个社会达到"至善"的境界。"大学之道"比大学精神更为常用，更为精确，是人们对大学本体的最高认识所形成的精神文化的集合，也是有关大学发展和大学秩序建设的一套价值系统。①

梅贻琦先生一语道破中国大学精神的发展历程："今日之大学教育，骤视之，若与明明德、新民之义不甚相干，然若加深察，则可知今日大学教育之种种措施，始终未能超越此二义之范围，所患者，在体认尚有未尽而实践尚有不力耳。"② 从中我们可以看出中国传统大学精神所坚守的方面，它是大学精神在悠久而又复杂的历史变迁中不变的因素，这形成了大学精神的传统，影响着中国近现代大学精神的培育与发展。储朝晖博士从四个方面甄别出中国传统大学精神的特性：（1）"士"是中国大学精神的千年主体；（2）"德治"是中国大学精神的永久根基；（3）"做人"是中国大学精神的首要论题；（4）"合一"是中国大学精神的结构特征。而"士志于道"则是中国大学精神万变中的不变，即是中国大学精神。③

守望大学精神只是事物的一面，中国古代大学精神也经过"传统"与"断裂"的反复变迁，但"所谓'断裂'都是指'传统'内部的'断裂'，因此是局部而不是全面的。事实上

---

① 储朝晖：《中国大学精神的历史省思》，山西教育出版社 2006 年版，第228—229 页。

② 刘述礼、黄延复编：《梅贻琦教育论著选》，人民教育出版社 1993 年版，第99 页。

③ 储朝晖：《中国大学精神的历史省思》，山西教育出版社 2006 年版，第327—345 页。

每一次'断裂','士'的传统也随之推陈出新一次，进入一个不同的历史阶段。而连续性则贯穿在它的不断的内部'断裂'之中"，显现出"永远地古老，永远地新颖"的"与古为新"特征①。中国大学精神的"断裂"是受到外来文化影响的结果，其中有两次比较大的文化碰撞，改变了中国传统的"道统"，也改变了中国大学精神。第一次外来文化的规模入侵是东汉末年印度佛教的传入，第二次是鸦片战争以后西方文化的传入。前者与中国社会环境的变化共同改变了中国传统大学精神的内容，后者则在中国传统大学精神的基础上孕育出中国近代大学精神。但是，外来文化之所以能够传入，都是有中国文化基础的，它在一定程度上造成了中国文化价值体系的大刺激、大震荡、大激变，但在文化的碰撞过程中，最终以交融的方式，使得中国文化价值体系得以绵延、变迁和创新。中国传统大学精神也在这一过程中得到一次次的重塑和延续。

中外文化的第一次融合是儒释融合，是以儒学为砧木，进行嫁接的。颜之推在《颜氏家训》"归心"篇中认为，佛家的五禁与儒家的五常是一致的："仁者，不杀之禁也；义者，不盗之禁也；礼者，不邪之禁也；智者，不酒之禁也；信者，不妄之禁也。"可见，"归周（公）、孔（子）而背释宗，何其迷也"。② 司马云杰认为，印度佛教文化之所以能够传入，是因为中国有老子、庄子为代表的道家文化。没有道家无形无象道体的"无"，印度佛教经典学的"如性"、"空性"，就根本没法翻译，或者说就根本无法传进来。③ 儒释的融合在一定程

---

① 余英时：《士与中国文化》，上海人民出版社 2003 年版，新版序。
② 颜之推：《颜氏家训》，上海古籍出版社 1992 年版，第 128 页。
③ 司马云杰：《大道运行论》，陕西人民出版社 2003 年版，第 676 页。

度上改变了中国传统文化的路径，与秦朝时期的"焚书坑儒"以及汉代的独尊儒术等本土影响因素结合起来，在魏晋时期，玄学成为显学。此时，从大学精神的主体"士"的角度来看，正如余英时先生所言："窃以为一切从外在势态之变迁而迂曲为说者，皆不及用士之内心自觉一点为之解释之确切而直截。盖岁士大夫内心自觉而来者为思想之解放与精神的自由，如是则自不能满足于章句之支离破碎，而必求于义理之本有统一性之了解。此实为获得充分发展与具有高度自觉之精神个体，要求认识宇宙人生之根本意义，以安顿其心灵之必然归趋也。"①玄学的兴起是对汉代独尊儒术的反叛，打破了儒学独尊的地位，在一定程度上实现了学术自由，但从总体上来说，玄学的兴起使中国大学精神由既有的人文、伦理取向朝自然取向产生一定程度的偏离②，又由于中国文化整体的发展是儒释融合，以儒为主，因此，它并没有完全脱离中国大学之道的范围。至唐代，韩愈发表了《原道》、《原性》、《原人》等文章，宣扬道统和儒家思想，其目的是"致力于重建儒家的道统……终极目的是要从佛教手中夺回儒家久已失去的阵地"③。但受到佛教冲击的中华文化再也不会出现儒学独尊的辉煌，儒、佛、道文化的撞击、渗透和融合，发展到宋代为程朱理学，这种以"理"为本体的学说，在文化上，"理"既是"道"的继承，又是"道"的体现与变异，是儒、佛、道文化融合的产物，从多层面唤起大学精神主体——士的主体意识，从思想上激发士人的自觉与自由意识，文化融合背景下形成的以理学为基础

---

① 余英时：《士与中国文化》，上海人民出版社 2003 年版，第 52 页。

② 储朝晖：《中国大学精神的历史省思》，山西教育出版社 2006 年版，第 239 页。

③ 余英时：《士与中国文化》，上海人民出版社 2003 年版，第 511 页。

的大学精神具有很大的包容性，对近代中国大学精神的孕育产生了深远的影响。明清之际，受西方文化的影响，中国早期的启蒙思潮使大学精神进一步发生变异，以颜元、黄宗羲、王夫之等为代表的实学派人物，反对理学，主张经世致用。这一思想使中国学术从关注"人统"向"事统"转变，从而引发中国大学精神的内发式的变革，为近代的洋务运动和维新运动引进西方大学制度奠定了重要的思想基础，也是中国学术转向"学统"的重要过渡阶段，中国大学精神也自然过渡到为学问而学问的阶段，从而在近代实现了与西方大学精神的对接。

　　许美德认为："在中国的传统中既没有自治权之说，也不存在学术自由的思想；同时，也没有一处可以称得上是大学的高等教育机构。"① 如果以西方的自治和学术自由的形式来框定中国传统高等教育的发展的话，她的观点或许是对的，但是，如果我们将自治和学术自由上升到大学精神的层面，此观点就具有很大的片面性。诚如梅贻琦所言："制度为一事，精神则又为一事。就制度言，中国教育史中固不见有形式相似之组织，就精神言，则文明人类之经验大致相同，而事有可通者。"② 大学的精神植根于人类文化之中，具有相通性，中国传统大学精神扎根于中国传统文化之中，是人类文化的重要组成部分，在精神层面上与西方大学精神具有相通性。"士志于道"的中国大学精神是大学精神所具有的特殊的民族性的表述，其内核也具有自治和自由的精神。

　　一是大学精神的主体——"士"的独立与自由思考。在

---

① ［加］许美德：《中国大学 1895—1995：一个文化冲突的世纪》，许洁英主译，教育科学出版社 2000 年版，第 26 页。

② 刘述礼、黄延复编：《梅贻琦教育论著选》，人民教育出版社 1993 年版，第 99 页。

春秋时期，士就作为一个特殊阶层从社会等级制度中游离出来，与贵族与庶民的特殊关系，使他们获得特殊的社会地位和社会保障，从而形成了相对独立的人格特征，流动的自由、职业自由和思想自由是士的人格独立的标志。他们以知识为活动对象，以一切客体为认识对象，独立的人格使他们具有独立自主的思维能力，在客观的认识对象面前，士具有平等的权利和能力，独立自主的思维能力使士人能无所顾忌地去认识一切。"圣王不作，诸侯放恣，处士横议，杨朱、墨翟之言盈天下。"（《孟子·滕文公下》）士人对政治都可以"横议"，更不用说学术了，在战国时期出现百家争鸣就不足为奇了。

二是大学机构的自治与自由。中国早在殷商时期就有了"大学"的称谓。周代的辟雍、泮宫也是高等教育形式的机构，汉代后有太学、国子监、书院等。在中国的大学发展史上，最能体现自治与自由精神的是"稷下学宫"和书院。

中国古代稷下学宫是思想自由、百家争鸣的发源地。稷下学宫的出现不但是先秦士阶层发展的最高点，而且更是养贤之风的制度化。稷下学宫有两个特点最值得注意：第一是君主对待知识界领袖以师友之礼；第二是这些知识界领袖的专职即是各持其道以批评故事。[1] 稷下先生的重要功能就是"不治而议论"，即"不任职而论国事"，这里的"议论"不是一般讨论和商议，而是批评，甚至是"横议"。刘向《新序·杂事第二》记载："稷下先生喜议政事。邹忌既为齐相，稷下先生淳于髡之属七十二人皆轻忌，以谓设以辞，邹忌不能及。乃相与往见邹忌。""士"的"议论"依据是本于自己所持之"道"，而非外在的"势"，由此可见稷下学宫所秉持的独立精神。

---

① 余英时：《士与中国文化》，上海人民出版社 2003 年版，第 94 页。

"不治而议论"的"士"与君主建立的是师友关系，而非君臣关系也是他们能够持"道"独立的重要条件，也是思想自由的前提条件。各诸侯国对具有较高学术才学的"士"往往都采取极宽容的政策，允许和倡导学术自由。稷下学宫时期尊"士"的自由宽容氛围十分浓烈，"合则留不合则去"，"士"像自由鸟"择木而栖"，从而促进了学术人才流动。稷下学宫的办学模式是各家各派都可以在稷下设坛讲学。在稷下千余名学者、士大夫中包纳了儒家、道家、墨家、阴阳家、由道而法者、博学而无所归属者等各家学者。稷下先生聚徒讲学，先生和学士构成了教与学双方，双方都有较大的自由度，先生可以自由讲学授业，自由择徒，学士也可以自由择师，可谓学无常师，打破了门户之见。在稷下的各家各派的学术地位是平等的，各家各派在平等的竞争中得到发展。学术论辩使稷下诸学派之间相互吸收、交融和分化、嬗变，不少到过稷下的学者和学派都表现出兼收并蓄的特点。稷下学宫所秉持的独立和学术自由由此可见一斑。

书院的形成与发展是中国大学自治与自由精神的最高体现。书院原本是一种师生间自愿组合的、松散的、非正式的学者社团，有大师并与当时社会的高深文化密切相关是其重要特征，在这一点上，与西方中世纪大学有着极大的相似性。

书院的自治性首先表现其创设之初的独立性。涂又光先生认为当选举系统（政治领域）侵占了学校系统（教育领域）的时候，书院始在"燕闲清旷之地"出现，是忠于学术、忠于高等教育的人士面对科举的入侵与禄利的污染而作出的行为选择①。书院作为独立于官学系统的特有的教育机构，从来没

① 涂又光：《中国高等教育史论》，湖北教育出版社1997年版，第190—228页。

有被朝廷的官方文件正式纳入官学体系之中，即书院没有被官方视为"储才以应科目"的机构。书院仍然保持志于学术的精神传统。由此可见，书院的独立性不仅仅体现在办学经费的独立。其次，书院的内部管理体制的自治性。书院是传统中国的士人以书为媒介，通过开展藏书、读书和教书等活动，为研究与传播儒学而建立起来的一种新型教育机构，士人始终是书院的主体，也是自主管理书院的重要执行者和参与者。书院大师不仅有创建、修复书院的能力与权力，而且在书院内部事务的处理方面享有至高无上的权威。由于书院受到的来自官方的约束较小，书院在经费管理、山长选聘、教学内容与方式以及人才培养目标的确定等方面都有一定的自主权。总的来说，书院的管理是书院师生的自我管理，与西方大学早期的社团自治性是相通的。

书院的学术自由得益于其独特的组织形式和独立自治的运行方式，主要体现在两个方面：第一，思想自由，兼容并蓄。书院的教学方式体现了思想自由，学者在书院自由地进行学术传授式讲学。众所周知，南宋包括理学家在内的众多大家、学者们远不是故步自封，足不出户。相反，他们往往通过会讲的形式来开展学术交流。会讲是宋代书院极其重要的一种教学和学术交流方式，往往是书院邀请名师来讲课，提倡自由讲学，各抒己见。这是宋代书院最有特色的地方，也是学术自由的重要的表现。淳熙二年（1175），吕祖谦邀请朱熹和陆九渊到铅山赴历史上有名的"鹅湖之会"，朱陆二人学术观点是针尖对麦芒，相互作诗嘲讽，最后不欢而散，但两人并不为此存芥蒂。六年之后，陆九渊受朱熹之邀亲临白鹿洞讲学，其所讲"君子喻于义，小人喻于利"一章之讲义被朱熹刻于书院门前石碑，成为学术史上的一段佳话。书院的思想自由还表现在自由的师生关系上，书院实行的开放式办学，听讲者不受地域和学派的限制，会讲制度和论辩的教学方式，使学生可以接触到不同学派的思想，师生会聚一堂，自发地开展自由讲学、自由争辩，由此产生自由的关系。在讲师法家承的中国传统学术环境中，许多著名书院在学术上实行"兼容并蓄"，允许不同学术流派、学术观点的发展、论争。有的书院还不断聘请持不同观点的学者前来讲学，他们几乎都以复兴儒学为自身使命，或著书，或会讲，或不同学派之间相互诘难、交流，学术自由空气极浓。第二，教学与研究相结合。书院既是中国传统的大学，又是学术研究单位。书院教学一般以学生个人读书钻研为主，一改官学先生讲、学生听的沉闷格局，注重培养学生的自学能力、独立研究能力，把指导学生如何读书、怎样做学问作为教学的重要任务。书院的大师们往往不是为教学而教学，而是把学术研究与教学活动结合起来，将书院作为学术研究的中心或基地。长期执掌江宁钟山书院的著名汉学家卢文弨在书院教学过程中，通过让生徒参与校勘工作来提高汉学研究水平，这样不仅能加快学术研究的速度，而且能培养生徒的校勘水平。除了让生徒直接参加学术研究活动，书院教学的重要方式答疑问难也是学术创新与教学结合的典范。学术大师们的语录、文集中有大量的书院师生答疑问难的记录，这些记录是书院大师学术成果的重要组成部分。中国的书院更是注重教学与学术研究的结合。努力形成相应的学术派别，同时又收受生徒，讲述自己的研究成果，培养学术人才，并在讲学过程中使自己的研究成果得到完善和充实，二者相互促进，相得益彰。

总之，书院精神集中体现了书院人"志于道"的不媚俗的独立人格，以及书院作为相对独立的组织机构所具有的自治和自由精神。由于受到特定的历史条件限制，书院发展至明清逐渐式微并走向消亡，但由此涵养的大学精神却成为近代中国大学精神的重要资源。

## 第四节　中国近代大学精神的解读

中国近代大学精神的形成与发展是发生在中外文化第二次碰撞的时代背景下，主要是来自西方的文化冲击。张汝伦先生认为："我们现在的思想和制度，根本上是由先秦沿革而来，同样的，西洋的思想和制度是由希腊罗马而来。吾国文化已与西洋文化合流，故不能不各溯其源。"① 到了近代，在两种文化的交汇之中，中国传统文化面临着存亡兴废的生死险境，因而，文化冲突是这次中外文化碰撞的主要特征。文化冲突在一定程度上放大了矛盾的对立面，有例为证："20 年代初，在那场关于'科学和人生观'的论战中，许多学者互相攻讦，或视科学为万能，具有无上的权威，或认为科学是虚假的僭越者，用它来主宰一切是相当危险的，最后得出的结论，西方的物质，中国的精神。"② 这种简约化的对立在一定程度上是洋务运动之后的"体用之争"的延续。它一方面反映出西方文化对中国文化冲击的力度之大，另一方面也说明了由此而引发的民族情结和危机意识。民族危机所激发的精神意识是中国近代大学精神形成的重要社会背景，由文化对立到文化融合，从严复到蔡元培以及梅贻琦等中国大学人，最终所选择了中西会

---

① 转引自蒋梦麟《孟邻文存·序言》，台北正中书局1974 年版，第 1 页。
② ［美］列文森：《儒教中国及其现代命运》，郑大华译，中国社会科学出版社 2000 年版，第 99 页。

通的文化观，克服了"体用之争"，将西方的科学、民主与中国德治的传统文化融合起来，既保持了中国传统文化的特性，也使中国文化在新的历史时期得以发展。由此培育的中国近代大学精神随着文化的发展而演进，在守望中国大学精神自有逻辑的基础上，吸收并消化西方大学精神，形成了中国近代大学精神，成为引领中国近代大学迅速发展的精神动力。中国近代大学精神的形成与发展受到两股重要力量的影响：中国传统大学精神和西方大学精神。其根基仍然是中国传统大学精神，它是"砧木"，是西方大学精神能够被移植而且成活的基础，两者的交融形成了中国近代大学精神。因而，中国近代大学精神的内涵就是中西大学精神的融合，主要体现在以下几个方面。

### 一　德治的精神

储朝晖博士认为："德治"是中国大学精神久远根基[1]。中国古代大学教育把德育放在首位，"德至上"也就成了古代大学办学的价值追求。到了近代也不例外，近代大学精神的演进仍然是遵循自身的逻辑——大学之"道"来发展的，是以"道"为圭臬，因而德治仍然是近代大学精神的主要价值之一。蔡元培认为大学是研究高深学问的地方，应"循思想自由为原则，取兼容并包主义"，这是对大学精神所作的完满诠释，也开启了中国近代大学精神。从外表来看，蔡元培是移植和吸收了德国大学精神的内涵，但他更重视对中国传统大学精神的继承。他强调"兼容并包，有容乃大"，也是精通中外古今学问、取中西文化精华的融合壮大。其北大精神参酌了

---

① 储朝晖：《中国大学精神的历史省思》，山西教育出版社 2006 年版，第332 页。

"欧美教育新法"与中国古代教授法，提出"大学教育应采用欧美之长，孔墨教授之精神"，这正是儒家"和而不同"精神的现实运用。蔡先生认同的文明之根在中国，他曾表示，"在古代中国，文明之根一直没有停止过它的生长"。可以说，北大精神是以中国文明为根基。对待西方文化，更是强调消化并吸收，化作我用，其标准则是"择善"而从。在实践层面，蔡元培亲自组建进德会，以实际行动来践履大学"德治"的精神。清华立足传统精神"自强不息，厚德载物"，中西兼容、文理渗透、古今贯通，进而才成就了清华的辉煌和梅贻琦的清华终身校长的美誉。张伯苓先生手订"公"和"能"为南开大学的校训。南开精神即"允公允能，日新月异"，所谓"公"者，是指培养人的公共意识和公共道德，其中他最为重视"公"的教育，认为"德育为万事之本"。他详细阐述道："允公，是大公，而不是什么小公，小公只不过是本位主义而已，算不得什么公了。惟其允公才能高瞻远瞩，正己教人，发扬集体主义的爱国思想，消灭自私的本位主义。"① 校训作为大学特色的浓缩，也是对大学精神的精确概括。近代中国大学的校训集中体现了中国传统大学"德治"的精神。比如，南京大学的"诚朴雄伟，励学敦行"，东南大学的"止于至善"，山东大学的"气有浩然，学无止境"，河南大学的"明德新民，止于至善"，等等。这说明，中国近代大学精神在演进的过程中，是自觉根植于儒家文化中的"士志于道"、"明道济世"，大学发展的"德性取向"等方面，是中国传统大学德治的延续，具有鲜明的民族性。

---

① 梁吉生：《允公允能 日新月异——南开大学校长张伯苓》，山东教育出版社 2003 年版，第 138 页。

## 二　自治的精神

蔡元培任教育总长期间，在其制定的《大学令》中确立了大学以"教授高深学术"为宗旨，以文理两科为大学基础以及"教授治校"的大学制度。一方面，确定高深学问为大学的逻辑起点，以认识论哲学改造中国大学，另一方面，强调大学的自治性，"教授治校"既是对西方大学自治精神的吸收，又是中国传统大学精神的延续。蔡元培认为："教育是帮助被教育的人，给他能发展自己的能力，完成他的人格，于人类文化上能尽一分子的责任；而不是把被教育的人造成一种特别器具，给抱有他种目的的人去应用的。"① 因而他提出教育独立的主张，教育要保有独立的资格，不受党派和宗教的影响。在教育与社会的关系上，也应以学术为标准，保持自身的独立，教育并非完全随社会，而要指导引领社会，大学教育并非只是满足社会现实功利需要的一种制度和机构，而更是社会理想的制造者和实行者。1917 年任北大校长后，他坚持"教授治校"的制度，实行内部管理的自治，为了维护自治权，他曾不止一次以辞职相抗外界的干预。蔡元培所倡导的自治精神，得到许多著名大学的呼应，并成为一种典范。梅贻琦在清华将"教授治校"贯彻得最为彻底，陈寅恪先生为王国维写的碑文称："惟此独立之精神，自由之思想，历千万祀，与天壤而同久，共三光而永光。"② 这是清华学人独立精神的集中体现。张伯苓强调"师生合作"，非常尊重教师和学生在学校

---

① 高平叔编：《蔡元培教育论集》，湖南教育出版社 1987 年版，第 334 页。

② 陈寅恪：《清华大学王观堂先生纪念碑铭》，杨东平主编《大学精神》，辽海出版社 2000 年版，第 415 页。

管理中的权利，提出了"责任分担、校务分掌、健全制度、定时作事"的管理模式。在战火中诞生的西南联大，更是将自治精神发挥到更高的境界，使西南联大获得"内树学术自由之楷模，外来'民主堡垒'之称号"[①]。

### 三　自由的精神

1917 年，蔡元培对北京大学进行了大刀阔斧的改革，奠定了"兼容并蓄、学术独立、思想自由的精神，确立了大学之为大的基本准则和文化精神"，但是，"一方面由于中国的高等教育源自晚清的洋务运动，是从发展军事和工业的实际功利出发和主要由政府推动的，具有浓厚的技术主义、工具主义背景，30 年代又面临抗战救亡的紧迫压力；另一方面，随着意识形态的变化，自由主义的教育精神渐为国家主义、权威主义所挤压……使得维系人文主义、学术自由、教授治校之类的大学精神、大学制度成为一种艰苦卓绝的坚守"[②]。蔡元培在北大所秉持的"思想自由，兼容并包"精神，奠定了中国近代大学精神的根基。他早期接受中国传统文化的教育，饱读经书，对中国传统文化具有深厚的感情。他在西方留学期间，吸收了德国古典大学精神的影响，同时还接受了法国资产阶级民主自由政治思想、新人文主义思想。他所接受的中西教育对他本人思想体系兼容性的形成起了很大的作用，并成为他办学的主要指导思想。蔡元培认为大学应成为"囊括大典，网罗众家"的学府，思想自由既是世界大学的通例，也是大学的精

---

① 西南联大北京大学校友会编：《国立西南联大校史》，北京大学出版社 1996 年版，第 3 页。

② 杨东平主编：《大学精神》，辽海出版社 2000 年版，第 5 页。

神和本质所在。蔡元培的贡献不仅仅是以"思想自由，兼容并包"的精神改造北大，将原有的官僚养成所改造成真正的学术之府、现代大学，而且将其精神拓展开来，成为此后大学的典范。梅贻琦的教育思想中就吸收了蔡元培的大学精神，成为他发展清华的思想源泉。在南开大学、东南大学，乃至辅仁等教会大学，无不吸收了蔡元培所主张的自由精神，西南联大则是在特殊的历史时期对学术自由精神一种艰苦卓绝的坚守。

## 四　爱国的精神

中国传统大学精神主体的"士"，不仅具有西方知识分子追求知识的"理性"特征，更有"明道救世"的社会责任意识。诚如余英时所言："古人以'通古今，决然否'六个字表示'士'的特性，正可见'士'的最重要的凭借也是'理性'。但就'士'之'仁以为己任'及'明道救世'的使命感而言，他又兼备了一种近于基督教的宗教情操。"① 支持士人艰守"明道救世"精神的内涵就是爱国精神。近代中国大学的爱国精神是伴随着中国的救亡图存的爱国运动而形成的，主要表现为由强烈的社会责任感、使命感而产生的社会忧患意识和社会参与意识。在教育思想上，大学精神转化为具体的教育救国思想。蔡元培就抱定教育救国的思想改造北大，他在致友人汪兆铭的信中写道："吾人苟且实从教育着手，未尝不可使吾国转危为安。"因而，张岱年先生将北大精神概括为"为了振兴中华而追求真理的传统，亦即以爱国主义为主导的学术自由的传统"②。季羡林先生指出，"北大的优良传统是根深蒂

---

① 余英时：《士与中国文化》，上海人民出版社 2003 年版，第 6 页。
② 张岱年：《我与北大》，《光明日报》1998 年 2 月 28 日。

固的爱国主义"。这种爱国主义孕育于中国悠久的文化传承，诞生于国家危难之际。"从古代太学起，中经国子监，一直到近代大学，学生都有以天下为己任的抱负"及"天下兴亡，匹夫有责"的精神。① 中国大学有此精神，大学人更有报国之志。"清华早期虽然渗透着美国文化的影响，但是在源远流长、博大精深的中华民族优秀文化传统的哺育之下，在不断发展的民族救亡运动的影响之下，清华一建校便与国家的命运、民族的兴衰紧紧地联系在了一起。'庚子赔款'的民族耻辱与振兴中华的强烈愿望交织在一起，鞭策着清华学子发愤自强，追求真理，振兴教育科技事业，投入到炎黄子孙前赴后继救国救民的历史洪流之中。"② 自五四运动起，大学生的爱国运动更是中国近代大学爱国主义的集中体现，每一次重大运动，大学生都走在时代的前列，在抗战期间，许多大学生弃笔从戎，以实际行动表达他们的爱国主义精神。以西南联大为例，该校学生出于爱国热忱，曾有三次较大规模的参从军活动。先后在西南联大上学的学生有 8000 人，校方列有姓名可查的参军人数为 834 人，长沙临时大学时期，校方记录参加抗战工作离校学生有 295 人，两者相加共 1129 人，约占总人数的 14%③。

中国近代大学精神的标志是蔡元培所改造的北京大学。吴大猷先生指出："蔡元培校长当年在北大的治校理念，可总结为'兼容并包，教授治校'八个字。其中'兼容并包'即是尊重'学术独立'与'思想自由'……至于'教授治校'，

---

① 季羡林：《我和北大》，《光明日报》1998 年 2 月 11 日。
② 江崇廓：《清华大学》，湖南教育出版社 1995 年版，第 8 页。
③ 西南联大北京大学校友会编：《国立西南联大校史》，北京大学出版社 1996 年版，第 75 页。

使全校师生对校政与校务有直接的参与感，为学校带来讨论的风潮与蓬勃的朝气，其精神无非就是'五四'所倡议的'民主'。"① 其实学术自由也好，教授治校也好，皆不是目的，目的是追求真理。"没有自由思想，没有独立精神，即不能发扬真理，即不能研究学术……一切都是小事，惟此是大事。"② 由此可见，中国大学精神在近代与西方大学精神实现了对结，而又因中国特定的社会背景和特有的大学精神传统，使其具有浓厚的民族性，这一过程就是大学精神本土化的过程。

## 第五节　继承与吸纳：大学校长与中国近代大学精神的本土化选择

中国近代大学从无到有的发展过程中，大学校长成为中国近代大学精神本土化的重要主体，继承传统与吸纳西方大学精神相结合，培育出中国近代大学精神。章开沅先生在《中国著名大学校长书系》序言中写道："在百余年中国新式高等教育发展过程中，有一大批筚路蓝缕、披荆斩棘的先驱者，他们呕心沥血、殚精竭虑，为中国现代大学的奠基与成长作出了不可磨灭的贡献，我们应该永远铭记这些先驱者的功绩。特别是其中那些办学有成的著名校长，他们和他们所辛苦经营的著名大学乃是中国高等教育史上一块块丰碑。他们教育思想的丰富精粹，办学理念的卓越高远，以及实践业绩的泽惠后世，至今仍然受到中外学者的肯定与尊重。"③ 他们从各校的具体情况

---

① 吴大猷：《弘扬民主、科学与爱国主义》，《光明日报》1998年6月6日。
② 陆键东：《陈寅恪的最后20年》，三联书店1995年版，第519页。
③ 金林祥：《思想自由 兼容并包——北京大学校长蔡元培》，山东教育出版社2004年版，总序第1—2页。

出发，从不同角度诠释大学精神。其中既有像北大一样多任校长的接力传承，形成独特的大学精神传统，也有新建的大学，秉持蔡元培所倡导的大学精神，成为历史的继承者，从而形成于一校、于一国之中大学精神的薪火相传。

陈洪捷博士认为，蔡元培在北京大学成功进行改革的一个重要条件取决于蔡元培的个人魅力——即韦伯所说的卡里斯玛（Charismas）品质[①]。中国近代大学校长作为特殊群体，他们所具有的传统士人与新型知识分子结合的特性，使他们具有非凡的影响力，其作用主要体现在精神和观念的感召力，从而显示出韦伯所说的卡里斯玛特征。

韦伯在《经济与社会》一书中提出统治结构"三类型"说："法理型"、"传统型"和"魅力型"。从权力结构与合法性来源来看，"魅力型"权力也是建立在个人的权威之上的，但与"传统型"不同，它是"建立在具体的个人不用理性和不用传统阐明理由的权威之上的"。只相信或崇拜个人魅力，"相信某一种个人、救世主、先知和英雄的现时的默示或恩宠"。其纯粹的典型形式，就是为先民所崇拜、又经后人神圣化的原始部族首领。[②] 这种特殊的个人"魅力型"权威，就是卡里斯玛崇拜。韦伯认为，卡里斯玛是人在体质上和精神上所表现出的一种特殊的、被视为超自然（非人力所能及）的才能。一般而言，具有卡里斯玛品质的人一定会在关键的时候脱颖而出，并且能够以超凡的魅力领导大家形成卡里斯玛组织，从而度过艰难困苦时期，最终获得巨大的成功。由此，卡里斯

---

[①]　陈洪捷：《德国古典大学观及其对中国大学的影响》，北京大学出版社2002年版，第183页。

[②]　［德］马克斯·韦伯：《经济与社会》下卷，林荣远译，商务印书馆1997年版，第277—278页。

玛由分析个人特征进而转化为分析组织特征，其含义也从原先的统治类型转化为社会行为的权威类型。卡里斯玛型的权威秩序为一种建立在信念、精神及激情之上的革命性力量，重精神轻物质，排斥常规、规定化秩序。美国社会学家罗斯（Guen-ther Roth）在分析观念形态的卡里斯玛时，强调信奉该观念的精英群体的作用，说他们构成一定观念的核心载体，并身体力行，形成卡里斯玛共同体。他们对于所体现观念的传播和影响极具贡献。①

卡里斯玛所引起的革命不同于基于理性的革命，不是由外而内，由制度而人，而是"由内而外"，即先是精神上的革命，并由此波及外在世界。卡里斯玛型支配下，由支配者揭示的使命往往是为了彻底地颠覆固有秩序。② 被颠覆的种种秩序不仅仅是局限在社会治理的外在秩序，还会包括人伦道德领域，也就是说深入到价值观念的层面。作为韦伯社会学核心概念之一的卡里斯玛具有广泛的意义。希尔斯（Edward Shils）认为，卡里斯玛不仅指个人的特殊资质，以及行为、角色、制度及符号等，一旦它们与某种终极的、根本化的秩序力量相联系，便会具有卡里斯玛的性质。德国社会学家塞法特（Con-stans Seyfarth）指出，卡里斯玛概念揭示了人类生活形式的内在逻辑和动力，一种不可或缺的动力因素。美国社会学家罗斯区分出两种形式的卡里斯玛：一种是"超时代的"，领袖人物的非凡品质及由他们造就的卡里斯玛组织即属于此类；另一种是"历史性"的，指非人格化的、与观念或制度相联系的卡

---

① 参见陈洪捷《德国古典大学观及其对中国大学的影响》，北京大学出版社 2002 年版，第 118 页。

② ［美］本迪克斯：《马克斯·韦伯思想肖像》，刘北成等译，上海人民出版社 2002 年版，第 327 页。

里斯玛。他认为，在历史理性化过程中，卡里斯玛更多寄身于观念，而较少表现为依附于特殊人物的特殊品质。[①]

中国大学校长对大学精神本土化的影响，体现在罗斯所说的两个方面，蔡元培的个性特征对大学精神的孕育就属于前者，而其所孕育的大学精神最终成为"历史性的、非人格化"的观念，成为支配后继大学校长的精神动力，正因如此，才使得中国近代大学精神在极其困难的历史条件下得以薪火相传。

其实，在蔡元培之前，"兼容并包，学术独立、思想自由"等教育思想就存在于中国大学校长的办学实践之中，被誉为"国家之光，人类之瑞"的马相伯就具有这种思想。他毁家兴学，于1903年在上海创办的震旦学院是"中国最早创办的一所私立大学"[②]。马相伯想创办能与"欧美大学教育并驾齐驱"[③] 的中国新式大学的宗旨和出发点是为培养对国家有用的人才，以振兴处于水深火热之中，命运多舛的国家各项建设事业，实现"教育救国"的目的。在办学实践过程中，孕育着早期的中国大学精神。首先，倡导教育独立的思想。震旦学院虽是教会大学，但马相伯以"不谈教理"为信条，强调大学教育应独立于教会，以至于后期遭到教会的杯葛，愤然离校，在艰难的条件下又创办了复旦公学。他的教育独立思想也表现在教育独立于政治上，复旦公学的经费主要来自社会募捐，他认为经费如果"出于官方，必予官场以干涉之路"，且

---

① 参见陈洪捷《德国古典大学观及其对中国大学的影响》，北京大学出版社 2002 年版，第 110—111 页。

② [加] 许美德：《中国大学 1895—1995：一个文化冲突的世纪》，许洁英主译，教育科学出版社 2000 年版，第 60 页。

③ 朱维铮编：《马相伯集》，复旦大学出版社 1996 年版，第 1044 页。

将失去办学者的"独立精神"。① 其次，强调内部管理的民主自治。马相伯的办学汲取了中国书院简约化管理精神，并借鉴西方大学自治的精神，实行"学生自治"，从而形成民主作风和自治的精神。再次，强调兼容并包，学术自由。马相伯在教育救国的思想下，采取兼容并包的方法，不仅在中西方学校管理思想上的兼收并蓄，而且在中西文化方面强调中西交融，吸收西方的科学人文精神，同时也能彰显中国优秀传统文化，使中国教育的现代化与本土化、世界性与民族性得以相融共进，他对西学采取的是批判吸收的态度，明确表示那是为中国所用、振兴中华的一种手段，强调学生要联系中国文化遗产去学习西方科学知识，比较对照，融会贯通。他认为只有在学习西方先进科学技术的同时不忘中国优秀文化传统，才能汲取中西文化精华，融入世界潮流之中。马相伯更是深知学术自由对大学的重要性。为了破除封建专制主义的"奴隶之学"，马相伯进而提出要在"自由"的基础上追求"自主"，要求学生做学问必须独立自主，求真务实；强调学科教学，"重在开示门径，养成学者的自由研究之风"。② 马相伯曾聘任严复担任复旦公学的校长，后者是中国启蒙思想的代表人物，更是自由思想的倡导者。他从历史发展上来比较中西文化，认为中国不能做到"黜伪而崇真"（即科学）、"屈私以为公"（即民主），其关键在于"自由不自由"③。他更是从本体论的角度提出自

---

① 黄书光：《国家之光 人类之瑞——复旦公学校长马相伯》，山东教育出版社 2004 年版，第 82 页。

② 复旦大学校史编写组编：《复旦大学志》第 1 卷（1905—1949），复旦大学出版社 1985 年版，第 56 页。

③ 王栻主编：《严复集》第 1 册，中华书局 1986 年版，第 35—36 页。

由是科学与民主的根本，提出"自由为体，民主为用"[1]。严复对自由的理论思考一方面付诸复旦公学的办学实践之中，另一方面，也是他后期担任北大校长的重要思想基础，更对蔡元培、张伯苓等人的教育思想产生了重要的影响。由震旦到复旦，马相伯所开创的学术独立、思想自由和民主治校传统始终是薪火相传，并融入了复旦大学的校歌之中——"学术独立，思想自由，政罗教纲无羁绊"[2]，成为复旦大学永葆生机的精神血脉。而继承这一血脉的就是李登辉校长。尽管李登辉担任校长时的复旦与马相伯所初创的震旦有很大不同，以至于有学者认为，复旦公学乃至大学的发展"越来越远离他（即马相伯——引者注）的理想"[3]。李登辉留美的经历，使他将美国大学精神与中国大学精神相结合，缔造了复旦精神——团结服务牺牲。他说："我们要养成学生的独立，应明了独立不是一种单纯的德性，其中包含的心理分子很多。学生如果要有独立的能力，他必须有一往直前的决心，吃苦耐劳的毅力，挨受诮骂的勇敢，百折不回的志气。"[4] 由此可见，他所主张的培养学生的"独立"精神与马相伯所提倡的民主主义"自主之学"是一脉相承的。此外，李登辉非常重视师生参与学校管理。1924 年他提出在校内设立"行政院"，统辖全校一切行政事务。对于学生管理，李登辉提倡和鼓励学生自治。五四运动之后，复旦一度取消监学，改由学生自治会负责，学生违犯校

---

①　王栻主编：《严复集》第 1 册，中华书局 1986 年版，第 23 页。

②　复旦大学校史编写组编：《复旦大学志》第 1 卷（1905—1949），复旦大学出版社 1985 年版，第 111 页。

③　朱维铮：《马相伯集》，复旦大学出版社 1996 年版，第 1299 页。

④　复旦大学校史编写组编：《复旦大学志》第 1 卷（1905—1949），复旦大学出版社 1985 年版，第 263 页。

规，则设立特别法庭审理。李登辉在复旦进行的民主管理思想也是与马相伯一致的。正是由于这些校长一以贯之的努力，复旦精神才得以延续。

与北大有一样悠久历史的山西大学，第四任校长王录勋（1885—1963），在 20 年的任职期间，大力倡导开展科学研究与学术争鸣，在山西大学开学校思想开放与学术自由之滥觞。曾任台湾国民党"立法委员"的校友邓励豪对王氏及此时之山西大学校如是评价："公之治校原则，一本科学分工无为精神，拱手携领；其教育之特点，则实行思想开放学术自由。所持作风，与北京大学蔡元培先生大体相似。校内科系林立，在思想见解，竟可分歧对立，文科学长与法科学长，常因学术问题发生争辩，甚至怒目相向。学生与教授辩论问题，在教室不得下台。鼓荡相习，蔚成校风。其培植之学子，绝无一个思想模式脱出者。"① 白手起家创建武汉大学的王星拱校长明确提出了办学的宗旨和目标："秉承学术独立的精神，以满足我们共同求知的欲望，使武汉大学，不愧为全国知识的中心。"② 后继周鲠生校长对蔡元培甚为推崇，甚至"高度评价蔡元培先生当年办北京大学时的那种气度和精神"，所以在"办武汉大学时，特别是在担任武汉大学校长时，实质上是以蔡元培先生为办学的楷模"③。他提出了"知识社会化"的任务，指出："什么是知识社会化呢？那就是说，知识是要成为社会的宝

---

①　山西大学校史编纂委员会编：《山西大学百年校史》，中华书局 2002 年版，第 81 页。

②　周川主编：《百年之功——中国近代大学校长的教育家精神》，福建教育出版社 2005 年版，第 395 页。

③　周如松：《周鲠生先生传略》，北京图书馆［文献］丛刊编辑部、吉林省图书馆学会会刊编辑部编《中国当代社会科学家》第 5 辑，书目文献出版社 1983 年版，第 155 页。

贝，不是作为个人的工具；知识是为大多数人增福利，不是为私人造势力……所以'知识社会化'的这一点，我们应该认作大学的精神；大学有这种精神，乃算得真正革命的建设事业，乃有它的社会的价值。因而在任何政治环境之下，自己可以站得住。"① 这是对大学服务社会功能的阐述，也是拓展了大学精神的内涵。

郭秉文在东南大学时主张，大学教育应力求做到"四个平衡"，即通才与专才的平衡，人文与科学的平衡，师资与设备的平衡，国内与国际的平衡②。其中人文与科学的平衡即包含了平等对待各种学术思想，提倡学术自由之意。当时的南京尚处于军阀统治时期，但在南高师、东大，教授们却可以公开介绍各种新的思潮和理论，既可宣传社会主义、马克思主义，也可宣传三民主义、国家主义、改良主义，形成百家并存、自由争鸣的局面。浙江大学的前身为求是书院，竺可桢出任大学校长，将"求是"定为校训，培育了浙大的求是精神。竺可桢讲："大概办理教育事业，第一须明白过去的历史，第二应了解目前的环境。办中国的大学，当然须知中国的历史，洞明中国的现状。我们应凭借本国的文化基础，吸收世界文化的精华，才能养成有用的专门人才；同时也必须根据本国的现势，审察世界的潮流，所养成的人才才能合乎今日的需要。"③ 基于这样的认识，竺可桢将大学的使命定位在以下方面：第一，

① 徐正榜、陈协强主编：《名人名师武汉大学演讲录》，武汉大学出版社2003年版，第197页。

② 张其昀主编：《郭师秉文先生纪念集》，台湾"中华学术院"1971年版，第89页。

③ 竺可桢：《大学教育之主要方针》，杨东平主编《大学精神》，辽海出版社2000年版，第41—42页。

培养适应社会发展需要的、服务社会又能改造社会的人才。第二，致力于学问，精研学术，保承和宏扬中华和浙江地方的优秀文化。第三，培植人类理想园地，为社会树立风气做中流砥柱。第四，坚守科学真理，不随波逐流，负起引领社会的责任。上海交通大学校长唐文治先生认为，应致力于将文化传统融于现代教育之中，通过文理沟通、两文（中文、外文）并重以实现"体用兼备"的教育目标。叶恭绰在做交通大学校长的时候，1921 年在交通大学开学时的一个演讲中说："诸君皆学问中人，请先言学问之事。鄙人前自欧美归来，目击其新潮，颇有思感。尝以为诸君修学当以三事为准衡：第一，研究学术，当以学术本身为前提，不受外力支配以达于学术独立境界。第二，人类生存世界贵有贡献，必能尽力致用方不负一生岁月。第三，学术独立斯不难应用，学术愈精，应用愈广，试申言之。夫学术之事，自有其精神与范围，非以外力逼迫而得善果者。"①

　　私立厦门大学校长林文庆告诉师生他之所以受聘担任厦门大学校长，是因为陈嘉庚的办学宗旨与他相通的缘故："当陈校董在南洋聘予回国任校长时，予一询以办学宗旨，陈校董答以当注重中国固有之文化。予是以欣然归国，予亦尊重中国古有之文化也。今之学生，能以中国古代之文化为基础，则庶乎近矣。"② 他指出："要救中国，先须养成人格，没有人格，就没有法子……所以全靠有相当的大学指导人格教育，养成全国的风气，使人人为君子。如此看来，大学教育是应该德、智、

---

　　① 转引自杨东平《教育：我们有话要说》，中国社会科学出版社 1999 年版，第 401 页。

　　② 厦门大学校史编委会编：《厦大校史资料》第 1 辑，厦门大学出版社 1987 年版，第 230 页。

体三方面完全的，不应偏于一方面。"① 在他的心目中，具有人格的人即为君子，因此，在大学里进行人格教育，就是要培养学生为君子。而实现这种教育的前提必须是独立和自由。1945—1948 年担任中央大学校长的吴有训则是学术独立的积极倡导者，认为"所谓学术独立，简言之可说是对某门学科，不但能造就一般需要的专门学生，且能对该领域之一部分或数部分成就有意义的研究，结果为国际同行所公认，那么该一学科可以能为独立"②。

教会大学从 20 年代末开始融入中国高等教育体系，在这之前，这些"在中国的大学"由于受到中国文化的影响，也逐步地进行中国化，也即本土化的改革，这些大学的校长，特别是立案后的中国校长，对中国近代大学精神的培育也作出了积极的贡献。金陵大学大学校长陈裕光，对大学的使命有着清醒的认识，他讲："研究高深学术与培育伟闳专才，为大学之二大使命；且二者不可分离，犹鸟之双翼，车之双轮也。"③ 陈裕光认为教会大学应承担起沟通中西文化的使命，他进而表示自己在校长的岗位上"以沟通中西文化为职志"。对此，1948 年陈裕光在金陵大学成立 60 周年的庆祝大会上进行了说明："回溯本校为外籍校友所创立，因此以沟通中西文化、介绍西方之新进科学，为其自然的特点，而文化亦因沟通，而更加发扬。本校对此宗旨，始终未渝……至今还没有特殊进步，更不用想在国际间取得一个领导地位。所以本人此次出国，目

---

① 厦门大学校史编委会编：《厦大校史资料》第 1 辑，厦门大学出版社 1987 年版，第 231 页。

② 吴有训：《学术独立与留学考试》，《独立评论》1935 年第 5 期。

③ 王运来：《诚真勤仁 光裕金陵——金陵大学校长陈裕光》，山东教育出版社 2004 年版，第 213—214 页。

的也在沟通中西文化，交换学术研究，使本校的学术标准有所提高。此盖东西之文化，各有所长，如能互相发明，则世界上文化，更见灿烂光辉。"①

"此时幸逢先生蔡"，这是北大师生对蔡元培接掌北大的历史评价，而蔡元培在北大的改革，能够把一大批恃才傲物的北大人团结起来，不是取决于他在学术上的成就，而是取决于他所代表的新时代——中国的共和时代，以及他的感召力和个人魅力，也就是说他所具有的卡里斯玛特征。蔡元培是中国近代历史上一位集立德、立功、立言于一身的伟人。蔡元培的人格，说他是当之无愧的君子，即具有温良恭俭让这种孔子般的气质的君子。② 许寿裳在《蔡孑民先生的生活》一文中写道："19 世纪德国哲学家叔本华说过这样的话，要估定一个人的伟大，精神上之大和体格上之大，法则完全相反。后者距离越远越下，前者却是越远越大。我相信蔡先生的精神不折，也是越远越大的。"③ 蔡元培改革北大，靠的就是他的人格力量，在此基础上为各种思想的共存提供平台，带领北大人共同缔造了北大精神和中国近代大学精神。正如蒋复璁所言："蔡先生是以他读书、修养所得来教人、救国，完全与我们传统的精神相合，所以蔡先生的精神是我们历史、哲学的精神，也就是我们国家民族的精神！"④ 从更深层次的角度来看，蔡元培的卡里

---

　　① 《南大百年实录》编辑组编：《南大百年实录（中卷）·金陵大学史料选》，南京大学出版社 2002 年版，第 216—217 页。

　　② 陈原平、郑勇编：《追忆蔡元培》，中国广播电视出版社 1997 年版，第359—360 页。

　　③ 中国蔡元培研究会编：《蔡元培纪念集》，浙江教育出版社 1998 年版，第 394页。

　　④ 梁柱、王世儒编：《蔡元培与北京大学》，山西教育出版社 1995 年版，第194 页。

斯玛特征在文化伦理方面，与中国传统"德治"的精神是相通的，也是中国大学精神的核心和永久根基，这时，对蔡元培个人的卡里斯玛崇拜也逐渐摆脱对他个人的依附，进入观念层面，大学的卡里斯玛组织也由"超时代的"领袖组织转入历史性的观念组织，观念形态的卡里斯玛所产生的精神引领作用，成为后继中国大学校长所追求的目标，也是中国近代大学精神延续并得到充实的动力。

程斯辉博士认为，近代优秀的大学校长之优良性格，主要表现在以下方面：（1）深谋远虑。（2）大度宽容。（3）守正不阿。（4）率直率真。（5）开拓敢为。（6）坚韧执著。（7）严慈相济。（8）沉着冷静。（9）认真负责。（10）勤俭节约。[①]近代大学校长还具有独特的品德特征。对近代大学校长的品德进行分析，一般可以得出这样的结论：即近代大学校长大部分都是有道德的人，他们之中的优秀代表在品德上是堪为道德楷模的人物。从近代大学校长作为管理的角色看，近代优秀的大学校长具有公正无私、遵法守约、尊重信任、爱岗敬业等优秀的品德。从近代大学校长作为知识分子的角色看，近代优秀的大学校长具有谦虚审慎、求实求真、忧国忧民、清廉高洁等优良品德。[②] 由此可见，中国近代大学校长中的典型从其自身来看，都具有卡里斯玛的特征，这是他们能够进行学校治理的重要基础。以罗家伦、梅贻琦与清华关系为例，更能说明大学校长卡里斯玛特征的重要性。罗家伦在清华实行改隶废董，争取学术独立，改革教学，开放女禁等一系列卓有成效的改革，是

---

① 程斯辉：《中国近代大学校长研究》，博士论文，华中师范大学，2007年，第275—279页。

② 同上书，第279—281页。

清华大学发展史上贡献较大的一位校长，但其个性特征和激进的态度终究未能被清华的教授与学生所真正接受，最终在多方压力下辞职。而梅贻琦能够成为清华的终身校长，其最主要原因是其个性品质得到了清华师生的认同，在有着驱赶校长传统的清华大学，没有发生驱赶梅贻琦的学生风潮。这说明在近代中国，具有卡里斯玛特征的校长对其所在学校治理的重要性。正如古典大学观所形成的卡里斯玛观念对德国大学的影响一样，中国近代大学校长，在办学理念上，都在不同程度上接受了蔡元培的影响，他所倡导的大学精神业已上升为一种观念形态的卡里斯玛，为后继的大学校长所崇拜，带来了大学价值观念的根本变化，并建立了强有力的学术规范，在这种精神的引领下，由内而外、由观念而制度使中国近代大学发生了革命性变革。观念的改变引起中国近代大学制度的本土化发展，而后者又成为大学精神延续的保障，精神和制度的结合，才不会使大学精神和制度因某个校长的离去而消亡，后继校长的接力使大学精神不至消失，这才成就百年北大，成就中国近代大学精神。

# 第四章

## 兼容并包:蔡元培与国立北京大学的本土化模式

北京大学既是中国传统高等教育的继承者,又是中国现代教育的开拓者,在中国历史上享有独特的地位,是中国最早的国立大学。北京大学的历史,最早可以追溯到汉代的太学,最近也可追溯到京师大学堂。京师大学堂是维新运动的产物,也是"鸦片战争50年来,人们不断探求救亡之路的最高境界"①,是中西文化碰撞、冲突、融合和交流的必然结果,是在"中体西用"思想指导下,吸收西方大学制度,为救亡图存培养新式人才的本土化发展的结果。京师大学堂于1912年正式更名为北京大学,一直到蔡元培时代的北京大学才真正创造中国大学发展的新篇章。美国教育家杜威对蔡元培为北大和中国大学发展的贡献给予了极高的评价:"拿世界各国的大学校长来比较,牛津、剑桥、巴黎、柏林、哈佛、哥伦比亚,等等,这些校长中,在某些学科上,有卓越贡献的,不乏其人;但是,以一个校长的身份,而能领导那所大学,对一个民族、对一个时代,起到转折作用的,除蔡元培而外,恐怕找不出第二个。"② 有亲身经

---

① 郝平:《北京大学创办史实考源·序言》,北京大学出版社1998年版。
② 高平叔:《北京大学的蔡元培时代》,《北京大学学报》(哲社版)1998年第2期。

历的冯友兰回忆："从 1917 年到 1919 年仅仅两年多的时间，蔡先生就把北大从一个官僚养成所变为名副其实的高等学府，把死气沉沉的北大变成一个生龙活虎生动活泼的战斗堡垒。"[1]

# 第一节　蔡元培之前的北京大学本土化发展

北大从 1898 年京师大学堂的创办，到 1900 年的停办，这一时期被称为戊戌大学；1902 年复办的京师大学堂到 1912 年更名为北京大学，这一时期被称为壬寅大学。到蔡元培主持北大，对北大较有贡献者有孙家鼐、张百熙以及严复等人。

### 一　孙家鼐、张百熙对京师大学堂本土化发展的贡献

在特定的历史条件下，从戊戌大学到壬寅大学，从教育制度以及教学内容和方法来看，实质上处于由封建的太学、国子学（国子监）向近代大学转变和过渡的阶段[2]。由于科举与学校体制并存，许多学生不重视学习。教员也不重视教学，且大都偏重旧学方面，学堂教学"竞竞以圣经理学诏学者，日悬《近思录》、朱子《小学》二书以为的"[3]。教学成为应付科举考试的手段，京师大学堂成为一个养成资格和出身的封建场所也就不足为奇了。京师大学堂是师法日本的结果，带有很明显的移植特征。从学科与课程设置，到教材的选择，均以抄袭日本为主，更有甚者，连课堂布置都模仿日本。尽管如此，有一点必须确认，从戊戌大学到壬寅大学，在制度上，"中国人确

①　陈平原：《追忆蔡元培》，中国广播电视出版社 1997 年版，第 167 页。

②　萧超然等编：《北京大学校史（1898—1949）》（增订本），北京大学出版社 1988 年版，第 26 页。

③　同上书，第 14 页。

实可能由于面临外国统治的现实而被迫朝外看，但这从来也没有在中国人进行教育借鉴时支配他们的选择。……绝非那些争相控制中国的外国政府所强加的，而更可以说是中国人自己所向往和追求的"①。因而，蔡元培之前的北京大学发展既是对外来文化冲击的回应，又是自我延续发展的结果，是采用"中体西用"的改良主义本土化方式进行的。在这一过程中，两位总监督（即后来的大学校长）孙家鼐和张百熙作出重要贡献，成为中国大学的早期奠基人。

1898 年，孙家鼐主持京师大学堂时，认为西方国家虽然靠大学培养具有各种知识的人才才"凌抗中朝"，但西方大学终究是"道器分行，略于体而详于用，故虽励精图治，日进富强，而杂霸规为，未能进于三代圣王之盛治"②。因而，中国的大学堂不可照仿西方大学，进而认为，京师大学堂应循着"中学为体"、"西学为用"的方针，取中国旧有学堂和西方大学的长处于一身。他认为"今中国京师创立大学堂，应以中学为主，西学为辅；中学为体，西学为用。中学有未备者，以西学补之；中学有失传者，以西学还之。以中学包罗西学，不能以西学凌驾中学，此是立学宗旨"③。在中国近代教育史上，孙家鼐第一次明确提出了"中体西用"的办学指导思想。在教育目的上，京师大学堂以"造就通达时务之人才"为目的，入得京师大学堂的人都具有一定的中学根基，入学则专为西学而来，以求博中通西。在内容上既要继承中国传统文化道德，又要学习西方的先进科学技术，以达到富国强

---

① ［法］巴斯蒂：《是奴役还是解放？》，［加］许美德主编《中外比较教育史》，上海人民出版社 1990 年版，第 11 页。

② 翦伯赞：《戊戌变法》2，上海人民出版社 1957 年版，第 425—426 页。

③ 同上书，第 426 页。

兵的目的。

　　1902 年京师大学堂恢复（京师同文馆 1902 年亦并入京师大学堂），张百熙为管学大臣。慈禧在下谕旨时就明确表达了京师大学堂恢复的宗旨:"兴学育才,实为当今急务。……务期端正趋向,造就通才,明体达用,庶收得人之效。"① 张百熙"悉心考察、夙夜构思",首要之事就是确定大学堂章程,尤为重视办学宗旨。1902 年 8 月 15 日,张百熙在《进呈学堂章程折》中指出:"朝廷以更新之故而求人才,以求人才之故而本之学校,则不能不节取欧美日本诸邦之成法,以佐我中国二千余年旧制,固时势使然。……所拟章程,谨上溯古制,参考列邦,拟定《京师大学堂章程》。"② 该章程高度重视新兴人才的培养,以"激发忠爱,开通智慧,振兴实业……端正趋向,造就通才"③ 为"全学之纲领"。从中可以看出既有对传统精神的继承,也有学习科学、发展工业、追赶西方列强的自强精神,具有中西兼容的意图。因而它具有划时代意义,它是中国历史上第一个以政府名义颁布的大学办学宗旨。但是,张百熙被保守派指责"喜用新进",这一章程并没有得到真正落实。1904 年 1 月 13 日,张之洞会同张百熙、荣庆在修改后的章程——《奏定大学堂章程》中明确指出:"至于立学之宗旨,无论何等学堂,均以忠孝为本,以中国经史之学为基,俾学生心术壹归于纯正,而后以西学瀹其智识,练其艺能,务期

---

　　① 北京大学校史研究室编:《北京大学史料》第 1 卷,北京大学出版社1993 年版,第 60 页。

　　② 舒新城编:《中国近代教育史资料》上册,人民教育出版社 1961 年版,第 143—144 页。

　　③ 北京大学校史研究室编:《北京大学史料》第 1 卷,北京大学出版社1993 年版,第 97 页。

他日成才，各适实用，以仰副国家造就通才、慎防流弊之意。"① 该章程虽然明显地反映出张之洞在《劝学篇》中所倡导的"中学为体，西学为用"的办学思想，但仍把"谨遵谕旨，端正趋向，造就通才"作为大学堂的宗旨。

京师大学堂的本土化还体现在课程设置和教学等方面。课程设置上是在"中学为体，西学为用，中西并用，观其会通"之教育原则指导下进行的，突出的特点是将西方的科学教育引入京师大学堂，并在教学中开始贯彻科学的方法。孙家鼐、张百熙十分重视教学，采取比较灵活的教学法，各科也可根据实际情况的不同而采取相应的教学方法，特别是为了加强教学效果，一直比较注重学习西方的教学法。张百熙更是从德智体等方面具体论述教学思想。在德育方面，他说："中国圣经垂训，以伦常道德为先，外国学堂于知育体育之外，尤重德育"，德育"为培养人才之始基"。他所提倡的德育不能简单归结为封建伦理，而是注重培养学生做人的道德，个体基本素质的提高。智育发展方面，他重视学生主动学习，提倡"互相讨论，坐而论道"，"研讨学说，质疑所难"，要求学生理解学习内容，而不要死记硬背。对于教学内容，学生可以各抒己见，自由讨论。他所倡导的这种学风、教学民主，从京师大学堂到后来的北京大学延续了多年。②

## 二　严复对北京大学本土化发展的贡献

严复是中国近代史上最受争议的思想家和教育家，他被毛

---

① 舒新城编：《中国近代教育史资料》上册，人民教育出版社 1961 年版，第 197 页。

② 张希林：《张百熙与两个章程》，《新疆师范大学学报》（哲社版）2004 年第 6 期。

泽东誉为"代表了在中国共产党出世以前向西方寻求真理的一派人物"①。美国学者史华兹也说严复"的确对他同时代的青年人，和对现今八十岁的中国知识界、政治界的杰出人物发生过相当大的影响。梁启超深受他的影响，而其他各类人，如胡适、蔡元培、鲁迅以及毛泽东也都在年轻时受到他的影响"②。史华兹在《寻求富强：严复和西方》中认为"严复的思想非常值得注意。在我看来，严复所关注的事是很重大的，他设法解决这些事情的努力颇有意义，他所提出的问题，无论对于中国还是西方都意味深长"③。笔者认为严复所关注的"很重大的事"不仅仅是史华兹所指的"追求富强"，更是"救国"和文化思想上"道通为一"，采取的途径主要靠教育，这就是他所倡导的"教育救国思想"，而严复"解决问题的努力"则是超越史华兹所认为的"全盘西化"④和洋务派、维新

---

① 毛泽东：《论人民民主专政》，《毛泽东选集》第 4 卷，人民出版社 1965 年版，第 1474 页。

② ［美］史华兹：《寻求富强：严复与西方》，江苏人民出版社 1996 年版，第 3 页。

③ 同上。

④ 史华兹在《寻求富强：严复和西方》一书中对严复给予很高的评价，他认为严复的重要性绝不只是在对西方的理解上，而更在于他的思想和他所提出的问题具有超越东西方文化领域的普遍意义。他一方面正确地指出严复内在的思想实质是前后一致的；另一方面却将这种一致理解为"丝毫未偏离西方思想"，从而认定严复始终是个全盘西化论者，以致他认为严复晚年对一些近代西方价值观念的批判并不表明他真正背离了西方。史华兹虽然在方法论上超越西方学者所惯用的"冲击—回应"模式，但他对严复的判断仍然没有摆脱"西方中心论"。从严复的论著和教育实践分析，严复自始至终是从文化比较的视角来谈"教育救国"，只是在不同的时期，对中西文化的侧重点不同，前期的严复重西学，批判中学，后期的严复重中学，批判西学，但是，他始终没有把两者截然对立，批判的目的不是否定，而是达到知识分子所理想化的具有普遍意义的精神和理性的世界。严复早期思想与晚期思想表面上的矛盾，正是反映出严复思想的内在一致性，体现出作为思想家的严复在思想领域已超越中体西用而进入文化自省阶段，这标志着中国知识分子思维方式新阶段的来临，蔡元培在北大的成功则是将严复的理想变成现实。

派所采取的"中体西用"的折中的方法，而且是在对中西文化的比较基础上，强调文化普遍意义上的"中西会通"的方法。

严复站在中西文化比较基础上"尝谓中西事理，其最不同而断乎不可合者，莫大于中之人好古而忽今，西之人力今以胜古；中之人以一治一乱、一盛一衰为行人事之自然，西之人以日进无疆、既盛不可复衰、既衰不可复乱为学术致化之极则"①。西方相信人类有无限的进步，而中国人却持历史的循环观念，这是东西方对现实看法的根本差别所在。从历史发展上来比较中西，通过"好古"与"力今"、"一治一乱、一盛一衰"的循环论与"日进无疆"的进化论之对比分析，严复抓住中西文化的时代命脉——中西差异的时代性，认为西方文化的命脉"不外乎学术则黜伪而崇真，于刑政则屈私以为公而已"，它"与中国道理初无异也"，但中国不能做到"黜伪而崇真"（即科学）、"屈私以为公"（即民主），其关键在于"自由不自由"。② 他从本体论的角度提出了自由是科学与民主的根本和"唯天生民，各具赋畀，得自由者乃为全受"③ 的天赋人权论以及"自由为体，民主为用"④ 等一系列理论主张，这一"自由为体"的观点统摄着严复思想的各个方面，并成为他们进行"社会批评"和"文明批评"的一个基本价值尺度。晚清自冯桂芬、王韬、郑观应以降等一系列的改良派用"体用"、"道器"的思维方式试图来调和中西文化，但是无论是"中体西用"，还是"西体中用"，他们无法逾越的障碍是

---

① 王栻主编：《严复集》第 1 册，中华书局 1986 年版，第 58 页。
② 同上书，第 35—36 页。
③ 同上书，第 3 页。
④ 同上书，第 23 页。

如何处理中西文化的异质性问题, 这反映出中西交会之际, 中国文化所面对的一个最根本的问题。严复也面临着同样的问题, 在承认中西文化各自特质的基础上, 他既没有走向全面复古的保守主义道路, 也没有走向全盘西化的基尔特主义道路, 而是选择了在更高层面综合中西学理, 所采取的是会通中西最高学理的道路。正如哈茨所言, "严复站在尚未经历近代化变化的中国文化的立场上, 一下子就发现并抓住了这些欧洲著作中阐述的'集体能力'这一主题"①。严复从欧洲思想中发现的有助于中国摆脱落后的思想, "一方面是必须充分发挥人的全部能力, 另一方面则是必须培育把能力导向为集体目标服务的公益精神"②。对于严复的发现哈茨认为是东西方产生的情感上的共鸣, 是最有意义的结果, 其意义相当于阿累维对英国人的发现, 托克维尔对美国人的发现一样。如果我们仔细地研究严复所发现的"个人能力"和"社会公心", 它们不只是西方文化的独自产物, 而是对中西文化交汇的理解, 是严复用中国文化解读西方文化的结果, 所以才令西方人大吃一惊, 严复发现了他们自己都没有发现的文化特质。

严复中西会通文化观反映出他的学术自觉。一方面, 他要超越中学, 接纳西学的他山之石;另一方面, 他要结合中国读者和国情的实际, 有选择、有批判地取其精华, 去其糟粕。这样, 他不仅要对中学进行超越, 而且对西学也要超越, 在更高层次的融合。中国近代教育"从教育理念的层次上讲, 始终包含着两个过程:一方面, 是对传统教育思想观念的批判、扬

---

① 〔美〕史华兹:《寻求富强:严复与西方》, 江苏人民出版社1996年版, 序言。

② 同上。

弃和改造；另一方面，是对西方近代教育学说，特别是它的母体——西方近代哲学的借鉴、吸收与融合"①。严复就是在中西会通的文化观指导下从这两个方面对中国的教育进行思考和探索的。他深刻地指出中国社会"积弱积贫"的根源："中国民品之劣，民智之卑，即有改革，害之除于甲者将现于乙，派于丙者将发于丁。为今之计，惟急从教育上著手，庶几逐渐更新乎！"② 因而强调变法和挽救中国的根本对策是发挥教育的作用，进行教育改革，"鼓民力"、"开民智"、"新民德"，提出开展德育、智育、体育的教育，提高国民素质，严复的教育救国思想由此而出。但理念是一事，实际行动又是一事，从严复的教育活动来看，经历许多曲折和彷徨，在安徽高等学堂、主持北大时都多次表示出力不从心的意愿，最终都是未能善终，他所倡导的教育理想并没有在他的实际教育活动中得以实现。由于严复所处时代的复杂性，他所起到的实际作用也是有限的。甲午之后，以儒家政教伦理为中心的旧体系开始全面崩坏，建立新体系的迫切需要随之而起。这是一个思想混变的社会变迁过程，新旧、中西的碰撞是问题的焦点，而问题的关键是思想混变所导致的思想"失范"，权威的解体，价值的重构，即使严复这样学贯中西的知识分子，当面临文化整体的危机的时候，也出现思想上的迷惘、行动上的彷徨。因而，严复所提倡的中西会通的文化教育观在一定程度上只具有象征意义，观念多于行动，还不能真正实现会通，只能是"统新旧，苞中外"而已。

作为北京大学正式定名后的第一任校长，严复对北大有着

---

① 田正平：《中国教育史研究》，华东师范大学出版社 2001 年版，第 478 页。

② 王炳照、阎国华：《中国教育思想通史》第 5 卷，湖南教育出版社 1994 年版，第 182 页。

较多的贡献，更为深远的是，作为思想家和教育家的严复在文化思想领域的影响对北大起着较长时间的潜移默化的作用，对后期蔡元培"兼容并包"的思想的提出，还是产生了积极的影响。严复给教育部写了《论北京大学不可停办说帖》和《分科大学改良办法说帖》，通过严复的努力，北京大学才没有被取消，这件事不仅关系到北大的存亡绝续，而且对我国新民主主义革命的发生和发展也具有重要的意义。① 严复不仅竭力保存北大，而且采取会通中西方式，以其洞识中西的远见卓识，为北大的本土化发展作出重要贡献。

第一，奠定会通中西、会通古今的教育方针。② 严复任北大校长之后，深感肩负责任之重大，"故自受事以来，亦欲痛自策励，期无负所学，不怍国民，至其他利害，诚不暇计"③。在驳斥教育部停办北大的企图中，不仅从多方位理直气壮地陈述了北京大学万万不可停办的理由，而且还表明了改革北大的办学宗旨。严复指出，大学不仅要造就专门人才，而且要有"保存一切高尚之学术，以崇国家之文化"的宗旨。北大设立各种学科，"是则为吾国保存新旧诸学起见"，"既有造就之盛心，必不患无学者"。他指出，大学要"造就学生"、"养成师资人材"，"盖将以为一国学业之中心点，而有俾于一切文实之进行"④。他在担任北大校长期间，在给友人的信中，曾透露出欲将北大"经文两科合并为一，以为完全讲治旧学之区，

---

① 萧超然等编:《北京大学校史（1898—1949）》（增订本），北京大学出版社 1988 年版，第 40 页。

② 高中理:《严复:会通中西与教育维新》，《北京大学学报》（哲社版）1998 年第 2 期。

③ 王栻主编:《严复集》第 3 册，中华书局 1986 年版，第 604 页。

④ 严复:《论北京大学校不可停办说贴》（抄件），北京大学档案馆藏。

用以保持吾国四五千载圣相传之纲纪彝伦道德文章于不坠"①。
严复这些办学思想充分体现了他"统新旧,苞中外"的会通
中西学术思想和办学方针,成为北大兼容并包办学思想的
源头。

　　第二,进行学科与教学改革。严复指出,尽管北京大学不
能与欧美大学相提并论,但与国内大学相比,仍为"全国中
比较高之学校",至于办学程度,"吾欲高之,终有自高之一
日。若放任而不为之所,则永无能高之时"②。他提出具体的
分科大学改良办法。在学科改造上,提出合并科目,遵照教育
部和蔡元培制定的基本原则,将经科合并到文科,把格致科改
为理科。对于各学科的学习,严复也提出具体的方案。对于文
科则认为,"惟既为大学文科,则东西方哲学、中外之历史、
舆地、文学理宜兼收并蓄,广纳众流,以成其大"③。这与后
来蔡元培提出的"兼容并包"的方针是一致的。因此,要求
"所招学生于西文根柢深厚,于中文亦无鄙夷先训之思,如是
兼治始能有益"④。对于理科教育,严复从科学方法论高度提
倡西学。他主张"积极开设介绍西方近代文化思想与近代学
术的课程,竭力提倡学习西方的新学;积极提倡用外语教
授"⑤。在西方科学技术飞速发展,而科技著作的翻译相对落
后的情况下,强调英语教学,有利于当时的国人直接面对西
方的科技,有利于学习、引进西方先进科技和先进的政治思

　　① 王栻主编:《严复集》第3册,中华书局1986年版,第605页。
　　② 严复:《论北京大学校不可停办说贴》(抄件),北京大学档案馆藏。
　　③ 同上。
　　④ 北京大学档案馆藏"校史资料Z11·4—2"。
　　⑤ 马勇:《严复学术思想评传》,北京图书馆出版社2001年版,第257—
258页。

想。同时，他还建议派出包括农科在内的优秀学生，由学校
出资派到欧美、日本留学深造，同时加强实验室和图书、仪
器、药品的管理。对于法科，严复主张以国文教授本国法律
为主课，而以外文教授外国法律为辅课，尤其应着重学习共
和立宪以来中国现行之法律。对于商科，主张将学习期限由
三年改为四年，学生在第三年从四个专业（即经济学、财政
学、商学和交通学）中选定一门，长远深造。值得一提的
是，对待中国传统文化，严复一方面强调"尽存吾旧"，另
一方面，认为以"四书"、"五经"为代表的中国传统文化
"固是最富矿藏，惟须改用新式武器发掘淘炼而已"①。这里
所指的新式武器应是用西方的科学方法来研究中国传统学术，
也是实现中西会通的一种方法。与此同时，大胆进行教学内容
和方法的改革。主张对旧有学生照原订教学计划选择讲授，缩
短学期，作为选科生提前毕业。暑期后招考新生，重新订立教
学计划。②

　　第三，调整教师队伍，关心教师生活。严复任北大校长
后，一方面，为节省经费，裁减职员。由于财政困难，北京政
府财政部发出通令，命京内外各衙门官员及学校教职员，凡薪
水在60元以下者，照旧支付；凡薪水在60元以上者，一律暂
支60元。严复从三个方面陈情教育部，提出了抗议。他认为
"学校性质与官署不同"，不能"强令齐约"。如果强令执行，
就会致使教员"放弃职任"，那么"表面之经费虽省，无形之
贻误实多"。因此他表示北京大学难遵部令，"为公之计，除

---

　　①　王栻主编:《严复集》第3册，中华书局1986年版，第668页。
　　②　萧超然等编:《北京大学校史（1898—1949）》（增订本），北京大学出版
社1988年版，第38页。

校长一人准月支六十元以示服从命令外，其余职教各员，在事一日，应准照额全支，以示体恤而昭公允"①。严复终以据理力争和个人减薪保全了北大教职员的原有待遇，表明了他对教职员的重视，对他们生活的关心。另外，为了提高北大的教学质量，延聘紧缺学科教师，提出教师的本土化。严复一方面添聘薄弱学科的教员，一方面解聘不称职的教职员。他按约辞退以前所聘外国教习，同时对中国教职各员进行考核，斟酌去留。在聘请教员方面，提出"总以本国人才为主"，应"选本国学博"与欧美留学生中"沉浸学问无所外慕之人，优给薪水，裨其一面教授，一面自行研究本科，如此则历年以后，吾国学业可期独立，有进行发达之机"②。他还强调通过大学培养出自己的教师，指出大学不仅要造就学生，同时，也要培养师资人才，将北大变成"一国学业之中心点"。在严复的努力下，北京大学确实招聘和引进了一批国外留学归来有真才实学的中青年学者来校任教，提高了北大教师队伍的素质和学术水平，使北大"校中一切规模，颇有更张"，"全校学生遂与相安于学"。

## 第二节　蔡元培时期北京大学的本土化发展

　　蔡元培（1868—1940），字鹤卿，号子民，生于浙江绍兴府山阴县。蔡元培之所以被同时代人和后世学者誉为"学贯中西"的"学界泰斗"，是因为他"凝结中国固有文化的精英，采撷西洋文化的优美，融合哲学、美学、科学于一生，使

---

① 严复：《上大总统和教育部书》，北京大学档案馆藏。
② 严复：《分科大学改良办法说贴》（抄件），北京大学档案馆藏。

先生的事业，不特继往，而且开来"①。他"一面接受了固有的文化遗产，一方面又吸收了 19 世纪的民主主义、自由主义的新思想，加以发扬光大，这样才成了中国近代思想界的炬火"②。正如杜威所言，教育是哲学的实验场，成就蔡元培思想的实验场就是北京大学。在北大 20 周年校庆汇报中，当时的文科教授、词人吴梅在一首歌词中写道"此时幸遇先生蔡"③，反映了北大师生对蔡元培的欢迎和期望。北京大学的历史确是从此进入了一个新阶段，北大成为世界著名的大学，蔡元培成为中国近代大学史上最伟大的教育家。他用"兼容并包"思想，对北京大学的管理体制、教学、教师队伍以及学生生活等方面进行全面改革，推动了北大的本土化发展。

## 一　蔡元培与北京大学管理体制的改革

### （一）蔡元培大学观的思想渊源

涂又光先生认为，"乙文化要在甲文化中生根开花结果，必须在甲文化中找到合适的'砧木'，进行'嫁接'"④。蔡元培的学术思想是中西文化综合的产物，是在中国传统思想的"砧木"上嫁接上西方文化精神所孕育出来的丰硕果实，其大学观念的来源应是中国传统高等教育思想与德国古典大学观的结合。蒋梦麟回忆说："蔡先生在 1916 年（民国五年）出任北京大学校长，他是中国文化所孕育出来的著名学者，但是充

---

① 罗家伦：《伟大与崇高》，蔡建国主编《蔡元培先生纪念集》，中华书局 1984 年版，第 83 页。

② 胡愈之：《我所见的蔡元培先生》，蔡建国主编《蔡元培先生纪念集》，中华书局 1984 年版，第 102 页。

③ 梁柱、王世儒编：《蔡元培与北京大学》，山西教育出版社 1995 年版，第 18 页。

④ 涂又光：《中国高等教育史论》，湖北教育出版社 1997 年版，第 240 页。

满了西洋学人的精神，尤其是古希腊文化的自由研究精神。他的'为学问而学问'的信仰，植根于对古希腊文化的透彻了解，这种信仰与中国"学以致用"的思想造成强烈的对照。"①

1. 中国传统高等教育思想的影响

在哲学观上，蔡元培在本体论和认识论上，吸收了西方哲学的精华，形成自己具有二元论色彩的世界观，但方法上都是土生土长的中国儒家哲学之本——中庸之道或者说是折中主义②。蔡元培饱读经书，许多明显荒谬迂腐的东西被他丢弃，但仍有一些信条还为他所固守，尤其信奉《中庸》里讲的万物并育而不相害，道并行而不相悖，这是他的"兼容并包"思想的根源所在。蔡元培在1920年11月亚洲文会上作《中华民族与中庸之道》的演说："我中华民族，凡持极端的，一经试验，辄失败；而惟中庸之道，常为多数人所赞同，而且较为持久。"中庸之道浸透着中国人的灵魂，成为几千年来对人们的精神生活和社会生活产生巨大影响的无形力量。由此可见蔡元培对大学的认识是受到中国传统思维方式的影响。我们从以下两个方面可进一步看出蔡元培的大学观念来自中国传统思想。一是蔡元培早期的教育经历，二十岁之前，特别崇拜宋儒，他身为前清翰林，接受的是传统的中国儒家教育，包括高等教育，虽然他对幼时私塾所采取的教育方法进行过批判，但他并没有对其全盘否定，而且在多次演讲中提到要采取新的方法，整理和研究中国固有的传统文化，这也是构成他"兼容并包"思想的重要基石。光绪十八年（1892）春，26岁的蔡

---

① 梁柱、王世儒编：《蔡元培与北京大学》，山西教育出版社1995年版，第252页。

② 陶侃：《蔡元培的哲学方法论》，《绍兴文理学院学报》1994年第2期。

元培再次去北京应试,在《殿试策论对》中,他提出对于各家学说,各派人物,不应该有门户之见,而应该兼容并蓄,各取所长。在他看来,诸家之书,字义不同,而观其会通,百虑一致,相反而相成。因此,主张应该通万方之略,致知一之微,采儒墨之善,撮名法之要,因阴阳之大顺,因时为业,无所不宜。由此可见蔡元培对中国传统学术的基本立场,这也是他后来大力提倡,并付之于实际行动的兼容并包思想的滥觞。蔡元培长期受儒家思想教育,儒家的忠恕、仁爱、信义、和平等思想,含有丰富的人道主义,对他影响很深。蔡元培的早期文化观具有较强的比附论色彩,从他对西方的自由、平等、博爱的思想的解释中,可以看出他用儒家的道德中的"义、恕、仁"来解释自由、平等、博爱的原则。① 即自由者,富贵不能淫,贫贱不能移,威武不能屈是也,古者盖谓之义;平等者,己所不欲,勿施于人是也,古者谓之恕;博爱者,己欲立而立人,己欲达而达人是也,古谓之仁。他用儒家的义、恕、仁,来比附近代民主主义的自由、平等、博爱,把两者结合起来,进而提出"中国和欧洲,只表面上有不同的地方,而文明的根本是差不多的"②。在这个基础上,充分显示出他兼容并包的思想。

二是蔡元培在多篇文章中比较中国和西方高等教育的进程,对中国古代高等教育,特别是先秦时期的高等教育成就给予了肯定。1924 年蔡元培在伦敦的中国教育会（China Society）宣读的论文中指出:"我国古代教育家的教育方法在某些方面同中国现代从西方各国引进的那些方法极为相似。具体地

① 高平叔编:《蔡元培教育论集》,湖南教育出版社 1987 年版,第 43 页。
② 高平叔编:《蔡元培全集》第 4 卷,中华书局 1984 年版,第 340 页。

说，古代人们所谓的道德教育实际上就是现代学校课程中的伦理学，而六艺（即礼、乐、射、御、书、数）中的射、御相当于我们现在的体育。与道德教育和体育教育有密切联系的是算术。这就形成了我们今天所称的抽象思维的训练和智力训练。……无论在中国的教育还是英国的教育，目的都在于塑造人的个性品质。在这方面，双方对于什么是教育的认识是非常接近的。性格与学业，就孔子的解释而言，应达到和谐一致，而这一点与英国教育所主张的并无差异。"① 而在培养目标上，儒家提出的"君子"与英国的"绅士"教育完全相同。在《大学教育》一文中，他对于中国高等教育史给予扼要精辟论述："吾国历史上本有一种大学，通称大学；最早谓之上庠，谓之辟雍，最后谓之国子监。其用意与今之大学相类；有学生，有教官，有学科，有积分之法，有入学资格，有学位，其组织亦颇似今之大学。"② 在私学方面，中国有相当于古希腊学院性质的诸子百家学术，其中"孔子以四科——即德行、言语、政事、文学——教导中国，而墨子在策略方面教导中国，他传授一种具有逻辑性的、形象化的辩证的工作方法。……墨子的学说中还涉及光学与力学，而这些同现代科学息息相关"③。乍一看起来，蔡元培的观念与稍前时期流行于中国的"西学中国说"无异，但与其有根本的区别，"西学中国说"是为了维护"中学之体"，维护封建文化的合法性，而蔡元培是站在文化交流的立场上，首先要对本民族文化的优劣有清醒的认识，然后才能更好地吸收西方文化，并进行消化，

---

① 高平叔编：《蔡元培教育论集》，湖南教育出版社1987年版，第384—386页。

② 同上书，第485页。

③ 同上书，第384页。

创新出属于中国也属于世界的新文化，摆脱对传统文化的虚无主义思想。同时，只有从辨别异同中才能做到更好地吸收和消化。

因此，涂又光先生认为，西方影响再大，也不能取代蔡氏之学的主根。不仅不能取代，而且西方影响只有通过蔡氏之学的主根才起作用。① 就总体而言，蔡元培的思想，表层是儒家，深层是道家，在《不肯再任北大校长的宣言》一文中有最为确凿的证据。涂又光先生认为此时的蔡元培陷入一生中最严重的危机，《宣言》是他内心世界即精神境界的赤条条的自白，若能由"言"得"意"，得"意"忘"言"，就会理解《宣言》通篇皆庄子之意，因而推断出蔡元培的内心世界即精神境界，是庄子即道家的境界②。正因为有道家的境界，才使接受儒家思想教育的蔡元培具有兼容中西文化的"兼容并包"精神。涂先生在总结蔡元培"兼容并包"精神时说："蔡元培的深层心态是道家精神，也就是说，蔡氏之学的主根是道家。现在再加一点，蔡元培的高等教育理想，是'盛唐模式'的继续，也就是'统一的多元化'方针的继续。……印度思想的嫁接，出现了盛唐多元模式；西方思想的影响，焕发了兼容并包精神。"③ "兼容并包"精神是蔡元培大学观念的精华，无论它来自表层的儒家，还是内在的道家，总之都是中国传统文化思想影响的结果。

蔡元培大学观最直接和重要的来源则是中国传统书院的思想。他对《湖南自修大学组织大纲》给予高度的评价："本大学

---

① 涂又光：《中国高等教育史论》，湖北教育出版社1997年版，第308页。
② 同上书，第279—283页。
③ 同上书，第308页。

鉴于现在教育制度之缺失，采取古代书院与现代学校二者之长，取自动的方法，研究各种学术，以期发明真理，造就人才，使文化普及于平民，学术周流于社会。"湖南自修大学"要以学者自力研究为本旨，学术以外无他鹄的。合吾国书院与西洋研究所之长而活用之，其诸可以为各省新设大学之模范者与"？① 采古代书院与现代学校二者之长，救现行教育只重分班讲授不重自动研究之弊是蔡元培大学观念的集中体现。因此，如果离开中国传统高等教育思想，我们就无法正确理解蔡元培的大学观。

2. 德国古典大学思想的影响

蔡元培"对于大学的观念，深深无疑义的是受了19世纪初建立柏林大学的冯波德（今译洪堡）和柏林那时代若干大学者的影响"②。蔡元培留学德国四年，不仅接受德国的高等教育，而且还特别留意德国的教育制度，还专门写了介绍德国大学的文章。尽管研究者很难从他对大学思想的论述中直接发现以洪堡为代表的德国大学理念的名词或术语，但是，蔡元培在改造北大之初，确实深受德国大学观的影响。他自己也有这样的表述，谈到留学德国的原因时说："世界学术德最尊"③，"游学……非德国不可"④。所以，他抱志数年，一心赴德游学。后来，他通过调查认识到，"欧洲各国高等教育之编制，以德意志为最善"⑤。在后期的演讲中他还两次援引德国的例子强调大学的意义："普鲁士受拿破仑蹂躏时，大学教授菲希

---

① 高平叔编：《蔡元培教育论集》，湖南教育出版社1987年版，第362页。

② 罗家伦：《蔡元培先生与北京大学》，陈平原、郑勇主编《追忆蔡元培》，中国国际广播出版社1997年版，第194页。

③ 黄炎培：《吾师蔡孑民先生哀悼辞》，蔡建国主编《蔡元培先生纪念集》，中华书局1984年版，第55页。

④ 高平叔编：《蔡元培全集》第3卷，中华书局1984年版，第323页。

⑤ 同上书，第130页。

脱（今译费希特）为数次爱国之演说，改良大学教育，卒有以救普之亡。而德意志统一之盛业（普之胜法，群归功于小学教育，然所以有此等小学教员，高等教育之力也）亦发端于此。"① "一个民族或国家在世界上立得住脚——而且光荣的立住——要以学术为基础的。……德意志便是一个好例证：德人在欧战时力抗群强，能力固已可惊；大败以后，曾不到十年而又重列于第一等国之林，这岂不是由于他们的科学程度特别优越而建设力强所致么？"② 他在北大的改革措施及主张表明，德国的大学模式一直是他主要的参照和借鉴对象，希望北京大学能与之平起平坐，"相颉颃耳"。

蔡元培之所以对德国大学产生兴趣，其原因有二：一是德国大学所担负的社会政治功能与当时中国大学有极大的相似之处，在民族危亡的历史时刻，大学改革从一开始就与民族的命运联系在一起。二是德国的大学观念所蕴涵的内在精神与中国古代大学精神具有高度的相通之处。蔡元培对德国大学观念的接受，重在其基本精神，而不在其具体原则，重在消化，化外来的东西为我之一部分，而不是机械搬用，为其所同化。③ 在话语体系上，蔡元培善用本土的语汇来表述他所接受的德国大学观念，表明他强调"吸收"的同时重在"消化"，具有保存固有文明的文化自觉。德国古典大学观，通过蔡元培进行有机的"吸收"与"消化"，辅以中国传统高等教育思想，形成了他独特的大学观，并以此指导北京大学的本土化发展，从历史发展的角度来看，毫无疑义是成功的，北京大学因此成为当时

---

① 高平叔编：《蔡元培全集》第 3 卷，中华书局 1984 年版，第 26 页。

② 高平叔编：《蔡元培全集》第 5 卷，中华书局 1984 年版，第 479 页。

③ 陈洪捷：《德国古典大学观及其对中国大学的影响》，北京大学出版社 2002 年版，第 160 页。

其他高等学校效仿的样板。在北京大学影响扩大的同时，尊尚学术和学术自由观念也逐渐为人们所接受。由此可见蔡元培的影响"决不止于北大，而在于全国；其所改革者亦不止于教育，而在于整个文化"①。

（二）蔡元培的大学观

蔡元培曾给大学下过两个定义。广义的"大学"定义是在1930年，蔡元培为商务印书馆出版的《教育大辞书》的"大学教育"条释文中的定义："大学教育者，学生于中学毕业以后，所受更进一级之教育也。"② 这里的"大学"是一个比较广义的定义，是从学校形式上来区分，与中学相比较，大学是"大学校"。狭义的定义是1912年他任教育总长时起草《大学令》，在阐述大学宗旨时提出的："大学以教授高深学术，养成硕学闳才，应国家需要为宗旨。"③ 以教育部部令形式发出的全国性教育宗旨突出了大学应"教授高深学术"。1917年他任北大校长时将其简化为"大学者，研究高深学问者也"④。涂又光先生强调应联系该演说的全文来理解这一概念，蔡元培在这里使用的"大学"一词，是与"专门学校"相对应的，不包括专门学校。在他心目中的"大学"是特指北京大学，若放宽些，是指北大型的大学，不包括专门学校，其目的是在高等教育（即大学教育）内区分"学"与"术"⑤。蔡

① 唐振常：《〈蔡元培先生纪念集〉书后》，蔡建国主编《蔡元培先生纪念集》，中华书局1984年版，第315页。

② 高平叔编：《蔡元培教育论集》，湖南教育出版社1987年版，第485页。

③ 高平叔编：《蔡元培全集》第2卷，中华书局1984年版，第283页。

④ 高平叔编：《蔡元培教育论集》，湖南教育出版社1987年版，第152页。

⑤ "学"与"术"的区别，从英文翻译中就可明确反映出来，前者为"pure science"，后者为"applied science"。见涂又光《中国高等教育史论》，湖北教育出版社1997年版，第300—301页。

元培要把北大办成"学"型的"本科"，成为纯学术研究的地方，而不是"术"型的大学校。因而，蔡元培至少在主持北大时期所用的"大学"是一个相对狭义的概念。涂又光先生指出，人们在引用蔡元培关于大学的这一著名论断时，很少人通读（更不用说读通）蔡氏（演说）全文，所以需要澄清。这显然只是高等学校之间分工结构的观念，不是大学教育总体的观念。① 涂先生指出，"'大学'一词有二义，一指大学问，一指大学校。《大学》之'大学'，只指大学问，不指大学校"②。对蔡元培的概念进行内涵分析，则可以看出，大学的上位概念是社会机关，而与一般社会机关的区别是研究高深学问，这是种差，是大学的特殊性所在。蔡元培是根据大学具有大学问这一性质给大学下定义的，大学与大学问就紧密联系在一起。如果我们再联系蔡元培演说的全文，就可以看出蔡元培所反复强调的仍然是大学问。蔡元培以三事告知北大师生——"抱定宗旨、砥砺德行、敬爱师友"，除明确大学本身的宗旨是研究高深学问外，对于大学的主体——教师和学生，更是以学术的标准来要求他们，现摘抄演说原文几个片段——其中既有对不求学问的批判，也有对追求学问所提出的殷切期望："因做官心热，对于教员，则不问其学问之浅深，惟问其官阶之大小。" "苟能爱惜分阴，孜孜求学，则求造诣，容有底止。" "今诸君苟不于此时植其基，勤其学，则将来万一因生计所迫，出而仕事，担任讲席，则必贻误学生；置身政界，则必贻误国家。是误人也。误己误人，又岂本心所愿乎？" "诸君为大学学生，地位甚高，肩此重任，责无旁贷，故诸君不惟

① 涂又光：《中国高等教育史论》，湖北教育出版社1997年版，第302页。
② 同上书，第361页。

思所以感已，更必有以励人。""至于同学共处一室，尤应互相亲爱，庶可收切磋之效。"① 为了学问的进步，他在学校视事提出的改革措施之一是改良讲义，促进学生研究高深学问；添购图书，方便学生"旁稽博采"，供学生参考，以便更好地研究学问。综观蔡元培对大学的论述，其大学观基本内涵应包括四个方面：（1）大学的性质是研究高深学问的机关；（2）大学的精神是思想自由，兼容并包；（3）大学的主体是大师和追求学问的学生；（4）大学的社会职能是新民，服务社会。

（三）蔡元培对北京大学管理体制的改革

蔡元培的大学观点明了思想自由，兼容并包是大学的精神或灵魂，但要将这一精神落到实处，还必须有相应的制度保障——教授治校。蔡元培在北大的成功首先是源于对管理体制的改革。

1912 年，蔡元培任教育总长时，由他主持起草颁行的《大学令》中，就规定了大学要建立评议会、教授会等组织，并对其权限作了相应的规定，但在当时并没有得到很好实施。蔡元培回忆说："我初到北京大学，就知道以前的办法，是一切校务，都由校长与学监主任、庶务主任少数人办理，并学长也没有与闻的。"② 他批判这种管理体制形同专制政府，认为应按照《大学令》的规定，在北大实行"教授治校"。蔡元培的具体做法是："第一步组织评议会，给多数教授的代表，议决立法方面的事；恢复学长权限，给他们分任行政方面的事。但校长与学长，仍是少数。所以第二步组织各门教授会，由各教授与所公举的教授会主任，分任教务。将来更要组织会议，把教务以外的事务，均取合议制。并要按事务性质，组织各种

---

① 高平叔编：《蔡元培教育论集》，湖南教育出版社 1987 年版，第 152 页。
② 同上书，第 247 页。

委员会，来研讨各种事务。照此办法，学校的内部，组织完备，无论何人来任校长，都不能任意办事。"① 以蔡元培 1917年主持建立的北京大学评议会为例，当时制度规定，评议会由校长和文、理、法、工四科学长，以及文、理、法科教授各 4人（本科 2 人，预科 2 人）、工科教授 2 人组成。这就是说，评议会成员 19 人，其中学校和各科领导 5 人，无行政职务的教授 14 人，占绝对多数。② 这样在学校的立法机关里就"给多数教授的代表，议决立法方面的事"③ 的机会。评议会主要由教授组成，实际上也是一个教授会，因而它是教授治校的重要体现。1919 年五四运动后，蔡元培重回北大，宣布要进一步推行和完善教授治校制度，决定建立行政会议制度，把校内各种行政事务都交给教师集体讨论。为了使该制度能够长期地真正落实下去，蔡元培主张仿照德国大学的做法，由教授选举校长，"大学校长，由教授公举，用德国制"④，这样就可以保证教育的相对独立性，不会因为政党的更迭和校长的去留而改变计划，同时，这也是对校长权力制衡的一种手段，大学事务通过教授共同讨论，民主决策，集体治校，由于制度的健全，"使学校决不因校长一人的去留而起恐慌"⑤。

　　到 1919 年 12 月，评议会讨论通过了学校内部组织试行章程，进一步健全学校的领导机构。这时除评议会仍为全校最高立法机关和权力机关外，还设立以下几个机构：（1）设行政

---

　　① 　高平叔编：《蔡元培教育论集》，湖南教育出版社 1987 年版，第 247 页。

　　② 　周天度编：《蔡元培传》，人民出版社 1984 年版，第 120—121 页。

　　③ 　高平叔编：《蔡元培教育论集》，湖南教育出版社 1987 年版，第 247 页。

　　④ 　同上书，第 336 页。

　　⑤ 　中国蔡元培研究会编：《蔡元培全集》第 7 卷，浙江教育出版社 1997 年版，第 504 页。

会议，作为全校最高行政机构和执行机构，掌握全校行政大权，负责实施评议会议决的事项。它下设庶务、组织、学生自治、出版、图书、预算、审计、仪器、聘任、入学考试、新生指导 11 个委员会。其成员由校长在教授中推举，经评议会通过。各专门委员会委员长及教务长、总务长参加行政会议，校长兼任议长。（2）设教务会议及教务处，由各学系主任组成，并互相推选教务长一人（任期一年，后改为固定职务），统一领导全校的教务工作。由于这时已采用分系制，教学工作统一归教务处负责，遂完全废止学长制。（3）设总务处，主管全校的人事和事务工作。总务长由校长委任。这样，在北大就基本上确立了教授治校的领导体制。全校工作设立四种机构分别管理：评议会司立法；行政会议及各专业委员会司行政；教务处及各系教授会司教务；总务处司事务。马叙伦回忆说："凡是学校的大事，都得经过评议会，尤其是聘任教授和预算两项。聘任教授有一个聘任委员会，经委员会审查，评议会通过，校长也无法干涉。教授治校的精神就在这里。"① 对于蔡元培在北京大学所实行的教授治校体制，涂又光先生从五个方面论述其获得成功的原因：（1）扎根于中华民族"尊师重道"的民族文化心理（此条极端重要，乃根本所在，扎根于此，故能深入人心，得到由衷的拥护）。（2）继承了中国自有学校就有的教师治校传统（即中国私学、大学、书院的传统）。（3）吸取了西方大学的相关经验。（4）接受了西方民主的积极影响。（5）很符合"民主集中制"、"群众路线"的精神。② 由此可见，蔡元培在北京大学的管理体制改革，不是简单模仿

---

① 马叙伦：《我在六十岁以前》，生活书店 1947 年版，第 71 页。
② 涂又光：《中国高等教育史论》，湖北教育出版社 1997 年版，第 315 页。

移植德国大学制度的结果，而是融合了西方大学制度精髓的本土化结果。

## 二　蔡元培与北京大学教学改革

### (一)　蔡元培的大学教学思想

#### 1. 通识教育的思想

蔡元培尽管没有正式提出通识教育的概念，但是他回国投身到教育界之后的所作所为，充分反映出通识教育的思想。蔡元培所提的通识教育思想，反映在教学上，就是要求学生不能抱残守缺，坚持思想自由、兼容并包，具体表现为沟通文理，会通古今，贯通中外。蔡元培在任教育总长期间，就提出大学要培养"硕学闳材"，要"融通文理两科之界限"，主张文理"兼习"，主张在大学开展通识教育。蔡元培在《〈北京大学月刊〉发刊词》上指出学生的"专己守残之陋见"，破解之法就是要打破存在于从事不同知识领域学习的学生之间的障碍，对学生实施通识教育。他还进一步从学理上分析"沟通文理"的必要性，由于学科之间的彼此交错，有些学科简直无法以文、理科来区分，文理兼习更加必要。1934 年，他在回忆在北大当时的想法时说："那时候我又有一个理想，以为文理是不能分科的。例如文科的哲学，必植基于自然科学；而理科学者最后的假定，亦往往牵涉哲学。从前心理学附入哲学，而现在用实验法，应列入理科；教育学与美学，也渐用实验法，有同一趋势。地理学的人文方面，应属文科，而地质地文等方面属理科。历史学自有史以来，属文科，而推原于地质学的冰期与宇宙生成论，则属于理科。"[1] 文理兼修的通识教育对于提

---

① 　高平叔编:《蔡元培教育论集》，湖南教育出版社 1987 年版，第 539 页。

高学生学习兴趣，发展学生个性，培养专门人才，起到了积极作用。

　　蔡元培通识教育思想的培养目标就是要培养完全人格（蔡元培开始用"健全人格"一词），它构成了蔡元培教育的主导思想①，也是他用来指导北京大学教学改革的理论基础。完全人格的内涵有两个方面：第一，应从受教育者本体上着想，也就是说完全人格教育的主体是受教育者，是个性和群性协调发展的教育，最终要达到提高国民的整体素质、改造社会目的。第二，完全人格教育是德育、智育、体育、美育的有机体，任何一项不可偏废，而且互相促进，相辅相成。蔡元培在向伦敦中国教育会介绍中国教育发展时，指出自西周时期所形成的以"礼、乐、射、御、书、数"为主体的"六艺"教育体制，已经含有了德智体美等和谐发展的因素。同时，他认为中国的教育和英国的教育，目的都在于塑造人的个性品质，儒家提出的"君子"的培养目标和英国的"绅士"的培养目标并无差异。② 蔡元培在北京高等师范学校作演说时强调，教育改造社会就是"养成健全人格，提倡共和精神"，所谓健全人格，分为德育、体育、知育、美育四项。换言之，和自由、平等、博爱的意思亦相契合。③ 由此可见，他所提出的完全人格的教育目标也是贯通中西的产物，是立足中国传统思想并吸收、消化西方思想并历经创新而成。

　　2. 学术分校的思想

　　蔡元培在北京大学进行改革时，显然把学术与大学在德国

---

　　① 高奇：《蔡元培完全人格教育思想初探》，蔡元培研究会编《论蔡元培》，旅游教育出版社1989年版，第38页。

　　② 高平叔编：《蔡元培教育论集》，湖南教育出版社1987年版，第221页。

　　③ 同上书，第268页。

的地位当作参照，希望通过北京大学的改革以促进学术乃至民族的振兴①。蔡元培所参照的并非柏林、莱比锡或其他德国大学的办学模式，而是德国大学所给予的对大学观念的追求——"高深学问"，指的是德国大学所倡导的"纯粹科学"，即以文、理科为主的基础理论研究。这是德国大学成功的真正原因，因而，注重学理研究成为蔡元培调整北大学科的指导思想，也就是始终贯穿着"学"和"术"关系这条主要线索来展开的。他认为："学与术可分为二个名词，学为学理，术为应用。各国大学中所有科目，如工商，如法律，如医学，非但研究学理，并且讲求适用，都是术。纯粹的科学与哲学，就是学。学必借术以应用，术必以学为基本，两者并进始可。"②从两者关系来说，"学为基本，术为支干，不可不求其相应"。蔡元培对当时初步建立起来的大学学科体系并不满意，认为中国的大学学科结构还存在诸多不足："模仿日本，既设法、医、农、工、商各科于大学，又别设此诸科之高等专门学校，虽程度稍别浅深，而科目无多差别。同时并立，义近骈赘。且两种学校之毕业生，服务社会恒有互相龃龉之点"，从而造成"吾国人重术轻学之症"③。于是，蔡元培提出学术分校的主张，目的是将北大建设成为研究学理的中心。一方面承继世界先进文化，进而创造新文化，为世界科学发展作出贡献，真正把大学办成国家或地方的"最高文化中心"，即科学研究中心或研究学理的中心；另一方面通过研究与学科建设，培养出一

---

① 陈洪捷:《德国古典大学观及其对中国大学的影响》，北京大学出版社2002年版，第153页。

② 高平叔编:《蔡元培教育论著选》，人民教育出版社1991年版，第329页。

③ 同上书，第125页。

批又一批既有创新精神又富于实践能力的人才。[1]

（二）蔡元培时期的北京大学教学改革

1. 学科调整

蔡元培以通识教育和学术分校的思想调整北大学科，主要措施有以下几个方面：

第一，裁并学科，充实文理。

蔡元培之前的北京大学是文、理、法、商、工五科并立，没有重点，"而每科所设，少者或止一门，多者亦不过三门。欲以有限之经费，博多科之体面，其配弊必至如此"[2]。蔡元培任北大校长后，开始将沟通文理、学术分校等大学理念付诸北大的改革。1917 年 1 月 27 日，蔡元培在北京各专门学校校长会议上提出北京大学学科改革方案："大学专设文、理二科。其法、医、农、工、商五科别为独立之大学，其名为法科大学、医科大学等。其理由有二，文、理二科专属学理，其他各科偏重致用；文、理二科有研究所、实验室、图书馆、植物园、动物园等种种之设备合为一区已非容易，若遍设各科，而又加以医科之病院，工科之工场，农科之试验场等，则范围过大，不能不各择适宜之地点，二也。"[3] 按照学术分校的思想，蔡元培在北大扩充文理科，停办工、商两科，调整法科并准备把法科分出去，使之成为独立的专科大学[4]。尽管有些措施未能实现，但蔡元培改革的重点扩充文、理两科却得以实现。原

---

① 刘剑虹：《蔡元培学科建设理论初探》，《学位与研究生教育》2001 年第6 期。

② 高平叔编：《蔡元培教育论著选》，人民教育出版社 1991 年版，第 125页。

③ 同上书，第 125 页。

④ 高平叔编：《蔡元培全集》第 3 卷，中华书局 1984 年版，第 130—133页。

来文科仅设有中国哲学门、中国文学门、英国文学门,十分薄弱。1917年暑假后,增设了中国史学门,随后又陆续增了法国文学门、德国文学门和俄国文学门。理科除原有的数学、物理和化学三门外,1917年增设了地质学门。蔡元培整顿北大也是从文科开始的,聘请胡适为文科学长,不受学历、年龄、学派的限制,广揽人才,使北大文科的教师队伍得到充实,给北大文科注入了新鲜血液。同时,他还注意加强理工科建设,聘请夏元瑮为理科学长,还聘请了包括李四光在内的一大批科学家到北大任教。经过扩充后,文理两科比过去加强了。对于蔡元培在北大的革新,当时蔡的重要助手、后曾任北大校长的蒋梦麟作了这样生动的描述:"当时的总统黎元洪选派了这位杰出的学者出任北大校长。北大在蔡校长主持之下,开始一连串重大的改革。自古以来,中国的知识领域一直是由文学独霸的,现在,北京大学却使科学与文学分庭抗礼了。历史、哲学,和四书五经也要根据现代的科学方法来研究。为学问而学问的精神蓬勃一时。"[①]

第二,废门改系,沟通文理。

1919年,蔡元培对学科管理体制进行了改革——"废门改系"。设立学系的思想动因,是基于蔡元培对近代科学发展的理解和认识。他从科学演变的历史及其发展趋势中,看到了学科之间的相互渗透和相互影响,认为"文理是不能分科的"。这一改革使得北京大学的组织体系由"大学—科—门"三个层次变为"大学—系"两个层次。各系内还成立了教授会,议决系内重要事项。改革后的1919年,北京大学设立了数学系、物理系、化学系、地质学系、哲学系、中文系、英文

---

① 蒋梦麟:《西潮》,辽宁教育出版社1997年版,第344页。

系、法文系、德文系、俄文系、史学系、经济系、政治系、法律系 14 个文理系。其目的就是要废止文、理科的科别，打破文理界限，文理渗透，促进学生人格和谐发展，以便实现蔡元培所主张的除把北大办成文、理科为主的大学外，还必须融通文、理两科界限的教育理念。文科各门的学生，不可不兼习理科中的某些门，如学文学的，须兼习地质学，学哲学的，须兼习生物学等。同理学习理科的，不可不兼习文科的某些门，如哲学史、世界史等。废门设系客观上为学生的文理互修创造了条件。

第三，改革预科。

大学预科由旧制之高等学堂嬗蜕而来，"壬子·癸丑学制"规定，停办高等学堂，而改为大学设预科，以提高大学入学学生的程度，提升大学学术水平。但办预科五年来，弊端重生。蔡元培对预科的课程设置简单划一，没有学科特点以及预科实际上的独立状态，与本科设置重复等提出批评。他说："举一部为例，既兼为文、法、商三科预备，于是文科所必须预备而为法商科所不必涉者，或法商科所必须预备而为文科所不必涉者，不得不一切课之，多费学生之时间及心力于非要之课，而重要之课，反为所妨，此一弊也。预科既不直隶各科，含有半独立性质，一切课程并不与本科衔接而与本科竞胜，取本科第一年应授之课，而于预科之第三年授之，使学生入本科后以第一年之课程为无聊，逐挫折其对于学问上之兴趣。且以六年之久而所受之课实不过五年有奇，宁不可惜，此二弊也。"① 虽然外国大学不设预科，但外国中学含有"高等普通

① 高平叔编：《蔡元培教育论著选》，人民教育出版社 1991 年版，第 125 页。

学"和"高等教育之预备"两种作用。而中国的中学偏重
"高等普通学",缺乏高等教育预备的阶段,因而考虑到中国
实际情况,蔡元培还是决定将预科放在大学阶段。不过,针对
预科办学中存在的弊端,他提出具体的改革措施:一是缩短预
科学习年限,延长本科学习时间。预科从三年改为两年,本科
从三年增加为四年,总共仍为六年。二是加强预科与本科的联
系。取消预科学长,直接受大学本科学长管理。三是预科课程
与本科课程相衔接。预科主要课程均由本科教师兼任。[①] 通过
改革,预科的独立状态被取消,分别隶属各科,预科设置逐渐
趋于完善,从而使预科真正成为养成学生"学问上之兴趣"
的预备阶段。

　　第四,重点建设研究所。

　　蔡元培认为研究所的设立是中国大学教育成熟的标志。他
理想中的北京大学是一个学者(包括教师和学生)从事学理
研究的共同体,大学具有教学和科研的双重任务,其中最为重
要的平台就是科学研究所,因而,蔡元培大力倡导凡大学必有
各种科学的研究所。1936 年 2 月,蔡元培谈整顿北大经过时
说:"自入北大以后,乃计议整顿北大的办法:第一,我拟办
的是设立研究所,为教授、留校毕业生与高年级学生的研究机
关。"[②] 从学制上来看,自"壬寅学制"始,就在大学堂上设
大学院,后改为通儒院,1912 年的《大学令》也规定大学设
大学院。但在蔡元培主持北大之前,只有其名而无其实。蔡元
培主持北大后,积极将在大学开设研究所的主张贯彻到实处,

---

　　① 　金林祥:《思想自由 兼容并包——北京大学校长蔡元培》,山东教育出版
社 2004 年版,第 221 页。

　　② 　高平叔编:《蔡元培教育论著选》,人民教育出版社 1991 年版,第 588
页。

并于 1917 年底，在文、理、法三科各学门先后成立了研究所。1917 年《北京大学日刊》上刊登第一则研究生招生启事，标志着中国研究生事业的开始，北京大学的研究所也开始正式运行。1917 年 12 月 8 日《申报》的报道对此作了印证："北京大学设立各科研究所，顷已次第成立。文科研究所于昨日在校长室开第一次研究会。学生志愿研究者，约四五十人。"① 对于开设研究所，蔡元培在《我在北京大学的经历》中特别谈到："我那时候有一个理想，以为文、理两科，是农、工、医、药、法、商等应用科学的基础，而这些应用科学的研究时期，仍然要归到文理两科来。所以文理两科，必须设各种研究所，而此两科的教员与毕业生必有若干人是终身在研究所工作，兼任教员，而不愿往别种机关去的。"② 1922 年 12 月，学校评议会讨论并通过了《国立北京大学研究所组织大纲》，该大纲规定，研究所分设自然科学、社会科学、国学和外国文学四门，所长由大学校长兼任。由于经费及人力等条件的限制，到 1922 年，只开办了一个国学门，其研究对象已包括中国的文学、史学、哲学、语言学、考古学等领域，并开始招收研究生，北大的研究生教育开始走上了正轨。1926 年 10 月，蔡元培在回顾国学门的成绩时说："5 年以来，其中编辑室、方言调查会等，已著有不少成绩，所著录研究生 32 人，也已有 12 人贡献心得著作。"③ 至此他终生强调的"大学不只是培育人才，更是师生共研究的机关，需时时有新的发现和发明"的

---

① 金林祥：《思想自由　兼容并包——北京大学校长蔡元培》，山东教育出版社 2004 年版，第 164 页。

② 高平叔编：《蔡元培教育论著选》，人民教育出版社 1991 年版，第 538 页。

③ 高平叔编：《蔡元培全集》第 5 卷，中华书局 1984 年版，第 90 页。

主张得以在北大得到初步实现。

2. 课程改革

对于蔡元培在北京大学的课程改革,加拿大学者许美德曾评述说:"在大学课程设置方面,蔡元培的观点深受德国教育思想的影响。他认为无论是文科还是理科,都是大学课程设置的中心内容。……从蔡元培的这些努力中我们可以发现,他试图从根本上改革北京大学的办学模式。"① 蔡元培上任之初,鉴于北大"学课之凌杂"的现状,提出"学校之中,以课程为第一义"②,着手课程改革。在课程改革和建设上的一个重要指导思想,就是反对专己守残之陋见,对中西文化要兼收并蓄,择善而从,融会贯通。

在课程设置上,一方面通过选修制的改革,促进文理沟通。蔡元培将文理两科列为基础学科,是其他学科的根本,所有大学生应文理兼修。他提出:"融通文、理科之界限,习文科者,不可不兼习理科中之某种;习理科者,不可不兼习文科之某种。"③ 除了通过"废门改系"为文理沟通提供制度保障外,他大力提倡增设选修课,为学生自行研究提供机会。根据学生的年级,明确规定共同必修、部分必修、选修课的比例,这样也就形成了较为系统的学群或学类的课程体系,为学生的全面发展和个性化发展,避免知识分裂,奠定了基石。另一方面,他十分重视基本理论和基础知识的教育,强调大学生必须具备比较全面的知识。他曾说:"大学宗旨,凡治哲学文学及

---

① 许美德:《中国大学1895—1995:一个文化冲突的世纪》,许洁英主译,教育科学出版社2000年版,第70页。

② 高平叔编:《蔡元培教育论著选》,人民教育出版社1991年版,第177页。

③ 同上书,第168页。

应用科学者，都要从数学入手，所以各系次序，列数学为第一条。"[1] 同时，他对比国外的课程设置，指出："现今欧美大学的课程，非常严重，对于各种基本的知识，差不多不很注意了。"[2] 加强基础知识和基本理论的教育，即学理的研究，是蔡元培在北大进行课程改革和建设的一项重要原则。为此，他还取消、合并了部分课程，包括废止神学科，规定学校中不得有宣传教义的课程，有关宗教史、比较宗教学的课程则并入哲学科，同时提出著名的以美育代替宗教的主张，进一步体现和充实了他所提倡的全面发展的教育。蔡元培还十分重视学生的外语课程，除英语外，还提倡法、德、俄、意等国语言，北大还成为中国较早提倡世界语的一所学校。

在课程内容上，鉴于中西文化贯通的思想，蔡元培强调注意吸收欧美各国的学术成就。因此，大学课程内容要面对"世界的科学取最新的学说"，注意吸收国外科学成果，融合中西文化，自我封闭是没有出路的。在理科方面，蔡元培十分注意突出自然科学的地位。他希望青年学生立志发展科学文化事业，使中国将来能够加入世界学术之林。因此，北大理科的一些课程教材多采用各国的科学新成果。如物理学三四年级的"近代物理"课，内容大部分选自居里夫人在巴黎大学讲授的最新材料。在文科方面，"于旧文学外，兼提倡本国近世文学，及世界新文学"。而哲学则不局限于本国哲学，一国哲学，而要包括世界各国的哲学，"意在兼采周秦诸子，印度哲学及欧洲哲学，以打破二千年来默守孔学的旧习"。[3] 吸收只

---

① 蔡元培：《北大授与班乐卫等名誉学位礼开会词》，《北京大学日刊》1920 年 9 月 4 日。

② 高平叔编：《蔡元培教育论著选》，人民教育出版社 1991 年版，第 316 页。

③ 同上书，第 707 页。

是一个初步的过程，他主张对国外的学术文化应重在消化，反对简单模仿和全盘欧化。消化的基础是保存和发扬自己的文化"特性"，消化应以"我"为主体，而不是消亡自我成为"他者"。他召集一大批有创新精神的教授，通过课程内容的更新来实现这一思想。蔡元培在北大集中了一批学有专长的知名教授，通过各自的学术研究与课程开发，形成了一批新的课程，丰富了各学系的课程内容，实现了许多课程的从无到有，从有到丰的飞跃。如除增加世界文学外，又于中国文学中增加了词曲、小说和小说史方面的课程，并发动大学生征集民间歌谣，以供作研究素材。理科方面，"于数理化等学科外，兼征集全国生物标本"，亦是一例。① 1917 年秋北大成立了中国史学门，五四后，增设了西洋史学各课，改为史学系，并将史学系和政治、经济、法律等系编为一个学组，以示史学和社会科学的密切关系。为了改革中国旧史学，又将原来的选修课的社会学、经济学、政治学等课程，改为必修课，成为史学的基本知识课，并聘请西洋史教授翻译欧美新史学及唯物史观等书。② 蔡元培改革的目的就是要用通过引进西方学术文化，用学术的方法来整理国故，在吸收的基础上，实现文化创新。如李大钊在文、法科中开设的"唯物史观"，鲁迅的"中国小说史"，钱玄同的"文字学"，胡适的"中国哲学史"等。而理科方面，"自李仲揆、丁巽甫、王抚五、颜任光、李叔华诸君来任教后，内容始以渐充实"③。为了更进一步地实现融合中西文化

---

① 梁柱、王世儒编:《蔡元培与北京大学》，山西教育出版社 1995 年版，第 39 页。

② 梁柱:《论蔡元培在北京大学的革新》，《教育研究》1984 年第 8 期。

③ 高平叔编:《蔡元培教育论著选》，人民教育出版社 1991 年版，第 790 页。

的主张，蔡元培提出开设中外文化相比较的课程，通过文化比较，可以培养学生分析能力，开阔学生的知识领域。通过借鉴与创新、保存与发扬、吸收与转化相统一的思想，使北大的课程内容具有丰富性、深刻性、融合性与开放性①，这为北大成为新文化的中心奠下了基石。

3. 教学改革

蔡元培对大学教学有着精深的论述："大学并不是贩卖毕业证书的机关，也不是灌输固定知识的机关，而是研究学理的机关。所以，大学的学生……是在教员指导下自动地研究学问的。"② 他批判大学"灌输固定知识"的注入式教学，提倡教学与研究学问相结合。在此教学观指导下，他对北大的教学进行了一系列的改革。

首先，在教学管理制度上，实行选科制。之前的北大实行的是日本的年级制，一学年要学习若干课程，都是必修课。这种年级制之流弊，"使锐进者无可见长；而留级者每因几门课程之不及格，须全部复习，兴味毫无，遂有在教室中瞌睡，偷阅他书，及时时旷课之弊，而此其弊又传染于同学"③。而且年级制太束缚学生的思想，不能让学生发展个性，自由地专研其心向之学科，不符合学术自由、思想自由的原则。1919 年暑假后，随着文理科教务处的设立、废门改系，文理科各系陆续地改年级制为选科制。这种制度仿效美国，大学生在必修一定数量的课程之外，同时可以自由选修一定数量的其他课程，

---

① 施莉：《蔡元培高等教育课程思想初探》，《宁波大学学报》（教科版）2004 年第 6 期。

② 高平叔编：《蔡元培教育论集》，湖南教育出版社 1987 年版，第 248 页。

③ 中国蔡元培研究会编：《蔡元培全集》第 3 卷，浙江教育出版社 1997 年版，第 672 页。

这些课程可以是本系开设的，也可以是其他相关系开设的。北大的选科制是和实施单位制（后来的学分制）相联系的。当时北大本科生必须修完 80 个单位方可毕业（按每周 1 学时，学完一年的课程即为 1 个单位）。80 个单位中，一半为必修课，一半为选修课。预科学生必须修满 40 个单位，其中 3/4 为必修课，1/4 为选修课。针对学生仅凭兴趣听课、博而不精、忽视基础知识学习的弊端，蔡元培一再强调："这种制度只能行之于高等以上的学校，并且学生只有相对的选择，无绝对的选择。除必修科以外的科学，才有选择权"；同时，"学生所选的科学必须经教员审定，因教员知道选何者有益，选何者无益，如走生路，若无人指引，易入歧路"[1]。选科制的实行，被公认为"我国大学教育上一个极大的进步"[2]。为了推行选科制，北大增开选修课程，允许学生自由听课。此外，蔡元培还重视教学辅助实施的建设，扩充图书馆、增添仪器、实验设备，使学生都可以利用图书馆、试验室，在教员指导下研究，为学生自由地学习和研究创造条件。

其次，在教学方法上，提倡培养学生研究兴趣和训练学生比较鉴别能力。蔡元培在北大视事后，提出改变原先教师靠读讲义灌输知识的教学方法。他认为首先要"改良讲义。诸君既研究高深学问，自与中学、高等不同，不惟恃教员讲授，尤赖一已潜修。以后所印讲义，只列纲要，细微末节，以及精旨奥义，或讲师口授，或自行参考，以期学有心得，能裨实

---

①　中国蔡元培研究会编：《蔡元培全集》第 3 卷，浙江教育出版社 1997 年版，第 330 页。

②　何炳松：《三十五年来之中国大学教育》，张元济主编《最近三十五年之中国教育》上卷，商务印书馆 1931 年版，第 105 页。

用"①。因而要求废止注入式教学，提倡启发式，强调因材施教，为达到这一目的，他要求教师"不但研究所教的学科，还得研究教学的方法"②。"我们教书，并不是象注水入瓶一样，注满了就算完事。最要紧的是引起学生读书的兴味。"③这只是改革的第一步，蔡元培认为，教学应是教师的教和学生的学组成，学生应有主动性，他称之为"自治精神"，也就是学生要有自动的研究兴趣，这是做好学问的关键。"不专叫学生在讲堂上听讲，要留出多少时间，让他自己去研究。"④ "自动学习，随时注意自己发现求学问的门径和对学问的兴趣，更为要紧。"⑤ 之所以重视学生自己研究，是因为蔡元培坚信培养人才重要的教学方法之一，就在于培养学生时刻增长研究学问的兴趣。而他所提供的教学就是"教授求学而不可呆板"⑥。他还列举国外大学教学的方法作对照，"外国大学不专靠教科书，常常从书本以外使学生有自己研究的余地。所以他读的是有用的，活的科学"⑦。蔡元培还从融合中西文化的视角出发，反对抱残守缺，强调融会贯通，提倡比较法，主张训练比较鉴别能力。他说："北大旧日的法科，本最离奇，因本国尚无成文之公私法，乃讲外国法分为三组：一曰德日法，习德文日文的听讲；二曰英美法，习英文的听讲；三曰法国法，习法文的听讲。我深不以为然，主张授比较法。"⑧ 在文学和史学等教

① 高平叔编：《蔡元培教育论集》，湖南教育出版社 1987 年版，第 154 页。
② 同上书，第 576 页。
③ 高平叔编：《蔡元培教育文选》，人民教育出版社 1980 年版，第 116 页。
④ 高平叔编：《蔡元培教育论集》，湖南教育出版社 1987 年版，第 275 页。
⑤ 高平叔编：《蔡元培教育文选》，人民教育出版社 1980 年版，第 181 页。
⑥ 沈善洪编：《蔡元培选集》，浙江教育出版社 1993 年版，第 151 页。
⑦ 高平叔编：《蔡元培教育论著选》，人民教育出版社 1991 年版，第 98 页。
⑧ 高平叔编：《蔡元培教育论集》，湖南教育出版社 1987 年版，第 618 页。

学中，他也特别强调了解中外，以资比较。

最后，在教学语言上，强调外语和中文并重，凸显语言的文化价值。蔡元培从自身的求学经历中深知通晓外语之于学习的重要。所以他十分重视外语，甚至主张中国应普及世界语，以利于中外文化的交流。蔡元培十分强调语言的工具价值，赞成使用原版外文教材的做法，"教科书以英文充用，此法甚善。……既习英文，复新增德文。此后吾甚盼法文、意大利文亦靡不增加"[①]。同时，他还"力矫偏重英语的旧习，增设法德、俄诸国文学系，即世界语亦列为选科"[②]。尽管重视外国语，他深知语言与文化的密切关系，因而又坚决反对"全盘欧化"，反对简单的模仿，反对盲目崇洋和轻视祖国文化。主持北大后他反对严复主持校务时全面推广外语会话的盲目崇拜外国的倾向，明确要求除外国语文课外，其他课程必须一律使用国语。发表论文时，除一些专用名词外，也一律用中文书写。语言具有重要的文化价值，作为文化载体的语言一旦消失，其文化的消亡也就不远了。蔡元培强调对本国语言的使用，这对保存、发扬中国传统文化起着积极而又重要的作用，也是文化创新的基础。

## 三　蔡元培与北京大学师生生活的变化

（一）蔡元培时期北大教师队伍的变化

1. 蔡元培的教师观

蔡元培在 1917 年 1 月 18 日写给吴稚辉的信中说："北京大学虽声名狼藉，然改良之策，亦未尝不可一试，故允为坦

---

① 高平叔编:《蔡元培教育论著选》，人民教育出版社 1991 年版，第 98 页。
② 高平叔编:《蔡元培教育论集》，湖南教育出版社 1987 年版，第 618 页。

慨……大约大学之所以不满人意者，一在学课之凌杂，二在风纪之败坏。救第一弊，在延聘纯粹之学问家，一面教授，一面与学生共同研究，以改造大学为纯粹研究学问之机关。救第二弊，在延聘学生之模范人物，以整饬学风。"① 于是蔡元培决定"广延积学与热心的教员，认真教授，以提起学生研究学问的兴会"②。积学与热心构成蔡元培教师观的重要内容。所谓"积学"，一是从结果上理解，积学的教师应具有较高的学术水平。评价教师首先应以"学诣为主"，因而他在聘请教师时主张六个"不论"，即不论派别、不论年龄、不论学历、不论资历、不论国籍、不论政见。③ 正因如此，只有中学学历的梁漱溟凭借在《东方杂志》上发表的《究元决疑论》，被蔡元培所看中，认为是"一家之言"，有所见解，欣然聘请当时年仅 24 岁的梁漱溟担任北大哲学系讲师，主要讲授印度哲学课。二是从过程来理解，积学的教师不仅要有学问，而且要有研究学问的兴趣，只有这样才能不断创新，指导学生进行研究。他明确提出："延聘教员，不但是求有学问的，还要求于学问上很有研究的兴趣，并能引起学生的研究兴趣的。"④ "教授及讲师不仅仅是授课，还要不放过一切有利于自己研究的机会，使自己的知识不断更新，保持活力。"⑤ 对于"热心"，蔡元培将之与义务相联系并区别于"野心"。他说："孟子有言：'鸡鸣而起，孳孳为善者，舜之徒也；鸡鸣而起，孳孳为利者，跖之

---

① 高平叔编：《蔡元培全集》，中华书局 1984 年版，第 11 页。

② 高平叔编：《蔡元培教育论集》，湖南教育出版社 1987 年版，第 617 页。

③ 韩延明：《蔡元培教学改革思想及现实启迪》，《高等教育研究》1994 年第 4 期。

④ 高平叔编：《蔡元培教育论集》，湖南教育出版社 1987 年版，第 248 页。

⑤ 同上书，第 399—400 页。

徒也.'二者孳孳为同,而前者为义务的,谓之'热心';后者为权利的,谓之'野心'."① 作为教师,只有孳孳于学术与教学才称得上热心,因而"热心"的教师是指两个方面,一是要热心教学,不尸位素餐。② 蔡元培严厉批评教师的"或则敷衍了事,或则背诵教本,或则摭拾陈言"③ 的不良现象,要求教师做到认真教授,"以提起学生研究学问的兴会"。二是要为人师表,教书育人,教员要能为"学生之模范人物"。蔡元培认为,"苟为教员者,一无苟且,自能引起学生之不苟且"④。教师为人师表就要以身作则,在特别时期,人才难得,蔡元培虽然抱定"不能求全责备"的思想延揽人才,但是,他很提倡教员要为人师表,加强个人道德修养,对个别持才欠德者则一定坚持"不诱学生而与之堕落"为标准。热心的教员还要把个人的修养贯彻到教学中去,做到教书育人,通过教学活动,使学生"陶冶活泼敏锐之性灵,养成高尚纯洁之人格"⑤。蔡元培表扬中国大学教员具有在艰难困苦的条件下不改初心的坚忍心和对学生富有义务的责任心,堪当模范⑥,这就是大学教师热心的具体表现。

2. 蔡元培时期北大教师队伍的变化

蔡元培不仅在学术上坚持"兼容并包",而且在教员的延聘上,也采取了兼容并包的方针,"对于教员,以学诣为主,在校讲授,以无背于第一种之主张(即思想自由原则——引

---

① 高平叔编:《蔡元培教育论集》,湖南教育出版社1987年版,第115页。
② 马征:《教育家之梦——蔡元培传》,四川人民出版社1995年版,第170页。
③ 高平叔编:《蔡元培教育文选》,人民教育出版社1980年版,第243页。
④ 高平叔编:《蔡元培教育论集》,湖南教育出版社1987年版,第140页。
⑤ 同上书,第184页。
⑥ 同上书,第174页。

者注）为界限。其在校外之言动，悉听自由，本校从不过问，亦不能代负责任"①。"学诣为主，唯才是用"也成了他"网罗众家"，聘任教师的首要标准。蔡元培这一思想不仅符合他对大学本质的认识，也符合大学教育发展的规律。正是因为有了具有不同学术思想的教师的不断争论，学术才能获得不断发展，学生才能从大学及教师的身上获得应有的学术精神。② 蔡元培通过一系列的规章制度建设为教师的聘任做保障。他于1918 年主持制定了《国立北京大学规程》，对教师、职员等聘任的方式、方法及标准等都有明确的规定。同年，他主持校评议会通过了《北京大学教师延聘实施细则》，通过校长与受聘教师签订合同书建立了教师聘任制度，其中规定第一年为初聘，有效期为一学年，具试用性质，至第二年 6 月送续聘书，这才长期有效，过期未送续聘书者，即作为解约，并制定了《教员保障案》来规范教员的使用："各教授担任何项功课，应由该系教授会开会，共同商定。一经商定后，应始终令其担任。即欲变更，亦须再行开会议决"；"凡已得续聘书之各系教授之辞退，应由该系教授会开会讨论，经该系教授会五分之四之可决，并得校长之认可，方能办理。如该系教授不及五人，应经全体教师可决"③。在程序与组织机构上，1919 年，蔡元培组织了一个聘任委员会，协助校长聘任教职员。委员以教授为限，规定聘任委员会非校长或其代表人出席不得开会。聘任委员会的成员均有相当的公信力与学术声望，例如当年选

---

① 高平叔编：《蔡元培教育论集》，湖南教育出版社 1987 年版，第 231 页。

② 田正平主编：《中国高等教育百年史论》，人民教育出版社 2006 年版，第413 页。

③ 王学珍、郭建荣编：《北京大学史料》第 2 卷上，北京大学出版社 2000年版，第 412 页。

出的委员是：俞同奎、马寅初、胡适、宋春舫、蒋梦麟、马叙伦、黄振声、陶履恭、顾兆熊。凡新聘或延聘的教授都要经过委员会的审查与投票决定。通过这种方式对新教员的聘任严格把关，保证唯有真才实学的人才能进入北大。与此同时，蔡元培对于那些学术水平不高、缺乏工作责任心、不适合在大学任教的教员，不论其资历如何、不论中外教员及背景如何，一律按照聘约合同予以解聘。如英国教员克德来、燕瑞博和纽伦①，尽管有英国驻华公使的干预并威胁诉之法庭，蔡元培仍然顶住压力，坚决与中国教员一样按合同辞退。蔡元培在积极引进新教员的同时，也十分重视团结和使用旧教员中已启革新端绪者，如沈尹默、沈兼士、钱玄同等②，这充分体现出"兼容并包"的思想。通过聘请高水平的教师和解雇不合格教师，使北大的教师队伍发生了很大的变化。蔡元培说："本校教员中，有拖长辫而持复辟论者，以其所授为英国文学，与政治无涉，则听之。筹安会之发起人，清议所指为罪人者也，本校教员中有其人，以其所授为古代文学，与政治无涉，则听之。嫖、赌、娶亲等事，本校进德会所戒也，教员中间有喜作侧艳之诗词，以纳妾，押妓为韵事，以赌为消遣者，苟其功课不荒，并不诱学生而与之堕落，则姑听之。夫人才至为难得。若求全责备，则学校殆难成立。"③ 当时的北京大学不仅名师荟萃，而且派别林立，体现出"万物并育而不相害，道并行而不相悖"的思想。

经过一番整顿、充实，北大的教师面貌焕然一新。"据一

① 高平叔编：《蔡元培教育论集》，湖南教育出版社1987年版，第175页。

② 金林祥：《思想自由 兼容并包——北京大学校长蔡元培》，山东教育出版社2004年版，第145页。

③ 高平叔编：《蔡元培教育论集》，湖南教育出版社1987年版，第231页。

九一八年的统计，全校二百多教员中，教授的平均年龄只有三十多岁，甚至有二十六七岁的教授。"① 他们中的许多人，原来并不认识蔡元培，而是蔡从他们发表的学术论著中发现有真才实学后，聘请来的。这批教员年轻有为，多数思想倾向革新，他们给北大带来了朝气。马克斯·韦伯说："如果对这种聘用教员时的非学术目的做出让步，特别是偏离应该尽可能任命杰出的人这一基本原则的话，那么，最终会导致大学的道德权威的削弱。"② 坚持学术至上的标准，唯才是用才是蔡元培在北大整顿教师队伍取得成功的关键因素。

（二）蔡元培时期北大学生生活的变化

1. 蔡元培的学生观

蔡元培初任北大校长之时，认为在北大第一要改革的是学生的观念，蔡元培在就任校长的演说中曾痛切指出："若徒志在做官发财，宗旨既乖，趋向自异。平时则放荡冶游，考试则熟读讲义，不问学问之有无，唯争分数之多寡；试验既终，书籍束之高阁，毫不过问，敷衍三四年，潦草塞责，文凭到手，即可藉此活动于社会，岂非与求学初衷大相背驰乎？光阴虚度，学问毫无，是自误也。"③ 因此，"大学学生，当以研究学术为天职，不当以大学为升官发财之阶梯"④。他对学生提出以下三个要求：第一，"植其根、勤其学"；第二，"砥砺德行，不为流俗所然"；第三，"敬爱师友，互相勉励"⑤。结合

---

① 许德珩：《为了民主与科学——许德珩回忆录》，中国青年出版社1987年版，第22页。

② ［德］马克斯·韦伯：《韦伯论大学》，孙传钊译，江苏人民出版社2006年版，第3页。

③ 高平叔编：《蔡元培教育论集》，湖南教育出版社1987年版，第153页。

④ 同上书，第537页。

⑤ 同上书，第153页。

他后期的演讲，蔡元培的学生观体现在以下几个方面：（1）学生要有自动研究的习惯。蔡元培指出大学的学生，应在教员指导之下，养成自动研究学问的兴趣，学生要以研究学问为自己求学的宗旨。他认为学生最可宝贵的是"自己觉得学问不足，所以自动的用功"①。为此，学生要做到：第一应学会"自学"，"最好使学生自学，教者不宜硬以自己的意思，压到学生身上"；第二应学会"自助"，学生应该懂得："教我的先生既不能很知道我，最知道我的，便是我自己了，如此，遗缺均须自助为好"；第三，应学会"自省"，"学生方面，也要自省"②，有自知之明，存反省之心。（2）学生要思想自由。蔡元培在清华学校演讲时就要求学生信仰自由。③ 在《〈北京大学月刊〉发刊词》中，蔡元培要求学生在学术上要文理兼修，不能"局守一门"，存有"专己守残之陋见"，而遵循"思想自由之通则"。（3）学生要有文化自觉。蔡元培指出学生要以研究学问为第一责任，但要处理好"己与群"的关系，要使"个性"与"共性"获得"对待之发展"。所以，学生的科学研究，要有"树吾国新文化之基础，而参加世界学术之林"④的责任意识。在输入西方文明的同时，也应该注意将中国固有文明输出。中国也应该有所发明，大学生应"努力研究学术，格外穷理"，使中国文明与世界各国相交换。中国有辉煌的民族发展史，文化昌盛，只是到了近代才落后于其他民族，因此，蔡元培要求学生能认识到我们不能自认为劣等的民族，而只认为民族的退化，所以要复兴。这就需要大学生具有高度的

---

① 高平叔编：《蔡元培教育论集》，湖南教育出版社1987年版，第341页。
② 高平叔编：《蔡元培教育文选》，人民教育出版社1980年版，第117页。
③ 高平叔编：《蔡元培教育论集》，湖南教育出版社1987年版，第165页。
④ 同上书，第238页。

文化自觉意识。（4）学生要学会自治。蔡元培从学生参加五四运动的过程中，发现学生确有自治的能力。因而他对学生自治积极提倡，认为"自治比被治好的多"①，特别是在学校生活中，"以后注意'自治'二字，人人能管理自己，同学能相互管理"②。（5）学生要有服务社会的意识。德国大学精于学术，美国大学长于服务社会，中国大学应取欧美之长，对于美国大学服务社会的观念，蔡元培指出，一方面，学生不但研究学术，兼有服务社会的热诚是一件可喜的事，要求学生"如有余暇，可以服务社会，担负指导平民的责任，预备将来解决中国的——现在不能解决的——大问题"③。另一方面，他特别提醒学生要结合自己的特长来服务社会，"须知服务社会的能力，仍是以学问为基础，仍不能不归宿于切实用功"④。学术救国更是服务社会的重要体现。学生爱国运动，"诚出于不得已。然救国之道，非止一端；根本要图，还在学术"⑤。从民族长远发展来看，作为大学生确实要处理好救国与学术的关系。

2. 蔡元培时期北大学生生活的变化

北京大学经过蔡元培的整顿，教风和学风都得到好转，学生面貌也发生了很大的变化。在蔡元培的倡导下，当时北大学生的课外生活相当丰富多彩，其中最具特色的是多种学生社团以及学术刊物，把学生的课余兴趣吸引到学术研究方面来。

---

① 高平叔编：《蔡元培教育论集》，湖南教育出版社1987年版，第278页。
② 同上书，第276页。
③ 同上书，第266页。
④ 梁柱：《"第一要改革的是学生的观念"：蔡元培革新北大的一个重要思路》，《北京大学学报》1998年第2期。
⑤ 高平叔编：《蔡元培教育论集》，湖南教育出版社1987年版，第450页。

从《北京大学史料》中可以查到的 1917—1927 年间的学生社团就有近 60 个①。从其社团的活动类型看,可以分为四类:(1)政治性社团,如中国少年学会、马克斯(马克思)学说研究会、社会主义研究学会等;(2)进步性社团,如进德社、平民教育研究会、平民教育演讲团、知行会等;(3)学术性社团,如北大新闻学会、世界语研究会、地质学会等;(4)文体性社团,如画法研究社、雄辩会、体育促进会等。其中学术性社团对引导学生自动研究,形成良好学风起到积极的作用。蔡元培不仅以兼容并包的思想扶植学生社团活动,而且还亲自发起组织了一个以提倡培养人高尚道德为宗旨的进德会,努力在师生中提倡道德修养。此时的北大,尽管各种社团的活动宗旨和形式内容各异,但它们都是在社会改造旗帜下知识分子的聚合,所以彼此之间是相互包容,共同进取的,各种社团在中西和新旧融合上相得益彰,社团对各种主义和学说都感兴趣,如新村主义、合作主义、互助主义、工读主义、基尔特社会主义、实用主义、马克思主义、平民教育、无政府主义等。而且各社团的宗旨、活动及其研究成果都体现了重视学术研究的思想。北京大学的学生社团,作为校园文化建设的主要载体,在传播知识、交流信息的过程中,大学生置身其中,耳濡目染,日益陶冶自己的性情,逐渐体验人生的意蕴,训练和培养自己良好的习惯和高尚的情操。因而它聚集了积极向上的青年,形成了一种群体实力。它发挥了先导的作用,是新文化运动的生力军,从而使北大成为中国新文化创新的中心。他们的行为方式对新文化思潮的传播起着积极的作

---

① 王学珍、郭建荣编:《北京大学史料》第 2 卷,北京大学出版社 2002 年版,第 58 页。

用。同时它对培养北大学生的个性，完善他们的人格，发挥了巨大的教育作用。

为了使师生"提起学理的研究心"，有"交换知识的机会"①，蔡元培还在学校中倡办各种刊物。其中影响较大的有《北京大学日刊》、《北京大学月刊》、《理科大学月刊》、《数理杂志》、《新闻周刊》、《劝学》、《国民》、《新潮》、《国故》等。这些刊物的创办，对提高学生研究学术兴趣，"求有所新发明"贡献于社会，起了很好的作用。例如，《新潮》的发刊旨趣书中就宣称发刊的四项责任：一是要唤起国人对于本国学术的自觉心；二是要对中国社会人生的种种落后和蒙昧状况"为不平之鸣，兼谈所以因革之方"；三是要"鼓动学术上之兴趣"；四是要"去遗传的科举思想；为未来社会之人，不为现在社会之人；造成战胜社会之人格，不为社会所战胜之人格"②。反映出这类刊物所具有的爱国、救国思想。《国民》杂志表现得更为明显，蔡元培称赞《国民》的主办者——国民社的行为是"志在拯国家于危亡，深堪嘉尚"，亲自为《国民》创刊作序，希望杂志一正确，二纯洁，三博大，以副爱国学生之人格；殷切期望学生持之以恒，"永远葆此朝气，进行不怠，则于诸君唤醒国民之初心，始为无负也"③。

在蔡元培的倡导下，北大的社团和刊物不仅转变了北大的校风和学风，也对全国思想界产生了影响，奠定了北大的新文化中心地位。吕思勉在《蔡孑民论》一文中写道："还记得民

---

①　梁柱、王世儒编：《蔡元培与北京大学》，山西教育出版社1995年版，第48页。

②　张允侯等：《五四时期的社团（二）》，三联出版社1979年版，第55页。

③　梁柱、王世儒编：《蔡元培与北京大学》，山西教育出版社1995年版，第55页。

国八九年之间，北京大学的几种杂志一出，若干种的书籍一经印行，而全国的风气，为之幡然一变。从此以后，研究学术的人，才渐有开口的余地。专门的高深的研究，才不为众所讥评，而反为其所称道。后生小子也知道专讲肤浅的记诵，混饭吃的技术，不足以语于学术，而慨然有志于上进了。这真是蔡孑民先生不朽的功绩。"[1]

### 四　蔡元培与北京大学的教育创新

蔡元培在北大开禁女学、创办夜校，为女性和平民提供更多的接受高等教育的机会，可谓中国大学教育的创新。

#### （一）开禁女学

蔡元培关注女子教育原因有二：一是源于他自幼接受"贤而能，克勤克俭"的母亲周氏的影响，从自身经历中感受到女性对下一代教育的重要性；二是游学欧洲，所接受的男女平等的资产阶级思想影响。蔡元培于1902年创办爱国女子学校，认为"以为求国富强，人人益受教育。既欲令人人受教育，自当以女学为最重要之事"[2]，从"世界将来之趋势，男、女权力为相同"的观点出发，主张男女应有平等权利和受教育的机会。1912年他在《关于教育方针之意见》中，主张实行小学男女同校，推行社会教育，在1912年制定的"壬子·癸丑学制"中，从制度上基本确立男女有平等受教育机会的思想，为女子进一步接受高等教育提供制度上的合法性依据。1917年，蔡元培在爱国女学校的演说中进一步明确提出培养

---

①　转引自霍益萍《近代中国的高等教育》，华东师范大学出版社1999年版，第125页。

②　高平叔编：《蔡元培教育论集》，湖南教育出版社1987年版，第65页。

完全人格的女子教育目标。他说："则欲副爱国之名称，其精神不在提倡革命，而在养成完全之人格。……完全人格，男女一也。"① 他强调女性主体的确立和"完全人格"的发展是女性自我完善的终生努力方向，是改变社会性别中男主女从的认知，从根本上取得男女实际平等的关键。

新文化运动对中国传统的男女教育不平等进行了激烈的抨击，要求实现男女教育平等权，这为蔡元培在北大开禁女学提供了很好的舆论支持。蔡元培多次赴欧美考察，亲眼看到资本主义国家教育制度的先进性和男女同校的优越性，回国后，他首先开北大女禁，实行男女同学，使女子与男子真正享受平等的教育权。1919 年 3 月 15 日，蔡元培在北京青年会的一次讲演中指出："中国的教育，男女学校不是平行发达，男子有专门学校，有大学校，女子没有，所以北京大学实行男女同学。中国有男子师范、女子师范之分离，并不是程度上的关系，并不是功课上的关系，不过因仍旧习惯罢了。"② 有鉴于此，蔡元培于 1919 年宣布北大开放女禁，允许九名女生为旁听生。这件事当时轰动全北大与整个北京城，也招来许多非议。对于外界的非议，蔡元培认为，"中国大学无所谓女禁……'教育部的大学令，并没有专收男生的条文；从前女生不抗议，所以不招女生，现在女生来要求，而程度又够得上大学，就没有拒绝的理由'"③。1920 年，他在答上海《中华新报》旅京一记者的谈话中就明确主张大学可招收女生，"北京大学明年招生时，倘有程度相合之女学生，尽可投考。如程度及格，亦可录

---

① 高平叔编：《蔡元培教育论集》，湖南教育出版社 1987 年版，第 155 页。
② 同上书，第 226 页。
③ 同上书，第 589 页。

取也"①。1920 年，北大正式招收女生，开中国国立大学男女同校之先例。这在中国高等教育史上是破天荒的创举，这样，蔡元培将其女子教育的思想由普通教育推进到高等教育，在北大的影响下，南京、上海、北京等地高校也先后招收女生。1920 年 10 月在江苏召开的全国教育会议第六次会议上，通过了《促进男女同学以推广女子教育案》。从此，全国公、私立大学纷纷开放女禁。1922 年的"壬戌学制"正式明确了女子有享受高等教育的权利。1929 年颁布的《中华民国教育宗旨及其实施方针》、1931 年颁布的《中华民国训政时期约法》等进一步规定"男女教育机会一律平等"，从法理上解决了男女教育的平等问题。据中华教育改进社 1922 年调查，当时大学女生在校人数比例为 3.8%。② 总的来说，发展缓慢。30 年代后发展较快，女生占学生总数的 10% 以上，最高的 1941 年达到 19.8%。③

（二）提倡平民教育

蔡元培在改革北大的同时，移植与改造法国平民大学教育思想，积极开办夜校，推行平民教育。蔡元培在介绍法国平民大学时说："所谓平民大学，为大学教员所组织，专在夜间讲演，无论何人均得入校听讲，不因贫富年龄之故稍有歧异。凡此皆所以济教育之不平，而期于普及。"④ "受大学教育者，亦不必以大学生为限。各国大学均有收旁听生之例，不问预备程

---

① 徐彦之：《北京大学男女共校记》，中华全国妇女联合会妇女运动历史研究室编《五四时期妇女问题文选》，三联书店 1981 年版，第 262 页。

② 金以林：《近代中国大学研究》，中央文献出版社 2000 年版，第 155 页。

③ 潘懋元主编：《中国高等教育百年》，广东高等教育出版社 2005 年版，第 231 页。

④ 高平叔编：《蔡元培教育论集》，湖南教育出版社 1987 年版，第 148 页。

度，听其选择自由。又有一种公开讲演，或许校外人与学生同
听，或专为校外人而设，务与普通服务之时间不相冲突。"①
因此，他主张学校的学术活动和课堂教学活动，都可以向社会
公开，学校要招收一定数量的旁听生、选科生，使更多的人能
受到高等教育。1918 年蔡元培在北大开办校役夜校，在开幕
致辞中说："无人不当学，而亦无时不当学。"1920 年蔡元培
在北大开办平民夜校，在开学时说："不过单是大学中人有受
教育的权利还不够，还要全国人都能享受这种权利才好。所以
先从一部分做起，开办这个平民夜校。……平民的意思是
'人人都是平等的'，从前只有大学生可受大学的教育，旁人
都不能够，这便算不得平等。现在大学生是分其权利，开办这
个平民夜校，于是平民也能到大学里受教育了。"② 蔡元培充
分利用大学中的各种资源，发挥大学的优势，让校役、附近平
民等都能受到最基本的教育，提高了他们的基本素质。他还主
张大学生们利用自身知识，组织平民讲演团，到处讲演，普及
知识。他特别欣赏湖南自修大学的办学模式，便于扩大教育对
象，称之为各省新设大学之模范。由于蔡元培在北大的这一创
新，京津以至远近省份的知识青年来北大听讲学习的很多，他
们利用北大的课堂、图书馆进行学习，并参加学校的社团活
动，他们中的不少人成为革命者或在学术上有造诣的人才。当
代国学大师、书法名家台静农（1902—1990）就是 1922 年入
北京大学当旁听生，于研究所国学门肄业，后执教辅仁
大学。③

---

① 高平叔编：《蔡元培教育论集》，湖南教育出版社 1987 年版，第 489 页。
② 同上书，第 263 页。
③ 孙邦华：《会友贝勒府——辅仁大学》，河北教育出版社 2004 年版，第
44 页。

## 第三节　北大精神的形成与发展

对北大精神的解读，最权威的莫过生于斯长于斯的北大学人。陈平原教授选取了对北大具有特殊贡献的十位先贤对北大精神的表征来呈现北大精神的形成与发展线索①，这无疑是一个最佳的视角。虽有差异，但是如果"求同存异"，对北大精神的理解，各家没有根本的区别；差距在于具体事件的叙述与评判②。其共同点就是他们所集中表述的北大精神多是由蔡元培校长在北大推行改革而逐渐生成的。

蔡元培时期的北大被胡适称为"北京大学的蔡元培时代"。蔡元培是北大的校长，也是中国的校长。冯友兰说蔡先生是中国"最大的教育家"，说的就是这个意思。说他是北大的校长，因为他是现代北大的缔造者；说他是中国的校长，因为他是中国现代大学理念和精神的缔造者与实践者。蔡元培是"萃中土文教菁华于身内，泛西方哲思蔓衍之物外"，他本身是一个中西思想兼具的人物。因而他所建构的北大精神也是以中国文明为根基，容纳古今中外诸多思潮而进行创新的精神结晶。③ 因此，从蔡元培的视野来解读、阐释北大的精神，其内涵主要有两个方面：一是兼容并包的精神，与此相联系的是思想自由；二是学术至上，与之相联系的是科学与民主，学术独立与学术救国的使命。前者偏向中国传统文化的根基，后者侧重引用西方文化的精华，两者并育而生，相互联系，相互促

---

① 陈平原：《北大精神及其他》，上海文艺出版社 2000 年版，第 3—22 页。

② 陈平原：《老北大的故事》，江苏文艺出版社 1998 年版，第 7 页。

③ 储朝晖：《中国大学精神的历史与省思》，山西教育出版社 2006 年版，第 115 页。

进，形成北大精神，并为后人所继承。

## 一 兼容并包的精神

蔡元培的"兼容并包"，既是讲兼容古今、新旧之学，又是讲兼容中西、世界之学，但并不是良莠不分，而是取其精华。陈平原教授在论及蔡元培"兼容并包"的来源时，强调德国大学的榜样和个人魅力[①]。梁漱溟更侧重蔡元培个人魅力的作用："蔡先生除了他意识到办大学需要如此之外，更要紧的乃在他天性上具有多方面的爱好，极广博的兴趣。意识到此一需要，而后兼容并包，不免是人为的（伪的）；天性上喜欢如此，方是自然的（真的）。有意的兼容并包是可学的，出于性情之自然是不可学的。有意兼容并包，不一定兼容并包的了；唯出于真爱好，而后人家乃乐于为他所包容，而后尽管复杂却维系得住——这方是真器局、真度量。"[②] 除此而外，我们更应看到中国传统思想的影响。"兼容并包"一语，原是广泛收集之意。《史记·司马相如传》载："必将崇论宏议，创业垂统，为万世规，故驰务乎兼容并包，而勤思乎参天贰地。"对于"兼容并包"，蔡元培是用中国传统经典《中庸》里"万物并育而不相害，道并行而不相悖"来作解释的，他所希望的兼容并包在很大程度上类似于诸子百家时代的学术争鸣状态，各种学术，在"道"的统摄下，相互竞争，自由发展，是一种"和而不同"的状态。因而"兼容并包"必然与思想自由相联系，前者是表，后者是里，二者互为表里，如果

---

① 陈平原：《北大精神及其他》，上海文艺出版社 2000 年版，第 29 页。
② 陈平原、郑勇编：《追忆蔡元培》，中国广播电视出版社 1997 年版，第 145 页。

不讲思想自由，就不存在兼容并包的必要。

蔡元培所论的思想自由，从言语表达上，虽然强调"循思想自由之通则"，但并非将西方的思想自由原封不动地搬到中国，用在北大，而是在"思想自由"的话语符号下，用传统的中国自由精神将其改造，从而使其更适合中国社会，更适合北大，因而也就能得到北大学人的共鸣、维护和传承。蔡元培立足中国传统学术来诠释自由，认为孔子所说的"匹夫不可夺志"，孟子所说的"大丈夫者，富贵不能淫，贫贱不能移，威武不能屈"，自由之谓也，古人称之为"义"。自由突出主体对意志、思想、人格独立的追求，但应从主体而通于客体，"我欲自由，则亦当尊人之自由，故通于客观"①。自由是西方大学精神所在，是学术发展的重要前提条件。在中国，视自由为学术的生命，视学术为学者的根本，视学者为社会的良知，这个看法固然与中国近代进步知识分子接受西方思想的影响有关，其实也是我们自己的一个文化传承，从春秋战国时期的诸子百家争鸣，魏晋南北朝时期的儒道佛三家并立，宋明时期的儒学重扬，到清中期乾嘉学子的考据学风兴起等，虽旨趣有异，但都能见在学术精神上相承的一脉。

蔡元培整顿北大时，仿世界各大学通例，循"思想自由"原则，取兼容并包主义。对于在兼容并包主义下的思想自由，被认为是消极的自由，但蔡元培也采取积极的手段，他非常明确中国近代大学制度是来自西方，在中国的发展也存在着许多问题，因而他指出要用孔墨教育之精神弥补西方大学体制的不足，而孔墨精神的内涵就是自由讲学的思想。蔡元培用中国传统思想为思想自由找到很好的"砧木"，并将其融入到师生生

---

① 高平叔编：《蔡元培教育论集》，湖南教育出版社 1987 年版，第 43 页。

活中去，得到师生们的体认，也在北大教学与生活中得到生动的体现。在课堂上，北京大学的管理以松散而著称，且不说注册的或不注册的旁听生，就是正式学生是否听课，也悉听尊便，于是就出现了"不该来上课的却可以每课必到，应该来上课的却可以经常不到"①。"教既自由，学也自由，只要是学，方法可以各之不同……因而在北大，教和学，教员和学生，课上和课下，师生彼此默契，一切随随便便自由得很，'师傅领进门，修行在个人'，由他去吧。"② 在课外生活中，更能体现出北大学生的独立与自由。千家驹是这样描写的："西斋有些房间，开前后门，用书架和帐子把一间房隔而为二，各人走各人的门，同房之间，说话之声相闻，老死不相往来者有之。"③ 在北大师生的看似散漫中，却透出追求"自由"的天性，在日常生活和举手投足之间体现出北大的精神。

## 二　学术至上的精神

蔡元培在比较中西文化时认为，西方文化的精神是学术，也就是科学精神，他之所以推崇德国大学为最善，是因为德国大学是为学问而存在，学术至上。所以，他一贯主张：学习西方应"重在学理，兼顾技术"；大学教育应重在研究"纯粹学问"；学生在校应"为学问而学问"。既要学习西洋文化中的科学精神，又要以科学的精神来对待中国文化，这是蔡元培学习西学时一贯强调的态度。因此，他认为："我们既然认旧的

---

① 张中行：《红楼点滴》，陈平原主编《北大旧事》，三联书店1998年版，第428页。

② 刘克选、方明东编：《北大与清华》上，国家行政学院出版社1998年版，第116—117页。

③ 陈平原：《老北大的故事》，江苏文艺出版社1998年版，第26—27页。

亦是文明,要在他里面寻出与现代科学精神不相冲突的,非不可能。"① 由此可达到新旧文化的融合,而融合的方法,"必先要领得西洋科学的精神,然后用他来整理中国的旧学说,才能发生一种新义"②。他所指的西洋科学精神亦即学术思想,也就是说要用西方学术思想中的科学精神来整理中国的传统学说,从而创造一种新文化。由学术上升到文化,可见学术至上思想体现了蔡元培从文化创新的高度来构建北大精神,也延伸了学术至上精神的内涵,涵盖了科学与民主、学术独立与学术救国两个方面。

民主和科学是相辅相成的,民主是建立在实事求是的科学精神基础上的,科学又是在民主的环境和氛围中得以前进的。蔡元培在北大所实行的教授治校、选科制、废门改系、沟通文理等措施均体现出科学与民主的精神,在他的思想影响下的新文化运动,更用"科学"与"民主"两面大旗影响着全国的文化风气,构成了20世纪中国民主与科学的发祥地,向全社会散发民主科学的精神氛围。学术独立与学术救国也是紧密联系的。蔡元培强调学术独立,是指学术要独立于政党和宗教,学术发展有着自己的规律,并具有长期性,但并非完全独立于政治和国家,他虽然不太赞成学生运动,却认为学术与国家民族的兴亡与复兴关系重大,指出"救国之道,非止一端,根本要图,还在学术"③。由此学术独立与学术救国紧密联系在一起,蔡元培那句名言"读书不忘救国,救国不忘读书",乃北大师生精神生活的真实写照。④

---

① 高平叔编:《蔡元培全集》第3卷,中华书局1984年版,第350页。

② 同上。

③ 高平叔编:《蔡元培教育论集》,湖南教育出版社1987年版,第450页。

④ 陈平原:《老北大的故事》,江苏文艺出版社1998年版,第94页。

　　蔡元培所倡导的学术至上的精神，一方面是将北大的宗旨定位成"为学问而学问"，使其制度化而获得合法性权威。另一方面，蔡元培强调学理研究的思想也得到当时北大学人的响应。1918 年，陈独秀发表演说称："大学生之目的，可别为三类：（1）研究学理；（2）备毕业后应用；（3）得毕业证书。……惟第一目的，始与大学适合。"[①] 这一思想显然与蔡元培的思想相呼应。陈寅恪则将学术的发展，看作是"实系吾民族精神上生死一大事者"[②]。北大的另一位重要人物胡适也发表演说响应蔡元培。在 1921 年的开学典礼上，他提出一个非常惊人的口号：我们应该努力做学阀。学阀之中，还应该有一个最高的学阀，就是北京大学。他所谓"学阀"，就是权威的意思，不是一般贬义的词，也就是蔡元培所讲的高深学问研究。[③]

　　蔡元培在北大确立了"兼容并包"精神和"学术至上"精神，两者不是孤立的。他的根本出发点是强调大学以学术为本，学术以自由为本。对于学术，首先要自由，要有宽容的精神，也就是蔡元培所说的"兼容并包"。而在北大蔡元培所主张的"无所不容"也是有原则的，"择其善者而从之"，儒家的中庸思想被他用来包容学术精神，为学术自由发展提供制度与舆论空间。蔡元培在北大出学刊，聘名师，开讲座，组织学会，以及创设体制化的研究所，使他所倡导的大学精神体现在大学的日常运作之中，引发师生对于学问的强烈兴趣与积极参与，使师生间能"问难质疑，坐而论道"，沟通中西学术。蔡

---

　　① 　陈独秀：《在北京大学开学式上的演说词》，《北京大学日刊》1918 年 9 月 21 日。

　　② 　陈寅恪：《金明馆丛稿二编》，上海古籍出版社 1980 年版，第 318 页。

　　③ 　唐振常：《蔡元培与北大精神》，《东方艺术》1998 年第 4 期。

元培所培育的北大精神得到蒋梦麟以及胡适等校长很好的继承，从而成为北大的传统。

## 第四节　蓄道:北京大学的本土化特征

陈平原教授认为:"百年北大,其迷人之处,正在于它不是'办'在中国,而是'长'在中国——跟多灾多难而又不屈不挠的中华民族一起走过来。"[①] 从孙家鼐、严复到蔡元培,他们都具有很强的本土意识和本土自觉。蔡元培以"兼容并包"的精神整顿北大,使北大真正成为现代意义上的大学,也使其具有鲜明的本土化特征。我们可以从本土化的本体论和方法论两个方面来解读这些特征。

由于北京大学的本土化发展是与中国近代社会发生巨变的历史相联系的,因而,在本体论上,具有"蓄道"的特征,即孕育、培植中国大学之道。涂又光先生认为,"中国高等教育的基本矛盾是'道'与'艺'的矛盾"[②],中国高等教育在解决这一对矛盾时得出的总规律是《大学》所说的:"大学之道,在明明德,在新民,在止于至善。"如果从高等教育的主体来看,就是"士志于道"的精神[③],"士"在变,"道"也在变,但其精神未变。涂先生认为:"蔡元培在中国高等教育史的地位,并不取决于他本人的学术,而取决于他所代表的新时代,中国的共和时代。'大学'是中国共和时代主要的高等

---

① 陈平原:《国际视野与本土情怀》,刘琅、桂苓主编《大学的精神》,中国友谊出版公司 2004 年版,第 239 页。

② 涂又光:《中国高等教育史论》,湖北教育出版社 1997 年版,第 359 页。

③ 储朝晖:《中国大学精神的历史与省思》,山西教育出版社 2006 年版,第345 页。

教育机构。作为教育家，不是作为其他学问家，蔡元培是中国共和时代第一位高等教育家代表。"[1] 也就是说，要理解北大本土化的特征还要与北大所处的时代联系起来，特别是思想文化发展的背景。北京大学从创办到蔡元培时代，正经历中国历史的巨大变化，从政治体制上来看，经历由封建政体的崩溃和民主共和政体初建的社会剧变，从而引发废科举兴学校等一系列的教育重构。从教育体制和思想文化方面来看，引发的是社会混变。所谓社会混变，是指社会变迁有关组成部分间关系的一种紊乱状态。这种状态主要存在于社会转型过程中[2]。它可分为体制混变和观念混变两种，其对教育的影响是产生教育失范现象。从教育体制上来看，京师大学堂的创办，把最高学府和最高教育行政机关的合二为一，本身就是体制混变的典型。即使是在民国时期，《大学令》所规定的一系列大学制度并没有在各个大学得到很好的落实，而蔡元培所倡导的大学区制更是表征了体制混变，也决定了大学区在中国命运的短暂。在文化思想上，是各种思潮互相激荡冲突的时期，新旧与中西相互交错，自由主义、个人主义、实验主义、无政府主义，马克思主义、科学主义、国粹主义，等等，不一而足，形成百家争鸣时代。在教育思想方面，有倡导保存中国传统文化的复古派，更有国门大开后西方教育思潮的不断涌入，军国民教育、实利主义教育、科学教育、民主主义教育、平民教育、国家主义教育与教育独立主张等。[3] 短时间内新思潮的不断输入，必然导致"观念大战"，引发"观念混变"。在此过程中，衡量观念

---

① 涂又光：《中国高等教育史论》，湖北教育出版社1997年版，第2页。

② 吴康宁：《教育社会学》，人民教育出版社1998年版，第181页。

③ 苏云峰：《中国新教育的萌芽与成长（1860—1928）》，北京大学出版社2007年版，第20页。

的是非标准或优劣尺度均变得模糊不清，容易导致人们感受到程度不同的价值困惑或价值迷惘，产生选择的困难，以致最终出现失范行为。① 在大学教育上，表现在人们对大学教育的价值取向上的失范，归根到底还是大学本质认识上存在着观念混乱。因而在蔡元培掌校之前，学生多以混文凭、谋一官位或职业为导向。在这种特殊的历史时期，是权威消解的时期，各种价值的合法性均受到质疑与考问。大学的教育价值也是如此，而蔡元培所做的是提出大学之道在研究高深学问，采取兼容并包的方式来孕育和培植它，使其在与各种思潮的竞争中取得合法性和权威。因而涂先生认为，蔡元培的高等教育理想，是"盛唐模式"的继续，也就是"统一的多元化"方针的继续。② 多元并存不仅反映出处于文化反省阶段应有的思维方式，也是新文化发展的思想基础，在中国文化史上，"印度思想的嫁接，出现了盛唐多元模式；西方思想的影响，焕发了兼容并包精神"③。在多元中追求统一，立足本土，兼容并蓄，通过蔡元培的努力，北京大学走上了追求大学问的中国大学发展之道，在特殊的历史时期孕育、培植了中国大学之道，进而影响整个中国大学的发展。

　　兼容并包是北京大学本土化方法论上的特征。季羡林先生认为"中国的学统从太学起，中经国子监，一直到京师大学堂，最后转为北京大学，可以说是一脉相承，从没有中断"④。这表明北京大学无论是从体制上还是思想上都是中国传统高等教育的延续。涂先生郑重指出：西方影响再大，也不能取代蔡

---

① 吴康宁:《教育社会学》，人民教育出版社 1998 年版，第 190 页。
② 涂又光:《中国高等教育史论》，湖北教育出版社 1997 年版，第 308 页。
③ 同上。
④ 郝平:《北京大学创办史实考源·序言》，北京大学出版社 1998 年版。

氏之学的主根。不仅不能取代，而且西方影响只有通过蔡氏之学的主根才起作用。① 尽管北京大学在制度上具有移植性，但正如梅贻琦所说，"制度为一事，而精神又为一事"②，在中国大学发展中，如何积极引入学术自由的理念与努力追求学术独立的理想，这就是蔡元培等中国近代教育家在塑造大学精神所共同面对的两大问题③，也就是如何塑造中国大学精神的问题，只有这样才能把大学办成"中国底大学"，而不是"在中国的大学"④。因此，中国大学发展的现代实践所面临的一个重要面向就是如何避免沦为西方学术附庸的困境。北京大学作为我国最高的文化教育机构，就不可能不考虑如何吸纳、包容和发扬本国文化传统以及如何培植文化自主性的问题。正是基于以上问题的思考，蔡元培从文化交流与文化创新的视角出发，创造性地提出"消化与吸收"的方法，最终目的是为了达到创新，文化上如此，蔡元培主持北京大学的办学思想也是如此。这便是蔡元培在北大进行本土化改革的基本方法：立足本土，兼容古今中西而有所创新。以北京大学制度的本土化为例，北大在制度上虽然具有移植性，但蔡元培强调"远法三代，近采欧美"，"大学教育应采用欧美之长，孔、墨教授之精神。……欧美教育新法，与中国古代教授法，应参酌兼采，包括下列三种：（一）应包罗各种有用学问，及为真理或为求学问而研究的学科。（二）陶养道德，一面提倡合群运动，一

---

① 涂又光：《中国高等教育史论》，湖北教育出版社 1997 年版，第 307 页。

② 刘述礼、黄延复编：《梅贻琦教育论著选》，人民教育出版社 1993 年版，第 99 页。

③ 应星：《塑造中国大学精神的现代实践》，刘琅、桂苓主编《大学的精神》，中国友谊出版公司 2004 年版，第 48 页。

④ 涂又光：《文明本土化与大学》，《中国哲学史》1999 第 2 期。

面用古代模范人格。(三)中国社会教育很少,应该学习美国尽量发展"①。他对于中国大学的直接传统——书院制更是赞赏有加,认为"以学者自力研究为宗旨,学术以外无他鹄的"。湖南自修大学是传统书院与西方大学的完美结合,活学活用,并有所创新的办学形式,堪称新设大学的模范。对于世界的发展变化,受严复影响而服膺西方进化论的蔡元培更是深刻体认到:"世界,进化者也"②,他引中国古代之"苟日新,日日新,又日新"加以例证。但进化也好,发展也好,都是建立在一定的传统基础上的,蔡元培坚决批判割裂传统的做法,反对"覆孔、孟"、"铲伦常",主张古今贯通,中西交融,以动态和开放的眼光审视中国的教育传统。蔡元培在学术上的兼容并包更为人称道,也因此促进了北大学术的发展。由兼容并包而会通古今中西,蔡元培推动了北京大学创新发展,使北京大学由官僚养成所一跃成为致力于学术研究,创造新文化,担负新使命的国内外知名大学。

蔡元培指出:"北大的进步尽管缓慢,但是从晚清至今,这种进步是不可逆转的了。这些穷年累月才完成的早期改革,同大学教育的目的与观念有极大的关系。……我们中国自古以来就以宣扬和实践'朴素的生活,高尚的思想'而著称。因此,按照当代学者的看法,这所大学还负有培育及维护一种高标准的个人品德的责任,而这种品德对于做好一个好学生以及今后做一个好国民来说,是不可缺少的。"③ 从中我们可以看出蔡元培在改造北大时所具有的中国传统知识分子"士志于

---

① 高平叔编:《蔡元培教育论集》,湖南教育出版社 1987 年版,第 319 页。
② 同上书,第 84 页。
③ 同上书,第 399 页。

道"的精神，处在历史危急时刻和文化断裂时代的蔡元培，尽管面临"道"崩瓦解、"道"将不存的困难局面，但蔡元培"志于道"的精神未变，他虽仰慕德国大学在危急时刻所担负起的救国使命，但在表述自己大学理念时却时时刻刻从中国本土文化和中国本土需要出发。蔡元培所倡导的大学精神正符合中国大学精神的从"箕子的神道设教"到"周公的敬天明德保民"的"德治"精神。① 因而蔡元培特别强调："我国已清楚地意识到只有按新的教育制度对年轻的一代进行教育，我国古代文明的发扬广大才可能成为现实。"② 立足本土由此可见一般，而采欧美之长则更无需赘言，两者的有机结合是兼容并包的最好诠释。

---

① 储朝晖：《中国大学精神的历史与省思》，山西教育出版社 2006 年版，第332 页。

② 高平叔编：《蔡元培教育论集》，湖南教育出版社 1987 年版，第 405 页。

# 第 五 章

## 本土生长:张伯苓与私立
## 南开大学的本土化模式

胡适称张伯苓为"中国现代教育的一位创造者"①。梁启超称他所创办的南开"为我教育界之一元气","南开大学不独为中国未来私立大学之母,亦将为中国全国大学之母"②。孙中山先生更是称赞"南开是世界有名的好学校"③。张伯苓集中西文化素养于一身,在办学伊始,就以开放的心态,东西称盛的教育目标和宗奉不渝的大学理念,为"做成由人民所立之学校"④,为建立符合中国国情的办学模式,披荆斩棘,开拓创新。我国著名文学艺术家老舍和曹禺共赋诗称:"知道中国的,便知道有个南开。这个不是吹,也不是嗙,真的,天下谁不知,南开有个张校长!"⑤ 表达出张伯苓对南开,对中

---

① 梁吉生编:《张伯苓的大学理念》,北京大学出版社 2006 年版,第 118 页。

② 王文俊编:《南开大学校史资料选 (1919—1949)》,南开大学出版社 1989 年版,第 817 页。

③ 林履明:《我的南开心》,《重庆南开通讯》1986 年第 6 期。

④ 梁吉生编:《张伯苓与南开大学》,山西教育出版社 1995 年版,第 222 页。

⑤ 梁吉生:《允公允能 日新月异——南开大学校长张伯苓》,山东教育出版社 2003 年版,第 4 页。

国大学的卓越贡献。

## 第一节　南开大学的创办

关于南开大学的创办，陈平原教授认为："作为中国最著名的私立大学，'南开之路'非同寻常。如果说 20 世纪中国高等教育有什么'奇迹'的话……是私立学校南开的迅速崛起。"① 南开大学的创办与天津名宿严修密切相关，是在 1904 年创办的严氏家塾基础上发展而成的，张伯苓在此任教，结识了严修，不仅得到严修经济上的资助，而且在教育思想上也深受其影响。

严修（1860—1929），字范孙，号梦扶，祖籍浙江慈溪。严范孙自幼饱读圣贤书，在治学上自辟新路，从考据学起步，进而走向近代科学。1894 年，严修被任命为贵州学政，大力兴学，对改变贵州文化落后起到一些效果。梁启超称赞："贵州学政严修，适抗疏请举特科，得旨允行。当时八股未废，得此亦足稍新耳目，盖实新政最初之起点也。"② 在治学思想上，严修认为"中国之学，万劫而不可磨灭者，惟义理也，洋货虽极流通，而中国之义理，不能废也；西学虽极明备，孔孟程朱之道，不能畔也；义理之学愈深，西学之用愈实，两者不可偏执也；孔孟之道愈明，泰西之法愈见其可行可用于世也"③。严修虽然带着遗憾离开贵州，但贵州兴学所萌发的中西会通理念却奠定了日后的思想基础。回到天津之后，严修继续推进教

---

① 陈平原：《中国大学十讲》，复旦大学出版社 2002 年版，第 237 页。
② 梁启超：《戊戌政变记》，中华书局 1954 年版，第 32 页。
③ 李冬君：《中国私学百年祭——严修新私学与中国近代政治文化系年》，南开大学出版社 2004 年版，第 69 页。

育改革活动，创办新式教育，严氏家馆，是他最初改革传统教育的实验基地，也成为张伯苓一显身手的重要平台。由严氏家塾到南开中学，"生长"出南开大学。对于创办动机，张伯苓说"严先生与苓同受国难严重之刺激，共发教育救国之宏愿"，办学目的则是"通矫时弊，育才救国"①。

张伯苓（1876—1951），名寿春，字伯苓，出生于天津一个贫寒的塾师家中。1895 年，张伯苓从北洋水师学堂毕业后，在威海卫经历"国帜三易"的屈辱后，深深地体会到了国家的落后和国民的麻木，绝不是单纯依靠所掌握的西方军事科技知识便可以改变的："目睹国帜三易，悲愤填胸，深受刺戟！念国家积弱至此，苟不自强，奚以图存，而自强之道，端在教育。创办新教育，造就新人才，及苓将终身从事教育之救国志愿，即肇始于此时。"② 于是，他逐渐放弃了军事救国的思想，转向教育救国的实践。

张伯苓在办学实践中逐渐认识到办高等教育的重要性，没有高等教育培养出高层次人才，不利于救国建国。王捷侠记述："中学仅授以普通知识而为国民教育之初步，实非高等人才陶铸之所。张伯苓先生洞察国家社会之情形及世界潮流之趋势，以为建立大学培植高等人才乃根本救国急切必要之图。盖大学者一国人才之所由出，一国文化之所寄托，其关系于国家之盛衰诚非浅鲜。校长张先生有鉴于此，遂决定以中学为基本而创设大学部。"③ 为了给有志去国外留学的中学毕业生提供

---

① 王文俊编：《张伯苓教育言论选集》，南开大学出版社 1984 年版，第 243 页。

② 同上。

③ 王捷侠：《六年来之南开大学》，《南开周刊》南开学校 20 周年纪念号，1924 年 10 月 17 日。

深造的条件，1915 年，南开增设英语专门科，1916 年，设立专门部，并成立高等师范专门班，并拟在专门班的基础上建成大学。但由于经费等原因，英语专门科、高等师范班均相继停办，这是南开大学初创期的一大挫折。

创办私立大学在中国是一次伟大的尝试，其困难之大可想而知，除了必需的经费外，教育模式、办学思想等更需更新，张伯苓、严修把目光投向了美国。1917 年，张伯苓入美国哥伦比亚大学师范学院研究教育，师从杜威、凯尔鲍德里和桑代克等著名教育家，开始对美国教育，特别是私立大学进行认真的研究和考察。严修也亲赴美国考察。正是由于对美国教育的考察，才促使南开大学在挫折后得以重生。"在外观察其各国内一切设施，与夫人民之图强自立。私人窃叹而觉其所以至此者，不能不归本于教育。诚以教育为人才之母，人才为国家之用，亦凡百事业之所需。盖以彼邦人才大率出自大学，而大学之组织，有赖于私人经营之力为独多。……斯高等教育之设施，遂不容不奋起直追，以与欧美相颉颃，俾定国家根本之大计。此创设南开大学之所由也。"① 社会各界人士得知张伯苓要创办南开大学时，纷纷表示愿意提供各种支持，还有人慷慨解囊，予以经济上的资助。张伯苓回忆道："苓自美归国，壹志创办大学，得前大总统徐公、黎公及李秀山先生之赞助，遂于八年春，建大学讲室于中学之南端隙地。是年秋，校舍落成，招生百余人，设文理商三科，于是大学部成立。"② 李纯在南开大学正式成立的祝词中称："严、张两先生远游美国，

---

① 王文俊编：《南开大学校史资料选（1919—1949）》，南开大学出版社 1989 年版，第 2 页。
② 王文俊编：《张伯苓教育言论选集》，南开大学出版社 1984 年版，第 249 页。

觇其国内一切设施,与其人民之所以树立,归而有南开大学之计划,盖由实验而生观感,由观感而思进行,此非徒南开大学之幸,非徒南开大学学生之幸,实我中国前途之幸也。"① 南开大学的创立不仅标志着张伯苓个人兴学实践活动迈上了一个新台阶,而且在天津乃至中国私立大学史上都具有里程碑意义。当然,其中也凝聚着张伯苓为这所学校的诞生所奉献出的聪明智慧,及其自立、自强发展中国近代高等教育事业的雄心壮志。在南开大学成立三周年的时候,张伯苓曾就自己为创办这所高等学府所度过的艰难岁月作了一番总结:"此次大学成立之动机,系第三次之试验,此后将打破艰难,永无止息。至成立之历史,则一由外界之帮助,二由内部之增长——校舍扩充,学生增加,教授得人。而教育之目的无他,在求此解决吾华困难问题之方而已。此问题吾知非一时所能解决者,然'百尺高楼从地起',事无大小,全在精神。《圣经》有言:'对小事忠心者,对大事亦必忠心'。故吾敢语诸生,凡事不在成功,不在失败,只视其如何竞争……人谓南开今日虽小,后望方长。"②

## 第二节 张伯苓时期南开大学的本土化发展

### 一 张伯苓与南开大学管理体制的改革

南开作为私立大学,在管理上面临三大难题:一是要保持学校的自主独立,坚持办学自主权;二是要千方百计提高办学

---

① 王文俊编:《南开大学校史资料选(1919—1949)》,南开大学出版社1989年版,第12页。

② 王文俊编:《张伯苓教育言论选集》,南开大学出版社1984年版,第93页。

效能；三是要面向社会开放，争取社会、公众的关心和支持①。为解决这些问题，张伯苓从创办南开大学伊始，在管理上就借鉴欧美国家大学自治的传统，在领导体制上实行董事会领导下的校长负责制。一方面，保证了学校法人地位，走独立自主的发展道路。另一方面，努力争取社会的支持，设立了校外人士组成的校董会，发挥对办学的指导咨询作用，架起了学校与社会双向参与沟通的桥梁。校董会经历多次改革，1919年，南大筹建时期就组建了董事部，由严修、范源濂等人组成。1920年3月，延请范源濂、严治怡、孙子文等九人为董事，1921年改为董事会。1929年，遵照国民政府教育部规定更名为校董会，仍由九人组成，任期三年，每年改选校董的三分之一，可以连任。从董事的组成人员来看，是由官僚政客、民族工商业资本家、学者和名流三部分组成，这样既有利于募集办学资金，又利于提高学校管理水平。此外，矿科、商学院和经济学院还聘有各自的董事。根据校董会章程规定，校董会是学校最高管理机构，其职权是：（1）聘任校长；（2）筹募本校经费；（3）议决预算及审查决算；（4）对于本校章程之制定、变更或撤废，予以同意。② 校董会的成立，推进了南开大学开放性办学模式的形成，开拓了南开的教育与经济、社会联系的渠道，奠定了私立南开大学的社会基础。在行政结构上，校董会之下就是校长，是学校的最高行政长官，按照董事会章程规定，"校长总理全校的一切校务"③。由于张伯苓是南

---

① 梁吉生：《允公允能　日新月异——南开大学校长张伯苓》，山东教育出版社2003年版，第278—279页。

② 南开大学校史编写组编：《南开大学校史：1919—1949》，南开大学出版社1989年版，第127页。

③ 同上书，第128页。

开的缔造者，也就是校长的不二人选，加之与校董之间的特殊关系，使张伯苓成为南开的总负责人，又是总设计师。

南开大学的行政组织也是在不断改革，南开"因系私立，经费竭蹶，用费务求其省，效率务求其高，故组织方面，分布甚简"①。南开大学脱胎于南开中学，建校初期，在校长以下设大学部主任，下分设教务、庶务、会计、训育、建筑等，管理人员很少。1919 年南开大学成立时只有职员五人，1920 年也只有七人。② 为了改革管理体制，提高管理效率，1919 年12 月，张伯苓就向全校宣布"改革大纲"，广泛征求师生员工对深化改革的意见。1921 年 1 月，在北京香山召开由学校各部门负责人、教师和学生代表参加的"校务刷新"会，进一步研讨管理体制改革。张伯苓提出"校务公开"、"责任分担"、"师生合作"的改革方针。在学校行政组织改革方面，根据会议的议案，3 月就建立师生校务研究会，改进学生管理和教学管理。1923 年 10 月成立了教授会，选举李济、杨石先、薛桂轮等五人为学年委员。教授会前称教员会，"以联络感情，交换知识，促进共同生活，协谋本校发展为宗旨"③。教授会除组织教员活动外，并对学校教学工作提出改进意见，"以促进教学效率，协助学校发展并与学术界作应有之联系为宗旨"④，这便于教授们以集体的名义表达治校的权力，对学校重大学术问题发表意见。在院系一级，教授会发挥着更大的

① 王文俊编:《南开大学校史资料选（1919—1949）》，南开大学出版社1989 年版，第 105 页。

② 梁吉生:《允公允能 日新月异——南开大学校长张伯苓》，山东教育出版社 2003 年版，第 283 页。

③ 王文俊编:《南开大学校史资料选（1919—1949）》，南开大学出版社1989 年版，第 30 页。

④ 同上书，第 163 页。

作用，按照南开大学章程之"学制组织"中的规定，各学院教授会议以该学院专任教授组成，议决关于该学院之事项，各学系教授会议以该学系专任教授组成，议决关于该学系之事项①。

1924年，张伯苓召开全体教职员特别会议，着重研究加大管理改革力度问题，并提出"开诚布公，根本改良"的行政大纲。为根本改造南开，他在全校大会上，号召师生员工建言献策，集思广益，希望全体师生"均能有一种改造之新精神，然后本校之前途乃克有绝大之希望"②。张伯苓推动南开大学"极巨变化"的一项措施就是成立评议会。这是张伯苓尊重学术自由，发挥和运用教授参与大学学术事务管理积极性的重大举措，是实行"教授治校"的一种形式。按照1924年3月1日制定的评议会章程规定，评议会"以校长、大学主任、各科主任及教授会议公举教授1人，校长于职员中指派2人组成之"。其职权为：（1）评议本校大政方针；（2）规划本校内之组织；（3）根据本校之进款及各科、各系、各课之预算支配用途；（4）承受及评议一切建议案；（5）评议本校其他重要事件。③ 评议会章程由教授及主要职员总数1/5提议，过半数通过，就可以修改，由此可见教授在治校过程中的作用。

经过张伯苓的一系列改革，至1932年，南开大学的管理

---

① 王文俊编：《南开大学校史资料选（1919—1949）》，南开大学出版社1989年版，第13页。

② 王文俊编：《张伯苓教育言论选集》，南开大学出版社1984年版，第108页。

③ 南开大学校史编写组编：《南开大学校史：1919—1949》，南开大学出版社1989年版，第122页。

模式基本形成，一直延续到抗战时期。这是张伯苓在借鉴欧美私立大学的管理模式，并根据自己的办学理念和管理经验，集中全校师生共同努力的结果。南开大学建立了有序的分层管理系统，校长是全校行政管理的中心，总揽全校一切事宜。为了便于校长总揽校务，加强以校长为首的全校行政管理中枢，设校长办公室。第二个层次是分别管理教务和总务工作的教务处、秘书处，各由教务长、秘书长分管。其下是办事部门，教务处有注册课、体育课和图书馆，秘书处包括文牍课、会计课、建筑课及学生指导委员会。① 除了这些职能部门外，还设有评议会、教务会议、事务会议等会议制度，研究解决教学和学校事务中的重要问题。至此，张伯苓在南开大学建立了集中统一的强有力行政指挥系统，形成以行政管理为主要手段，以行政权力为中心，以管理效率为主要目标的治校模式②。民主管理，自治治人是南开大学管理上的最主要特征。南开大学管理模式的形成，一方面与作为校长的张伯苓的领导风格有着密切关系。他是改革创新型人物，有坚定的教育信念和明确的教育目的，有超人的组织协调能力，有很强的社会活动能力和公共关系能力，竭诚奉公，谦和大度，民主务实，道德高尚③，加上丰富的教育实践经验，使他在学校领导岗位上具有较高的权威，有利于管理体制改革的推进。另一方面，也与张伯苓坚持对学校管理体制本土化改革密切相关。张伯苓认为改革要从学校自身情况出发，但也要学习"他人法之善者"。他主张在

① 王文俊编：《南开大学校史资料选（1919—1949）》，南开大学出版社1989年版，第106页。

② 梁吉生：《允公允能　日新月异——南开大学校长张伯苓》，山东教育出版社2003年版，第282页。

③ 同上书，第269页。

学校管理上，"兼采泰西之长"。他反对自以为是，故步自封——"尔为尔，我为我，固不相扰，即他人之法善者，亦不肯学"[1]，而是要有意识地借鉴别人的好经验、好做法。每次去国外考察教育，他都把学校管理作为考察学习的重点，凡符合南开情况的，回校后即着手进行。张伯苓通过提倡人文管理，把"法治"与"德治"结合起来，前者是借鉴西方大学自治的传统，后者则是中国传统的体现，是管理体制改革本土化的基础。经过张伯苓对南开大学管理体制的不断改革，精简机构，知人善任，重用骨干，提高办学效率，勤俭办学，终使南开大学以学校风气正，尤以精干、负责、效率高著称于世。[2]

## 二　张伯苓与南开大学的教学改革

（一）学科建设

1. 学科建设方针的形成

南开大学的学科建设始终围绕张伯苓所提出的"知中国，服务中国"的教育理念展开。《南开大学发展方案》中规定，"南开大学将来之发展……当努力以'认识中国'、'服务中国'为鹄的也"[3]。"知中国、服务中国"的办学观实质就是要推行中国化、民族化的办学模式，具体落实在推行"土货化"的教育方针上。这一思想的形成来自内外两种因素的结合。

---

① 梁吉生：《允公允能　日新月异——南开大学校长张伯苓》，山东教育出版社 2003 年版，第 274 页。

② 南开大学校史编写组编：《南开大学校史：1919—1949》，南开大学出版社 1989 年版，第 105 页。

③ 王文俊编：《南开大学校史资料选（1919—1949）》，南开大学出版社 1989 年版，第 39 页。

就内部因素而言，作为大学校长的张伯苓具有教育救国的理想是办学指导思想形成的根本。张伯苓认为，中华民族的大问题为"愚、弱、贫、散、私"，而要根治这五病，必须倡导教育救国，同时培养救国建国人才，以雪国耻，以图自强。他说："希望南开大学能造出一班有组织能力之人，以发达中国的实业，而谋国家的富强。"[1] 他投身教育有着明确的目的，那就是教育救国的志愿，为中国的崛起培养新人才，创造新中国。他在谈到南开大学成立的动机时，称"教育目的无他，在求此解决吾华困难问题之方而已"[2]。

就外部因素而言，张伯苓的大学理念是当时社会环境的产物，经历了仿效美国教育，到力行"土货化"办学方针的转变。在办学初期，南开大学与国内其他大学一样，受时代发展的影响，不可避免地犯下"洋化"的毛病，办学目的发生了偏差，造成了大学教育脱离中国实际的问题。这引起了来自学生方面的直接批判。1924 年，南开的一些学生认为中国的教育尤其是大学教育的趋向"似乎要造成欧美的国民、西洋的博士"[3]，而大学教育不能学以致用，是因为中国学问不能独立，专门抄袭不合中国现状和需要的外国教育所造成的恶果。他们强烈要求研究中国本土的学问，并汲取西洋学术的精华，造成一种簇新的东方学术，用来解决中国现在和将来的问题，从而导致"轮回教育"事件的发生，引起师生的冲突，张伯苓也被迫离校。该事件加速了南开本土化改革的步伐，促使张

---

①　梁吉生编：《张伯苓的大学理念》，北京大学出版社 2006 年版，第 51 页。

②　王文俊编：《张伯苓教育言论选集》，南开大学出版社 1984 年版，第 93 页。

③　王文俊编：《南开大学校史资料选（1919—1949）》，南开大学出版社 1989 年版，第 748 页。

伯苓对以前推行的美国教育模式进行了反思，对西方教育不符合中国国情有了进一步的认识，"此种教育既非学生之需要，复不适于中国之国情，等于小贩经商，行买行卖，中国将长此数人余睡矣"①。1928年，张伯苓亲自主持和制订了《南开大学发展方案》，对以往的教育方式方法进行了重大调整，反对"洋货"教育，提出以"土货化"为南开日后发展的根本方针。《方案》总结了当时中国大学教育的现状，深刻揭示了其种种弊端，表达了他对学术研究不从中国实际出发、不为中国社会实际服务的深深担忧。《方案》认为，解决中国问题"非有土产的科学不为功"。中国大学教育的要务，一是要传播关于中国问题的科学知识，二是培养解决中国问题之科学人才。因此，南开大学明确宣布"吾人为新南开所抱定之志愿，不外'知中国'、'服务中国'二语"②。所谓"知中国"就是要认识中国，包括要懂得中国历史、中国社会和中国问题，教育教学、学术研究和人才培养等都不能脱离中国的实际状况，必须从中国社会政治经济发展实际出发。张伯苓强调，只有"知中国"，学校教育才能坚持学习西洋而不会盲目崇洋，学校制度不能简单模仿外国的成规，学科内容也不能照搬照抄，必须坚持"土货化"的方针，集中注意力解决中国教育与人才培养过程中出现的实际问题。"服务中国"是张伯苓提出"土货化"方针的根本目标，也是张伯苓"教育救国"的最终目标。"中国大学教育目前之要务即'土货化'"，而对于南开大学来讲，"土货化"就是"以中国历史、中国社会为学术背

---

① 南开大学校长办公室编：《张伯苓纪念文集》，南开大学出版社1986年版，第212页。

② 王文俊编：《南开大学校史资料选（1919—1949）》，南开大学出版社1989年版，第39页。

景，以解决中国问题为教育目标的大学"①。1929 年，张伯苓
再次欧美之行，对欧美教育进行了更为全面和整体的了解。张
伯苓对一些教育问题有了新的认识。比如在教育与社会的关系
上，他认识到教育与社会有密切的联系，教育要服务于社会，
解决社会实际问题。他说："教育的考察以前是注意学校的组
织、外形，现在的考察不应如此了……现在的考察教育便是考
察社会。教育是解决社会问题的，各国的情形如何？一切政治
经济的状况如何？教育怎样解决他们的这些问题，所以教育与
社会很有关系。"② 同时，他对于如何学习西方教育有了明晰
的认识，"外人之法制能资吾人之借镜，不能当吾人之模
范"③。学习西方先进的教育必须紧密结合中国的国情和实际，
不能盲目的照搬。他在《中国之现状》的演讲中告诫留学生：
"诸君就学读书须自己审识情形以别取舍。外国学校如大工
厂，学生如工厂之产品。彼学校视社会之需要而定教育之方
针。适于此者有时不适于彼。中国情形与美国不同，故诸君就
学亦应审择其于中国情形相合者学之，否则舍之。"④ 而且，
张伯苓更深刻地认识到中国教育存在的问题即教育不适应社会
的需要。他认为，教育不振兴固然为中国之病症，教育不能联
系中国国情，尤为中国之大病，教育宗旨不可仿造，当本其国
情而定。需要造就何种人才，当用何种方法都要根据本国的实
际情形。因此，我们取法的，只是他们的科学的方法和民治的

---

① 王文俊编：《南开大学校史资料选（1919—1949）》，南开大学出版社
1989 年版，第 39 页。

② 梁吉生编：《张伯苓的大学理念》，北京大学出版社 2006 年版，第 30 页。

③ 王文俊编：《南开大学校史资料选（1919—1949）》，南开大学出版社
1989 年版，第 38 页。

④ 崔国良编：《张伯苓教育论著选》，人民教育出版社 1997 年版，第 183
页。

精神的使用。欧美的方法尽管可学，也须根据情况而加以选择。他说："我之教育目的，在以教育之力量，使我中国现代化，俾我中国民族在世界上得到适当地位，不致受淘汰。"①张伯苓的学科建设思想表现了鲜明的民族性，容纳中西文化的开放意识，以及联系中国国情，改造社会、经世致用的实践倾向。

2. 学科建设的举措

在"知中国、服务中国"办学思想指导下，南开学科建设在不断地调整以适应中国社会的需要。张伯苓非常强调系科之间的沟通，"无文不礼，无理不智，无工不强，无商不富"，他立意要创办一所文、理、工商科系齐全的综合性大学②。

首先，张伯苓把实用科学教育作为学科建设的一个重要方面，把"利用厚生"当作科学目的，加强实用学科的建设。南开大学成立的初期，正是"五四"年代，那时候有些学者正在大力倡导纯科学、纯学问，为学问而学问，为研究而研究。大学是研究高深学问的场所，是大师聚集的地方，但大学也是培养人才的地方。张伯苓与同时代大学校长的最大不同便是"以实用为科学的重点，是把科学从崇高地位拖到尘埃"③。他认为，当时中国所面临的问题并不是缺乏科学理论的问题，而是社会经济发展滞后的问题，必须首先发展实业，科学研究也必须服务于社会经济发展的中心任务和目标，坚持"应用学理"（做事）。他指出，"南开方针当趋重实际问题的研究"，

---

① 梁吉生编：《张伯苓的大学理念》，北京大学出版社 2006 年版，第 32 页。

② 刘东生：《学高为师　身正为范》，沈卫星主编《重读张伯苓》，光明日报出版社 2006 年版，第 14 页。

③ 梁吉生编：《张伯苓与南开大学》，山西教育出版社 1995 年版，第 275页。

"此种实际问题之解决利益普遍于全国，现在国内力图建设，吾人责任日益重大"①。他提倡科学教育"在开通民智，破除迷信，藉以引起国人对科学研究之兴趣，促进物质文明之发达"②。南开大学最初的科系设置，曾经多次讨论并征求天津有关方面人士的意见，强调实用科学和富国强民。张伯苓把实用和发展生产当作科学的目的，因而，其中理科和商科办得比较出色。理科包括数学、物理、化学、生物四个基础学科。商科属于职业科，包括国外贸易、银行财政、商业组织三个方向。1921 年接受河南六河沟煤矿董事长李组绅捐款，增设矿科。③ 这是从天津工商业城市的社会背景出发的，也体现了张伯苓"商以富国"的思想。早期南开的学科设置，一方面立足天津是个工商业城市的社会背景，另一方面，与严修、张伯苓所倡导的"科学救国"思想有关，他们急切培养救国建国的实用人才，学科的设置也强调中国社会的需要，解决中国本土的问题。因而理科和商科办得比较出色。"理科初年之计划，即较他科为详尽，而发展亦较他科为速。……虽未能以完善自居，然较之中国任何大学理科之设备，不为简陋，可敢言也。"④ 南开系私人办学，资金有限，但仍以发展科学为重点，由此可见南开大学对实用学科的重视程度。1928 年之后，更是加强实用学科建设，增辟与民族工业发展有密切关系的系科，如电机工程系和化学工程系等。南开电机工程系一反当时

---

① 《南开周刊》第 73 期，1929 年 12 月。

② 王文俊编：《张伯苓教育言论选集》，南开大学出版社 1984 年版，第 244 页。

③ 梁吉生：《张伯苓教育思想研究》，辽宁教育出版社 1984 年版，第 212 页。

④ 王文俊编：《南开大学校史资料选（1919—1949）》，南开大学出版社 1989 年版，第 217 页。

国内大学电机工程系偏重理论、轻视中国工业实际的倾向，强调理论与实践并重，学生既求专门技术，又兼学管理能力。为了培养学生的实际业务能力，该系在天津电灯电车公司建立实习基地。化学工程系是"应时势之急需"，为培养"洽合中国环境"的化工实用人才，为谋求"中国化学工业之发达及其自给"而设立，同时设有应用化学研究所。系所合力，使学生受到基础理论、实践能力和科学研究等三方面的系统训练。

其次，强调"文以治国"，改革文科。南开大学要办商科，离开文科也是不行的。虽然比较起来，张伯苓没有把文科看得像理科那样重要，但他承认一些文科课程的必要性。作为私立大学，应该把好不容易募来的捐款用在中国最急需人才的培养上。他对文科的改革也是强调"务求实用"和"服务社会"，重点不是在文学系上，而是偏重经济、应用政治、财政等科系的建设，以为这是"文以治国"最缺的人才。① 张伯苓在南开创办之初就尝试依靠梁启超的力量来改善南开的文科，但梁启超宏伟的计划经历两次努力都以失败而告终，更加坚定了张伯苓的系科设置必须符合社会需要的办学方向。1923 年，南开文科共设有文学系、历史系、经济学系、政治学系、教育学系、哲学系、心理学系、人类学系等。张伯苓并没有放松对文科的改革，1926 年文科主任黄钰提出《采集中精力政策，以振兴文科计划书》，裁并文科五系，以政治、经济为主，以历史、哲学、教育心理三系为辅，加强"培养政治、经济之中坚为目的，即造就政治、经济'应用上、学理上之中坚人才，此为目的'。无论其为应用、为学理，政治与经济'其研

---

① 梁吉生：《张伯苓教育思想研究》，辽宁教育出版社 1984 年版，第 212 页

究之对象，当然以中国之政治经济为主体，为实用计'"①。
1930 年，组建文学院，文科八个系变成了政治学系、经济学系、英文学系、教育哲学系等，目的是"将文科组织缩小范围……如此学生即可专其所学而致实用之效"②。可见，南开大学文科设置及其调整主要是以社会需要为准绳，追求"致实用之效"。这既是张伯苓根据自身财力和办学规模所进行的慎重考虑，也是南开大学从学科设置上考虑培养学生主动适应社会的具体体现。

最后，理论研究与应用相结合，创办研究所。张伯苓指出，"实用科学倘无锐进的理论科学为后盾，其结果不异堵源而求流"③。他强调应用科学的发展是从中国的贫穷落后国情出发的，是对当时大学教育概皆"洋货"的大声疾呼。他十分痛心大学教育和学术研究处处依赖和模仿西方国家，于是，大力推进"土货化"办学方针，主张学术独立。学术独立靠的是自主的学术研究，也就是学术研究的本土化，因此，他特别注重研究所的建设，把中国本土的社会问题作为研究中心。张伯苓清楚地知道大学除传播文化知识外，还肩负着科学研究的使命，只因南开是私立大学，囿于办学条件、办学经费等限制，而不得已放弃纯学术的研究。其实，早在 1922 年，南开大学初创时期，张伯苓就聘请梁启超主持南开大学文科，并拟创立东方文化研究院，采用半学校半书院的组织形式，召集在旧学上积有丰富精勤的修养，而于外来文化有相当了解的人，

---

① 王文俊编：《南开大学校史资料选（1919—1949）》，南开大学出版社1989 年版，第 203 页。

② 同上书，第 207 页。

③ 王文俊编：《张伯苓教育言论选集》，南开大学出版社 1984 年版，第 154页

共同研究，以达到"东方文化大放异彩于环球"① 的目的。后来由于耗资颇多，人员难聘而中辍。1927 年后，南开大学的科研机构才相继成立，其中经济研究所和应用化学研究所最为成绩卓著。研究所的一个共同特点就是以"知中国、服务中国"为宗旨，强调通过对中国本土问题的研究，服务社会。如南开大学经济研究所定宗旨为"利用近代经济学之科学方法，研究中国经济"②，主要研究中国经济问题，调查天津、华北的工业、外贸情况。所长何廉认为，中国的经济研究，不仅要了解经济学原理及国外的经济组织，尤其贵在洞彻本国的经济历史，考察中国的经济问题实况，融会贯通，互相比较，作为发展学术，解决经济问题的基础。③ 应用化学研究所的目的在研究中国工商业实际问题，利用南开大学之设备，辅助工商业界改善其产品质量，收学校与社会合作之实效④，主要是为天津化工生产服务。南开大学设立的研究所，强调理论研究紧密结合实际，人才培养和服务社会相结合，着重中国社会实际问题的研究，在本土化发展上，与国内其他大学相比形成了自己鲜明的特色。

（二）课程设置

张伯苓对大学课程设置并没有系统的理论阐述，南开大学作为一所私立大学，有很大的办学自主权，就是国民党政府要求的将党义教育作为必修课的规定在很长时间内都没有执行，

---

① 王文俊编：《南开大学校史资料选（1919—1949）》，南开大学出版社1989 年版，第 347 页。

② 同上书，第 372 页。

③ 梁吉生：《张伯苓教育思想研究》，辽宁教育出版社 1984 年版，第 248页。

④ 王文俊编：《南开大学校史资料选（1919—1949）》，南开大学出版社1989 年版，第 358 页。

在育才救国的教育宗旨下,在课程目标上实行的是通识教育。

1. 课程设置注重文理沟通

从通识教育目标出发,南开大学在课程设置上实行文理沟通。学文科的要兼学理科课程,学理科的除必修中文外,还要选学一两门社会科学课程。在专业课程设置上,强调宽口径,反对过细的专业化,加强对一般专业课的基础训练。以经济学院为例,第一学年,所有专业的学生都要学习历史、地理、语言(中文和英文)、科学(物理、化学或生物)、数学等普通课程。第二学年,各专业学生共同学习经济学的基本课程。第三、四学年学生才按照学院规定的经济学和商业各种科目划分专业。其中最具特色的是,在经济学领域中的每门规定课程都要"中国化",以适应中国经济生活和经济组织的实际情况,表现在教科书的编纂上,"中国化"尤为明显,要求教师理论联系实际,揭示中国的状况与问题以及利用教学中的经验"使学院教学得到更实际、更合适、更有用的教材"①。教材的编纂,也带动了经济学领域术语的规范化和中国化,对推动中国经济学术语的正式标准化作出积极的贡献。南开大学对文科的整顿更具休地休现通识教育的目标,在课程安排上,采取重问题轻学程的办法,保持全体课程的系统性,使文科所授各课衔接贯通,一二年级学习共同基础课,三四年级分设政治历史、国际关系、政治哲学、应用哲学、经济、财政学、文学七种课表,由学生依个人兴趣选择一种课表作为专修方向,使之既有通才知识,又有专业特长,同时也避免了文科战线太长,各系互不相通的弊端。② 在课程管理上,虽

① 梁吉生:《张伯苓教育思想研究》,辽宁教育出版社 1984 年版,第 246 页。
② 同上书,第 214 页。

采取的是美国选科制，但也融入南开特色，不是任意选科，而是"各学院的教授，本着自己的经历，作整个的筹划，定出学问的路线来。学者可以循着路线，不致彷徨歧途；到了三四年级，对于一门学问稍有门径，然后可以享受比较的自由"①。

2. 课程设置加强理论与社会实际的联系

南开大学在课程设置方面，更为注重中国现实问题和学生实际能力的培养，密切学生与社会的联系。一是开设有关研究中国现实问题或追踪国际学术发展的课程，如开设当代中国政治问题、中国经济问题、乡村社会学、乡村建设概论等课程。政治系教授共同开设"读书指导"，英文系全体教授主讲"西洋文学当代人物"，化学系全体教授主讲"化学问题之研究"，开拓学生知识视野，掌握最新学术动态，提高综合分析能力。二是增强应用性课程，如文科各系增加"公文程式"、"新闻习作"、"讲演术"等课程；商科加强学生商业金融实务的训练，先后增添"办公室管理"、"应用心理学"、"售货学及广告学"、"人事管理"、"工商实际问题"等课程，并组织学生到市内各大银行实习，调查津埠商业贸易。主修农业经济的到河北省定县参加晏阳初创办的平民教育工作，使学生更多具备走上社会的就业能力。三是开辟第二课堂，即"社会观察课"，以密切学生与社会的联系，培养学生服务社会的能力。1926 年暑假，张伯苓主持召开了加强师生社会调查的专门会议。他认为："吾国学生最大之缺点，即平日除获得书本上知识外，鲜谙社会真正情状。故一旦出校执业，常觉与社会隔阂，诸事棘手。欲免此种弊病，最宜使学生与社会接近。若调

①　黄钰生：《大学教育与南大的意义》，《南开大学响导》1930 年 5 月。

查或视察各种问题,不特可培养学生实际上之观察力,抑可以换课堂生活之抑郁空气也。"① 会议决定,成立社会视察委员会,并规定了社会视察目标:"(1)培养学生实际视察力;(2)谋学校生活与社会生活之联络;(3)注重客观的事实作为学校研究的根据;(4)引起学生兴趣作将来择业之准备;(5)将研究视察结果,报告社会,供将来解决问题时之参考。"② 通过实地的观察与研究,使学生掌握活的知识,获得活的经验,成为具有"现代能力"的青年。

(三)教学改革

南开的学制和教学,从一开始就照搬美国。严修和张伯苓在美国考察的主要是私立大学,南开大学仿照美国私立大学就不足为奇了。"大学成立之初期,赞助擘划者皆为美国留学生。无形中输入美国风味不少。是以论设备,一入图书馆,琳琅满架者,多美国出版社之书籍也;入实验室,见分部陈列,精巧悦目者,美国制造之仪器也;论教员则除数人外,皆美国留学生;论教材则除数科外,皆美国之教本;其他如积点制也,选科制也,亦均采自美国。"③ 借鉴美国大学的经验,对于南开大学早期的建设起了一定的作用,使教学和管理工作从一开始就置于较高的水准,但也造成了一种盲目崇拜外国,机械照搬的倾向。因此有人指出南开学校体制和当时中国社会的现状出现了比较严重的脱离。④ 美国化在教学上表现为机械式知

---

① 王文俊编:《张伯苓教育言论选集》,南开大学出版社1984年版,第152—153页。

② 问泗:《社会视察委员会》,《南开大学响导》1930年5月。

③ 王文俊编:《南开大学校史资料选(1919—1949)》,南开大学出版社1989年版,第98页。

④ 侯杰、秦方:《百年家族——张伯苓》,河北教育出版社2004年版,第107页。

识灌输，"把有希望的青年训练成一种转贩知识的被动工具"①，使学生丧失了自动学习的机会。在教学语言上，过分强调英语教学，除国文外，教课全用英文，使学生们常常为西文书籍所困扰，没有时间读中国书，无形中造成轻视中国语言文学的风气。经历"轮回教育"风波之后，南开大学力行"土货化"方针，也加强了对教学的改革，在学习和引进国外先进经验的基础上，进行适应中国社会和国情的本土化调整与改造。

1. 严格教学管理，提高教学质量

南开教学管理制度初期实行积点制。一门课程每周授课 1 小时，自习 2 小时为 1 积点，试验或实习每周 3 小时为 1 积点。1931 年，学校实行学分制管理，学分计算方法与积点制相同。学生在四年内，除须学习完各学院各系规定的课程外，必须得足 132 个学分，并同时得足 132 个名誉学分，才准毕业。与学分制相配套的是选科制，各学院的课程分为必修课程、主系课程、副系课程和自选课程。必修学程都是学校规定的必须学习的基础课，所占学分比重较大，如文学院必修课程占全部学分的 36%，经济学院约占 47%，商学院占 55%②，以此来保证学生对基础知识的学习，同时也可以提高学生的学习兴趣，使学生的爱好和专长得以发展。为了提高教学质量，张伯苓在南开建立了完整的教学管理制度，如学生规则、课堂规则、考试规则，等等。严格教学管理是从学生入学开始的，张伯苓认为大学生的水平与中学生的质量有直接的关系，因而特别成立了入学委员会，通过严格的入学考试和免试相结合的

---

① 王文俊编：《南开大学校史资料选（1919—1949）》，南开大学出版社 1989 年版，第 98 页。

② 南开大学校史编写组编：《南开大学校史：1919—1949》，南开大学出版社 1989 年版，第 171 页。

办法，在全国范围内选拔优秀中学毕业生入学。新生入学后，往往由教授亲自谈话，了解学生的学习志愿，指导学生选定主系及有关学程。南开的考试制度更为严格，除常规的期末和毕业考试外，南开还坚持经常性的考查制度，因而，学生淘汰率较高。如 1923 年第二学期，各门课程考试完全及格者 120 人，只占全校学生总数的 42%，因成绩过劣照章退学者 14 人。1930 年第二学期，各门课程考试完全及格者 237 人，只占全校学生总数的 59%，因成绩过劣照章退学者 7 人。[①] 尽管严格的考试制度对学生造成一定的压力，但有利于督促学生学习，强化竞争意识，有利于建立良好的教学秩序，这对以质量求生存的私立大学的可持续发展具有重要的作用。

2. 强调教学方法改革，加强基础知识教学，注重学生能力培养

张伯苓在南开非常强调对教学方法的改革。他有着丰富的实际教学经验，在教学中总结出自己的教学方法，取得较好的教学效果。张伯苓总结出"诚"、"真"、"信"三字为中心的引导学生自动力的教学方法："本校教授管理亦无以异，是惟在引导学生自动力而已。……而精神是在'诚'字、'真'字、'信'字。"[②] 所谓"诚"是指教师的教学方法一定要真心实意地突出以学生的学为中心，教是为了学生的学；所谓"真"是指教师的教学方法要切实地引导学生具有自我学习的具体方法和真实本领；所谓"信"是指教师的教学方法能使学生在自我学习上获得自信心：这一切的根本还是要发挥学生的自主

---

① 南开大学校史编写组编：《南开大学校史：1919—1949》，南开大学出版社 1989 年版，第 173 页。

② 王文俊编：《张伯苓教育言论选集》，南开大学出版社 1984 年版，第 3 页。

能动性。因此，他除了正面引导培养学生的自动力外，还特别强调通过学生的切身体验，即训练学生自我改正的方法来提高学生学习的自动力。1925年，他邀请陶行知在南开作了《教学合一》的演讲，事后，他对陶行知的思想进行了补充，写了《学行合一》的文章，强调"学行并重"，提出"学行合一"的教学方法。张伯苓对"行"的解释，已超过实际锻炼的行动层面，而上升为思想层面。他说："我所谓的'行'，是行为道德……学行并重，才可免畸形发展的弊病。……现在的教育者，不但是不能以'教书'、'教学生'为满足，即使他能'教学生学'，还没有尽他的教之能事。他应该更进一步，'教学生行'。'行'些什么？简言之，就是行做人之道。"①"学行合一"的教学方法不仅提升了教育的道德内涵，有利于学生形成正确的思想观念，在特殊的时期，还有利于培养学生的爱国情怀，反映出张伯苓的"以德育为万事之本"的教育理念。在抗日战争期间，张伯苓就要求全体教师在教育学生的时候，都要做到"学行合一"，教育学生必须切实地在行动上体现不愿意当亡国奴的爱国情操。在张伯苓的影响下，南开大学的教师根据自己的学科特点，努力改进教学方法，提高教学质量。如数学系的奠基人姜立夫的教学一直为人乐道，教书极为认真，他的学生陈省身回忆说："他态度严正，循循善诱，使人感觉到读数学有无限的兴趣与前途。"② 为了增强学生对抽象理论的感性认识，他很注意教材和教具的建设，采用了一套系统性较强的数学符号，并设计了一套数学模型，其

---

① 王文俊编：《张伯苓教育言论选集》，南开大学出版社1984年版，第151页。

② 南开大学校史编写组编：《南开大学校史：1919—1949》，南开大学出版社1989年版，第155页。

中有金属的、石膏和纸制的，在国内数学界堪称首创。

　　张伯苓十分重视基础理论和基本技能的教学。第一，在课程设置上，加强基础课程的学分和比重。第二，逐步实现教材的本土化，鼓励教师自编教材。以文学院为例，初期因无课本可用，教材十之八九系外文书籍，但经过几年发展，文学院根据时势发展的需要，想方设法尽量采用中文教材，终使"所设课程均与中国社会情形有密切关系，尤应以中国社会情形为背景，养成本国化之政治经济人才"①。第三，在教学语言上，经历"轮回教育"事件后，南开大学逐渐改变英语作为教学语言的方法，规定除英文外，一律用国文教授。第四，在教师的配置上，基础性课程聘请了一批教学经验丰富的教授担任，他们能够吸收欧美最新科学资料和研究成果来保持教学内容的先进性。在教学上，张伯苓不主张读书死记硬背，提倡研究学术，生动活泼地学习，经常邀请名流学者作学术报告，开阔学生的知识视野。在学生能力培养上，他强调南开服务社会，强调学生理论联系实际，参与社会实践，这些都为提高学生能力提供了实际锻炼的机会。他还鼓励学生成立各种研究会，编辑刊物，自由发表文章，共同探讨学问。对理科教学，更是注意教学设备的建设，教学挂图、标本、实验仪器都很充实。南开大学的理科教学坚持实验与理论并重，应以实验为印证，然后理论才有归宿。"于实验方面，则务求学者能应用各种最新之重要仪器，以养成实验技能，尤重在计划之周密，数量之准确，以坚其科学之信念。"②他还亲自规定，生

---

　　①　王文俊编:《南开大学校史资料选（1919—1949）》，南开大学出版社1989年版，第214页。

　　②　《理学院现状及其未来》，《南开大学响导》1930年5月。

物、化学、物理每周两小时实验，每两个学生发一组仪器，鼓励学生亲自动手，"一假定不适宜，再试验焉，三试焉，以至无穷焉"。

3. 教学与研究相结合，实现教学与研究的本土化

20 年代末，南开大学对中国学术研究状况已有较清醒的认识，制定的研究方针和重点都是针对中国实际情况，做到学术研究的本土化。30 年代，更加重视学术研究："一个大学学府的重要，不仅在能造就会念书的学生，而尤在能养成一种研究学术的空气。因此，一个大学在社会上的地位如何，它们学术活动是第一件值得让人注意的。"① 南开大学的学术研究虽然重实用，轻学理，但也建立了较为完善的教学与研究工作并重的机制。南开大学因经济等方面的原因，在办学定位上"只是一个老老实实的教学机关（a teaching institution），间或有点研究。然而这种研究为的是教者教得更好，学者学得高兴"②。南开大学研究的标准乃求实效，因而各种研究："（1）必以一具体的问题为主；（2）此问题必须为现实社会所急待解决者；（3）此问题必须适宜于南开之地位。"③ 不仅如此，特别强调与教学的结合，如经济学院提出："本院施教与治学之旨，可分为二：（1）因各国之经济背景不同，故本院教授经济学以使本国化为目的；（2）因社会科学之性质变而不已，故本院注重研究，俾教者获教学相长之益。第一点，本院拟用本国教材，不专采用西籍；第二点，本院拟减少教课钟点，使教授得在其教课之范围内，作各自有系统之研究。要之，中心

---

① 《南大的学术活动》，《南开大学响导》1930 年 5 月。

② 黄钰生：《大学教育与南大的意义》，《南开大学响导》1930 年 5 月。

③ 王文俊编：《南开大学校史资料选（1919—1949）》，南开大学出版社 1989 年版，第 39 页。

目标即在完成一本国化之经济学。"① 经济学院既要根据中国国情讲授经济学，又要以研究的手段促进教学。学院分配给每一位教员的工作为教学和从事研究相等的两个部分，"这个制度在当时的中国各大学中是个创举"②。在管理制度上，南开大学通过减少授课钟点的方式鼓励研究，对学生也不例外，学生也可以以研究代替听课，以此作为中国学术土货化和学术独立的根本途径。

4. 加强体育教学，形成办学特色

张伯苓认为教育精神，应以体育为骨干。他曾说："不识体育的人不应该作校长"，"教育里没有了体育，教育就不完全"③。他有感于中华民族的羸弱与落后，提出体育乃是强国强种的重要手段。体育在他教育救国的思想中占有重要地位："强国必先强种，强种必先强身。国民体魄衰弱，精神萎靡。工作效率低，服务年龄短促。原因固属多端，要以国人不重体育为其主要原因。南开学校自成立以来，即以重视体育，为国人倡，以期个个学生有坚强之体魄，及健全之精神。"④ 他自执教严氏族家馆时就把体育带入塾馆之中，为传统学堂注入现代意蕴。南开学校时期，在有限的教育经费里抽出资金，增添体育设施，大力普及体育锻炼。南开大学时期，更是将体育教育思想深化，与智育、德育并重，成为人才培养目标的重要组成部分。

张伯苓倡导的"体育"重在体育道德之兼进。他认为"体育与品德"之间有着密切关系，教育的目的乃是通过体育

① 王元照:《介绍南开大学经济学院之研究事业》，《清华周刊》第 38 卷第 4 期。

② 何廉:《何廉回忆录》，朱佑慈译，中国文史出版社 1988 年版，第 62 页。

③ 王文俊:《张伯苓教育言论选集》，南开大学出版社 1984 年版，第 128 页。

④ 同上书，第 244 页。

运动锻炼意志与品格，培养和训练体育之精神。体育场上最能体现出"团结合作"、"公平竞争"、"胜不骄败不馁"的精神面貌，这是文明社会所必需的公民素质。他指出："体育发达，非含身体之强健已也，且与各事均有连带之关系。读书佳者宜有健全身体，道德高者宜有健全身体。"[①] 体育运动应当不是单纯的锻炼和竞技活动，更应当是塑造和培养学生优良道德品质的"利器"。因此，南开的体育被张伯苓赋予了一种新的政治含义，不仅要培养新式人才，而且还与中华民族奋发图强，建设民主新国家密切相关。源于爱国主义思想而倡导体育，把"强我种族"、振兴国家，作为体育的根本出发点，这是张伯苓体育思想的核心与精髓。在体育运动中贯彻爱国主义教育，积极支持用体育活动表达中国人的民族自尊和爱国热情。张伯苓还鼓励学生积极参加各种体育运动会，为南开争光、为祖国争光，南开大学的体育成绩也受到当时教育界的盛赞，更为可贵的是由体育而形成的体育精神，对南开良好校风的形成起到了积极的推动作用。张伯苓注重体育道德的培养，重视体育对人们身体和精神素质的影响，倡导"体德之兼进，体与育并重"，反对锦标主义和"选手体育"的流弊，期望学生以至国人从体育中获得强健的体魄和健全的精神，这对于体育事业的健康发展、振兴国家民族，无疑是具有重大意义的。

### 三　张伯苓与南开大学师生生活的变化

（一）张伯苓时期南开大学教师队伍的变化

1. 张伯苓的教师观

张伯苓怀着教育救国的理想投入教育领域，把一生的心血

---

① 张伯苓：《修身班校长讲演录》，《南开校风》第36—37期，1916年8月。

都奉献给南开，在"允公允能"这一大学理念指导下，他十分重视教师队伍建设，提出"大学最要者即良教师"① 的著名论断，比清华大学梅贻琦的"大师论"还早。"现在诸位教授，皆一时之硕彦，从此教诲得人，诸生受益，当非浅鲜。"② 南开大学的发展得益于一批"良教师"，这是南开之幸，也是张伯苓的教师观。关于"良教师"的标准，首先，热心负责，通力合作。他认为，作为教师就要热心教育事业，他本人就是一个很好的典范。早在南开中学时期，他就提出教师工作对培养教育救国人才很重要，因而希望青年不要斤斤计较名利和职位，而要全心全意、无私地献身于教育下一代。创办南开大学，在教师聘任上，他更是注重教师的责任心和工作态度。他说："我南开同人，皆工作重，职务忙，待遇低薄，生活清苦；但念青年为民族之生命，教育为立国之大计，率能热心负责，通力合作。……此同人之负责合作，实有助于南开之发展者。"③ 其次，教书育人，学行并重。教书育人是中国传统教师观的精华，教师不仅对学生进行知识教育，还要对学生进行思想道德教育，养成学生正确的行为道德。他认为"狭义之言学校，则课读而已；广之言学校，则教之为人"，"教育一事非独使学生读书习字而已，尤要在造成完全人格"④，因而，"教员是教人的，不是教书的"⑤。他认为要教学生为人，决不是光靠书本知识就行的，非得教师以身作则，用精神感动不可，"任教育者当注重人格感化。人格感化之功效，较课堂讲

---

① 　王文俊编：《张伯苓教育言论选集》，南开大学出版社1984年版，第92页。

② 　同上。

③ 　同上书，第255页。

④ 　同上书，第1页。

⑤ 　崔国良编：《张伯苓教育论著选》，人民教育出版社1997年版，第382页。

授之力，相去不可以道里计"①。"学行并重"进一步提升了教师观的境界。它强调了在"育人"过程中，一切以人为出发点，一切以人为归宿点，一切以促进人的全面发展为目标。②因此，教师的作用和在教学中的地位都发生了变化。爱学生和以身作则是对教师行为的具体要求，张伯苓都以实际行动为其他教师作了表率。

2. 南开大学教师队伍的变化

办好大学，必须有一支较强的师资队伍。南开是私立大学，教师薪金要比北大、清华低一截，张伯苓在南开大学建立了以校长为首的多层次选聘教师机制，采取选聘和培养相结合的方法，不断充实教师队伍，保证了教师质量。即除了校长张伯苓亲自物色教师外，大学主任"商同校长延聘教员"，各院院长"商承校长会同教务长及各学系主任，聘请该学院之教授、教员及助教等"③。通过这种机制，使南开大学教师队伍得到扩充，满足了教学的需求。1919年初创时南开大学的专任教师只有留美学者凌冰等4人，到30年代初已基本稳定在40人左右，到1936年专任教师扩充到85人（包括兼职）④。南开大学教师的来源主要有两个渠道：第一是聘任学有所长的留美学者或美籍教师，他们不仅有较为专深的近代科学知识，而且熟悉欧美等国的教育制度和教学方法，对南开大学的建立和教学起着重要的作用。第二是本校毕业生留校或聘请国内著

---

① 崔国良编：《张伯苓教育论著选》，人民教育出版社1997年版，第108页。

② 梁吉生：《允公允能　日新月异——南开大学校长张伯苓》，山东教育出版社2003年版，第234页。

③ 王文俊编：《南开大学校史资料选（1919—1949）》，南开大学出版社1989年版，第135页。

④ 同上书，第57—66页。

名大学的毕业生。

在教师队伍建设中，张伯苓特别重视教师质量的提高。他从两个方面抓教师质量建设。其一，在聘请教师时，既注重学历、经历，也重视年龄和健康，对教师要求严格。他坚持"延揽人才以全校为准，不必拘于院系，并宜慎重，宁缺毋滥"①。为了扩大招聘范围，除了正常的推荐外，有时也登报招聘，有时还到国外和国内各大学延聘教师，若应聘者系外语教师还要进行"口试"。其二，注重对青年教师的培养。著名物理学家吴大猷回忆道："南开在声望、规模、待遇不如其他大学的情形下，藉伯乐识才之能，聘得年轻学者，予以教研环境，使其继续成长，卒有大成。"②新教师在南开既得到本校教授的指导，又得到南开的信任，在独立承担教学与研究任务的过程中，成长较快，在很短时间内就崭露头角，其中一些人日后成为学术大师。一个细节也说明了南开注重对年轻教师的培养。新教师上课后，教导主任要去听课，还要调阅学生作业本，了解批改情况，如有批语不当或漏改错改，就夹一个小条子指出。此外，从工作的态度、学生的反映、教学的效果等方面考查教师。南开大学还通过制度建设来提高教师质量。如组织教师到外地参观学习，为教师提供学术研究条件，实行学术休假制，等等。张伯苓在南开大学坚持"苦不能苦了学生，穷不能穷了教师"的原则③，紧缩财政，勤俭办学，在教师聘用上，坚持名师标准，待遇从优。躬亲尊师重教，礼贤下士，

---

① 王文俊编：《南开大学校史资料选（1919—1949）》，南开大学出版社1989年版，第92页。

② 梁吉生编：《张伯苓与南开大学》，山西教育出版社1995年版，第117页。

③ 沈卫星主编：《重读张伯苓》，光明日报出版社2006年版，第15页。

使入校教师有宾至如归的感觉，待遇留人和感情留人相结合。张伯苓对教师的真诚与善待得到了厚重的回报，使一批优秀人才扎根南开。我国化学界泰斗留美硕士杨石先，因家庭困难不能继续攻读博士学位而回国。归国途中有人推荐他去浙大，但张伯苓的人品使他选择了南开。到南开后工作突出，张伯苓认为这样的人才应继续培养、造就，便用美国罗氏基金派他去美国继续攻读博士学位。杨石先获博士学位后，谢绝德国的高薪聘请，毅然重返南开执教，成为南开大学理学院的奠基人之一，为南开奉献出毕生的心血与智慧。数学系创始人姜立夫，1920 年来南开任数学系主任，全系既无讲师又无助教，只他一个"光杆司令"教授，全系课程由他一人承担，其辛苦程度可想而知。但在南开大家庭气氛中，他感到其乐无穷。此外，还有政治学家和经济学家王赣愚、经济学家何廉等都是扎根南开，为南开奉献毕生精力的典范。

南开大学的教师队伍建设，也面临着一个重要的本土化问题。南开虽不像清华那样，教师最初主要来自外籍教师，但南开教师队伍中有占很大比例的留美学者。1919 年的 4 名教师皆是留美学者；1930 年，教师有 40 人，留学美、英等国的共 31 人，占教师总数的近 80%，其中博士 14 人，硕士 10 人；1932 年，全校教师 61 人，留学海外 40 人，占教师总数的近 67%，其中博士 18 人，硕士 18 人；至 1936 年，全校 85 名教师（包括兼职教师）中，有留学海外经历者 43 人（其中留美 39 人），占教师总数一半以上，有 17 人和 19 人分别获得博士学位和硕士学位。[①] 对于留学海外的南开教师，西方文明不仅

---

① 梁吉生：《允公允能　日新月异——南开大学校长张伯苓》，山东教育出版社 2003 年版，第 240 页。

是知识性的、工具性的,而且也是一种生活方式。他们回到国内,来到南开大学,用十分西化的方式教授他们在美国所接受和理解的西方知识,对他们而言,已经算是服务中国社会了。但是,他们所理解和研究的西学在中国的实际应用比他们想象的要艰难得多。当他们把西学的知识传授给中国学生的时候,他们不得不面临着中国社会的实际情况,中国学生的学习需要,也就是本土化的问题。1924 年,南开大学"轮回教育"风波是对这种脱离中国社会实际,过分"洋化"教育的抗拒,其中最直接的对象就是教师。对这些留洋的教师来说,解决问题的关键是如何运用他们在国外学习到的新知识融入并改造中国社会,满足学生的需要,这样才能符合南开育才救国的教育目的的要求。这一任务是艰巨的,长期的,张伯苓适时地提出"土货化"的教育方针,提倡针对中国问题的研究,以解决中国实际问题为目的,通过设立各种研究所,鼓励教师把所学的知识用于实际研究,通过学术的中国化,融洽了师生关系,从而达到教师真正的中国化的目的。著名物理学家吴大猷说,南开大学不仅培养出一大批优秀学生也造就了许多学术大师,是它对中国教育的一大贡献却被许多人忽略了。通过本土化的教师建设,南开大学不仅培养了一批批优秀的学生,还造就了像姜立夫、陈省身、吴大猷、汤用彤、李济等著名学者,奠定了南开教师在国内学术界的声望。

黄钰生对南开大学的教师评价是: "不敢说好,然而'真、勤、正'这三个字总还当得起。他们没有兼差,他们都是对于学问有兴趣而情愿教学的人。"[1] 南开大学之所以能够广纳天下之贤才,最重要的还是张伯苓的人格魅力,是他的卡

---

① 黄钰生:《大学教育与南大的意义》,《南开大学响导》1930 年 5 月。

里斯玛品质。他尊重教师，急教师之所急，想教师之所想。虽然有很高的社会声望，但是他却居庙堂而不骄其下，勇于负责，值得信赖，尽量为教师们创造一个宽松的、舒适的学术环境。

（二）张伯苓时期南开大学学生生活的变化

1. 张伯苓的学生观

张伯苓报定育才救国的目的兴办南开大学，他根据中国社会的需要和自己的办学理念，提出要在南开"造成具有'现代能力'之学生"①，这就是他对学生的根本观点，具体表现在以下几个方面：首先是德智体三育并进而不偏废。张伯苓在教育实践中提出五条训练方针：（1）重视体育；（2）提倡科学；（3）团体组织；（4）道德训练；（5）培养救国力。② 其目的是实现学生人格的完全发展，"教育一事，非独使学生读书习字而已，尤要在造成完全人格，三育并进而不偏废"③。在三育中，重视体育成为南开的特色。至于德育，"以德育为万事之本"④ 的命题则是张伯苓对传统道德教育的继承与发扬，并吸收西方道德教育的养分，"凡于社会上有效劳之能力者（social efficiency）则有道德"⑤，从而把个人品德的自我修养与社会责任相联系，与社会公德相联系，使具有"现代能力"的学生同时具有"现代"的道德意识。智育方面，张伯苓对学生提出严格要求，南开大学以考试严格，学生高淘汰率

---

① 梁吉生：《允公允能　日新月异——南开大学校长张伯苓》，山东教育出版社 2003 年版，第 141 页。

② 王文俊编：《张伯苓教育言论选集》，南开大学出版社 1984 年版，第 244—247 页。

③ 同上书，第 1 页。

④ 《南开校风》第 51 期，1917 年 1 月。

⑤ 王文俊编：《张伯苓教育言论选集》，南开大学出版社 1984 年版，第 64 页。

而著称,同时他提倡活的教育,反对死读书。他强调指出,"只知道压迫着学生读死书的学校,结果不过是造出一群'病鬼'来,一点用处也没有"①。后来,他进一步提出,"必须德、智、体、美四育并进,不可偏于求知的智育"②,内容增加了,目的还是养成学生完全的人格。

其次是学生要有爱国主义精神。张伯苓把"爱国"看做是学校教育工作的第一要义,在教育实践中,建立了具体的、系统的、经常性的、多样性的爱国教育机制,以理服人,以情动人,因势利导,形成了一套以学生为中心并符合他们接受特点的教育方法③,其目的就是要培养学生的爱国主义精神。其中"爱国心"是张伯苓特别强调的,认为是中华民族凝聚力的基础。他说:"余深信今日中国最为要者为联合,欲联合则必须有一公共之绳索以束缚之。……窃意较合宜之束缚物,即为爱国心。"④ 他所强调的爱国主义精神,既是传统中国知识分子以天下为己任的责任感的继承,同时也强调摆脱狭隘的家族主义、民族主义,把爱国、爱群的公德和国家观念、民族意识结合起来,应具备世界的眼光。他要求学生能够成为"世界之健全分子","以今日之国界甚狭,吾等应思教育青年,当以万国大同为志也"。他进而提出:"余信中国新教育最要之目的,即为训练青年人以社会服务心。……今者是种情形已过,余等应教青年人,不仅服役其家庭或与其相关系者,而且

---

① 梁吉生:《张伯苓教育思想研究》,辽宁教育出版社1984年版,第59页。

② 梁吉生:《允公允能 日新月异——南开大学校长张伯苓》,山东教育出版社2003年版,第144页。

③ 同上书,第170页。

④ 王文俊编:《张伯苓教育言论选集》,南开大学出版社1984年版,第58页。

应服役其国。"① 在此，张伯苓还明确地提出要把爱国主义精神和爱国能力结合起来，坚信爱国可以出乎热情，救国必须依靠力量。学生在求学时期，必须充分准备救国能力，在服务时期，必须真切实行救国志愿。有爱国之心，兼有救国之力，然后始可实现救国之宏愿，中国大学教育就是要培养能够服务社会、解决中国社会实际问题的人才。

最后，学生要具有公能精神和实践能力。在张伯苓看来，只有培养出具有公能精神的学生来服务社会，才能解决中国社会固有的"愚、弱、贫、散、私"五大顽疾。有此精神，还应有将此精神用于解决中国实际问题的能力，他要求学生具有的"现代能力"的核心是指科学知识和民治精神，所采取的方法是"开辟经验"的教育，即"在学校中造成环境，使学生多得'开辟经验'的锻炼，以养成其'现代能力'而已"②。其根本目的就是通过实践锻炼培养学生的开拓精神和创新意识。南开大学特别把创造意识、开拓精神的锻炼，视为"现代教育之目的"。20 年代末，南开提出：从个人能力上要使学生养成创造精神，敢冒险、能耐苦的精神，以及情感上与大自然相融合的美趣；在团体生活上，要改变领导与随从的旧观念，养成"多数人皆藉其一技之长，在社会里作领导者"的思想。而这一切都要与科学知识教育结合起来，通过切合青年学生特点的活动，"得到现代创造力，因而达到吾人所想之目标"③。

---

① 王文俊编：《张伯苓教育言论选集》，南开大学出版社 1984 年版，第 58 页。

② 梁吉生：《允公允能　日新月异——南开大学校长张伯苓》，山东教育出版社 2003 年版，第 177 页。

③ 南开大学校史编写组：《南开大学校史：1919—1949》，南开大学出版社 1989 年版，第 138 页。

2. 张伯苓时期南开大学的学生生活

张伯苓对南开大学的学生有着很高的要求,不仅在教学上,而且对学生的品德、言行举止都提出过具体的要求。如南开著名的镜铭:"面必净,发必理,衣必整,纽必结;头容正,肩容平,胸容宽,背容直;气象:勿傲,勿暴,勿怠;颜色:宜和,宜静,宜庄。"① 训导用意很深,是指导学生一生中生活方式的规范。张伯苓时期南开大学的学生生活也因而发生了很大的变化。

第一,稳步增加学生数量,提高学生质量,增招女生。

南开是私立大学,学生规模在当时的大学只属于中等水平,1919 年,在校学生总数只有 96 人,从 1921 年到 1928 年,在校学生总数维持在二三百人,1929 年之后,人数突破 400人,到 1937 年,一直保持在这一水平,尽管按当时南开的办学条件,可以招收五百多名学生,且作为私立大学,学生学费是学校的一项最稳妥的大宗收入,但张伯苓决不以赚钱作为办大学的目的,而是特别注重学生的质量。1930 年他在对教育部视察员的谈话中说道:"南开在十年内,大学生决不扩张至五百名以上,庶良好之校风易于培养,而基础可以稳固也。"② 南开学生来源主要是南开大学"承认中学"或南开中学毕业保送以及其他中学毕业生经过入学考试被录取的,面向全国招生,学生来自各个省区。据 1927 年统计,学生 310 人,来自全国 23 个省区,另有朝鲜学生 2 人。③ 30 年代后,除了西藏、

---

① 王文俊编:《张伯苓教育言论选集》,南开大学出版社 1984 年版,序第 9 页。

② 王文俊编:《南开大学校史资料选(1919—1949)》,南开大学出版社 1989 年版,第 46 页。

③ 南开大学校史编写组编:《南开大学校史:1919—1949》,南开大学出版社 1989 年版,第 126 页。

新疆等边远地区外，全国各省都有到南开大学读书的，其中还有不少华侨。这样就有力地保证了南开大学有高质量的生源。为了保证培养高水平的学生，南开对优秀学生与差生分别采取措施给予奖励和帮助。1921年张伯苓召开校务会议，专门通过"特材生办法案"与"各科教员宜注意劣等生案"，决定对优秀生"特别优长之门类，宜设法使之尽量发展"，要求"各科教员宜与劣等生以相当之帮助"。同时对优秀生予以奖励，如南开大学设有"算学奖学金"、"梁士治助学金"、"思源助学金"、"觉顿助学金"等以奖励优秀学生。南开还对家庭经济情况不太富裕的学生，单设清贫学生奖学金，奖励学生努力学习。这些措施对提高学生学习积极性起到很好的促进作用和榜样示范作用。

南开是国内较早招收女生，实行男女同校的大学。1919年，马千里就发出在南开中学添招女生的建议①，实行同校分班，为入大学时女生与男生同校同班做准备。1920年，南开大学开始招收女生，实行男女同校。1924年就有了一名女毕业生②，由于对学生要求严格，淘汰率较高，能够顺利毕业的女生较少。从1924年到1937年，大都每年不足10人，只有三年超过10人，毕业最多的是1935年，达23人，占该年毕业生总数的29%③。南开女生成立了女同学会，是隶属学生自治会的一种组织，有健全的组织，负责女生的学习、生活等方

---

① 王文俊编：《南开大学校史资料选（1919—1949）》，南开大学出版社1989年版，第473页。

② 在目前南开大学的相关史料中每年招收女生数目也不详，只有1924年后毕业女生的统计数据，由于南开大学有较高的淘汰率，也就很难推断出每年招收女生的准确数据。

③ 南开大学校史编写组编：《南开大学校史：1919—1949》，南开大学出版社1989年版，第128页。

面的事务。除此以外,还有"学习社"和"虹社"两个完全由女生组成的社团,通过组织各种各样的活动丰富女生的文化生活。对于南开的特色——体育运动,女生也积极参与,并在各种运动会上取得过骄人的成绩。如1930年10月,在天津市秋季运动会上,理科一年级女生詹宗曾以7秒的成绩打破7秒4的女子50米全国纪录,而当时全国女子跳高最好成绩则由南开大学女生许邦爱所保持。[①]

第二,开展丰富多彩的社团生活。

张伯苓十分重视对学生能力和集体意识的培养,提倡成立各种社团组织,鼓励学生参加各种课外活动。通过这些社团活动,不仅提高了学生科学文化素养,锻炼了集体观念和爱国意识,而且,由此形成的朝气蓬勃、生动活泼的校风对学生产生潜移默化的影响,成为南开教育成功的重要因素之一。他在《四十年南开学校之回顾》中将南开社团的目的概括为"训练学生做事能力,服务精神,并培养社会领袖人"[②]。南开的学术社团名目繁多,按其性质,可分为:自治性社团,如学生会、青年会等;学术性社团,如科学会、文学会、商学会等;娱乐性社团,如音乐会、新剧团等;运动性社团,如足球会、篮球会等;临时性社团,如国语竞赛会、教育考察团等。这些学生社团,坚持学生自我组织、自我管理。各社团活动十分活跃,"学生广告栏里,不断有红的、绿的、花的、素的大小不同的各会广告。尤其以每礼拜五的下午与晚间,至少总有三五

---

① 南开大学校史编写组编:《南开大学校史:1919—1949》,南开大学出版社1989年版,第136页。

② 王文俊编:《张伯苓教育言论选集》,南开大学出版社1984年版,第246页。

处在这里、那里开会，往往弄得人与房子都分配不开"①。30年代后南开社团组织得到进一步的发展，其中学术性社团活动增多，逐渐增加学术研究的内容，成为学生知中国、服务中国的重要实验场所。在众多的学生社团中，南开大学学生会无疑是最大最有影响的。与当时大学学生会的"神秘性"以及与学校处于对立的地位有所不同，它既不是要罢课，也不是要赶走某位职员，而是建设的、公开的，是与学校合作的。1924年学生会成立时的宗旨是"增进学生之公益，辅助学校之发展"②。它的任务是兴利除弊，与学校一起改善学校建设事业。1931年，将宗旨定为"以促进全校同学之团结及谋全校之便利"③。参加学生会的会员享有充分的参与权，对学生会以及学校的发展都有建议权，培养了学生民主参与的精神。后期成立的自治会，既是南开大学学生生活中最高的权力机构，也是学生民主生活的重要阵地。1922年正式成立的青年会，是全国青年协会的一员，明确地将对外服务社会定为会员职责。

学术性社团是南开学生生活的重要组成部分，每一学科都有学术社团，以学术研究与交流，宣传科学知识为主要目的。如科学研究会，以研究科学为宗旨，不仅是个人研究，而且从事于科学宣传，用科学知识服务学生、服务社会。到1926年，组织日益完善，增加了出版、游艺、参观诸部，并刊印《科学杂志》，以宣传国内科学知识，联络科学界同志共图中国科学发展。④ 政治学会最初只是个讨论时局问题及翻译介绍名著

①　邹良骥：《南开大学学生的团体生活》，《南大周刊》第 5 期，1924 年 5 月。
②　王文俊编：《南开大学校史资料选（1919—1949）》，南开大学出版社1989 年版，第 428 页。
③　同上书，第 436 页。
④　同上书，第 443 页。

的读书团体，1924 年正式成立，强调"择国内政治外交问题，由各会员分任研究报告"[①]，组织会员对天津的市政问题开展实际调查，并将结果印刷出版，以实际行动来服务中国社会。商学会更是将服务中国社会定为宗旨："本会以联络同志研究商学，共图商业之发达，服务于社会为宗旨。"[②] 这无疑对学生科学精神、爱国精神的培养起到积极的作用，并丰富了学生的生活。文体娱乐性的社团更具有这样的功能，成为发挥学生合作能力，改进学生生活的重要平台。如二三十年代南开的话剧，在张彭春的组织和影响下，将一系列西方名剧翻译改编成话剧进行编排演出，他们将欧洲古典主义作家和现实主义作家的艺术精品介绍给沉浸在东方传统文化氛围中的中华民族，并从当时的中国社会现实出发，添加了新的生活气息，使之易于了解，产生了较好的社会影响。[③]

南开大学的社团活动，也是南开学生进行爱国主义教育和参与爱国运动的主要阵地。如由周恩来等人组织的觉悟社，既是讨论国事的学生组织，更积极参与抵制日货的爱国活动。1921 年要求"取消二十一条"的游行集会、1925 年支持上海"五卅"工人运动，1935 年的"反对华北自治"，"全国团结一致抗日"等一系列重大活动中，南开学生积极参与，充分表明了其高度的社会责任意识和爱国主义精神。

对于南开大学丰富多彩的社团生活，南开大学学生自治会给予很高的评价："南开人课外的学习生活是以社团为中心

---

①　王文俊编：《南开大学校史资料选（1919—1949）》，南开大学出版社1989 年版，第 447 页。

②　同上书，第 449 页。

③　南开大学校史编写组编：《南开大学校史：1919—1949》，南开大学出版社 1989 年版，第 131 页。

的。……大多数社团不仅在学习上互相砥砺，而且也在生活上互相帮助……南开人就在这许多熔炉里和别人熔合在一起，和别人在一起锻炼、在一起慢慢地成长，慢慢地进步。"①

# 第三节　南开精神的形成与发展

什么是"南开精神"？南开校友邹宗彦认为："我们知道母校是校长一手创造的，当然南开精神亦是滥觞于校长。……所谓南开精神，就是四十四年以来，校长，所有教员、所有职工、所有校友的事功的总和表现。它是一个不可分割的整体，每个人都是它的构成单位。一方面有他的贡献，使南开精神发展。同时每个单位亦受南开精神的熏陶，而使自身长进。"②张伯苓将南开精神综括为八个字："允公允能，日新月异。"前者被定为校训，后者则被谱写成校歌，传唱不息，合二为一，成为南开今日校训，言简意赅，是南开精神最形象的表征。

## 一　允公允能：南开校训中的南开精神

张伯苓定"允公允能"作为南开校训，说明了他教育救国的抱负和历史使命感，也是他的教育思想的原点。"允公允能"这种话语形式，语本《诗经·鲁颂·泮水》："允文允武，昭假烈祖。"允，即文言语首助词。允公允能，意即既有公德，又有能力，德才兼备。张伯苓本意是，要使南开学生具有

---

① 王文俊编：《南开大学校史资料选（1919—1949）》，南开大学出版社1989年版，第466—468页。
② 同上书，第732页。

"爱国爱群之公德，与夫服务社会之能力"。在他看来，"惟'公'故能化私，化散，爱护团体，有为公牺牲之精神；惟'能'故能去愚，去弱，团结合作，有为公服务之能力"①。"公"、"能"二字是南开办学理念的结晶，治校传统的升华，体现了南开人特殊的价值取向和精神品质，正如喻传鉴先生所说："'公，能'二字，为全校精神之所寄，先生之所施教，本此二字，学生之所努力，也本此二字。"② 1934 年，在南开创办 30 周年校庆纪念会上，张伯苓正式宣布"公"和"能"为南开校训。"公"便是无私无我，"能"便是实干苦干。他提倡"公能"教育，一方面是培养青年"公而忘私"、"舍己为人"的道德观念，另一方面则是训练青年"文武双全"、"智勇兼备"，为国效劳的能力。

　　"公"是南开精神的第一要素，是矫正中国人惯于自私的时弊，它的核心是"爱国爱群"，"根除自私心理，培养忠公精神，牺牲小我以利大我"③。这反映出张伯苓育才救国的教育目的，南开精神自始至终都带着强烈的爱国主义情怀，爱国主义是南开精神的支柱。张伯苓提到南开学校训练学生的方针时特别强调"培养学生要有浓厚的国家观念"④。这不仅表现在学生的爱国主义运动上，更体现在南开大学以中国历史、社会为背景的"土货化"发展方针上，体现出南开人强烈的民族责任意识和使命感。张伯苓指出："允公是大公，而不是小

---

①　王文俊编：《张伯苓教育言论选集》，南开大学出版社 1984 年版，第 247页。

②　梁吉生：《允公允能　日新月异——南开大学校长张伯苓》，山东教育出版社 2003 年版，第 137 页。

③　王文俊编：《南开大学校史资料选（1919—1949）》，南开大学出版社 1989 年版，第 733 页。

④　梁吉生编：《张伯苓的大学理念》，北京大学出版社 2006 年版，第 71 页。

公，小公只不过是本位主义而已，算不得什么公了。惟其允公，才能高瞻远瞩，正己教人，发扬集体的爱国思想，消灭自私的本位主义。"[1]

南开精神之"公"体现的是南开教育价值取向的社会本位，是南开精神之精神，具有方向性，特别是对张伯苓来说，更具有决定性意义。当我们联系到张伯苓的唯心哲学观时就不难理解了。他认为"有精神方有物质，欲造物质必先造精神"[2]。他以此来分析中国社会现实的问题，并指出解决中国社会现实问题的途径："中国近来之巨患不在有形之物质问题，乃在无形之精神问题。精神聚，虽亡，非真亡；精神涣，不亡，亦必抵于亡。"为挽救中国的危亡，必须"振起国民新精神，以重续国家新命运耳"[3]！虽然，张伯苓的哲学观有着根本缺陷，但他主张发挥精神的能动作用也是具有积极意义的。他在哲学思想上的局限性，在教育实践上的进步得到了弥补，具体到南开精神的培育上，就是"公"与"能"的结合，以"能"为实现"公"的基础。"允能者，是要作到最能，要建设现代化国家，要有现代化的科学才能，而南开学校的教育目的，就在于培养有现代化才能的学生，不仅要求具备现代化的理论才能，而且要具有实际工作的能力。"[4]他所倡导的"能"，包括丰富的内涵。如智能、体能、技能、才能等都属于"能"的范畴。南开教育就是要培养和训练学生具有为社会、国家所需要的各

---

① 南开大学校长办公室编：《张伯苓纪念文集》，南开大学出版社1986年版，第133页。

② 同上书，第251页。

③ 崔国良编：《张伯苓教育论著选》，人民教育出版社1997年版，第34页。

④ 南开大学校长办公室编：《张伯苓纪念文集》，南开大学出版社1986年版，第133页。

种"能"。"能"的另外一层含义就是"实干苦干"精神,这是"能"的内涵的重要组成部分。张伯苓就是以这个"干"字为手段,达到训练学生获得各种"能"的目的。他鼓励学生要实干、苦干。"干"就能取得成功。他"常以'干、干、干'三字训导学生"①,自己也特别重视"干"。他多次说:"我是学海军的,对教育本是外行,但我有志于办教育,所以才研究教育,办教育。我是干中再学,学了再干,尽毕生精力于干、干、干,今天我已经由一个外行,变成一个内行了。"② 重视"干",用他的话说,"这正是我们南开的精神。不过还要弄清楚应当怎样干"③。"伯苓校长还常常口头上说两个字是英文'do it',意思就是'干',凡事只要干,认真干没有不成功的。"④ 张伯苓在行动上特别重视"干",他所带来的实际效果是在"物质"层面的富足,弥补了"精神"上的空洞,南开精神也因此更加丰满。张伯苓在南开办学四十年的经验总结中,进一步明确了南开学校"以'公能'二字为依归"的教育理念,简明扼要地概括了以"公能"统领"五项训练"、以"五项训练"来实现"公能"的教育思想⑤。"公"与"能"的结合,体现了张伯苓"以教育力量使中国现代化"的思想,在人才培养上体现出道德和能力的结合,成为南开人的精神支柱。

## 二 日新月异:南开校歌中的南开精神

张伯苓在《四十年南开学校之回顾》一文中,对南开精

---

① 南开大学校长办公室编:《张伯苓纪念文集》,南开大学出版社 1986 年版,第 21 页。

② 同上。

③ 同上书,第 65 页。

④ 同上书,第 131 页。

⑤ 王文俊编:《张伯苓教育言论选集》,南开大学出版社 1984 年版,第 247 页。

神的另一方面做过精辟的概括："盖南开过去，无时不在奋斗中，亦无时不在发展中。日新月异，自强不息，为我南开师生特有之精神。"① 可见，"南开精神"是日新月异、奋斗不息的开拓创新精神。张伯苓最欣赏的一句谚语是"有志者事竟成"——这是张伯苓的人生信条，也正是这一信念，成为他披荆斩棘不断进取的一个重要法宝。

早在 1918 年末，南开大学筹办时期，张伯苓"以期神会而铸成南开之真精神"，亲自写了歌词，请人谱曲将它作为南开校歌，歌词以颂扬"巍巍我南开精神"为主旋律，除了点出"仁、智、勇、真、纯"等南开精神的内在品质外，还表达出南开精神的另外一种境界，即南开精神的与时俱进，南开精神不是固化的，而是日新月异，不断创新的。

"日新月异"，语本《礼记·大学》："汤之盘铭曰：'苟日新，日日新，又日新。'"意即与时俱进，每天每月都有新的变化，形容进步迅速。在南开校歌中一方面表达出张伯苓期望南开精神像巍巍青山一样，永驻人间，成为南开人不断奋斗的精神源泉。另一方面，巍巍南开精神能够传承下去，还必须日新月异，还要靠南开人不断奋斗，不断创新。因此，所谓日新月异，每个人不但要能接受新事物，而且要成为新事物的创始者；不但要能赶上新时代，而且要能走在时代的前列。张伯苓对日新月异的解释包含以下内容：（1）南开人要能接受新事物，善于接受新事物；（2）南开人要能并且善于创造新事物，做新事物的创始者，勇于和善于创新；（3）南开人要能赶上新时代，不能落伍，不能落后于时代；（4）南开人要能

---

① 王文俊编：《张伯苓教育言论选集》，南开大学出版社 1984 年版，第 256 页。

走在时代的前列,做时代前进的引路人。日新月异的中心意思是要南开人保持一种进取精神。这种进取精神源于我们的民族文化传统,是对传统元素的继承与发扬。张伯苓说:"《易》曰:'天行健,君子以自强不息。'彼之所谓天行健者,乃指昼夜相承,春秋代继,无时或已,长此不息而言也。吾人读此,则进取精神自然得矣!"① 日新月异的南开精神也体现在对学生的要求上,张伯苓要求学生具有开拓精神和创新意识,在办学实践中,非常强调学生实践能力的培养。他经常用的一个词就是"Pioneering"或"Pioneer"。1927 年,在南开东三省同乡会讲演,他赞扬东北人民对东北的开发,说道:"东三省人民向有 Pioneer Spirit,余深愿诸君保持此种精神。"② 南开校友端木蕻良指出,"南开精神"就是"开拓精神"的同义词。在美国,历史学家把开发西部的人,叫作"Pioneer",也就是"开拓者"的意思。当时,张伯苓校长就是用"Pioneering"(开拓)这个词来概括"南开精神"③。20 世纪 20 年代南开学子就有一个很好的概括和回答:"南开的精神,就是张校长奋斗的向上的进取的不屈不挠的精神。"也可以这样说,南开的精神就是奋斗的精神和改造的精神。④ 正是通过南开人的不断开拓、奋斗和改造,再辅以南开一贯的勤俭治学的传统,巍巍南开精神才得以传承,影响了一代代南开人。南开校友每每回忆起南开精神都是激动不已。"它(南开精神——引

---

① 崔国良编:《张伯苓教育论著选》,人民教育出版社 1997 年版,第 128 页。

② 《南开半月刊》第 46 期,1927 年 11 月 30 日,北京大学图书馆藏。

③ 梁吉生编:《张伯苓与南开大学》,山西教育出版社 1995 年版,第 213 页。

④ 魏宏运:《张伯苓与南开精神》,《历史档案》2007 第 3 期。

者注）在我们身上化为无穷无尽的力量，推动着我们随着时代的前进而自强不息。现在我虽然已经年近古稀，但当我想到校歌里这段名句'巍巍我南开精神'的时候，我就感到我仍然年轻，依然浑身充满了力量，要继续努力为祖国的四化建设事业贡献我的余生。"① 中国科学院院士申泮文指出："张伯苓先生把他的教育思想和办学宗旨概括为一个抽象的概念，称为'南开精神'，把所有与南开事业发生过联系的人（教职员工和学生）统称为'南开人'。南开精神深深渗入了每个南开人的心中，成为他们团结奋斗为祖国的复兴和繁荣富强而献身的一种推动力量。"②

## 第四节　持道：南开大学的本土化特征

南开模式可以概括为：以"认识中国"、"服务中国"为办学方向；以造就爱国为公、服务社会的人才为办学宗旨；以注重学生德智体三育和谐发展为办学内容；以容纳中西文化、对外开放为办学思路；以社会集资为办学渠道；以精简、效能、自治为校务管理原则③。南开模式是张伯苓根据中国社会发展需要而逐渐培育起来的。张伯苓历经了中国近代的社会变迁，接触过旧家塾、新学堂、现代学校多种教育制度，早年弃武从教以后就一直坚持走教育救国的人生道路，用毕生精力创办了从小学、中学到大学的完整的南开教育体系，为后人留下

---

① 南开大学校长办公室编：《张伯苓纪念文集》，南开大学出版社 1986 年版，第 85 页。
② 同上书，第 84 页。
③ 梁吉生：《张伯苓教育思想研究》，辽宁教育出版社 1984 年版，第 366 页。

了"巍巍南开"的办学精神,其思想起因可以概述为"用洋保土"的爱国风潮。[①] 张伯苓具有近代中国转型时期知识分子的典型特征:一方面,传统士大夫的修身齐家治国平天下的理念深浸于心中;另一方面,经历过西学的洗礼和国势的衰微,面对国难家耻,更加激发以救国救民为己任的传统"士"阶层的爱国精神。"土货化"的南开大学与同时代的其他大学相比,其本土化发展在本体论上具有"持道"的特征,即一以贯之的坚持本土化发展,始终围绕中国传统大学"明道救世"精神展开的,以"明明德、亲民、止于至善"为旨归,一直禀持着"知中国、服务中国"的宗旨。

陈平原教授认为,南开之"私立",不仅体现在经济上的自筹资金,更落实为文化精神上的"特立"与"自立"[②]。这种精神是"持道"的具体体现。我们可以从南开精神的源流去理解。第一,从表面上看,张伯苓的教育思想经历了学习日本、模仿美国到实现教育"土货化"的三次重大转变。但是,他所塑造的南开精神深层思想却在于中国传统士层阶级所具有的"先天下之忧而忧"的救国救民思想,教育救国是张伯苓投身教育的根本原因,也是他四十多年教育生涯的信念。四十年的南开,经历了巨大的变化,但南开校友感触最深的是南开的不变。"南开精神的不变才会主动了南开的变;精神若是变了,南开也就不会有了今日。"[③] 张伯苓的持之以恒才最终铸就巍巍南开精神,保证了南开的本土化发展方向。

①　梁吉生:《严修、张伯苓与南开大学的创建》,《南开学报》1999 年第 5 期。

②　陈平原:《中国大学十讲》,复旦大学出版社 2002 年版,第 237 页。

③　王文俊编:《南开大学校史资料选 (1919—1949)》,南开大学出版社 1989 年版,第 735 页。

第二，南开精神的源头要追溯到严氏家馆，以及张伯苓与严修各自的教育背景，他们所具有的深厚中学根基和开明思想是南开精神得以产生的种子。这颗种子在国难深重的社会环境中被催生。黄钰生认为，南开的精神产生于南开的历史之中，从南开中学中产生，而最初的根源要追溯到严、张二人不认输的精神，在哲学上说，就是"抗命（Fate）主义"精神，这种精神对南开大学的意义，就是"要用人格与学术去'争气'，去'淑世'，去实现中国的最高理想"[①]。人格与学问是南开大学努力从事的两件大事，其立足点是"润身"，是为了个人，与传统大学所强调的"修身"相似，其最终目的是"淑世"——改良社会，服务社会，其目的还是"亲民"。在这两者的关系上，南开大学沿袭的是"学以致用"的传统理路，最终的落脚点是为了社会。张伯苓是具有世界眼光的人，南开的教育要阐扬中国文化，贡献于全世界，以达"至善"。程斯辉博士认为，张伯苓与严修的结合，虽然有西学在其中作为穿引，但从本质上来讲还不是中西结合，只是一种特殊形式的中中结合。由此可见，南开精神是从中国民族精神内发出来的，并非外铄的[②]。南开精神的形成过程中，受到日本、欧美文化的影响，一度也迷失在"洋化"的沼泽中，但是，南开精神本源上是在中国传统文化基础上内发的，而非外来的，带有中国传统的"明道救世"的烙印[③]。南开精神坚持的是以中国传统为本。如提倡社会本位的"公"，而没有提倡个体本位

---

① 梁吉生编：《张伯苓与南开大学》，山西教育出版社 1995 年版，第 101 页。

② 程斯辉：《中国大学精神的历史与省思》，山西教育出版社 2006 年版，第 148 页。

③ 同上书，第 168 页。

的"个性发展";提倡中国文化传统的勤俭,而没有提倡西方文化所倡导的消费;提倡"土货化",而没有提倡"西洋化",等等①。这些体现了中国大学精神的内在发展脉络。

第三,从教育目的来看,南开大学坚持"知中国、服务中国"的办学理念,为中国的现代化培育人才,立足中国,办中国的南开。张伯苓曾说:"我之教育目的,在以教育之力量,使我中国现代化,俾我中国民族在世界上得到适当地位,不至受淘汰。欲达此目的,务须对症下药,即:注重体育,锻炼健强之国民;注重科学,培养丰富之现代知识;注意精神的修养……向深处培,向厚处培……整理中国固有之文化,摘其适合于现代潮流者,阐扬而光大之,奉为国魂,并推而广之,以求贡献于全世界。"② 张伯苓关注中国传统文化,同时以"现代潮流为标准",仿效孔子那样"删诗书定礼乐",处理好继承与发扬的关系,做到推陈出新。他还看到中国传统文化的普遍价值,是属于世界文化遗产的重要组成部分,理应对世界的发展作出贡献,因而需要推广至全世界,使民族文化具有世界意义。这在当时中国来说,显然具有进步的意义。它不仅是对当时"全盘西化"的纠正,也是对狭隘的民族主义的提醒,指明了中国文化本土化发展应有的方向,也使南开大学的发展有了坐标。南开大学作为私立大学,经费是最难解决的问题,张伯苓曾入基督教,与天津基督教青年会关系密切,在早期经费困难时期,他一直坚持南开是中国的南开这一原则,婉谢西方教会的捐款,保持南开学校独立自由的发展状态,而没有变

---

① 程斯辉:《中国大学精神的历史与省思》,山西教育出版社 2006 年版,第169 页。

② 梁吉生编:《张伯苓的大学理念》,北京大学出版社 2006 年版,第 32 页。

成教会学校。与此同时，为了保持南开的持续发展，张伯苓四处化缘募捐，筹集经费，社会名流、军阀、国外财团都是他的募捐对象，但决不接受影响南开独立发展的任何限制条件。1929年底，张伯苓之弟张彭春去美国为南开大学募捐之前曾明确表示："此次出国之用意，虽不明言，大家必已知之。不过大家要知道，我们之募捐，既非投机性质，又非教会学校之受人限制。南开之所以为南开，自有它的荣耀之历史。余此次出去，最大之目的，是使外人认识南开，决不受任何有限制之募款，因为南开是靠自己发展的。"① 张伯苓也经常到国外募捐，外国的捐款对于南开大学的发展无疑起到了一定的作用，但并不是决定性的。正如美国著名学者费正清所说："虽然南开得到庚子赔款以及洛克菲勒基金的一些补助，但是它所取得的成就主要是靠中国人的自力更生以及私人捐助。"②

南开大学本土化在方法论上的特点为"本土生长"。即南开大学发展因子是中国本土的，从中国本土的教育实践中逐渐成长起来的，是"长"在中国的大学。南开大学是仿照欧美教育制度开办的一所著名的私立大学，费正清称其是"张伯苓领导下在天津成长起来的中等学校和高等教育的联合体"③。首先，从南开大学的创立来看，南开大学的历史，张伯苓将其分为胚胎时期、创业时期、发展时期和继兴时期四个阶段④。

---

① 南开大学校史编写组编：《南开大学校史：1919—1949》，南开大学出版社1989年版，第113页。

② 费正清：《伟大的中国革命（1800—1985）》，刘尊棋译，国际文化出版公司1989年版，第183页。

③ 费正清：《剑桥中华民国史（1912—1949）》下册，中国社会科学出版社1993年版，第422页。

④ 王文俊编：《张伯苓教育言论选集》，南开大学出版社1984年版，第247页。

胚胎时期就是清光绪二十四至三十年这六年的严、王家馆时期，是中国传统私塾的形式，引进英、理、化等西学学科而使家馆具有现代学校的性质。1919年，南开大学的创办是南开中学兴办十多年，取得较好的社会效益和办学经验以后，才慢慢"生长"起来的，与国内大学相比，由中学"生长"出来的大学，南开是最具有典型性的。这不只是办学形式的"生长"，也是张伯苓及南开办学思想的"生长"，更是南开精神的不断"生长"。张伯苓所要培养的人才观也不断"生长"，要求学生不仅具有中国传统的"仁、智、勇、真、纯"和"孝、诚、信"等品质，更要吸收西方文化精神，具有社会公德，掌握现代科学、具有民主精神，成为具有"现代能力"的青年，以图国强，以雪国耻。

其次，在教育制度上，南开大学是在借鉴国外教育制度的基础上建立的，但在方法上，是立足于已有的办学实践基础之上的，是从中国实际出发，有所选择，"基于中国情形相合者学之，否则舍之"①。南开大学向来强调"外人之法制能资吾人之借镜，不能当吾人之模范"②。张伯苓通过考察和比较，认为美、英、法的教育制度"发达学生之自创心"，而日本和德国的教育制度"强学生之遵从纪律心"，各执一端，互有偏颇。他所思考的不是简单移植和模仿，而是如何从中国实际出发，如何将这两种性质相抗的制度，融入到中国未来教育制度建设中去。张伯苓理性地认识到，学习国外经验必须鉴别和分析。他指出："我们取法的，只是他们科学的方法和民治的精

---

① 王文俊编：《张伯苓教育言论选集》，南开大学出版社1984年版，第167页。

② 王文俊编：《南开大学校史资料选（1919—1949）》，南开大学出版社1989年版，第38页。

神的使用，而不是由科学方法和民治精神所产生的结果。所以我们说，欧美的方法尽管学，欧美的制度不必样样搬来——要搬，也须按照环境的情形而加以选择。"① 作为南开校长的张伯苓因其是南开的缔造者，对南开有特殊贡献，与董事会关系也十分密切，他实际上享有对南开的实际控制权，这种管理模式，来自西方的董事会形式在管理上只不过是个外壳，而内核更像是中国书院制的管理体制。吴大猷认为南开"由私塾而中学、大学、女中，小学而分校，好像一个的家族，家长只有一个人——张伯苓"②。南开中学、大学、女中、小学四个牌子，一套管理人马的方式，也是南开管理制度的独创。

最后，南开大学提出的"土货化"办学方针，更是本土"生长"而来，而非引进。1924 年的"轮回教育"事件，更是触及"中国教育的一个根本问题，即中国的大学教育，是机械的照搬照抄外国，还是应当适应国情，走中国化的道路"③。学生们用"在喉之鲠"来表示对不适应中国国情的大学教育的批评，强烈要求制定出符合中国国情的中国化的大学学制，明确提出"中国教育精神独立"④ 的问题，并将其视为中国大学生在中国文化发展上的新使命。来自学生的要求可以说是直接推动力，而"土货化"的方针更是"生长"于张伯苓教育救国、为国育才的思想之中，这是内在的原因。南开大学最初几年具有"洋化"的倾向后，能够很快得以改正，并

---

① 《南开周刊》第 71 期，1929 年 11 月 19 日。
② 梁吉生编：《张伯苓与南开大学》，山西教育出版社 1995 年版，第 119 页。
③ 南开大学校史编写组编：《南开大学校史：1919—1949》，南开大学出版社 1989 年版，第 99 页。
④ 王文俊编：《南开大学校史资料选（1919—1949）》，南开大学出版社 1989 年版，第 748 页。

明确提出"土货化"的方针，这是因为张伯苓心中的南开一直是中国的南开，而不是西洋化的南开。南开大学创立之初是针对时弊，育才救国，在办学过程中，逐渐认识到教育必须适应国情，教育不能联系国情是教育的大弊，基于这样的认识，南开大学提出教育改革必须适应社会发展需要，"革新运动必须'土货化'"，"此中国革新运动应有之精神，亦南开大学发展之根本方针也"①。

---

① 王文俊编：《南开大学校史资料选（1919—1949）》，南开大学出版社1989年版，第38页。

# 第六章

## 移植创新:梅贻琦与国立清华大学的本土化模式

清华大学因庚子赔款而成立,所采用的又是美国学制,因而备受"崇洋媚外"的指责。所以,"谓清华为中国战败纪念碑也可;谓清华为中国民族要求解放之失败纪念碑亦可……所可喜者,不幸之中,清华独幸而获受国耻之赐。既享特别权利,自当负特别义务。凡此十数年中,规模之扩张,人才之陶冶,皆清华所以惨澹经营求雪国耻之努力也"①。此番努力,缘于清华努力探寻的本土化发展道路,从清华学堂第一任校长唐国安,至清华的"终身校长"梅贻琦,经过几任校长的努力,清华大学在20世纪30年代获得了巨大成功,一跃成为一所国际闻名的大学,从而极大地缩短了中国大学与国外著名大学之间的差距,走出了一条在中国办高水平大学的路子。清华历史的变迁,是中国近代学术日趋独立过程的反映。冯友兰先生认为清华的"发展过程反映了中国近代学术的发展过程,是中国近代学术走向独立的过程。清华校史不仅有一校的意义,而且反映中国近代学术逐渐走向独立的历史"②。清华之

① 清华大学校史研究室编:《清华大学校史资料选编》1,清华大学出版社1991年版,第35页。
② 冯友兰:《清华发展的过程是中国近代学术走向独立化的过程》,刘克选、方明东主编《北大与清华》,国家行政学院出版社2002年版,第192页。

发展进步，历任校长均有其贡献。但梅贻琦任期最长，贡献最多。正如我国教育学家傅任敢先生所说："清华之所以成为国际闻名的大学，原因自然很多，可是梅校长的一生贡献给他，要为其中重要的原因之一。"①

## 第一节　梅贻琦之前清华大学的本土化历程

清华大学在中国近代教育史上是一所很特殊的学校，它的产生和发展一个显著的特点是直接与美国的庚子赔款有着十分密切的连带关系，而这一笔较大的款项既和美国教会无关，也非私人捐款，却和美国政府行为有很大的关联，但美国政府并不是直接出面操作此事，而是通过建立基金会的形式来运作。因此，清华是办学资金来自国外，而办学主体却是中国人的特殊体制。虽然美国人通过参与董事会的方式控制资金使用，但不干预实际教学过程。由于这样一种特殊的经费来源和运作模式，清华从创建伊始，在诸多方面就已经具备了自己的一些特别的优势和办学条件，也因而有别于国内其他大学。

清华大学的历史应分清华学校和清华大学两个阶段。清华学校首任校长唐国安，为把清华办成中国的清华，提出明确的发展理念，在清华学堂章程中就规定了"以培植全才，增进国力为宗旨"②。后继校长基本继承了这一理念，使清华逐步摆脱留美预备学校而成为自主独立的中国式大学。梅贻琦之前，周诒春、曹云祥和罗家伦三位校长贡献较大。

---

① 黄延复：《梅贻琦与清华大学》，山西教育出版社1995年版，第195页。
② 清华大学校史研究室编：《清华大学校史资料选编》1，清华大学出版社1991年版，第152页。

## 一　周诒春对清华本土化发展的贡献

周诒春（1883—1958），字寄梅，祖籍安徽休宁。在清华本土化发展的道路上，他的贡献主要有以下几个方面。（1）着眼于民族教育独立，提出将清华学校改办成为学术独立的大学。周诒春认为设立大学"一可展长国内就学年限，缩短国外求学之期，庶于本国情形不致隔阂也"①。1916 年 4 月，他呈文外交部，请求逐渐扩充学程，设立大学部，并得到批准，其理由之一就是立足于本土需要。（2）提倡以养成完全人格为宗旨。周诒春倡导"着重德智体三育"的方针，推行"端品励学"和体育"强迫运动"，"素以养成完全人格为宗旨"，成为清华"人格教育"和"三育并进"的最早倡导人。他说："我清华学校历来之宗旨，凡可以造就一完全人格之教育，未尝不悉心尽力。"由他亲自指导创办起来的清华早期刊物，经常强调这样的思想："今日之学生，宜着重德智体三育固矣"；"清华学校，素以养成完全人格为宗旨，故对于三育所施教育之功，不遗余力"，"盖以学校教育之精神，不徒在教授生徒以高深之学程，亦当养成其高尚之德性"②。（3）提出西学应"中土化"，学术应独立。周诒春曾被指责为奉行洋化政策的代表，其实不然。他在主持清华期间，提出西学应"中土化"，学术应独立，中外、新旧教员一律平等。立足本土，放眼世界，他所提出的西学"中土化"和学术独立，不仅仅是为了中国的复兴，更考虑到人类发展的需要。"没有周诒春，

---

① 清华大学校史研究室编：《清华大学校史资料选编》1，清华大学出版社1991 年版，第 276 页。

② 黄延复：《清华的校长们》，中国经济出版社 2003 年版，第 27 页。

就没有梅贻琦"①,这是黄延复先生对周诒春于清华之贡献的最好评价。

## 二 曹云祥对清华本土化发展的贡献

曹云祥(1881—1937),字庆五,浙江嘉兴人。曹云祥坚持清华完全人格教育的传统,认为"所谓教育,是欲养成高尚完全之人格"②。他系统地阐述了中西并重,为国储才,以才救国的办学方针和沟通东西,融冶新文化的教育目的。"……清华之设,原为养成游美学生,但决不能以此自囿。时势与社会,既有推移,学校之方针,宜谋适应……至现时所办大学,课程则中西并重,目的则体用兼赅。为国储才,以才救国。合教职员学生及毕业同学,陶铸一种新精神,而建设一种新事业,此余所深祷者也。"③"教育之目的……在西洋则'探求真理'、'完成人格'、'服务社会'等常认为学校教育之准鹄,在吾国旧时则'明明德'、'修己治人'以及前清'忠君尊孔尚公尚武尚实'五条,皆尝作为教育之目标。……居今日而论教育目的,仍舍民治而博爱末由。至于普通文化与专门学术,亦必兼容并进,方免畸形之发展。若留学生之特殊使命,尤在了解与沟通东西之学艺思想,挈其精英,舍其糟粕,以融冶一种新文化也。"④ 在此思想指导下,曹云祥提出"变更学制,十年后扩成正式大学"⑤ 的计划,成立了关于清华校

---

① 黄延复:《清华传统精神》,清华大学出版社 2006 年版,第 3 页。

② 清华大学校史研究室编:《清华大学校史资料选编》1,清华大学出版社 1991 年版,第 263 页。

③ 同上书,第 38 页。

④ 同上书,第 39—40 页。

⑤ 清华大学校史研究室编:《清华大学九十年》,清华大学出版社 2001 年版,第 27 页。

务的"调查委员会",着手筹划改办大学的具体步骤和措施。他还积极推动内部体制改革,成为清华教授治校的奠基者。清华之所以能贯彻教授治校精神,除经费独立,不受政潮影响以及师生长期在美国自由主义文化沐浴熏陶之下,养成崇尚自由的人格,形成民主参与的共识与涵养外,曹云祥本人具有民主素养也是重要的影响因素。① 在教学方面,曹云祥成立课程改革委员会,注意创建高质量的师资队伍,增聘中国教师,提高中国教师待遇,逐步实现教师的本土化。清华教育的目标是要养成中国式的人才,清华的政策也发生了改变,要建设纯粹中国式的大学。② 曹云祥的改革取中庸之道,他说:"虽力图改良,曾一再声明主张天演自然之道,反对速成革命之法,既不辞'敷衍了事'之见责,又不图一日告竣之虚荣,不偏不倚,择乎中庸而已。"③ 通过他的一系列改革,在当时中国教育欧美化严重,中国本土学术文化日渐沦丧的大背景下,曹云祥逐步将清华办成"益宏乐育,卓尔不群"④ 的中国式大学。黄延复先生的评价为:"曹云祥校长实不愧为一位爱国、爱校、具有教育家素质和眼光的校长,他对清华发展的贡献也应该具有划时代意义的。"⑤

### 三　罗家伦对清华本土化发展的贡献

罗家伦(1897—1969),字志希,笔名毅,绍兴柯桥镇

---

① 苏云峰:《从清华学堂到清华大学(1911—1929)》,三联书店2001年版,第77页。

② 清华大学校史研究室编:《清华大学校史资料选编》1,清华大学出版社1991年版,第272页。

③ 同上书,第418页。

④ 同上书,第42页。

⑤ 黄延复:《清华的校长们》,中国经济出版社2003年版,第68页。

江头人。苏云峰总结罗家伦对清华的贡献有:(1)提前两年实现了"完备之分科大学"的计划。(2)革除制度上的弊端,废除董事会,使清华改归教育部,而不再受外交部的牵制。(3)健全清华基金管理,稳固清华大学的经济基础。(4)加强图书仪器及校舍之建筑设备,使清华师生有一个更优良的读书与研究环境。(5)解聘不力教员三十余人,延揽优良教授四十余人,并改善待遇与其他福利,使之安心教学和研究。(6)整理原有学系,强化理学院,并添设研究院(所),延揽世界著名学者来校讲学,以提高清华学术水准。(7)扩大招生名额。(8)招收女生,使女子教育机会平等。① 从清华大学的本土化发展来看,其贡献尤为重要的一个方面是提出学术独立。罗家伦以《学术独立与新清华》为题发表就职演说,表明其办学方针,强调中国要取得国际政治上之独立自由平等,中国的学术必须在国际间也有独立自由平等,把留美预备的清华学校改为国立清华大学,就是这个意思,要"把科学的根苗移植在清华园里",再进而散布于全中国。罗家伦到清华,通过调查,明确表示到清华"主要目的和使命,在对于清华校务下一番改革,而使其于中华民族在学术上的独立发展,及新中国的建设上,能够有所贡献和帮助……总之,我只抱发扬学术的目的……我去办理清华,除谋中国学术独立外,他无目的"②。1928 年 9 月新颁布的组织条例第一章第一条首先标明国立清华大学的宗旨,以求中华民族在学术上之独立发展,而

---

① 苏云峰:《从清华学堂到清华大学(1911—1929)》,三联书店 2001 年版,第 32 页。

② 清华大学校史研究室编:《清华大学校史资料选编》2(上),清华大学出版社 1991 年版,第 4 页。

完成建设新中国之使命①，使学术独立得到制度保障。考虑到清华的基础和中国当时的环境，他提出学术独立应当注意："第一体察中国所需要之科学，第二根据清华已有之基础，第三按照北平环境在研究上之便利。"② 他认为要达到这个目的，必须使清华实现"四化"，即廉洁化、学术化、平民化和纪律化。冯友兰对其评价为："学术化成绩最显著，民主化和纪律化成绩平常，军事化没有成绩，彻底失败。"③ 黄延复先生对他的评价是："罗发展清华的决心和魄力极具'客观、坦率、有胆识与远见'实非过分溢美之辞……无论如何，罗先生仍不失为清华校史上最有贡献和最值得纪念的校长之一。"④ 罗家伦的成就，"上承清华传统，同时开启了日后的新发展……罗家伦的奋斗成果，实为梅氏铺下了一条康庄大道"⑤。

## 第二节　梅贻琦时期清华大学的本土化发展

梅贻琦，字月涵，1889 年 12 月 29 日生于天津。1931 年出任清华大学校长。1941 年，清华建校 30 周年，美国一所大学的电文中有"中邦三十载，西途一千年"的颂词⑥。中国大学用三十年的工夫走完了西方一千年走的路，得益于梅贻琦在

---

① 清华大学校史研究室编：《清华大学校史资料选编》2（上），清华大学出版社 1991 年版，第 138 页。

② 同上书，第 4 页。

③ 冯友兰：《三松堂自序》，三联书店 1984 年版，第 332 页。

④ 黄延复：《清华的校长们》，中国经济出版社 2003 年版，第 93 页。

⑤ 苏云峰：《从清华学堂到清华大学（1928—1937）》，三联书店 2001 年版，第 33 页。

⑥ 黄延复、马相武编：《梅贻琦与清华大学》，山西教育出版社 1995 年版，第 26 页。

清华坚持走本土化发展道路。

## 一　梅贻琦与清华大学管理体制的改革

梅贻琦任清华大学校长时，根据对中国大学传统和西方大学精神的理解，继承清华已有的传统，形成自己的大学观，并以此开展对清华管理体制的改革。

### （一）梅贻琦的大学观

梅贻琦的大学教育思想首先来源于他多年办学的实践经验，是融合中西、贯通古今的本土化结果。具体来说，他的大学观有三个理论来源，即：中国古代儒家大学（Great Learning）教育思想和古希腊教育哲学思想；欧美近代民主与法治思想；以蔡元培为代表的（实际上也是中国先秦时期的百家争鸣和欧美近世高等学府所倡导的）学院式兼容并包和学术自由思想。① 具体到他对大学本质的认识，主要体现在三个方面：大学之道"在明明德、在新民②、在止于至善"；大学的核心是大师；大学是大学问。

### 1. 大学之道

梅贻琦从人类文明共同经验出发，立足于中国传统儒家大学的思想，对大学本质做形而上的思考，从人类文明经验大致相同的观点出发，认为大学精神具有相通性。他认为古今中外，一切教育（包括大学教育），均须从"修己"开始。作为哲学思想，在西方可溯源于古希腊人生哲学的"一己之修明"，在中国，则可溯源于儒家创始人孔子的"古之学者为

---

① 黄延复：《梅贻琦教育思想研究》，辽宁教育出版社1994年版，第153—154页。

② 《大学》之中用"亲民"，梅贻琦文献中用的是"新民"，故本章用"新民"代替《大学》原文中的"亲民"。

己"和儒家代表作之一的《大学》"八目"中的前"五目"
（格、致、诚、正、修）。《大学》所列的三纲领"明明德、新
民、止于至善"，系统表达出大学精神，这是大学教育的"最
后目的"或"最大精神"。"止于至善"是儒家教育思想的最终
目的的表达。要达到这一目的，梅贻琦认为儒家人生哲学与教
育理想里特别重视明明德与新民两个步骤，这是始终如一的，
因而今日中国大学教育也概不能外："今日之大学教育，骤视
之，若与明明德、新民之义不甚相干，然若加深察，则可知今
日大学教育之种种措施，始终未能超越此二义之范围，所患者，
在体认尚有未尽而实践尚有不力耳。"① 他将"明明德"与"新
民"作为达成"大学之道"的两个步骤，从大学任务来看，大
学要把满足人的发展需要与社会、国家的需要结合起来，"国家
需要"要以人的生存与发展需要为前提。梅贻琦认为中国大学
应切实从"明明德"和"新民"做起，才能"止于至善"。

2. 大学的核心是大师

"大学者有大师之谓也。"这不仅表达了梅贻琦对教师的
重视，而且是对大学的独到见解。他认为清华大学有自己的特
殊性，与国内同样的大学相比，清华的经济和环境容易满足办
大学所需要的物质条件，但要达到在学术研究上的特殊性，则
取决于教授。因此，他在清华始终把师资队伍建设放在首要
的、核心的位置，将大师看作大学的本体性存在。大师是大学
存在的内核，这种独特的观念是对书院办学传统的继承，并将
现代大学组织和书院办学精神合二为一的结果。"中国书院的
组织，是以人为中心的，往往一个大师以讲学行谊相号召，就

---

① 刘述礼、黄延复编：《梅贻琦教育论著选》，人民教育出版社1993年版，
第109页。

有四方学者翕然从风,不但学问上有相当的研究,就是风气上也有无形的转移。但是书院的组织太简单了,现在的时代,不但没有一个人可以博通众学满足几百千人的希望……要补救这个缺点,我们可以兼采西方的导师制。就是一个书院以少数教者及少数学者为主体……而这些先生也对于学生的求学、品行两方面,直接负其指导陶熔的责任。"① 有了大师论,才有真正对教师权利的尊重,这对巩固教授治校起了实质性作用。

3. 大学是大学问

梅贻琦就职演说中就提到:"我希望清华今后仍然保持它的特殊地位……我的意思是要清华在学术的研究上,应该有特殊的成就,我希望清华在学术方面应向高深专精的方面去做。办学校,特别是办大学,应有两种目的:一是研究学术,二是造就人材。"② 在《大学一解》中,他从历史的角度,以"群""己"之辩为起点,指出地无中外,时无古今,大学在精神上是相通的:大学是大学问。梅贻琦借孔子之口指出,"夫君子者无他,即学问成熟之人,而教育之最大收获也","及至大学一篇之作,而学问之最后目的,最大精神,乃益见显著"③。在他看来,中国古代虽然没有西方大学之制度,但重"学问"的精神却是和西方大学致力于高深学问的研究相通的。这种"大学问"不单是传统意义上的修身之学,而应包括"自然科学,社会科学,与人文科学三大部门"。他从学术发展和国家建设两者相结合的角度,立足实际,继承和发扬

---

① 陈衡哲、任鸿隽:《一个改良大学教育的提议》,陈平原《中国大学十讲》,复旦大学出版社2002年版,第33—34页。

② 刘述礼、黄延复编:《梅贻琦教育论著选》,人民教育出版社1993年版,第10页。

③ 同上书,第99页。

了蔡元培所倡导的大学应研究高深学问的思想。

（二）梅贻琦与清华管理体制的改革

清华管理体制在 30 年代被称为"教授治校"的典型。该体制在 1926 年《清华学校组织大纲》（1929 年修订）颁布后初步成型，仿美国大学董事会管理模式，成立了教授会和评议会。当时这两个机构权限很少，作用更小，两会都由校长召集、主持，只不过是校长的咨询机构。①1928 年，罗家伦的改革虽然废除了董事会，但仍然坚持"教授治校"的基本原则。自梅贻琦任校长后，在他 17 年的任期内该体制得到完全的确认和巩固。教授治校的贯彻实施，需要相应的组织机构的设置和职权的划分。这个体制的核心是清华教授会和评议会，再加上由校长、秘书长、各院长参加的校务会议，"三驾马车"协同管理一切学校的重要事宜。教授会是根据《清华学校组织大纲》规定设立的，由全体教授、副教授组成，校长为当然主席。其权限包括：（1）选举评议会及教务长。（2）审定全校课程。（3）议决向评议会建议事件。（4）议决其他教务上公共事项。从表面上看，它是全校的最高权力机构。它可以选举评议员和院长，并且评议会在议决重大事件之前，应先征求教授会的意见。评议会也是根据《清华学校组织大纲》规定设立的，由校长、教务长及教授互选的评议员七人组成，校长为当然主席。它相当于教授会的常务委员会，是学校的立法机构，是整个管理体制的核心。其权限包括：（1）规定全校教育方针。（2）议决校内各学系之设立、废止及变更。（3）议决校内各机关之设立、废止及变更。（4）制定校内各种规则。

①　黄延复、马相武编：《梅贻琦与清华大学》，山西教育出版社 1995 年版，第 147 页。

（5）委任各种常任委员会。（6）审定预算、决算。（7）授予学位。（8）议决教授、讲师与行政部各主任之任免。（9）议决其他重要事件。所以，评议会是清华大学的最高决策、立法、审议机构，其决议对学校的各级行政领导都有一定的约束力，因此，所谓"教授治校"的思想是通过评议会的职能和作用来体现的。校务会议是根据1925年4月颁布的《北京清华学校大学部暂行章程》（1929年6月12日修订）设立的，由校长、教务长、各院院长组成，增设秘书长一人，是处理日常行政事务的行政机构，属于学校行政审议机构，从人员构成来看，属于行政方面的只有校长、教务长和秘书长三人，其余都是由教授会选出来的代表，两者的比为3:11（包括四个院长），教授会的代表占绝大多数。因而，从理论上讲，教授会在学校的行政方面是有最大的决定权的。

　　清华由于与美国的关系，自由主义思想从建校之初就有，并形成传统，这对教授治校的形成提供了良好的思想基础。但作为清华"土制度"，它在许多方面没有法令、规章的依据，而且有些还和那时的法令、规章相抵触。众所周知，中国"教授治校"发源地北大在蔡元培离去之后，该制度基本上名存实亡，清华却能成为"教授治校"的典型，这与校长梅贻琦的大力推动有着密切的关系。曾任清华法学院院长的陈岱孙教授说："在清华实行了十八九年的校内领导体制，在很大程度上，是当时环境下的产物。在校内，它以民主的名义对抗国民党独断专权的一面，在校外，它又以学术自由的名义对抗国民党派系势力对教育学术机构的侵入和控制的一面。这一体制的确立和巩固，是和梅贻琦先生长校时的作风和支持分不开的。"①

---

①　黄延复编：《梅贻琦先生纪念集》，吉林文史出版社1995年版，第91页。

梅贻琦将"教授治校"制度落在实处，使它真正发挥作用，主要靠的是建立并完善了校务管理体制。作为校长的梅贻琦对"教授治校"的体制赞成并身体力行，并没有因自己权力受到一定的制约、限制而心存芥蒂，这体现出他治校的民主作风和他自身平和谦诚的性格。浦薛凤先生回忆道："当时所谓教授治校，绝非教授干预学校行政，更非校长推诿责任，而是环境、传统、作风、需要交织形成。……在校长方面，因虚怀若谷，尽量听取同仁意见，在教授方面，正因校长谦虚诚挚，故对其所持意见特别尊重。往往会议中争论甚久，梅师一言不发，及最后归纳总结，片言立决。……正因如此，清华园内，一切协和安定。当时一般学风动荡，华北局势紧张，清华之所以能宁静如恒，自非偶然。"① 梅贻琦任清华校长后，不但承认"教授治校"的合法地位，而且赋予教授会、评议会以更加稳固的权力范围。他每谈治校之道，总说"吾从众"。他"从"的就是广大教师尤其是教授。所以，梅贻琦对于清华"教授治校"这一体制确立的作用，主要在于他在整个 17 年校长任内对这一体制的赞同和扶植。② 究其原因，梅贻琦独特的大学观和个性特征，"无为而治"和"持重态度"起到了稳定作用。

## 二　梅贻琦与清华大学的教学改革

### （一）梅贻琦的通才教育观

20 世纪初中国大学教育受到当时社会环境的影响，注重

---

① 黄延复、马相武编：《梅贻琦与清华大学》，山西教育出版社 1995 年版，第 145—155 页。

② 同上书，第 145—155 页。

实科教育即专业教育成为当时中国教育的一大主题。梅贻琦则认为大学应面对社会现在及未来需要,造就人才和研究学术。当时中国社会需要的是通才,所以梅氏主张大学教育就是通才教育。通才教育构成梅贻琦教育思想的核心,是其进行大学教学改革特别是学科设置的理论基础。梅贻琦坚持"以中化西"、"以今释古"的立场,注重道德修养和人格陶冶,倡导教学相长,同时提倡科学精神,强调学用结合,注重多学科知识教育,强调会通中西、会通古今的通才教育,其思想来源于中国本土的通才教育思想、近代欧美大学所普遍推行的"General Education"以及植根于清华的通才教育传统和实践,是中国传统文化与外域文化的融合,具有时代特色和民族特色。

梅贻琦认为通识为本,专识为末,社会需要的是通才。通才教育的目标在于培养全人格,在《大学一解》中,他从"明德"与"新民"两者关系来论述对"通"与"专"的理解,提出"明德功夫即为新民功夫之最根本之准备",而"明明德或修己功夫中之所谓明德,所谓己,所指乃一人整个之人格,而不是人格之片段"①。也就是说,"成才先成人",整个人格的修养是经世济民的根本,是通才的目标。"所谓整个之人格……至少应有知、情、志三个方面,而此三方面者皆有修明之必要。"② 其中"知"指知识,"情"指情绪,"志"指意志,它们是全人格不可或缺的重要组成部分。他认为这三者是和谐统一的整体,求知也好,治学也好,都和"意志之坚强,

---

① 刘述礼、黄延复编:《梅贻琦教育论著选》,人民教育出版社1993年版,第100页。

② 同上。

治学之谨严，思想情绪之稳称"有极密切的关系。因此，大学要特别注意"知、情、志之陶冶"。具体到实际教学中，梅贻琦认为，大学通才教育必须涵括德智体美群劳诸育内容，诸育并举体现了梅贻琦通才教育思想中"通才"的规格，也是通才教育的基本内容。通才教育应是培养"周见洽闻"的"完人"。大学教育不应成为职业或技能教育与专家教育，而要给学生以"士"的教育，以培养"读书知礼"的"士人"或曰"精神领袖"。

梅贻琦通才教育思想的根基是发轫于中国传统的士人理念和社会责任感，是儒学传统的延续创新。通才教育在中国应是自古有之，它本身是一个本土的概念，有着特定的内涵。传统意义上的"通才"概念诞生于中国古代伦理本位的文化和"通天人、合内外"的哲学背景中，主要是一种人文知识的"通"并以完善人格为核心。① 梅贻琦以"群己"关系为逻辑起点论述通才教育："教育之最大的目的，要不外使群中之己与众己所构成立群各得其安所遂生之道，且进以相位相育，相方相苞；则此地无中外，时无古今，无往而不可通者也。"② 他借用孔子之口表达出自己的人生哲学，以此作为教育目的的价值基础。"孔子于《论语·宪问》曰，'古之学者为己'。而病今之学者舍己以从人。其答子路问君子，曰'修己以敬'，进而曰，'修己以安人'，又进而曰，'修己以安百姓'；夫君子者无他，即学问成熟之人，而教育之最大收获也。曰安人安百姓者，则又明示修己为始阶，本身不为目的，其归宿，其最

---

① 杨东平：《通才教育论》，辽宁教育出版社1989年版，第186—188页。

② 刘述礼、黄延复编：《梅贻琦教育论著选》，人民教育出版社1993年版，第99页。

大之效用,为众人与社会之福利,此则较之希腊之人生哲学,又若更进一步,不仅以一己理智方面之修明为己足也。"① 在教育目的的价值取向上,在个人本位主义和社会本位主义之间,采用"相位相育,相方相苞"的方法,立足于社会发展与个人发展辩证统一,梅贻琦通才教育的根本目的就是使个人与社会"安所遂生",是中国传统大学之道的延续。

梅贻琦曾三度赴美,在美国留学期间,接受的就是美国的"General Education",对当时美国大学教育的主流思想与现状有比较全面而又透彻的了解和体悟。因而,梅贻琦的通才教育思想也吸收了西方"General Education"的思想,特别是在知识观方面,在吸收西方传统大学知识观的同时,也融合了中国传统的儒家知识观,将知识观与人生观、价值观联系起来,将知识观上升到人生观和价值观,知识由客观性上升到人文层面,指向人的精神,因而,从本质上讲,知识具有一定的内在贯通性。梅贻琦认为对知识的追求可以"知类通达,强力不反","知识之为物,原系综合联贯的,吾人虽强为划分,然其在理想上相关连相辅助之处,凡曾受大学教育者不可不知也"②。这种知识观反映在课程上,强调学生要文理兼修,拓展学生知识的广度,开阔学生的思维,有利于养成学生正确的人生观。梅贻琦认为"学问范围务广,不宜过狭,这样才可以使吾们对于所谓人生观,得到一种平衡不偏的观念"③。知识与人生、价值相联系,学问与人生产生紧密联系,求学和做人是相互促进的。

---

① 刘述礼、黄延复编:《梅贻琦教育论著选》,人民教育出版社 1993 年版,第 99 页。

② 同上书,第 6 页。

③ 同上书,第 17 页。

（二）梅贻琦时期的清华大学教学改革

1. 清华大学的学科设置

第一，沟通文理学科，实施通才教育。在当时重实科的社会风气下，梅贻琦提出学科建设应以大学的综合性为指导，坚持文理结合、理工并重，优先发展基础与应用学科，通专分设等一系列基本原则，强调学科之间的联系性，打破学科之间的隔阂，重视人文学科对人才培养的重要作用。在具体做法上，30 年代的清华大学实行大学一年级不分系和专业，文、法、理、工各学院的学生在大学一年级均学习自然科学、人文科学和社会科学三方面的共同必修课，且大学一年级的共同必修课大多由著名教授担任。梅贻琦认为："理工为实用学科，固宜重视，但同时文法课程，亦不宜过于偏废。就本校说，最初办理较有成绩的理科之外，文法数科亦并不弱。现在本校工院初创，理工方面固应亟谋发展，但于文法各系也要使它有适当的进展。这一点外人不免忽视。"① 1933 年秋，清华开始实行文法学院、工学院大一分院不分系的措施。这种制度旨在加强学生的基础，拓宽学生的视野，避免过早进入专门研究的弊端。学生在这种制度下可以较多地照顾到个人兴趣，转系也不难。这是对清华通才教育传统的一个重大发展，事实证明是合情合理的。经过梅贻琦的努力，清华由原来的文、理、法三个学院发展成为文、理、法、工、农五个学院，26 个系，其中有 14 个系招收研究生，清华才真正成为国内外知名的综合性大学。

第二，适应社会需要，坚持特色办学。梅贻琦认为各校处境不同，主张有别，因而其发展途径应有所不同。清华大学应

① 刘述礼、黄延复编：《梅贻琦教育论著选》，人民教育出版社 1993 年版，第 51—53 页。

与时代与环境的需要相结合,学科的设立"就社会之需要言,各科人材,当皆为重要。但各系有为他校所已办,而成绩优良无须更设者;有因科门之性质不宜设立于清华者;亦有因一时设备难周须逐渐开办者……"① 他根据清华的特殊条件,决定优先发展工程学科,建立起在我国教育史上占有重要地位的清华工学院和农学院。清华大学自改办大学以后,就有土木工程系,为国家培养急需的各项工程人才。1932年,梅贻琦呈报教育部,添设机械工程系、电机工程学系,合原有的土木工程系,组建成工学院。他在《关于组建工学院等问题》一文中提到:"关于扩充学科一事,前者学校已经决定添设机械工程及电机工程两学系,合以原有之土木工程学系,组为工学院。……至于本校所以成立工学院的理由,一方面是迭奉教育当局明令,特别主张发展理工科;一方面是应社会的需要。……至于工学院各系的政策,我们应当注重基本知识。训练不可太窄,应使学生有基本技能,而可以随机应用。"② 清华工学院虽然是新创立,但其基础并不弱,经过院系人员的共同努力,为中国工程教育人才培养和理论建设作出了许多重要的贡献,这也是梅贻琦初长清华时的杰出成就之一。清华农学院的成立是一个渐进的过程,也反映出梅贻琦注重实际、特色办学的教育思想。他一方面反对当时国内大学受"改大风潮"的影响,不顾实际盲目发展的倾向,另一方面也反对学科平均发展的观念,认为学科的发展应建立在一定的研究基础之上,才能为国家社会多作贡献。他说:"吾人仅抱定宗旨,即使具

---

① 刘述礼、黄延复编:《梅贻琦教育论著选》,人民教育出版社1993年版,第5页。

② 同上书,第14—15页。

有相当根底之各门类，在国内学术界，能多有贡献。"① 梅贻琦根据当时中国农村的实际需要，提出缓办农学院，先办农事试验场。农业问题的研究应在农学院之前展开，于1934年设立农业研究所，"希以研究所得，贡之农村实用，以为改良农业，复兴农村工作之一端。现先办病害、虫害两组。以此两方面需要较切，而为国内各农事研究方面所不甚注意者。工作拟定者，有河北省病虫害调查、河北省重要病虫害之防治、旧有防治法之调查与国产除害剂之试验、植物抗病种之选择及害虫天然节制法之研究、与应用有直接关系之纯粹研究等五项"②。抗战爆发后，在长沙设有特种农业研究所，在昆明期间，农业研究工作也从未间断，并在中外学术杂志上发表了许多研究成果，直到1946年复员以后，才正式将农业研究所扩充为农学院，并将农学院的主旨与研究中心规定为："为适应目前国内之切实需要起见，拟在教授一般课程外，复以造就农业研究人才为主旨。研究工作之内容则以少数重要问题为中心。"③

第三，倡导学术研究，建设研究所。梅贻琦认为："凡一大学之使命有二：一曰学生之训练，一曰学术之研究。清华为完成此使命，故其发展之途径不徒限于有效之教学，且当致力于研究事业之提倡，此在学术落后之吾国，盖为更不可缓之工作。"④ 清华大学创办之初就设立研究院，限于当时条件只设国学研究院，中途几近停办。1929年，时任清华校长罗家伦呈准在本科学院设立研究院，次年夏招生，致力于文、法两

---

① 刘述礼、黄延复编：《梅贻琦教育论著选》，人民教育出版社1993年版，第54页。

② 同上书，第72页。

③ 同上书，第171页。

④ 同上书，第69页。

科,理科仅招物理研究生一人。梅贻琦任校长期间,大力发展研究事业,使学科的广博和精深兼备,重新调整,增强理科,设文、理、法三科研究所。1936 年时已下设三科十部(所),有学生 43 人,其中文科研究所设四部,理科研究所设四部,法科研究所设两部。[①] 梅贻琦还根据国家的需要,一手筹划和创办起清华"特种研究事业"。1934 年 8 月 15 日,他呈文教育部,"鉴于国内需要,拟即举办特种研究及理工特别设备",提出:"(一)增多有关国情课程计划;(二)举办航空讲座;(三)水工研究;(四)工业化学设备。"[②] 在实际运作中有所调整,除上文所述农业研究所外,最为出色的当数航空工程研究所。"吾国近年于航空事业极力推进,然其困难问题,不在经济而在人才。航空之人才固分驾驶与工程两门,而工程人才尤为难得,盖此种人才之造就尤至不易也。是以本校工学院成立之始,即注意于国家对于特种工程之需要,如航工、如水利、如电信,皆特予发展。而航工自得资源委员会之资助与航空委员会之指示,进行尤为顺利。"[③] 1934 年,清华大学与资源委员会合作开设航空讲座,进行航空实验,建立了亚洲最大的航空实验风洞。1936 年,航空研究所正式成立,顾毓琇任所长。抗战期间以及抗战后,梅贻琦不断致力于扩充特种研究事业,除了发展原有的农业研究所、无线电研究所、航空研究所外,又开办了金属研究所、国情普查研究所,成果丰硕。

---

① 清华大学校史研究室编:《清华大学校史资料选编》2(上),清华大学出版社 1991 年版,第 200 页。

② 刘述礼、黄延复编:《梅贻琦教育论著选》,人民教育出版社 1993 年版,第 57—58 页。

③ 同上书,第 72 页。

## 2. 清华大学的课程改革

梅贻琦任校长期间，调整了清华大学的课程结构，增加课程数量，使课程设置满足人才培养的需要。清华大学采用的是学年学分制，大学本科课程分为三种，一为全校共同必修课，二为各系规定的必修课，三为各系规定的选修课。以每周上课1小时，或实验2—3小时为1学分，学生每学期除党义、体育、军训外，必须选读14—20个学分，以17个学分为标准，每年必须修完33个学分。清华一年级不分学系和专业，因而允许学生转系，所修学分经审核后就有效。自1925年成立大学部起，随着发展需求，各院系课程繁多，不便一一列举。但就数量而言，各院所开课程数目激增，梅贻琦任校长期间增加最多。课程总数从1925年的52门，增至1932年的592门（该年增设工学院），后略作调整，至1936年减为525门。就院别统计，从1926年至1936年，文学院约增2倍，法学院约增8倍，理学院约增13倍，工学院约增17倍，亦符合国民政府重视理工与经济实用学科的政策。如下表所示：

### 清华大学各院课程统计[①]　　　　单位：门

| 年份<br>院别 | 1925 | 1926 | 1927 | 1928 | 1929 | 1930 | 1932 | 1935 | 1936 |
|---|---|---|---|---|---|---|---|---|---|
| 文学院 | | 53 | 65 | 100 | 119 | 133 | 150 | 160 | 160 |
| 法学院 | | 7 | 26 | 32 | 42 | 53 | 87 | 64 | 64 |
| 理学院 | | 11 | 29 | 63 | 62 | 101 | 163 | 136 | 136 |
| 工学院 | | 9 | 23 | 37 | 66 | 45 | 189 | 162 | 162 |

---

① 苏云峰：《从清华学堂到清华大学（1928—1937）》，三联书店2001年版，第63页。

续表

| 年份<br>院别 | 1925 | 1926 | 1927 | 1928 | 1929 | 1930 | 1932 | 1935 | 1936 |
|---|---|---|---|---|---|---|---|---|---|
| 其他 | | 11 | 29 | 22 | 23 | 28 | 3 | 3 | 3 |
| 合计 | 52 | 91 | 172 | 259 | 262 | 360 | 592 | 525 | 525 |

说明:1930年以前工学院课程,只土木工程一系之数字,1929年曾拟裁去,故所开课程减少。其他一项包括体育、教育心理、昆曲及绘画、农业、党义与军训。1932年后,仅剩体育、党义与军训。

　　梅贻琦基于通才教育的理念改革课程结构,增加通识课程,形成了通专结合、文理渗透、重视基础的课程结构。他认为大学四年时间有限,通专并重说易行难,而偏重专科的弊端,更应革除,所采取的原则应是通重于专。早在1927年梅贻琦任教务长时,为使教学内容适应通才教育的需要,就提出了课程改革方案。他说:"清华大学学程为期四年,其第一年专用于文字工具之预备及自然科学与社会科学之普通训练,其目的在使学生勿囿于一途,而得旁涉他门,以见知识之为物,原系综合连贯的,吾人虽强为划分,然其在理想上相关联相辅助之处,凡曾受大学教育者不可不知也。学生自第二年以后,得选定专修学系以从事于专门之研究,然各系规定课程,多不取严格的限制,在有专系必修课程之外,多予学生时间,使与教授商酌,得因其胜之所近,业之所涉,以旁习他系之科。益求学固贵乎专精然而狭隘之弊与宽泛同,故不可不防。"① 这一思想突破了大学固守专业的限制,使学生基础知识尽量学得扎实宽泛。梅贻琦任校长后,根据通才教育原则,对课程做了

---

　　① 刘述礼、黄延复编:《梅贻琦教育论著选》,人民教育出版社1993年版,第6页。

进一步改革。1933 年，清华大学文、法、理三院实行"大一共同必修课程"，大学一年级学生都修同一门类的课程，为此各系课程表也都相应调整。一般包括下列五类课程：大一共同必修课程、必修的本系课程、必修的他系课程，选修的本系课程、选修的他系课程。其中大一共同必修课程全校统一规定为36—38 学分，占总学分的 27.2%—28.3%，内容包括国文、英文、通史（于本国通史和西洋通史中任选一门）、自然科学（于普通物理、普通化学、普通地理学中任选一门），此外于逻辑、高级算学、微积分中任选一门。大一共同必修课程的设置，可以使学生得到自然、社会和人文方面的通识教育，使学生取得入各学系共同必需的工具知识，使学生受到思想训练，使学生有一年时间从容考虑和选择入何学系的问题。通专结合主要是指专与博的关系。各系重点不同，如西洋文学系、物理系、化学系、土木系、机械系，电机系等，除共同必修课外，几乎全为本系专业课。政治系之本系课程仅占 36%，算学系仅占 38%，心理系 44%，历史系 45%。这些系都鼓励学生去选修其他系的课程，以扩大学识基础。①

3. 清华大学的教学改革

第一，严格教学管理，加强基础知识教学。清华的学风以严格而著称于世。在教学管理中，梅贻琦制定了严格的教学制度和完善的教学组织形式，对师生提出严格的要求。1934 年制定的《本科教务通则》规定：学生每学年开始选修及事后增选的课程，都须经系主任签字批准；选修课成绩不合格，不能补考，不能重修，必修课成绩不合格，不能补考，必须重

---

① 苏云峰：《从清华学堂到清华大学（1928—1937）》，三联书店 2001 年版，第 63 页。

修。学生全年学分,有 1/3 不合格,留校察看,1/2 不合格者
退学。[①] 对教师而言,平时上课均要认真讲授。学生不许无故
旷课。因事不能上课,须先亲自到注册部请假,否则视为缺
课,不得补假。病假须具校医证明。请假 2 日以上须请教务长
允准。学生在一学期内无故旷课 16 小时者,由注册部先予警
告;满 20 小时者,由教务长训诫;训诫后不听,仍缺课满 5
小时者,即令休学 1 年。某一学程在一学期内缺课超过 1/3
者,不得参加该课之学期考试,其成绩以劣等计。[②] 同时,清
华十分重视基础知识教学,在组建工学院时,梅贻琦认为在教
学中"就当注重基本知识。训练不可太狭太专,应使学生有
基本技能,而可以随机应用。此类人才,亦就是最近我国工业
界所需要的"[③]。例如化学课程的"四大基础课"——普通化
学、分析化学、有机化学和物理化学,当时都是由主要教授来
教,分别是张子高、高崇熙、萨本铁和黄子卿。这种精神反而
更引起学生的尊重。段学复为清华校庆写的"水木清华,四
十年前,重视基础,受益匪浅"[④] 便是很好的评价。

　　第二,教学与研究并重。梅贻琦将教学与学术研究作为大
学的两大使命,并将后者作为救国的刻不容缓的工作。在清华
建校 26 周年纪念会上,他强调清华大学将来"应予注重者为
在学术研究方面力求进展……庶将来于学术上多有贡献,以尽

　　① 　清华大学校史研究室编:《清华大学校史资料选编》2(上),清华大学
出版社 1991 年版,第 164—170 页。
　　② 　苏云峰:《从清华学堂到清华大学(1928—1937)》,三联书店 2001 年版,
第 65 页。
　　③ 　刘述礼、黄延复编:《梅贻琦教育论著选》,人民教育出版社 1993 年版,
第 15 页。
　　④ 　黄延复:《清华传统精神》,清华大学出版社 2006 年版,第 93 页。

大学所以为大学之职责"①。在梅贻琦的大力倡导下，清华大学取得丰硕的研究成果。至 1937 年，清华教师发表研究论文的比率占全体教师的 37.9%，是当时全国专门学校以上教师研究发表论文平均数的 2.7 倍。清华教师每人平均出版专著2.4 种，发表论文 4.7 篇。② 清华研究所的创立为师生提供了很好的教学与研究结合的平台。教学与研究并重反映出梅贻琦的学术自由的思想，在具体的教学上就表现为教学民主、鼓励创新。教师们鼓励学生思考，阐发自己的独到见解。

　　第三，倡导师从游的教学方法。梅贻琦十分重视师生之间的关系对学生的影响，因而提倡师从游的教学方法。他说："古者学子从师受业，谓之从游，孟子曰，'游于圣人之门者难为言'，间尝思之，游之时义大矣哉。学校犹水也，师生犹鱼也，其行动犹游泳也，大鱼前导，小鱼尾随，是从游也，从游既久，其濡染观摩之效，自不求而至，不为而成。"③ 这种教学方法有利于整合学生的知识和人格，培养通才。另一方面，良好的师生关系实际上是一种潜在课程，对学生产生潜移默化的影响，表现在知识的传授上，通过教师的"善教"、"善诱"来"指引"、"启发"学生，使学生产生"自动之功"，收"自新之效"。在品格教育上要"以善先人之教"。教师要以身作则，在"意志锻炼"、"情绪裁节"方面具有相当的修养功夫，并在日常生活中自然流露，使得"从游之学子

---

① 刘述礼、黄延复编：《梅贻琦教育论著选》，人民教育出版社 1993 年版，第 15 页。

② 苏云峰：《从清华学堂到清华大学（1928—1937）》，三联书店 2001 年版，第 116 页。

③ 刘述礼、黄延复编：《梅贻琦教育论著选》，人民教育出版社 1993 年版，第 102 页。

无形中有所取法",行不言之教,使学生感觉"游于圣人之门",从而"观摩取益",以得"不为而成"的功效。

第四,加强与国际学术界之沟通。梅贻琦任清华校长期间,清华的学术研究在国内已取得相当的地位,但他并未满足于此,而是将办学视野从国内扩展到国际,从世界范围内来思考清华"更高之地位",并将此作为清华的重要使命。为此努力加强与国际学术界沟通,在1936年《致全体校友书》中梅贻琦总结说:"盖今日之清华,已不仅为国内最高学府之一个,同时亦当努力负起与国外学术界沟通之使命也。"① 为此,梅贻琦采取了延聘国外学者来校讲学、本校休假教授赴外国研究、出版学术刊物、与美德等国互派研究生等一系列措施,通过与国际学术界的交流提高学术研究水平,使中国学生紧跟国际学术前沿,同时也使外国学者了解中国学术发展状况。

### 三　梅贻琦与清华大学师生生活的变化

（一）梅贻琦时期清华师资队伍的变革

1. 梅贻琦的教师观

梅贻琦从大学本体论的高度来重视教师队伍建设,将教师的地位提高到无以复加的地步,提出著名的"大师论"。1931年梅贻琦在就职典礼上说:"一个大学之所以为大学,全在于有没有好教授。孟子说:'所谓故国者,非谓有乔木之谓也,有世臣之谓也。'我现在可以仿照说:'所谓大学者,非谓有大楼之谓也,有大师之谓也。'我们的智识,固有赖于教授的教导指点,就是我们的精神修养,亦全赖有教授的 inspiration。

---

① 刘述礼、黄延复编:《梅贻琦教育论著选》,人民教育出版社1993年版,第69—76页。

但是这样的好教授，决不是一朝一夕所可罗致的。我们只有随时随地留意延揽而已。同时对于在校的教授，我们应该尊敬，这也是招致的一法。"[1] 据吴泽霖回忆："在我同梅先生共事的几年中，他不止一次地对我说：'清华既拥有别所大学不具备的庚款基金来提供科研设备，又拥有一支优秀的教学队伍，我们理应把它办成一所世界上著名的学府。我们有责任这样做。'"[2] 他反复强调学校的发展，学术地位的提高，大学之良窳，以充实师资为第一要义，其中大师级的名教授更是要招致的重点。他提醒人们，"勿徒注视大树又高几许，大楼又添几座，应致其仰慕于吾校大师又添几人"，拥有众多的大师级教授，这才是清华最应该考虑的问题。能成为大师的人，至少应具备以下五种品格：高尚的人格、博雅的学术、深邃的思想、卓越的识见、儒雅的文才。[3] 对于教授的职责，梅贻琦指出："教授责任不尽在指导学生如何读书、如何研究学问。凡能领学生做学问的教授，必能指导学生如何做人，因为就学与做人是两相关联的。凡能真诚努力做学问的，他们做人亦必有不取巧，不偷懒，不作伪，故其学问事业终有成就。"[4] 1941 年，他在《大学一解》中具体地谈到教师"举默作止"的楷模作用："至意志与情绪二方面……一为教师之树立楷模，二为学子之自谋修养。意志须锻炼，情绪须裁节，为教师者果能于二者均有相当之修养工夫，而于日常生活之中与以自然之流露，

---

① 刘述礼、黄延复编：《梅贻琦教育论著选》，人民教育出版社 1993 年版，第 10 页。

② 黄延复编：《梅贻琦先生纪念集》，吉林文史出版社 1995 年版，第 287 页。

③ 黄延复：《清华传统精神》，清华大学出版社 2006 年版，第 5 页。

④ 刘述礼、黄延复编：《梅贻琦教育论著选》，人民教育出版社 1993 年版，第 24 页。

则从游之学子无形中有所取法；古人所谓身教，所谓以善先人之教，所指者大抵即为此两方面之品格教育。"①

2. 清华大学师资队伍的变革

在"大师论"思想指导下，经过梅贻琦多年的罗致聘请，清华成为大师荟萃的一所名校。第一，教师人数的增加。梅贻琦上任后，将延揽一流师资看作为"努力奔赴第一事"。一方面他充分尊重原教授队伍并充分发挥其作用，另一方面又多方礼聘。1932—1937年，先后聘来的国内名师（包括一些当时即已崭露头角的新秀）有闻一多、顾毓琇、吴晗、潘光旦、李景汉、贺麟、张岱年、陈省身等数十人。② 教师总数从1931年的159人增加到1936年的232人。第二，教师质量的提高。1931—1937年，有190位教师应聘到清华任教，其中清华出身者93人，非清华出身之华人85位，外籍教授12人。初聘教师中，教授75人，副教授1人，讲师46人，教员11人，助教58人。到1937年，清华大学教师中硕士、博士比例分别占教师总数的比例均是21%，其中，在国外取得硕士学位的73人，博士84人。教师年龄结构也年轻化，47岁以下教师所占比例达到58%。③ 第三，延聘国外学者，进一步充实师资队伍。梅贻琦认为要提高国家学术水准，就要罗致世界第一流学者，来华讲学。在他任期内邀聘到清华作短期讲演的有郎哲曼（Longevin）、郎密尔（Langmuir）、何尔康（Holcombe）、杰克生（Jackson）等人。来校长期担任教师的有维纳（美籍）、哈

① 刘述礼、黄延复编：《梅贻琦教育论著选》，人民教育出版社1993年版，第101页。

② 黄延复：《梅贻琦教育思想研究》，辽宁教育出版社1994年版，第92页。

③ 苏云峰：《从清华学堂到清华大学（1928—1937）》，三联书店2001年版，第115—120页。

达玛（法籍）、华敦德（美籍）、原田淑人（日籍）等人，进一步充实师资队伍，提高了教师质量。第四，坚持以"思想自由"、"兼容并包"的用人方针延聘教师。梅贻琦自称是蔡元培"思想自由"、"兼容并包"方针的"追随"者。在教师聘用上，他从更高更广的层次来理解和实践蔡元培倡导的办学原则与用人方针。在二三十年代，清华文坛上的"守旧派"和"更新派"相安相处，"留洋派"和"本土派"共同促进。教师队伍派别林立，但不再出现强烈的排他意识。第五，尊重教师的权利，改善教师生活。清华教师的待遇与国内同等大学相比，不仅有保障，而且待遇是比较高的。以教授为例，初聘教授起薪 300 元，以后每服务两年即加薪 20 元，有特别贡献者可加 40 元。[①] 教师还享有休假研究的权利。凡教师连续服务五年以上者，得休假研究一年，每年约有十人左右，或则远涉重洋，或则投身边鄙，无不尽力于学术探讨，或实地观察。[②] 经过梅贻琦几年的努力，加上罗家伦校长集中聘请的那一批教授，改变了清华教师的学缘结构、年龄结构，教师学历得到进一步提升，教师阵容重新融合，使得 30 年代清华园内名师荟萃，极一时之盛。

（二）梅贻琦时期清华学生生活的变化

1. 梅贻琦的学生观

梅贻琦在多种场合谈到对学生的看法，对学生提出殷切的期望。他的学生观主要体现在以下几个方面。

第一，学生的发展应是"全人格"的发展。在《大学一

---

① 黄延复：《水木清华——二三十年代清华校园文化》，广西师范大学出版社 2001 年版，第 242 页。

② 刘述礼、黄延复编：《梅贻琦教育论著选》，人民教育出版社 1993 年版，第 69—76 页。

解》中他特别强调学生知、情、志协调发展。要做到这一点，学生应在自然、社会与人文三方面都具有广泛的综合知识。他特别强调大学所有学科，都应以"通才教育"为主导思想，重视各门基础课程的学习，知识要广，要进行"智、德、体、美、群、劳"的"全人格"教育和熏陶，这样培养出来的人，既受到系统完整的科学训练，又具有人文修养和相当的旁类知识基础，知识、修养、人格三个方面平衡发展，必有大的发展余地。

第二，学生应研究学问，追求真理。1927年在送别毕业生留美的讲话中，梅贻琦要求学生"无论研究哪种学问，考查哪种事业，都要保持着科学家的态度，然后才能得到真实的学问，才能对于美国的事物得到允当的了解。这科学的态度，吾以为应有以下成分：第一要不预存成见；第二要探究事实；第三要根据事实，推求真理；第四要对于真理忠诚信守。……在求学遇着疑难问题的时候，务要保持科学的态度，研求真理"[1]。对新同学他也提出同样的要求："诸君由中学出来再入一个大学，想研究些高深学术，这个志向是可贵的。……到校之后，千万要抱定这个志向，努力用功。"[2]

第三，学生应服务国家，服务社会。梅贻琦谆谆告诫留美学生："在外国的时候，不要忘记祖国；在新奇的社会里面，不要忘掉自己。"[3] 在国难当头的时刻，学生不能不关心国事，要根据自身情况寻找救国的途径，为国家服务。他指出："只要紧记住国家这种危急的情势，刻刻不忘了救国的重责，各人

---

① 刘述礼、黄延复编：《梅贻琦教育论著选》，人民教育出版社1993年版，第3页。

② 同上书，第20页。

③ 同上书，第3页。

在自己的地位上，尽自己的力，则若干时期之后，自能达到救国的目的了。我们做教师做学生的，最好最切实的救国方法，就是致力学术，造成有用人材，将来为国家服务。"① 梅贻琦还从大学与社会的关系方面指出学问不能离开社会的问题，否则学问就太空泛了，要求学生从学问里研究拯救国家的方法："大家不要因自己环境之舒适，而忘怀园外的情形。在中国今日状况之下，除安心读书之外，还要注意到国家的危难。"②

第四，学生要思想独立，思想自由。梅贻琦告诫学生为人做学问"思想要独立，态度要谦虚，不要盲从，不要躁进"③。梅贻琦特别注重锻炼学生独立思考的能力，"尤其是思想自由，要有自动的力量，要用自己脑筋去判别索求。……在学术的立场上，或都有研究的价值，学者思想尤贵自由……要平心静气去研求，才能真得益处"④。在个人修养方面，学生主要还在"自谋修养"，要给学生足够的时间去观察思考、欣赏、体会人生的种种奇妙况味。在空间上，学生要学会享受孤独，需要有机会远离他人，特别在人格教育上，不能无独。就是要做到"慎独"，在独居的空间里做到不自欺，这是情绪和意志磨炼的最高境界。"自'慎独'之教亡，而学子乃无复有'独'之机会，亦无复作'独'之企求；无复知人我之间精神上与实际上应有之充分之距离，适当之分寸，浸假而无复知情绪制裁与意志磨炼之为何物，即无复和《大学》所称诚意之为何物，充其极，乃至于学问见识一端，亦但知从众而不知从己，但知

---

① 刘述礼、黄延复编：《梅贻琦教育论著选》，人民教育出版社1993年版，第10页。

② 同上书，第24页。

③ 同上书，第21页。

④ 同上书，第52页。

附和而不敢自作主张，力排众议。"① 只有坚持这种"慎独"，学生才能真正做到思想独立，思想自由。

2. 清华的学生生活

梅贻琦任清华校长后，使清华的学生面貌发生了变化，形成良好的学风和校风。

首先，增加了学生人数。1928年清华学生人数只有354人，之后招生名额逐年增加，但因其严格的教学管理，考取清华的学生不等于毕业。清华以高淘汰率著称，每年退学和休学的学生不少，即便如此，在校生人数平均仍以136人的幅度增长。梅贻琦任校长的1931年在校生增至599人，到1937年，学生增加到1338人。②

其次，培养了自治精神。在教师方面，清华有"教授治校"的传统；在学生方面，学生有自治的传统，并有一定的制度保障。在《清华管理规则》中就强调"校内职员、教员均有督责"，强调对学生的严格管理。但其基本精神仍是培育学生自己的自治精神，所以条文规定："为养成学生自治习惯起见，特令各级、各自修室、各寝室学生于每学期始业时，公举级长、班长、室长、值日生，分别习知自治精神。"③ 最能反映学生自治精神的是清华早期成立的"清华学生会"和"清华学生法庭"。"清华学生会"的前身是产生于五四运动期间的"清华学生代表团"，1919年12月改组为"清华学生

---

① 刘述礼、黄延复编：《梅贻琦教育论著选》，人民教育出版社1993年版，第103—104页。

② 清华大学校史研究室编：《清华大学校史资料选编》2（下），清华大学出版社1991年版，第770—771页。

③ 清华大学校史研究室编：《清华大学校史资料选编》1，清华大学出版社1991年版，第189—191页。

会"，是一个学生自治组织，从成立之初就显示出强大的力量。12 月 23 日，召开成立大会，校方派人干涉，学生宣布罢课抗议，最终迫使校长辞职，而且引起第一次"三赶校长"事件。从此以后学生通过学生会积极干预校政。罗家伦的"废董改隶"以及第二次"三赶校长"等事件中，学生会都起了重要的作用。《清华周刊》也由学生会主编，成为学生发表言论和参与校政的平台。"清华学生法庭"诞生于 20 年代初期，成立学生法庭的宗旨是"提倡学生自治，灌输法律知识，并辅助校章之执行"。九一八事变后，学生成立自治救国委员会，积极参与抗日救亡运动。学生通过参加自治性的社团，不仅锻炼了自治精神，而且能够自觉团结起来，积极参加各种政治运动，成为学生爱国运动的生力军。在抗战期间，各种学生运动都有清华学生的参加，爱国运动成为清华大学生活的重要内容。30 年代后，学生社团活动开展得如火如荼，这与梅贻琦校长的支持是分不开的。

最后，历练了团体精神。梅贻琦非常重视学生团体精神的培养，要求学生积极参加学校的集体活动，并认为这也是教育的重要组成部分。1935 年他在一次学生纪念周集会上指出："在这每星期一次的集会……大家藉此机会晤面亲近，表现出团体生活精神。且集合唱歌听讲，于陶冶性情，增进知识两方面，同时可以得到。……此种集会，亦学校中共同工作，共同生活之一重要部分。"① 在《大学一解》中他从理论高度来论述团体精神培养的重要性，"教育之最大的目的，要不外使群中之己与众己所构成立群各得其安所遂生之道，且进以相位相

---

① 刘述礼、黄延复编：《梅贻琦教育论著选》，人民教育出版社 1993 年版，第 68 页。

育,相方相苞"①。在这种思想指导下,清华大学开展了丰富多彩的课外活动。学生自发组成各种各样的社团,除了上述学生自治性社团外,在德育方面学生还组建了社会服务与救助、爱国运动、宗教与砥砺品行等社团。在智育方面有学术性与技术性社团,如清华科学会、科学社、实社、数学会等。演说及音乐方面的社团更多,更为活跃。后期还增加了许多学缘性及地缘性社团,有 12 个同乡会及 6 个同学会。② 学生在课外活动中,根据自己的兴趣和特长,形成了著名的清华学生生活派别:学者的生活、文人的生活、编辑的生活、领袖的生活、美术家的生活、运动员的生活、服务者的生活、办事人的生活、书虫的生活、自了派的生活、小政客的生活、饕餮派的生活等③。从中我们可以看出清华学生生活的丰富。

## 第三节 清华精神的形成与发展

Tsing Hua Spirit(清华的精神)这个二三十年代清华人的口头禅究竟指的是什么? 国内学者研究的结论也莫衷一是,诸如"耻不如人"、"讲究科学"、"重视实干"、"创新精神"、"科学态度"、"追求完美"诸多方面。以当时的清华人为例,钱伟长认为清华精神是"独立精神",朱自清认为清华精神是"实干精神、民主与自由精神",而冯友兰则认为清华精神是

---

① 刘述礼、黄延复编:《梅贻琦教育论著选》,人民教育出版社 1993 年版,第 99 页。

② 苏云峰:《从清华学堂到清华大学 (1928—1937)》,三联书店 2001 年版,第 115—120 页。

③ 黄延复:《水木清华——二三十年代清华校园文化》,广西师范大学出版社 2001 年版,第 157—173 页。

"自行专家的团体特性"，等等，也是不一而足，但这并不影响这些人在各自的领域以此为动力作出卓越贡献，并将自己所理解的清华精神传递下去，激励更多的后人。

从客观的角度来看，清华精神是多重因素长期相互撞击和融汇的结果，特别是与清华独特的历史、地理、文化环境有着密切的关系，因而它也是多层面的。但毋庸置疑，生活在清华的人——校长、教师、学生是影响清华精神的主要因素，在一定意义上，清华精神是清华人主体选择的结果，其中大学校长由于其特殊的地位而起着重要的作用，这一点是不可忽视的。清华精神的载体集中体现在清华的校训、校歌、校风、学风等几个方面，这些都与梅贻琦的大学理念"培养通才、提高研究、学术自由和教授治校"、"改良社会风气和创造新文化、新思维"① 密切相连的。

## 一 清华的校训：自强不息，厚德载物

"自强不息，厚德载物"八个大字，刻在匾上，悬于梁上，可能因为某种特殊的原因而被遮蔽，但作为清华精神的集中写照，却永远奕奕生辉。1914 年梁启超在清华作题为《君子》的演讲，他分别引《周易》乾卦和坤卦中的象词"天行健，君子以自强不息"、"地势坤，君子以厚德载物"来描述君子所应具备的精神和品格，以此来勉励学生："乾象言君子自励，犹天之运行不息，不得有一暴十寒之弊；坤象言君子接物度量宽厚，犹大地之博，无所不载……所谓君子人者，非清华学生行将焉属。""清华学子，荟中西之鸿儒，集四方之俊

---

① 苏云峰：《从清华学堂到清华大学（1928—1937）》，三联书店 2001 年版，第 115—120 页。

秀,为师为友,相蹉相磨,他年遨游海外,吸收新文明,改良我社会,促进我政治⋯⋯今日之清华学子,将来即为社会之表率,语默作止,皆为国民所仿效。⋯⋯深愿及此时机,崇德修学,勉为真君子,异日出膺大任,足以挽既倒之狂澜,作中流之砥柱,则民国幸甚矣。"[①] 梁启超实际上点明了清华的办学方针,1911 年,清华学堂初创时,第一任校长唐国安提出的"以进德修业、自强不息为教育之方针"[②] 中就蕴涵这种"君子"精神。正式将"自强不息,厚德载物"定为校训的是周诒春,他的诠释是:"群策群力,同气同声,以达救国之目的";"盖学校教育之精神,不徒在教授生徒以高深之学理,亦当养成其高尚之德性";"端品励学,增进自治之基";"游学惟一之宗旨,在吸收新文明,滋养新国家,非求博士学士也";"清华学生既受特别权利,当奋发有为,不当虚骄自大也"[③] 黄延复先生认为"自强不息,厚德载物"是一个整体,前者指的是精神,后者指的是品格,精神最多只能影响一个人的气度或神态,品格才是最后决定一个人的本质。只有精神,没有品格,绝对构不成伟大、完美的人格。[④] 这与清华所一贯倡导的全人格教育是一致的,在这方面作出突出贡献的就是梅贻琦。梅贻琦从三个方面延续和发扬清华校训所体现出的精神。第一,亲身践履,以自己的"君子"人格感染熏陶师生。梅贻琦处处以身作则,无意中循了"谋道不谋食"和享有

---

① 清华大学校史研究室编:《清华大学校史资料选编》1,清华大学出版社 1991 年版,第 260—261 页。

② 同上书,第 259 页。

③ 黄延复:《水木清华——二三十年代清华校园文化》,广西师范大学出版社 2001 年版,第 40 页。

④ 黄延复:《清华传统精神》,清华大学出版社 2006 年版,第 11 页。

"孔颜乐处"的君子品格。就像其夫人韩咏华回忆的那样："月涵担任校长之后，他的生活几乎就只有做工作，办公事，连吃饭桌上也想着学校的问题……他对生活要求很简单，从不为穿衣吃饭耗精力，也不为这事指责家人。"① 傅任敢先生曾以"专、大、公、爱"四字来概括他的人格魅力②。第二，梅贻琦任校长后，他将清华"自强不息，厚德载物"的"君子"精神传承的重任落到大师头上，提出著名的"大师论"，指出学生的精神修养，全靠教授的"inspiration"（精神感召），重视师生之间的紧密关系，在方法论上提出"从游论"，从而使清华的精神能够真正落实到人的层面，才使清华的精神代代相传，并不断创新和发扬光大。第三，他把对清华校训的理解上升到大学之道的层面，使"厚德载物"与其通才教育的大学理念相沟通。通才教育要培养"周见洽闻"的"完人"，培养"士人"或"精神领袖"，培养"汇通东西之精神思想"的博雅之士。③ 这既体现出中国古代"君子"的要求，也提出新时代"君子"的品质，这与梁启超所提出"君子"精神是一脉相承的。美籍校友黄开禄回忆道："自 1930 年进清华园到今天，我脑中仍然回旋着十六个字：水木清华，厚德载物，自强不息，寿与国同。"④ 由此可见清华精神的深远影响。

---

① 黄延复、马相武编：《梅贻琦与清华大学》，山西教育出版社 1995 年版，第 280 页。

② 黄延复编：《梅贻琦先生纪念集》，吉林文史出版社 1995 年版，第 269 页。

③ 黄延复：《水木清华——二三十年代清华校园文化》，广西师范大学出版社 2000 年版，第 46—47 页。

④ 刘克选、方明东主编：《北大与清华》下，国家行政学院出版社 1998 年版，第 772 页。

## 二 清华的校歌:东西文化,荟萃一堂

清华建校时曾有英文校歌,但传唱不久。1925 年由汪鸾翔填词,何林一夫人(张慧珍)作曲的中文校歌被一直传唱至今,其中原因是它反映出清华精神。正如作者在解释校歌选择的经过中所阐述的那样,"对于世界学术思想之变迁,以及我校教育方针之择定,颇费一番斟酌"①。与原先的英文校歌相比,作者运用了词旨隽永的标准文言文,运用了中国传统的话语体系,从清华园的地理与人文环境起笔,贯通中西,本着"'乐'之精神在和"、"不偏重尚武精神"等原则,道出"东西文化,荟萃一堂"的清华精神。贺麟先生认为,这首校歌是我国优秀传统文化的结晶,可以表示中国文化之精神,同时又能符合校训,传达清华教育的宗旨。清华校歌所反映出来的是一种超越"中体西用"论的文化观,既不固守,也不崇外,强调会通中西,和而不同,融为一体,创造新文化的精神,这正是清华人所祈求的。正如汪鸾翔在对清华校歌的释义中所言:"本校校歌即以融合东西文化为所含之'元素'。盖一国之有文化,犹一人之有技能。……故仅守固有文化,而拒绝外来文化者固非;而崇拜外来文化,以毁灭固有文化者,更无有是处也。本校之最大责任与目的,即是为本国及世界作此一件大事。而本校歌之'元素',亦即为此大事……司徒雷登先生之言曰'将来必有两新大国,产生于太平洋之两岸。两大国者,美与中也'。"②罗素也表达过类似的观点:"我相信,倘

---

① 清华大学校史研究室编:《清华大学校史资料选编》1,清华大学出版社
1991 年版,第 265 页。

② 同上书,第 267 页。

若中国人能从容不迫地对待西方文明，取其精华，弃其糟粕，那么他们能够从自身传统出发获得一种有机的发展，并产生熔中西文明精华于一炉的灿烂成果。"① 词作者是立足于文化差异承认东西文化各有优点，但文化本性是有相通之处的，因而构成文化交融的基础，清华人就应"观其会通"，肩负介绍与创造的责任。

梅贻琦的教育经历就是中西文化交融的结果，在他身上就体现出中西文化的元素。马约翰在梅贻琦服务清华 25 周年昆明校友会上说："梅先生不但是一个真君子，而且是一个中西合璧的真君子，他一切的举措态度，是具备中西人的优美部分。"② 因而，梅贻琦在办学实践中，非常重视中西文化的交融。他要求学生不仅要了解中国文化，而且还要了解美国文化。"东西文化，荟萃一堂"的内核是人类文化经验的相通性，也说明了中西文化交流的可能性和必要性。梅贻琦在《大学一解》中指出中西大学在制度上相异，但其内在精神是一致的，正所谓"地无中外"，"无往而不可通"，但这种"通"并非相同，中西大学有着自己的文化个性，这正是"通"的基础和必要性，正如冯友兰所言："我们现在所注意的是东西文化的相互阐明，而不是它们的相互批评，应该看到这两种文化都说明了人类发展的共同趋势和人性的共同原则，所以东西文化不仅是相互联系的，而且是相互统一的。"③ 承认两种文化间的"同"、两者的联系和统一，是中西文化会通具有可能性的前提。在此基础上，会通的方法就是两种文化的相互阐明，最终目的是两者互补，"相位相育，相方相苞"，

① 庄敏、江涛：《罗素思想小品》，上海社会科学院出版社 1999 年版，第 235—238 页。
② 黄延复编：《梅贻琦先生纪念集》，吉林文史出版社 1995 年版，第 37 页。
③ 冯友兰：《三松堂学术文集》，北京大学出版社 1984 年版，第 289 页。

融合中西文化之精髓，深刻探研现代大学的精神，为人类文明作贡献。梅贻琦将这一理念作为学校教学改革的理论基础，增设通识课程，要求学生文理兼修，会通古今中西，在教学实践中培育清华精神。

### 三 清华的校风：独立精神，自由思想

20世纪30年代，北平教育界就流行"北大大、清华清"的谚语，与北大相比而言，清华的"清"所指的应是清华的校风——"行胜于言"里所蕴涵的独立精神，自由思想。

清华的独立精神与其特殊的历史背景相关联。清华从诞生之日起，就为洗刷"国耻纪念碑"的标签而不断地争取独立，主要表现在政治上的独立、学术上的独立和管理上的独立等几个方面。对于政治，清华人远没有北大人那样热心。清华人常常"不希望看到清华受政治的干扰，但政客们绝不会让清华置身事外"[①]。外交部和教育部的明争暗斗，政界演绎出一出出争夺清华的闹剧，清华校长的人选，更是政治斗争的焦点，虽然各方政治力量都想控制清华，但清华还是出现了两次"三赶校长"的事件，最后还是"无党派色彩"的梅贻琦当了校长，并任职17年之久，创造了清华的"黄金时代"。但这种政治上的独立，并非是政治无涉的，1935年后，到了民族危亡的关键时刻，清华学生的爱国运动热情也持续高涨，部分教师也加入其中，曾任清华教务长的潘光旦在理论上为这种政治热情辩护说，"学人论政是中国文化的一大传统"[②]。梅贻琦

---

① 刘克选、方明东主编：《北大与清华》上，国家行政学院出版社1998年版，第197页。

② 潘光旦：《学人论政》，杨东平主编《大学精神》，辽海出版社2000年版，第172页。

也曾多次要求学生在研究学问的同时，不能忘了救国，救国的同时，不能忘了学问，二者应辩证地看待，并指出就学生而言，研究学问，服务国家、服务社会就是最好的爱国。因此，他主张在政治与学术之间应保持一种张力。学术上的独立是清华人一贯的追求，梁启超称其为清华的第二期事业。即使"党化"色彩较浓的罗家伦校长也力主清华人共同努力，为国家民族树立一个学术独立的基础。梅贻琦任职期间更是为清华的学术独立作出重要贡献，扩充研究院，开设特种研究所，推动清华学术研究的发展，要求学生思想要独立，不要盲从，要养成"自动"、"自为"的习惯。在管理上，自曹云祥校长倡导"教授治校"以来，几任校长的去留和任职，均体现出教授在学校管理上的独立精神，尤其是梅贻琦任校长期间，不但承认"教授治校"的合法地位，而且赋予教授会、评议会以更加稳固的权力范围，"教授治校"在清华也因此执行得最为彻底。与此同时，学生的权利也得到尊重，学生自治组织成为培养学生独立精神的重要阵地，在校长的任免、学校改革发展等重大问题上，学生会这个学生最重要的自治组织都发挥着重要的作用，而一些学术性的自治组织更有利于培养学生从事独立研究的精神。

与独立精神相伴的是自由思想。自由思想特别是学术自由是西方大学精神的重要组成部分，也是梅贻琦大学教育理念的重要内涵，"教授治校"和"通才教育"都是建立在学术自由的大学理念之上的。在清华人的眼中，自由意味着只受法律和规则的制约，而不受其他所谓的公意的束缚的权利。因而，清华人的自由始终没有在知识界以外的人群当中获得共鸣。许多人误以为北大是最自由的所在，殊不知只有在清华，才能找到真正属于现代人的自由。梅贻琦上任之时，正逢国民党推行三民主主义教育的高峰，但他不仅不照本宣科，重复"党义"，而且总是尽可能将来自国民党政府的干预排除在外，为师生保留了一角自由清新的学术天地。在《大学一解》中，他分辨了自由主义（Liberalism）与放荡主义（Libertinism）和个人主义的不同，把"无所不思，无所不言"作为学术自由的原则，并认为要实现大学"亲民"（改造社会）的重任，需要学生在"无所不思"与"无所不言"中寻得创新与进步的机缘。1945年11月5日，梅贻琦与闻一多、吴晗、潘光旦"谈政局及校局颇久"后在日记里写了这样一段，就是这一思想的总结："余对政治无深研究，于共产主义亦无大认识，但颇怀疑；对于校局则以为应追随蔡子民先生兼容并包之态度，以恪尽学术自由之使命。昔日之所谓新旧，今日之所谓左右，其在学校，应均予以自由探讨之机会，情况正同。此昔日北大之所以为北大，而将来清华之所以为清华，正应于此注意也。"①

在清华园中树立着纪念王国维的石碑，陈寅恪所写《清华大学王观堂先生纪念碑铭》中三次提到学者对独立自由思想精神之追求，这已经不仅是在悼念王国维先生一人一身，而是抽象出近代学者的一种新的人格理想，即"独立之精神、自由之思想"，这是对清华精神最为深刻的描述。"人文日新"这一清华古老的校铭也反映出此种精神。"人文"与"日新"结合起来，既反映了清华重视人文教育的教育思想和方针，也反映出清华人一直把教育作为新民的手段。"日新"源于"苟日新，日日新，又日新"，其重点在"新"上。清华人用"人文日新"表达的是清华教育实践中所贯彻的对求新、创新、维新精神的追求，它必须建立在可靠的学术资源和深厚的学术

---

① 贺崇铃：《清华人物志之三》，清华大学出版社1995年版，第19页。

功力的基础上。"自由探讨之风气、独立思考之精华和长期谋求之眼光"[①] 是其三个必要的条件,这与梅贻琦的大学理念相通。由此可见,人文日新是建立在独立精神和自由思想的基础之上的,也是对独立精神和自由思想的浓缩和概括。

### 四 清华的学风:严谨务实,文理会通

"严谨、勤奋、求实、创新",清华人所提炼出来的八字学风体现的是"严谨务实,文理会通"的精神。

清华的学风是清华传统精神的重要组成部分,虽然经历历史的磨炼,其他传统精神逐渐被淡忘,但时至今日,仍旧让人不能忘怀的是清华的严谨务实学风。清华学风严谨务实,表现在教学管理上,是对学生的严格要求;表现在教师方面,不仅是教师的认真教学,而且还包括教师在清华之中所创造的"清华习气"对学生的熏陶,清华学派安心学问,相互切磋,确实可以竖起一道围墙把学问的天地与世俗的喧嚣隔开;表现在学生方面,清华的读书风气很盛,学生求知态度认真,清华的学生"大多数是一本正经"读书的[②]。当时的清华人就把它归结为"实干"二字[③],"实干"不仅是埋头苦干,而且是具有务实的态度和科学的精神,即清华人所说的"诚实"。"我们以为求学的态度,应以'诚实'两字为标准:第一,要存一个谦抑的心,然后实事求是,平心静气,来研究学问;第二,要有科学的精神,然后求学的方法,可以渐趋精确稳实,

---

① 黄延复:《清华传统精神》,清华大学出版社 2006 年版,第 21 页。
② 苏云峰:《从清华学堂到清华大学(1928—1937)》,三联书店 2001 年版,第 142 页。
③ 刘克选、方明东主编:《北大与清华》上,国家行政学院出版社 1998 年版,第 231 页。

脱离虚浮的习惯。"① 实干与科学所结合的"诚实"的求学标准正是体现出严谨务实的精神。傅璇琮对清华的学风作了三点概括:"一、视野开阔,不局限于某一细小局部,能从一个时代的文化总体来把握所研究的课题,整个研究思路总蕴含有一种清晰的文化意识;二、能着眼于当前的现实,具有鲜明的当代意识,而又能够沟通古今,并不牵强于什么厚今薄古或厚古薄今;三、对中华的历史和文化有强烈深沉的爱,但在清理传统时总保持一种理性的自觉。"② 由此可见,清华学风体现出会通的精神。何兆武先生在论及老清华学人的共同情趣和风貌时也说:"我以为那大抵上可以归结为,他们都具有会通古今、会通中西和会通文理的倾向。十七世纪初杰出的科学家徐光启曾有名言曰:'欲求超胜,必先会通。'近代中国的学术思想欲求超胜,就必先会通古今、中西、文理;否则就只能自甘于抱残守缺、故步自封而为时代所淘汰。"③ 这既体现了清华通才教育的理念——中西会通,文理会通,也是清华学风中所强调的"创新"的基础。

作为清华校长的梅贻琦以实际行动来体现清华学风中所蕴涵的"严谨务实,文理会通"的精神。在梅贻琦的品格中体现出"实"与"专"二字。"实"指的是他严谨、笃实、沉默的办事风格和作风。在长期的治校经历中,他的这种作风被各界所一致称道。他曾经说过,不愿意拿清华的钱去盖大房子,去做表面上的工作。他的处世原则是,少说多干,不尚空谈。叶公超曾评价道,"梅先生为人、做事、读书,都是非常

① 齐家莹编:《清华人文学科年谱》,清华大学出版社 1999 年版,第 14 页。

② 傅璇琮:《清华学风应作进一步具体探索》,《清华大学学报》(哲社版) 2001 年第 2 期。

③ 徐葆耕:《释古与清华学派》,清华大学出版社 1997 年版,序言。

谨严"，是"呐于言而敏于行"的人①。傅任敢认为："梅的一生，由少而壮，由壮而老，整个时光都贡献给了清华。清华之所以成为一个国际闻名的大学，梅的贡献起了决定性作用。"傅先生感慨说："当时中国事业之所以不上轨道，就人事而论，实是任事者大都缺乏专的精神。结果，个人可以飞黄腾达，事业却总是江河日下。"他说："这'专'字有三层深度，第一层是说专干一种职业，决不今天办教育，明天弄政治，后天搞'实业'；第二层是说专干一件事业，决不朝秦暮楚，见异思迁，'今天做甲校的教务，明天做乙校的主任，后天做丙校的校长'；第三层是说专心致志，决不东应酬，西交际，干着校长，望着部长。做到第一层的已经不多，做到第二层的绝少，做到第三层的便绝无而仅有的了，而梅的专，就属于这绝无仅有的一层的。"② 在理论上，梅贻琦在《大学一解》中对"文理会通"解说为："今日而言学问，不能出自然科学、社会科学、人文科学三大部门。曰通识者，亦曰学子对此三大部门均有相当准备而已。分而言之，则对每门有充分之了解，合而言之，则于三者之间能识其会通之所在，而恍然于宇宙之大、品类之高、历史之久、文教之繁，要必有其一贯之道，要必有其相为因缘与相倚之理，此则所谓通也。"③ 他将这一理念作为学校教学改革的理论基础，增设通识课程，要求学生文理兼修。因此，梅贻琦对清华学风的形成作出了积极的贡献和重要的影响。

① 黄延复编：《梅贻琦与清华大学》，山西教育出版社1995年版，第251页。
② 同上书，第194页。
③ 刘述礼、黄延复编：《梅贻琦教育论著选》，人民教育出版社1993年版，第99—109页。

清华的传统精神如果上升到大学理念的高度，就是学术自由、教授治校、通才教育，这是梅贻琦大学教育理念的三大支柱，这就是梅贻琦所独有的大学学养。因而，清华精神的型塑与梅贻琦艰辛的付出有着直接的关联。

## 第四节　卫道：清华大学的本土化特征

清华的创立还有美国伊里诺伊大学校长詹姆士（Edmund J. James）的功劳，1906 年，他给美国总统罗斯福的《备忘录》中明确表示："中国正临近一次革命。……哪一个国家能够做到教育这一代青年中国人，哪一个国家就能由于这方面所支付的努力，而在精神和商业的影响上取得最大的收获。如果美国在三十年前已经做到把中国学生的潮流引向这一个国家，并能使这个潮流继续扩大，那么，我们现在一定能够使用最圆满和巧妙的方式，控制中国发展。——这就是说，使用那从知识上与精神上支配中国的领袖的方式……为了扩展精神上的影响而花些钱，即使从物质意义上说，也能够比别的方法获得更多。商业追随精神上的支配，比追随军旗更为可靠。"[①] 清华的创立虽体现了美国主观上的文化殖民意愿，但客观上，清华的发展却未能如美国所愿，培养顺服美国的所谓"领袖之才"，而是培养出为中华民族崛起而奋斗的各种各样的人才，其成功之处在于所走的是本土化发展道路，而不是美国所指定的"西化"的方向。

在本体论上，清华的本土化发展，是中国学术独立的过

---

① 清华大学校史研究室编：《清华大学校史资料选编》1，清华大学出版社1991 年版，第 72 页。

程，是创造"中国式"大学的过程，在这一过程中，清华的办学围绕"大学之道"中的"明德"与"新民"二义展开，表明以梅贻琦为代表的清华人对中国文化和民族精神的捍卫，在移植西方大学制度时，着重吸收西方大学精神，并从中国传统大学之道中寻找基点，在融合创新中捍卫了中国大学之道，使中国传统大学之道在新的时代得以延续和创新。因而可将清华本土化发展模式在本体论层面归结为"卫道"。清华的"卫道"，既指中国传统的大学之道，又指自蔡元培所开创的以"兼容并包，思想自由"为特征的新时期中国大学之道。清华自创办之初，第一任校长唐国安就明确提出"进德修业，自强不息"的教育方针，它一方面传承中国传统的高等教育思想中"重德行"的"修己"功夫，以及鸦片战争以来中国学术强调"学以致用"的"治事"精神的转向，另一方面，"自强不息"所折射出来的是民族气节，表明清华大学的发展一定要立足于中国本土的文化资源之上，通过走学术独立的道路，生生不息，才能最终走向强盛。梁启超提出的"自强不息，厚德载物"的"君子"精神，最终被周诒春定为清华校训，"群策群力，同气同声，以达救国之目的"。其话语体系出自中国古老的《周易》，更是表明对中国传统的回归和继承，"君子"精神成为清华人的集体人格，由此衍生的清华传统精神成为清华学校的校格。至梅贻琦接任校长后，他不仅将这种精神贯彻到实践的教育教学中去，让每个清华人都能濡染这种独特的"清华习气"，而且，在理论上，他非常推崇儒家学派的经典著作《大学》，对"大学之道，在明明德、在新民、在止于至善"作了深刻的现代诠释，并融入了近代西方大学自由教育的理念。他认为现代大学教育的本质是两个，不是一个，即人格品德的教育与科学技能的教育（文理工商农各门科学)。因而,培养一个人,首先使其达到"知类通达,强立而不反,谓之大成"之后,才能推而向外,"足以仕民易俗,近者悦服,而远者怀之",这就达到了孟子的"修身而平天下"、荀子的"自知者明,自胜者强"的人生理想。在《大学一解》中他只论"明明德"和"新民",而不论"止于至善",因为他认为现代教育中的种种措施,始终不出"明明德"和"新民"两个范围,只不过是远远没有实现这样高的理想而已,更遑论"止于至善"了。一方面,"明明德"与"至善"是一个问题的两个方面,前者是过程,后者是目标或结果;"明明德"达到了极高的程度,才能达到"至善"。另一方面,所谓"止于至善",应该指两个方面,一是个人修养方面的"至善",这其实是老清华一贯奉行的教育方针——培养"全人格",另一方面是指通过"新民"(化民易俗)而达到的理想社会。在这样的社会里,所有的成员都应该具有完整的人格。而各种社会事业就自然会得到蓬勃发展了[①]。"明明德"和"新民"两个方面,做到理想化的境界也就自然达到"至善"。梅贻琦用中国传统大学之道来诠释清华大学的发展理念,将中国传统人文思想融会贯通,结合现代教育的特点,为进一步提出大学之精神,奠定了坚实的中国文化基础。因而,清华本土化发展始终立足中国传统文化的基础之上,并不断吸收、融合外来思想,使中国大学之道在创新中延续。

　　在方法论上,清华的本土化发展体现出移植创新的特点。清华具有明显的移植美国教育的特点,但最终却成为中国式的著名大学,不能不说是一种创新。创新的方法就是强调会通,在思维方式上采用以中化西、以今释古的方式。"会通"一词

---

① 黄延复:《清华传统精神》,清华大学出版社2006年版,第36页。

最早出于《周易·系辞》:"圣人有以见天下之动,而观其会通,以行其典礼,系辞焉以断其吉凶,是故谓之爻。"据《辞海》,会通为"会合变通","变通"为"灵活运用,不拘常规"。《周易·系辞》:"变通者,趣时者也。趣时即趋时。"可见"通"是灵活运用的意思。道家也强调"天道昭昭,变则恒通"。用现代哲学语言可释为寻找两个事物之间的联系及其转化条件。"会通"逐渐发展成为中国哲学的特色之一。诚如张其昀在《中国与中道》中说:"中国人可谓极富弹性,其处世接物守中而不趋极,有节而不过度,不可谓之尚武,亦不得谓之文弱。不得谓之易治,亦不得谓之顽固,而诸多似不相容之理论及制度,皆能巧于运用、调和焉以熔于一炉。"① "会通"作为一种哲学的思维方法,是区别于西方黑格尔二元对抗哲学的一种哲理,是一种整体的思维方法。它类似于潘光旦的"位育"思想,始终强调要"囫囵"地看问题,不能只注重一个方面的因素,具有综合性的特点。因而在《大学一解》中,梅贻琦强调对待中西文化,在肯定其共性的基础上,承认其差异性,并采用"相位相育,相方相苞"的方法,创造人类共同的文明。清华大学是时代变革和中西文化交流、融合的产物,其特殊的历史,使其一开始就是一个"东西文化、荟萃一堂"的场所,在移植西方大学制度的同时,不可避免地引进了西方的文化,因而被罗素称作"美国移植到中国来的大学校"的清华经历了一个与本国、本民族文化相互接触、交融而实现本土化的过程。加拿大的许美德教授认为:"在整个国民党统治时期,中国大学已经走过了对外来文化的适应和吸收阶段……此时期中国现代大学在其发展过程中,在吸收欧

---

① 张其昀:《中国与中道》,《学衡》1925 年第 41 期。

美大学思想的基础上,结合中国的传统和实际情况,最终形成
了自己独特的知识自由和社会责任的大学办学思想。"① 这一
时期正值清华蓬勃发展,清华人采用"会通"的方法,以中
化西,以今释古,在清华的办学实践中融入儒家思想,结合中
国国情,从而使具有较强西方色彩的清华教育本土化,这是清
华人一种自觉的文化选择,形成的清华本土化模式,既吸收了
当时欧美的教育理念与大学基本原则思想,具有先进性,又继
承了中国传统文化精神,对传统思想资源进行了现代性诠释与
转化并应用于清华的大学实践之中。

---

① [加]许美德:《中国大学 1895—1995:一个文化冲突的世纪》,许洁英
主译,教育科学出版社 1999 年版,第 85—86 页。

# 第 七 章

## 移植改造:陈垣与私立
## 辅仁大学的本土化模式

北京辅仁大学是一所天主教大学,该校是由中国天主教徒英敛之、马相伯等发起的,有着明确的本土化办学宗旨,通过向政府立案融入中国高等教育体系之中。陈垣校长作为行政领导者,也是学校的实际创办人之一,资历最深,在学术上,他以宗教史、元史和中西交通史的卓越成就蜚声海内外。校长和学者的角色相互影响,使他在学校具有很大的影响力。陈垣校长具有强烈的民族主义立场和爱国主义思想,并把推进中国学术文化研究作为自己的使命,始终遵照英敛之手订的办学宗旨,使辅仁大学在较短时间内,形成具有自身特色的本土化办学模式。辅仁大学的创建极大地改善了中国天主教教育长期落后的形象,方豪曾深有感触地说:"没有英、马二先生的上书教宗,请求设立高等学府,恐怕到今天也不会有辅仁大学,而先后毕业或肄业于辅仁大学的中国神父,当然应该承认是叨英、马二先生之赐。如果再说远一点,没有马先生创办震旦学院对中国天主教人才的培养,文风的提倡,不知要落后多少年!"①

---

① 《怀相伯与敛之,念万桑与润农》,方豪主编《方豪六十自定稿》(补编),台湾学生书局1969年版,第2575页。

## 第一节　辅仁大学的创办

北京辅仁大学作为私立教会大学,与其他基督教教会大学相比,创办时间较晚,其创办过程十分漫长、艰难,筚路蓝缕,颇费周折。但是与其他教会大学明显的不同之处是,辅仁大学主要是在中国籍天主教领袖英敛之、马相伯等人的大力呼吁、发起下创建的,并很快纳入中国高等教育系统之中,成为中国现代高等教育史上占有重要地位的一所天主教大学。

进入 20 世纪,在中国的教会大学迎来了一个新的发展期。教会大学也适应中国形势的变化,改变办学目标,纷纷提高教会大学的学术水平,他们扩大了学校的目标并开始更多地强调学校的教育目的,而不像以前那样把传播福音作为学校的主要目的。在培养目标上,也逐渐地向培养学术人才转变,特别是对中国本土文化的适应,使得传教事业在西方获得了空前的声誉,特别是美国的各新教教派。[1] 但法国保教权及其控制之下的中国天主教会实施的愚民政策构成了兴办中国天主教高等教育事业的首要也是最大的障碍。由此也引起了包括罗马天主教廷在内的天主教人士的不满,中国本土天主教士更是提出激烈的批评并直接上书罗马教皇,要求在中国创办天主教会大学。20 世纪初,被中国天主教界称为"南马北英"的马相伯和英敛之为了兴西学、启民智,携手发起筹办中国天主教大学——辅仁大学。

马相伯 (1840—1939),原名志德,字斯藏,又字相伯、

---

① [美] 杰西·格·卢茨:《中国教会大学史 (1850—1950)》,曾钜生译,浙江教育出版社 1988 年版,第 90 页。

湘伯等，晚号华封老人。1939 年 4 月，值马相伯百龄大庆之际，中共中央委员会致贺电，称之为"国家之光，人类之瑞"。马相伯出生于天主教家庭，5 岁入塾读书，31 岁获得神学博士学位，经历短暂的教士生活挫折后，转而从政，满腔热情的马相伯参政改革的努力遭到一次次冷遇后，最终选择了"教育救国"的道路。于是他殚精竭虑于"创办新式的中国大学，和欧美大学教育并驾齐驱"①。1903 年，他借助耶稣会的力量，捐献家产兴学，创办了震旦学院（"震旦"二字系梵文对中国的称谓，包含东方光明、前途无量之意），开始将教育救国的理想和大学教育的理念付诸实践。震旦学院以"培养译才"为宗旨，以"崇尚科学，注重文艺，不谈教理"为信条②，从而形成独特的办学理念。由于受到耶稣教会的杯葛，马相伯离开震旦，1905 年，他与严复等筹建了复旦公学（"复旦"即复我震旦之意）。《复旦公学章程》规定的办学宗旨是："神吾国有志之士，得以研究泰西高尚诸学术，由浅入深，行远自迩，内之以修立国民之资格，外之以栽成有用之人才。"③从震旦到复旦，马相伯均以"教育救国"为宗旨，坚持为国家培养有用人才。他告诫学生"爱国不忘读书，读书不忘爱国"，青年应当承担起"唤起民众"、"共救国家"的职责。在办学实践上，他强调学术自由，不谈教理，提倡西学，重视国学；在学科设置上自然科学与人文科学并重；对待学生强调学生自治，民主管理；在教学方法上提倡循循善诱，开示门径。凡此种种都充分体现了他对现代大学精神的深刻理解与认识，

---

① 朱维铮编：《马相伯集》，复旦大学出版社 1996 年版，第 1044 页。
② 同上书，第 1107 页。
③ 同上书，第 50 页。

也体现了他深切地希望一扫中国传统相沿成袭的"奴隶之学",真正把"学问"当作"世界所最尊贵者","开宗明义,力求自主",办出现代意义的新型大学。[①] 因而在一定意义上,它代表着中国近代大学的自醒和崛起,马相伯也就成为中国近代大学本土化发展的先驱者和开拓者。

从复旦公学到复旦大学,马相伯所开创的学术独立、思想自由和民主治校传统始终是薪火相传的,它不仅融入了复旦大学的校歌之中——"学术独立,思想自由,政罗教纲无羁绊"[②],成为复旦大学永葆生机的精神血脉,而且是中国近代大学发展的精神支柱,对辅仁大学的办学理念也产生深刻的影响。在强调教育救国、大学以学问和学术标准为导向的同时,马相伯立足中国文化传统,以强烈的民族意识和国家意识,引进外来文化,吸收西方教育的科学、人文精神,通过中西文化比较,实现大学教育的世界性与民族性相融共进,从而在彰显中国优秀文化教育民族特性的基础上,实现大学的本土化发展。就文化而言,马相伯说:"一国有一国的文化精神,一国有一国的语言文字。尤其是我国自有数千年的历史,当自家知道爱护发扬它! ……如果一律都要数典忘祖,老夫认为很可痛哭!"[③] 在他看来,现代中国固然必须吸收西方文化的优秀成分,但必须在与本国文化相沟通的基础上去寻觅"文化增进之路"。他说:"珊瑚的成功,是由无数珊瑚日积月累的! 文化增进,循此正轨必由之路的发轫点,正在我们青年,承继文

---

① 复旦大学校史编写组编:《复旦大学志》第 1 卷 (1905—1949),复旦大学出版社 1985 年版,第 40—41 页。

② 同上书,第 111 页。

③ 朱维铮编:《马相伯集》,复旦大学出版社 1996 年版,第 566 页。

化遗业，再往上增进的！"① 从这个意义上说，大学教育不能不注意中国的学术传统和国情民性，"不是对中国传统文化教育的简单否定而是以'中西融通，古今汇合'为基本旨趣"②。他手订的《复旦公学章程》（1905）中写道，若发现学生"有意唾弃国学，虽录取，亦随时屏斥"③。

1912 年，马相伯到北京，就任袁世凯总统府高等顾问，一度代理北京大学校长，其间与英敛之联名上书罗马教皇，建议在北京"创一大学，广收教内外之学生以树通国中之模范"④，欲将"欧美新科"与"中华旧有之文学、道学、美学等"融为一体作为辅仁大学之办学宗旨，也是为了建立具有中国民族特色的现代大学，并进而"齐驱欧美，更驾而上之"⑤！马相伯虽然未能参与辅仁大学的具体创建工作，但他和英敛之上书罗马教皇，发起辅仁学社，更为重要的是他高等教育的办学思想和实践对推动辅仁大学的创立产生了积极的影响。因而他和英敛之都是辅仁大学创始人之一。

英敛之（1867—1926），原名英华，字敛之，号安蹇斋主。赫佳氏，满洲正红旗人，1888 年皈依了天主教，1902 年经天主教北京总主教的批准，英敛之创办的《大公报》正式出版发行，开始了"开我民智，以化我陋俗而入文明"⑥ 的介绍欧西学术，启牖民智的社会文化教育事业。英敛之的中西文化教育观非常鲜明，就是既要输入西方先进科学，又要保存优

---

①　朱维铮编：《马相伯集》，复旦大学出版社 1996 年版，第 567 页。

②　黄书光：《中国教育哲学史》第 4 卷，山东教育出版社 2001 年版，第 1 页。

③　朱维铮编：《马相伯集》，复旦大学出版社 1996 年版，第 53 页。

④　同上书，第 116 页。

⑤　同上书，第 460 页。

⑥　英华：《大公报序》，《大公报》1902 年 6 月 17 日。

秀传统国学。1912 年 9 月 20 日，他与马相伯合撰《上教宗求为中国兴学书》，越过由法国人控制的中国天主教会，联袂直接上书罗马教皇碧岳十世（Saint Pius X），要求在中国开设教会大学。在上书中，英、马二人痛斥法国保教权的保守与愚民政策，不喜学问，认为适此民国肇兴、政体改造之机，新政府实行信教自由，新的文化教育方兴未艾，在华创办大学，"时机方熟"，因而吁请教廷派遣教中博学硕德、明达热切之士来华，在北京创办一所大学，"广收教内外学生，以树通国中之模范，庶使教中可因学问，辅持社会，教外可因学问，迎受真光"①。从上书中我们可以看出他们办大学的目的是从中国社会需要出发，为中国培养人才，因而提倡广收教内外学生，发展中国优秀传统文化，介绍世界新知识。不料，两年后，第一次世界大战爆发，兴学之事于是停顿下来。

既要学习西方科学，又能发扬中华固有文化，这成为英敛之上书在中国办大学的中心思想，虽然第一次上书因客观原因受挫，但在这一思想指导下，他积极行动，1913 年，在香山创办了辅仁社，希望把西方天主教与中国传统文化结合起来，实现天主教的本土化，开启了辅仁大学创办的早期实践活动。"辅仁"二字取自《论语·颜渊》中的"君子以文会友，以友辅仁"，表达出辅仁的创办是为了保存国学、发扬中华优秀传统文化。英敛之广邀国内教中青年到辅仁攻读，并亲自授课，以国学和教会史研究为特长，学生学习期限为两年，通过两年的学习，使学生具有初步的国学根基，为以后的研究奠定基础。到 1917 年，辅仁社在香山办了四年，虽小有成就，但对改变天主教在中国文化教育落后的局面并无多大帮助。于是，

---

① 英敛之：《上罗马教皇请兴学书》，《辅仁生活》1939 年第 2 期。

1917 年，英敛之撰写《劝学罪言》一文，再次上书罗马教皇本笃十五，重申在中国办大学的愿望。在《劝学罪言》中，针对西方人强烈的欧洲中心论和殖民主义心态，英敛之一针见血地痛斥外国教会的愚民政策具有要把中国教民变成他们的"附属之民"的险恶目的，提出不做洋人的"附属品"，不做"永世奴隶"的口号。他劝教民研究中国学问，以便真正做到爱教爱国。"吾所目见耳闻者，则法教士惟歌功颂德于法，意德等教士惟歌功颂德于意德。甚至著书立说，惟恐人之不己从，必欲我国教民，作为彼国附属之民，无不忠敬爱德而后快，更有荒谬者流，斥我国教民不爱彼国者谓为相反圣教会，谓为不听长上命……呜呼！以纯正美善之圣教会，竟被诸君作一荆棘险仄之余，使我国人憎恶痛恨，是谁之过。"① 这无疑是在天主教内部，向处于支配和统治地位的教皇表达"极力运动天主教脱离法国羁绊"，从而实现自办教会、自主传教的强烈要求，呼吁开发中国教民智识的壮举。为了实现自己的传教理想，英敛之等人主张创立自己的公教大学，培养自己的神职人员。他在斥责了外国教会的愚民之术后，大声疾呼"以文学为第一要务"，"谆谆以读书尚学为劝"，"延聘素负声誉高明特达之教习，严定课程"②。此书经人翻译成拉丁文后，上达罗马教宗，受到教皇的嘉许。英敛之的倡议得到了部分外籍天主教神甫的响应，著名的比利时籍传教士雷鸣远（Fredric Vicent Lebbe）就是其中之一，1917 年，他在给天主教的信中从三个方面表达了对英敛之的支持：一是支持中国教友的爱国行动；二是提升中国籍神职人员为主教；三是废除法国保教

---

① 英华：《劝学罪言》，1929 年重印本。
② 同上。

权，并主张中国与教廷直接通使。① 此举对在中国创办天主教大学的努力最终赢得教宗的支持作出了积极的贡献。1919 年11 月，罗马教廷向全世界教会发布了一个普世通牒——《教宗本笃十五世通牒》，通称"夫至大"通谕（Maximum illud），谕令各地教士注重学术传教，使英、马在中国办天主教大学的希望成为可能。1919 年春，罗马教廷特派教务巡阅使光若翰总主教（Jean B. M. de Guébriant），巡阅中国各地天主教状况，得出中国天主教高等教育尚属缺乏，乃目前急待开展工作的结论，并将其呈报罗马教皇，于是，教廷开始确悉中国创设大学为刻不容缓的事情。1922 年，罗马教廷任命意大利人刚恒毅主教（Archbishop Celso Costantini）为宗座首任驻华代表，意味着法国在华保教权被否定，创立中国天主教大学的最大、最后障碍终被扫除。1923 年 2 月 24 日，教皇又率先捐助 10 万里拉，以示倡导。8 月 7 日，全美本笃会召开专门大会，决定正式接受教皇关于在中国北京创办大学的委托，并托付宾夕法尼亚州圣文森会院（Saint Vincent Archabbey）司泰来（Aurelius Stehle）院长具体负责建校工作，其他各会院则给予人才和资金上的辅助。1924 年 6 月 23 日，司泰来被教廷委任为未来大学的第一任监督，全权处理办学中的一切事宜。② 至此，中国天主教大学开始进入实质性的筹办阶段。1925 年 1 月，司泰来任命美方发起人奥图尔（George B. O'Toole）司铎为大学校长，具体负责筹备工作。3 月中旬，英敛之与奥图尔联合发表《美国圣本笃会创设北京公教大学宣言》，申明美国本笃会来华办学的目的"绝非用殖民政策，造成附属之品，乃为吸

---

① 顾卫民:《中国与罗马教廷关系史略》，东方出版社 2000 年版，第 140 页。

② 《校史述略》，（辅仁大学 1937 年刊），《辅仁生活》1940 年第 4 期。

收中国有志爱群之士，本此志愿，同功合作"，并阐明未来大学的办学宗旨为"介绍西欧新得科学文化之精者，并保存中国旧有文学美术之最善者，舍短取长，不使偏胜"①。宣言的发表为本笃会与中国天主教士奠定了合作办学的基础，也基本上反映了英敛之的办学思想。1925 年 3 月 26 日，奥图尔以 16 万元的价格，永久租下位于城北李广桥西街十号的旧涛贝勒府为大学校址。

在大学正式招生前，英敛之等人决定在王府西书房先办两年期的预备科，专事国学研究，全称"公教大学附属辅仁社"，又叫"国学专修科"，英敛之任辅仁社社长。1925 年 8 月 15 日，英敛之手订《北京公教大学附属辅仁社简章》，"以辅翼道德、开拓识见，及接人应世必需之常识为目的"，学生学习两年期满后发给证书，凡"天资明敏，品行端方，愿为深造者，可升入大学预科或本科，并优待免费"②。10 月 1 日，正式开学，招学生 23 人。讲授中国文学、历史、哲学、英文、法文、数学等课程，并遵照教育部章程，学校不设宗教课。1926 年 1 月 10 日，英敛之因肝癌逝世。临终时将校务托付给忘年之交陈垣。1 月 28 日，陈垣正式接任辅仁社社长，9 月 1 日，学校监督司泰来遵照英敛之的遗愿，聘请陈垣出任公教大学副校长，继续筹办大学事务。至 1927 年春，学校已初步具备了创办大学的条件，乃拟定于当年秋季正式开办大学，分别设置三年制预科和四年制本科。6 月 16 日，本科完成以后，学校向北洋政府教育部呈请立案，再经教育部多次派员来校视察后，11 月 3 日，教育部批准试办大学。学校正式改名

---

① 纳爵：《辅仁大事记（续）》，《辅仁生活》1940 年第 4 期。
② 纳爵：《辅仁大事记（续）》，《辅仁生活》1940 年第 5 期。

为辅仁大学,至 1952 年并入北京师范大学,辅仁大学一直由陈垣校长主持,在国学研究和爱国人才培养方面作出了重要的贡献。

## 第二节 陈垣时期辅仁大学的本土化发展

陈垣(1880—1971),字援庵。广东新会人。陈垣接受过系统的传统儒学和西学的教育,有过医学救国的理想,并具有强烈的政治抱负,但最终因多种因素的影响,转而走入教育领域,献身学术,潜心教学与研究。他后来说:"眼见国事是非,军阀混战连年,自己思想没有出路,感到生于乱世,无所适从,只觉得参加这样的政治是污浊的事情,于是就想专心致力于教学与著述。"①1917 年在北京结识英敛之、马相伯,与辅仁结下不解之缘,走上自由的学术研究道路,开始了长达数十年的教学生涯,做过教育次长,兼任北京大学、燕京大学教授,最为主要的是成为辅仁的终身校长。他的学术研究主要集中在史学方面,并没有发表专门文章论述高等教育。在担任辅仁大学校长期间,尽管是一位不从事具体事务管理的"甩手校长",但是在高等教育实践活动中有自己的思想和主张,一直坚持英氏手订的既要吸收西方最新科学又能发扬中华固有优秀文化的办学宗旨,使辅仁大学形成自己的办学特色,对辅仁大学的本土化发展产生重要影响。

### 一 陈垣与辅仁大学管理体制的改革

在 20 世纪 20 年代以来全国规模的"非基督教运动"和"收回教育权运动"的历史背景下,教会大学无论是观念上还

---

① 陈垣:《党使我获得新的生命》,晋阳学刊编辑部编《中国现代社会科学家传略》第 1 辑,山西人民出版社 1982 年版,第 188 页。

是办学形式上，更加强调对中国本土文化的适应性，迈入教会大学的本土化发展时期。在观念上，提出"学术传教"，强调教会大学的学术水平。在形式上，中国各教会大学在1927年前后开始适应公教"中国化运动"和基督教"本色化运动"的趋势，遵照南京国民政府教育部颁布的《私立大学及专门学校立案条例》等法规，把中国人推上第一线，做学校董事长和校长。教会大学不再是"无庸立案"游离于中国高等教育体制之外的独立大学，而是归并到中国大学管理体制之中，成为我国私立大学的重要组成部分，并受我国法律和法规的约束。辅仁大学为美国本笃会所创办，虽然在管理体制上是移植美国大学的董事会制度，但是为适应中国社会环境变化，陈垣任校长后对其进行了本土化改革。

辅仁大学于1927年正式立案，按照当时教育部颁布的《私立学校条例》规定，私立学校实行董事会管理，并设正、副校长。据此学校制定《董事会章程》，以董事会为学校"最高机关"，负责经营本校。由奥图尔、陈垣、刚恒毅、马相伯等15名董事组成首届董事会。《董事会章程》对董事会的人员组成规定："董事会必须中国人占多数，并推选中国籍董事1人为董事长"，由此反映出公教大学的中国化倾向。董事会职权为：（1）制定或修改本校组织大纲；（2）监督本校实行组织大纲所规定之事项；（3）聘任本校校长及副校长；（4）表决本校所提议延聘之总务长、教务主任、教授；（5）核定本校每年预算及决算，筹备本校一切建筑扩充添置经费事项。① 教宗首任驻华代表刚恒毅被推为首任董事长。在学校组

---

① 北京辅仁大学校友会编：《北京辅仁大学校史》，中国社会出版社2005年版，第6页。

织结构上，1927 年 6 月董事会第一次会议决定，由董事会领导校长、副校长负责学校行政管理工作，下设总务长、教务长、训育部、会计部、注册部、图书馆长、秘书等职，并建立财政委员会、行政委员会、学务委员会，分理各项事务。推选奥图尔为校长、陈垣为副校长，大学取名为"私立北京辅仁大学"。在《私立北京辅仁大学组织大纲》中明确规定："本校以介绍世界最新科学、发展中国固有文化、养成硕学通才为宗旨。"①

1929 年经历学生风潮后，辅仁大学重新立案，7 月遵照教育部新颁布的《私立学校条例》和《私立大学及专门学校立案条例》对董事会进行了改组，聘请"学邃望重、热心公教，且与本校有历史关系"② 的社会人士作为董事——张继、马相伯、刚恒毅、陆征祥、陈垣、奥图尔等 27 人组成新的董事会。新董事会组成人员中，中国人 22 人，美国人 4 人，意大利人 1 人，进一步实现了中国化。根据 1925 年教育部的第 16 号布告《外人捐资设立学校请求认可办法》的规定，学校校长必须为中国人，如校长原系外国人者，必须以中国人充任校长，新改组的董事会推举张继为董事长，陈垣被聘为校长，原校长奥图尔改任校务长。③ 在组织结构上，董事会领导校务长，校长负责学校行政工作，下设教务长和教务会议负责文、理、教育学院及附属中学的工作，事务长负责注册、训育、图书、仪器等方面工作，校务会议下再分设考试委员会、图书委员会、仪器委员会和出版委员会，另设秘书长 1 人。新董事会任期满

---

① 北京辅仁大学校友会编：《北京辅仁大学校史》，中国社会出版社 2005 年版，第 11 页。

② 同上书，第 13 页。

③ 同上书，第 14 页。

5年后，校务由圣言会接办。① 1934年，对董事会又进行了一次较大的改动，学校董事会更名为私立北平辅仁大学校董会，并修改董事会章程，进一步明确董事会遵照国民政府公布的教育宗旨及其实施方针，负有经营辅仁大学全校的责任。张继、陈垣连任董事长和校长，董事会人员也有较大的变动，从原来的22人缩减为15人，其中7人为上届连任，所裁减的董事均为中国人，外国董事仍是5人，这就增加了外国董事人员的比重，因而在学校管理上具有更多的发言权。这段时间，实际校务是由圣言会主持，十分重视高等教育在造就宗教人才方面的重要性。1933年后，圣言会先后派大量名教授来校任教，在人才和经济方面给予辅仁大学很大的支持，办学规模有了长足的发展。② 在组织结构上，1933年至1943年，强调了校务长的权力，校务长领导校长开展行政管理工作，由校长办公室负责校务会议（包括行政会议和教务会议）及各教学单位和委员会的工作。另设秘书长1人。从组织结构上看，董事会和校长的权力被削弱，1944年后得以恢复，并进一步强化校务会议、行政会议和教务会议的管理职能。

辅仁大学管理体制变革是在坚持本土化的办学宗旨下开展的，在具体运作上，一方面实行董事会领导下的校长责任制，保证中国人在管理中的主要地位。除奥图尔在学校初创期任不到两年的校长外，其余时间均由陈垣任校长，在董事会中中国人也占绝对多数，各主要职能部门的负责人中国人也占多数。教务长、训导长、事务长及各学院院长对校长负责，实行对各

---

① 圣言会是1875年由德国籍教师詹森氏在荷兰的斯太城创立的一个新兴公教团体，以造就宗教人才为宗旨。它成立之初，即在诞生地开办了规模宏大的印刷厂，专门刊布文学名著，对于欧洲文化的发展起了很大的作用。

② 孙邦华：《会友贝勒府：辅仁大学》，河北教育出版社2004年版，第31页。

分管业务、学系的责任制,各职能处课长、学系系主任对主管各长和各学院院长负责,实行对本部门、学系的责任制。[1] 因此,尽管辅仁大学的事务性管理是由校务长负责,校长并不负责具体的事务性工作,但辅仁大学的教学工作基点是在学系,学系对院长负责,后者则由校长直接领导,因而,在教学上,校长还是发挥重要作用的,切实保证了中国人在管理上的主要地位。另一方面,校务管理工作的方针和指导思想实行教学与宗教相分离,以教学为中心,服务于教学,不断充实和提高教学质量,不断发展和完善行政、教学、后勤各方面的管理制度,保障并推动学校各项工作的顺利进行。[2] 由此可见,尽管由外国人担任的校务长是大学事务的实际领导者,但其最终还是为了教学服务的。

## 二 陈垣与辅仁大学的教学改革

陈垣在任辅仁大学校长期间,秉持英敛之的办学宗旨,坚持抓教学工作,对辅仁大学的学科与课程设置、教学改革作出重要贡献。

### (一) 辅仁大学的学科建设

1927 年,初创时期的辅仁大学根据实际情况在《组织大纲》中规定只办文科,下设中国文学系、历史学系、英国文学系和哲学系(当年没有招生)。1929 年,学校根据国民政府教育部有关大学立案条例,扩大办学规模,改文科为文学院,增设理学院、教育学院,共设 3 个学院。文学院有中文、外

---

[1] 北京辅仁大学校友会编:《北京辅仁大学校史》,中国社会出版社 2005 年版,第 71 页。

[2] 同上书,第 65 页。

文、历史、哲学和社会科学；理学院有数学、物理、化学、生物和药学；教育学院有教育和心理：全校共有 12 个系。1933年，新的董事会对院系有所调整，社会科学系改为社会经济学系，下设社会学、经济学两组。此后，学科总数并没有增加，但专业设置和规模却不断扩大。1937 年 6 月，开办文理两科研究所，作为大学毕业生继续研究学术的机构，设有史学部和物理学部。《私立辅仁大学文理两科研究所暂行规程》中规定：文理两科研究所及属部各设主任一人，分别由院长、系主任兼任。研究所设所务委员会，由所主任、部主任及研究所教授组成。所务委员会负有将研究所学术及行政之计划提请大学行政会议核定及其实施之责任。① 该年暑假后研究所开始招收第一班研究生。

陈垣以会通古今中外的教育理念，以发扬中国固有传统优秀文化，吸收外来文化为宗旨，高扬中西合璧、古为今用的旗帜来抓学科建设。首先注意发挥特色和优势。辅仁大学的学科发展以国学为重点，办出特色。国学的教学强调对中国传统优秀文化的研究，以提高民族竞争力和文化竞争力，体现出强烈的民族意识和本土情怀。其中史学、中文等都是非常著名的学科。辅仁文学院在办学宗旨上声称"对于中国固有文化之特长发挥光大，以增长其民族自信力。向之所短，则利用科学救其弊，补其偏，务使习国学而毋故步自封，读西籍而毋食欧不化，不托空言，期裨实用，此本院共同一致之所冀图者也"②。其中建系最早、建制最大的中国语言文学系承袭"辅仁社"

① 北京辅仁大学校友会编：《北京辅仁大学校史》，中国社会出版社 2005 年版，第 24—25 页。

② 辅仁大学秘书处：《北平辅仁大学文学院概况（民国二十四年度）》，辅仁大学印书局 1935 年版，第 3 页。

发展中国文化传统的宗旨，引导学生在从事"缮写古籍"和"校勘古籍"的工作中，一方面掌握研究古籍的方法，一方面培养对国学的兴趣。史学系以"涵泳固有文明，发扬时代精神"为办学宗旨。既重视传统的中国文史精粹，又注意新发现的史迹史料；既重视中国固有的文明，又要研究外国的学术成就；既重视实事求是的乾嘉朴学，又重视汲取现代的科学方法；既要沟通中西古学，还要具有时代精神。[①] 对西语系的学生，陈垣一方面强调学习先进西方文化知识的必要性，但另一方面更强调对本国文化的掌握。陈垣提醒传授高等教育的人，绝不能数典忘祖，言必称希腊，自己的母语是所有知识的基础，而作为莘莘学子，思想中更不应有任何偏颇，以使自己对祖国语言文化，无论从深度和广度来讲，都应不间断地有所增补。[②] 陈垣还强调国学在学科建设中的基础性地位，其他学科的建设也应以国学为根基。因此，国文教育成为各学科的公共必修课程。其次，以养成"触类旁达"的"通学之士"的通识教育思想为指导，加强学科之间的沟通。陈垣认为各个学科之间具有非常密切的关系，因而主张学科之间的交叉渗透。"中外文学之背景须求之于历史，人类历史之演变又与社会经济成因果之关系，而哲学复为解决一般问题之总键，故各系所设科目，除本系指定必修者外，自余均可斟酌选习，触类旁达，以期养成通学之士。"[③] 辅仁大学采用过交叉选课制的办法，拓宽学生的知识面，提高学生多方面的能力。第三，为了

---

　　① 北京辅仁大学校友会编：《北京辅仁大学校史》，中国社会出版社 2005 年版，第 135 页。

　　② 同上书，第 131 页。

　　③ 辅仁大学秘书处：《北平辅仁大学文学院概况（民国二十四年度）》，辅仁大学印书局 1935 年版，第 2 页。

确保学科建设能够始终体现办学宗旨，全校重要职务及重要学科均由中国人担任，外国人仅居辅助地位。在教学管理岗位上，校长一直由陈垣担任，直接负责学科建设，教务长长期由刘复（半农）担任，文学院院长由沈兼士担任，教育学院院长由张怀担任，就是文学院的西洋文学系主任也是由中国人英千里担任。辅仁的教学组织重心在系，院是虚体，在12个系中，6个系主任是由中国人担当，而且，辅仁大学的重点学科所在的文学院的各系主任均是中国人，从而有力地推动该学科的发展，有利于形成学科特色。

（二）辅仁大学的课程设置

虽然辅仁大学是由美国本笃教创办的公教大学，课程体系开始多采用美国模式，但在陈垣校长的主持下，在教育理念上继承了蔡元培所提倡的通识教育，强调对学生基础知识的教育，做到"触类旁达"。在办学宗旨和培养目标上，以满足中国人的需求为出发点，强调以发扬民族文化为己任，希望能为中国造就人才，因而在课程设置上选择的是通专并重的课程模式。

1. 通专并重，必修课和选修课相结合

在教学管理上，辅仁大学实行学年制（本科4年制）和学分制相结合的制度，与之相适应，在课程体系上分为必修课、选修课两大类。其中，必修课分为各院共同必修课（后来叫普通科）和各系必修课（后来叫专门科）两部分；选修课则分为系内选修课和院系外选修课两部分。[1] 按照辅仁大学办学章程，各系学生一般需要修满132个学分（党义、军事学、军事训练等部颁课程及毕业论文写作方法等课学分不计算

---

① 辅仁大学秘书处：《北平辅仁大学文学院概况（民国二十四年度）》，辅仁大学印书局1935年版，第3页。

在内）方能毕业。其中，本系必修课占总学分的 1/2（即 66 学分）；全院共同必修课占总学分的 1/4（即 33 学分）；选修课包括系内选修课和其他院系选修课，占总学分的 1/4（即 33 学分）。① 各系必修课和系内选修课是为了培养某种专门人才的需要而设置的专识教育课程，其超过总学分 1/2 的比例，共同选修课和其他院系选修课的设置，达到接近总学分 1/2 的高比例，表明通识教育占有重要地位。在充实课程内容和保证课程质量的情况下，辅仁大学的课程设置不断得到完善，数量不断增加，以适应培养通专并重人才的要求。如文学院的中国语言文学系，从 1925 年辅仁社设预科招生开始，课程只有中国文学、历史、哲学、英文和数学等课，课程设置还处于起步阶段，到 30 年代末，课程设置已达 40 余门，课程设置已初具规模并日趋完善。到 40 年代，随着时代的变化，虽然因抗战北京许多大学南迁，但部分教师却没有离开，北大、清华、燕京等校的名教授云集辅仁大学，使课程设置发生了显著的变化，已达到 100 多门课程，中国语言文学系的课程设置发展到成熟、繁荣和辉煌阶段。② 从 1927 年到 1952 年，该系共开设课程 130 门，不仅满足了本系学生学习的需要，还为其他系的学生提供选修课的机会。1927 年至 1935 年为外系开设有中国哲学史、社会思想史、中国社会经济发展史、中国史学等 15 门课程③，对辅仁大学培养通专并重人才作出积极的贡献。经济学系在课程要旨中明确指出："本系之目的，为应我国现势之

---

① 辅仁大学秘书处:《北平辅仁大学文学院概况（民国二十四年度）》，辅仁大学印书局 1935 年版，第 18 页。

② 北京辅仁大学校友会编:《北京辅仁大学校史》，中国社会出版社 2005 年版，第 114—115 页。

③ 同上书，第 125 页。

需要，造就有充分社会学与经济学知识之人才。课程之设备，于明理致用二端双方并重"①，更为明确地表达出通专并重的课程理念。

2. 根据教育与宗教分开的原则，不设宗教课

辅仁大学遵循信教自由的办学理念，遵照中国政府关于学校课程设置不得以宗教科目列入必修课的法令，决定不设宗教课。1927 年 6 月 17 日，学校在向政府呈文请求认可时指出："本校自成立以来，悉准大部成规，并无宗教课程，所收学生皆经试验为准，教内教外畛域无分，一切规程实与部章无所违异。"②

3. 将国文定为共同必修课

国文教育是国学教育的重要组成部分，国文课的主要目的是对学生进行传统国学教育，在学校课程体系中具有基础性地位。这是辅仁大学重视通识教育的重要组成部分。在陈垣的主持下，学校明确提出"国文与外国文为研究一切学问必须之工具"。因而，在课程设置上，把"国文"规定为学校所有文理科各专业一年级学生共同的必修课，名叫"大一国文"，"各系一年级学生有国文较劣者，一律须补国文一年"③。国文较优者，可免于上课，但不免考。课程由课文讲解、作文、课外读物（教师指导学生作读书笔记）三部分组成，每周 2 学时，4 个学分。④ 陈垣担任校长期间一直直接领导国文教学工

---

① 北京辅仁大学校友会编：《北京辅仁大学校史》，中国社会出版社 2005 年版，第 161 页。

② 同上书，第 20 页。

③ 陈智超编：《陈垣来往书信集》，上海古籍出版社 1990 年版，第 355 页。

④ 辅仁大学秘书处：《民国三十年度私立辅仁大学一览》，辅仁大学印书局 1941 年版，第 97—98 页。

作，从教材的编选、教师的遴选到结业考试，都由他亲自负责，并采取了一些激励措施。一方面，他亲自进行学习动员工作，提出"理科学生不能单纯依靠中学所学语文，若缺乏较深的国文知识，缺乏文字表达能力，自己的科研成果，就无法通顺地表达出来"。另一方面，他亲自选聘校内教学经验丰富、学有专长的教师担任这门课的教学工作。陈垣还亲自讲授这门课，取得了很好的名师效应，"校长亲自讲授大一国文引起了全校师生对大一国文的重视"。①

4. "因人设课"，注重教学质量

辅仁大学所谓的"因人设课"是指为了提高教学质量，请专家名流讲授课程，并根据他们研究的专长设课。在当时，与课程密切相关的教材建设非常滞后，许多教授学识渊博，他们根据自己多年的研究成果自编讲义，使讲授的内容不仅丰富，而且具有很高的学术水平和独到的价值。例如文学院余嘉锡的《秦汉史》、台静农的《现代中国文艺》、魏建功的《声韵学史》、沈兼士的《文字学史》，等等，都是专家教授们在学术上潜心研究的成果，体现出他们严谨务实的治学精神。②与此相反，开课方面如果没有专门人才，即使是必修课，也是宁缺毋滥。如易经一科，因为没有合格的师资，始终没有开课。③"因人设课"不仅有利于发挥教师的特长，提高教学质量，同时，也为学生从事学术研究提供模范作用，创造出研究

① 陈智超：《励耘书屋问学记——史学家陈垣的治学》，三联书店 2006 年版，第 206 页。

② 北京辅仁大学校友会编：《北京辅仁大学校史》，中国社会出版社 2005 年版，第 112 页。

③ 陶亚飞、吴梓明：《基督教大学与国学研究》，福建教育出版社 1998 年版，第 168 页。

学问的良好氛围和传统，有利于形成研究学问的学风。

（三）辅仁大学的教学改革

陈垣18岁开始教蒙馆，先后教过小学、中学、大学，从事教育工作70余年。他结合自身所接受的教育，总结出独到的读书心得，加之长期亲身的教学实践，逐渐养成了实事求是的科学精神，在对学生的循循善诱与谆谆教导中，每一条都是长期教育教学实践的结晶，反映了客观的教育规律，体现了科学的教学思想，也符合培养通才的教育基本原则。这些都构成他在辅仁大学主持教学改革工作的思想基础。

1. 重视基础课的教学和教材建设

陈垣根据自己的读书经验，认为"基础知识好比盖房子的地基，地基不打结实，房子就会倒塌。研究一门科学，基本知识更是起码的条件，不打好基础，就好像树没有根"①，所以应当注意基本知识的教学。他在主持辅仁大学校政时，不仅在课程设置上首创"大一国文"课程，而且非常重视基础课教学和教材建设。全校各系一年级的国文课，由他自己亲自主持，亲自遴选教师，并带头教一班以为示范。"大一国文"所用课本在全校是统一的，课本中选哪些作品，选录的标准，每篇作品的要点，通过讲授要使学生受到哪些方面的教育等，陈垣都一一向任课教师说明。学年末全校"大一国文"课统一考试，他统一出题，统一评定分数，实际上也是对教师教学成绩的一次考核。在历史教学方面，一方面，重视国文、目录学、校勘学、正史概论、文字学、年代学、考古学、金石学等基础课程的教学，另一方面，陈垣新创了两门基础课史学名著

---

① 陈智超：《励耘书屋问学记——史学家陈垣的治学》，三联书店2006年版，第4页。

选读和史学名著评论,帮助历史系学生提高古文阅读能力和了解基本历史典籍。中国语言文学系更是重视中国语言文字的教学,把它放在教学的基础地位。到30年代,全系课程划分为"语言文字学"(甲)与"文学"(乙)两组,学生可以在受教育上有语言文字及文学的偏重,但是,无论是甲组还是乙组学生,都必须把语言文字的基础打好,一些语言文字的基本课如目录学、文字学纲要、声韵学纲要、中国文学史、作文等都确定为两组学生的基础必修课,在课程设置上突出了对中国语言文字基础的重视。① 西语系主任英千里不仅倾注了大量心血于课程设置及教师安排上,还想方设法为改革、选用新教材而努力。当他得知《文学断代史》在国外出版了新版本后,便即刻垫款托请当年设在北京饭店里的法国图书馆直接从英国订购。后来还进口了一些其他有关书籍。新版书籍材料翔实,内容丰富,一改20世纪初期以来沿用的陈篇旧著,大大提高了教学质量。② 为了充实教学内容,许多著名教授将自己的研究成果,编成教材以供学生学习之用,保证了教材建设能满足教学的需要,并能反映出最新的学术研究成果。

2. 严格教学管理,注重教学方法的改革

二三十年代,各大学课程科目安排随意性较大,缺乏严格的教学计划。陈垣在学校教学管理中努力改变这种状况。他自己由于受过系统的西方科学训练,因此特别重视制订教学计划,讲求教学方法。辅仁一整套严格的教学、注册等管理制度是在不断探索、补充中逐步完善的,现分别保存于北京师范大

---

① 北京辅仁大学校友会编:《北京辅仁大学校史》,中国社会出版社2005年版,第111页。

② 同上书,第131页。

学档案馆和北京市档案馆的辅大完整档案，充分印证了这一点。

　　辅仁大学的严格教学管理，从《入学考试简章》中就可以窥见一斑，如 1934 年 7 月的《简章》报名一栏中就规定："报名时，必须当时呈缴证书，所有申请先准报名、随后补交证书等情事，概不通融"，"一切私人函件证明资格请准报名均无效"①。辅仁大学的教务处在课程设置、学分制、必修选修制、转院系制、毕业实习制、毕业考试制、毕业论文答辩制、学衔学位制等方面建立了完整的教务管理系统，保证了教学的顺利开展。从 1929 年 7 月第一个《学则》开始，以后不断改进、补充、发展和完善，通过细化、简化，对学生的学习做出科学的和切合实际的要求，不仅对学生上课缺席、休学、退学、惩奖均做出具体规定，对学生具体学习的考核更为严格。就考试来说，辅仁教务处规定，每年必须经过四次严格的考试，较一般大学的一至二次多，而每门课平常的临时考试更是不计其数。无论是平常小考，还是期末大考，要求都是一样的，很难、很严。赵雅博回忆说："辅仁大学，尤其在国文系，其开课之认真，分数之严格，不但可以说是全北平最严格，而且可以说是全国之最严格者。"② 为了实现培养精英人才的目的，辅仁大学实行严进严出的教学管理，"进辅仁难，出辅仁更难"，从下表的统计数据中我们就可以看出。

---

　　① 北京辅仁大学校友会编：《北京辅仁大学校史》，中国社会出版社 2005 年版，第 96 页。

　　② 转引自陶亚飞、吴梓明《基督教大学与国学研究》，福建教育出版社 1998 年版，第 168 页。

### 辅仁大学本科招生和毕业人数统计表（1927—1936）

| | 1927 | 1928 | 1929 | 1930 | 1931 | 1932 | 1933 | 1934 | 1935 | 1936 |
|---|---|---|---|---|---|---|---|---|---|---|
| 报名人数 | 50 | 53 | 140 | 437 | 788 | 1020 | 571 | 594 | 749 | 1048 |
| 招生人数 | 34 | 35 | 79 | 197 | 301 | 233 | 235 | 293 | 291 | 33 |
| 录取率 | 68% | 66% | 56% | 45% | 38% | 23% | 41% | 49% | 39% | 32% |
| 注册人数 | 36 | 41 | 97 | 270 | 548 | 605 | 613 | 684 | 792 | 810 |
| 毕业人数 | | | | | 11 | 18 | 46 | 84 | 121 | 121 |
| 毕业率 | | | | | 32% | 50% | 58% | 43% | 40% | 52% |

　　注：本表根据孙邦华《会友贝勒府：辅仁大学》（河北教育出版社 2004 年版）第 46 页以及论文《试析北京辅仁大学的办学特色及其历史启示》（《清华大学教育研究》2006 第 4 期）的两个表格合成。

　　教学质量的提高只靠严格的教学管理还不够，教学方法的改善也是重要的一个方面。陈垣校长总结出自己摸索出来的两点学习经验，认为对研究和教书有些帮助：一是从目录学入手，可以知道各书的大概情况。这就是涉猎，其中有大批的书可以"不求甚解"；二是要专门读通一些书，这就是专精，也就是深入细致，"要求甚解"[1]。两者之间的关系就是博与约的关系，由博返约体现出陈垣的治学风格，反映在教学上，他十分注意博与专之间的辩证关系，认为不管学什么专业，不博就不能全面，对这个专业阅读的范围不广，就很像以管窥天，往往会造成孤陋寡闻，得出片面褊狭的结论。只有得到了宽广的专业知识，才能融会贯通，举一反三，全面解决问题。不专则样样不深，不能得到学问的精华，就很难攀登到这门科学的顶峰，更不要说超过前人了。博与专是辩证的统一，是相辅相成的，二者要很好地结合，在广博的基础上才能求得精专，在专

---

　　① 陈智超：《励耘书屋问学记——史学家陈垣的治学》，三联书店 2006 年版，第 2 页。

精的钻研中又能扩大自己的知识面。① 在历史学的教学研究中，他要求学生要有宽广的知识幅度，要了解古今中外，还要有自己较专门的学问。陈垣校长在历史研究方面，强调"竭泽而渔"地搜集材料②，即广泛地占有材料，不漏掉一条材料，要了解这一问题各个方面有关的材料，尽量搜集，加以考察。这些思想都被他很好地用于教学之中，在担任校长期间还亲自授课。他授课时踏踏实实，循循善诱，使学生由浅及深，自然地走进学术之门。他不仅以严谨的治学精神对学生严格要求，而且还把自己的教学经验毫无保留地传授给年轻教师，要求青年教师不断提高教学水平。启功先生在《夫子循循然善诱人》一文中，对陈垣的教学方法，特别是课堂教学，有切身感受，归纳出九条"上课须知"，其中要求教师"在讲台上，人脸是对立的，但感情不可对立"、"要有教课日记"、"要疏通课堂空气"等思想③，虽然并不是教育理论术语，但反映出教学的基本规律，体现出他对教学方法的重视。

　　3. 教学与研究相结合

　　陈垣认为，要想获得丰富知识，必须经过自己钻研和努力。在办学理念上，他接受了蔡元培关于大学是研究高深学问的思想，以培养研究高深学术人才为主要目标。"大学设教，在应社会之需求，养成高深学术之人才，以期将来致用于社会。所谓高深学术之人才，必须赖大学教育培养者。"④ 因而，

　　① 陈智超：《励耘书屋问学记——史学家陈垣的治学》，三联书店 2006 年版，第 3 页。

　　② 同上书，第 140 页。

　　③ 同上书，第 114 页。

　　④ 辅仁大学秘书处：《北平辅仁大学教育学院概览（民国二十一年度）》，辅仁大学印书局 1932 年版，第 4 页。

在教学中，特别注重本科生的科研能力培养，他认为大学本科教育"为训练专门或技术人才之基础，个人有此基础后，再从事高深研究"①，通过教学与研究相结合，"以期养成自动研究之学风"②。在这方面，他身体力行，他本人无论是在大学任教，还是主持学校管理工作，从不放松学术科研，几乎每年都取得新成果，都有专著出版，并且将研究成果用到教学中去。他曾告诉学生，自己研究几个月的一项结果，有时并不够一堂时间讲的。③ 这一方面反映出他治学的严谨，也反映出他对教学与研究结合的重视。他还把自己的文章让学生阅读，希望帮他提意见，其中深意，是有意培养学生的研究能力。刘乃和回忆说："这是老师对学生的有意培养，希望我通过具体的实践，能得到提高，说是'旧学商量加邃密'，实是'新知培养转深沉'了。"④

教学与研究相结合的思想在陈垣的"史源学实习"教学中体现得尤为明显。在教学中，他"择近代史学名著一二种，逐一追寻其史源，检照其合否，以练习读一切史书之识力及方法，又可警惕自己论撰时之不敢轻心相掉也"⑤，强调"晦者释之，误者正之"的教学方法，使教师的"讲授"与学生的"实习"相结合，而且重点在学生的"实习"上，从而提高学

---

① 孙邦华:《身等国宝　志存辅仁:辅仁大学校长陈垣》，山东教育出版社2004年版，第221页。

② 辅仁大学秘书处:《北平辅仁大学文学院概况（民国二十四年度）》，辅仁大学印书局1935年版，第2页。

③ 陈智超:《励耘书屋问学记——史学家陈垣的治学》，三联书店2006年版，第134页。

④ 同上书，第184页。

⑤ 辅仁大学秘书处:《民国三十年度私立辅仁大学一览》，辅仁大学印书局1941年版，第66页。

生的研究能力。史源学实习课的核心就是让学生在反复练习、实践中掌握考据学基本方法。正如他的亲炙弟子所说："他（陈垣）从不空谈史学方法，只教人追寻史源，比对史书，其用意即在于使学生通过实践去了解治历史的各种途径与方法。"① 在此过程中，既可以使学生广泛阅读有关史学书籍，又达到了使学生初步掌握考证的步骤、方法的目的，还使学生由此懂得了在做论文时必须引用第一手资料，"如研究两汉，你不引两《汉书》，而引《资治通鉴》，他（陈垣）就会问：为什么引《通鉴》"②。后来，陈垣的弟子们把这种教学法科学地概括为"度人金针"③，反映出辅仁在教学中对学生科学研究能力和方法的培养。

陈垣也常提醒其他教师要一面教书，一面读书，一面著述，以提高教学质量④。辅仁大学注重教学与科研相结合，不仅体现在课堂教学上，也表现在课外活动中教师对学生科学研究活动的指导，采用多种措施和办法，并使之制度化、经常化，成为辅大教学的一大特色。如中文系实行了教授与学生合作研究的方法。1932 年，沈兼士教授曾与学生合作，编纂了《广韵声学》；1935 年陈垣、余嘉锡做指导，与学生合作编辑了《四库全书提要考异》、《各史姓名备检》等，都成书出版。它不仅展示了当时的教学成果，而且通过这种在名师指导下的合作，具体地培养了学生从事科学研究的能力，深深地影响了

---

① 陈智超：《励耘书屋问学记——史学家陈垣的治学》，三联书店 2006 年版，第 74 页。

② 牟润生：《谈谈我的治学经历》，《文史知识》1988 年第 2 期。

③ 史念海：《忆先师陈援庵先生》，《纪念陈垣校长诞生 110 周年学术论文集》，北京师范大学出版社 1990 年版，第 289 页。

④ 来新夏：《难忘辅仁恩师》，《文史精华》1998 年第 8 期。

一代又一代的青年学子，加快了他们成长的过程，为他们日后在这些学术领域中有所建树奠定了基础。[①] 史学系除开设"中国历史研究法"等讲授研究历史的一般方法外，陈垣校长通过开设"史源学实习"的课程，培养学生对考史的认识和兴趣，提高学生搜集史料，组织文章的能力和技巧，并养成善于发现问题，以及在考史工作中，不畏烦难、探本求源、认真细心、一丝不苟的严谨学风。[②] 该门课程可以具体传授考证学技能、技巧，使学生在浩瀚的史学空间中，有门可入，有径可循，从而能够掌握和运用这个历史学的有效方法，进行科学研究。社会学系更是坚持辅仁大学重视本国文史内涵，以文会友精神的传统，将教学与研究相结合，贯通中外社会学理论，融合古今文献资料，力图吸收国际社会学各流派之长，通过理论联系实践，深入了解社会生活，以综合研究的方式努力实现社会学的本土化。最为著名的是李景汉先生深入旧中国落后农村，历时七年完成的社会学巨著《定县社会概况调查》，这部著作是西方社会学与中国社会实践的具体应用，也是西学中用的一次尝试。[③]

4. 重视英语教学

辅仁大学作为教会大学非常重视外语教学。英文是重点学科，按规定一、二年级必修英语，三、四年级必修或选修第二外语。辅仁大学英语教育并不是为了培养一批到洋行里做事的买办，而是培养学生直接获取西方科学文化的能力。教务长刘半农说："我们以为时至今日，学术已有了世界化的趋势；无论

---

①　北京辅仁大学校友会编：《北京辅仁大学校史》，中国社会出版社 2005 年版，第 112 页。

②　同上书，第 136 页。

③　同上书，第 398 页。

学文学，学科学，倘不能直接看外国书，只凭翻译本子，那终是隔靴搔痒。倘使能直接看外国书，就可以增加许多知识的源流和做学问的门径。"[①] 按照当时的大学教育法令，高校学生必须学习两门外语，但有的大学对第二外国语"多视若具文，有没有几乎一样"。而辅仁对两门外语课都很重视，刘半农认为："一个人不懂一种外国语是太陋；倘只懂一种外国语，则很危险。"因为人们容易以为他所了解的一种文化都是好的，而排斥其他文化，如果在掌握两种语言的基础上，了解两种不同文化，并对两种文化作比较研究，就不会犯那样的毛病。[②] 辅仁大学的第二外语首选为德语，其次是法语，日本侵占时期（1937—1945）增加日语。两门外语的掌握为辅仁大学把世界西方最新科学知识、理论纳入学校的教学内容奠定了良好的语言基础。重视外语教学有利于学生全面了解西方文化，加之对国文的重视，使学校的教学既能借鉴传统文化的精华，又能吸收西方先进的科学知识，使辅仁大学培养了一大批中西兼备、融会中西的人才，真正能担当起沟通中西文化的使命。由此可见，重视外语教学在辅仁只是实现本土化发展的一种手段，其最终目的是培养沟通中西的建设人才。

5. 创办学术性刊物

创办学术刊物是辅仁大学教学的延伸，也为教学与研究相结合提供了很好的平台，同时也体现出辅仁的办学宗旨和沟通文化的使命。辅仁大学的学术刊物主要有《辅仁学志》、《华裔学志》、《辅仁文苑》、《辅仁生活》等。

《辅仁学志》作为最早（1928）创办的学术性刊物，其宗

---

① 刘半农：《辅仁大学的现在和将来》，《半农杂文二集》，良友图书公司1935年版，第206页。

② 同上书，第207页。

旨为："随着世界形势的变迁，中外学术的交流，学者必须发掘利用新材料，开辟新领域，采用新方法，只有这样才能取得新成就。"① 其发刊词一方面高度评价中国传统的治学方法，"百年以往，乾嘉诸老努力朴学，极深研几，本实事求是之精神，为整理珍密之贡献，三古文史灿然大明"；另一方面，对新方法和中外合作持肯定的态度，"迨海国棣通，新知输入……倾向既异，工作自殊然则欲适应时代之要求，非利用科学方法不可。阐发邃古之文明，非共图欧亚合作不可。昭昭然也"②。从中我们也可看出《辅仁学志》肩负沟通中西文化的使命。

《华裔学志》的外文名是"Monumenta Serica：Journal of Oriental Studies of Catholic University of Peking"，在圣言会接办辅仁大学两年后的 1935 年正式创刊。关于杂志的拉丁文名称，鲍润生神甫做出了如下解释："Monumenta"在这里意为记忆、研究、文献。"Serica"意为中国或者更广泛意义上的亚洲远东地区。中文名字"华裔学志"则是辅仁大学校长陈垣亲自选定，意为研究中国与远方人民文化关系的学术刊物。《华裔学志》创刊的宗旨就是沟通中西学术，担当中西文化交流使者的角色。杂志上刊载的论文对汉学研究的资料性贡献是很大的。作者们将中国传统文化中的一些精华翻译为西文，为西方学者的深入研究提供了资料基础。《华裔学志》成为辅仁大学与国外学者进行交流、合作的一个重要平台，它对于提高辅仁大学在国际上的声誉和地位，扩大辅仁大学学术研究的知名度，具有重要的意义。同时《华裔学志》延续了辅仁大学在中国古代文化方面的研究。

---

① 《辅仁学志》第 1 卷第 1 期，1928 年 12 月。
② 同上。

《辅仁生活》则是 1939 年由师生共办、以学生为主的刊物，以"联络师生的情感和付与同学们练习写作，和运用思想的机会"为办刊宗旨①，丰富了学生的学习生活，培养学生的研究兴趣，同时也保存了辅仁大学许多重要的文献资料。《辅仁文苑》也是 1939 年创办的纯粹的文艺性刊物，被列为正式的校刊，在短短的三年中，培养出张秀亚、查显琳等著名的文学家。

学术性刊物不仅开阔了学生的研究视野，同时也有利于培养学生的研究兴趣，有利于形成严谨的学风和良好的研究氛围。这些面向国内外的出版物，宣传了辅仁大学的学术研究成果，奠定了辅仁大学在学术界，特别是国学研究中的地位。

### 三　陈垣与辅仁大学师生生活的变化

#### （一）辅仁大学大学教师队伍的变化

高水平的教师队伍是保证大学办学质量的必要条件，陈垣任辅仁大学校长之初，面对学校新建，师资力量匮乏，教学体系不健全，缺乏社会声誉等现实情况，他以兼收并蓄、虚怀若谷的博大胸怀，会同校内同仁，延揽名流，网罗人才，扩大学校规模，逐步提高教学质量。

1. 改善教师结构，实现教师队伍的本土化

作为一所天主教大学，辅仁大学初期，由天主教本笃会、圣言会、圣神修女会派遣或物色的欧美学者担任教师和行政管理人员。这些学者大都是名教授，有些还是科学家，辅仁大学因而从一开始就拥有了一流的师资，办学起点就高。陈垣任校

---

① 孙邦华：《会友贝勒府：辅仁大学》，河北教育出版社 2004 年版，第 129 页。

长后，努力实现教师本土化，特别是在文学院。当年的教务长刘复曾自述如何强化辅仁大学教师阵容："我们想竭力罗织名师，虽然不能使全国的名师都到我们学校，总竭力设法去敦请。"① 为了满足人才培养的需要，辅仁大学把加强师资队伍建设的目标提高到校务管理的首要位置。陈垣校长更是利用自身的学术声望和人格魅力，采取直接聘请北京其他著名大学的名师、国外留学归来的博士、学者以及独具慧眼地从社会上挖掘人才等方式，汇集了沈兼士、刘半农、魏建功、沈尹默、郑振铎、萨本铁等众多名师，提高了师资水平。随着办学规模的扩大，教师队伍得到不断充实，教职员由 1929 年的 48 人，增加到 1942 年的 396 人②。师资结构也得到改善，其中教师和行政管理人员，约 70% 为中方人士，30% 为外籍人员③。经过一段时间的发展，辅仁外籍教师除了通过教学和研究把西方最新科学介绍到中国，还注重对中国文化的学术研究，从而把中国文化介绍到西方社会，以实际活动诠释了"会友辅仁"、融会中西的办学宗旨。著名汉学家、圣言会神父鲍润生在辅大创办《华裔学志》，以英文、德文、法文发表中外学者有关中国社会、历史、风俗、宗教等内容的学术论文。它已成为以西方语言出版的历史最悠久、同时也是最具重要性的汉学期刊之一，而且是天主教会唯一的有关汉学的期刊④，从而在一定程度上

①　北京辅仁大学校友会编:《北京辅仁大学校史》，中国社会出版社 2005 年版，第 71 页。

②　《校史》，《私立辅仁大学一览（民国三十二年度）》，辅仁大学自印。

③　孙邦华:《试析北京辅仁大学的办学特色及其历史启示》，《清华大学教育研究》2006 第 4 期。

④　柯慕安（Miroslav Kollar）:《鲍润生神父为〈华裔学志〉的创办者——他的生平与事业》，魏思齐（Zbigniew Wesolowski）《有关中国学术性的对话:以〈华裔学志〉为例》，查岱山译，台北:辅仁大学出版社 2004 年版，第 21 页。

实现了陈垣校长所期望的把汉学中心由巴黎、东京夺到中国，夺回北京的愿望。教师职称结构日趋合理，到 1946 年，除了助教、职员和兼职教师之外，在编的 143 名教师中，有教授 52 人（包括 3 名名誉教授）、副教授 14 人，讲师 77 人。[①] 辅仁大学建立了一套分层级配置的工资制度，实行职务岗位薪（俸）津（贴）制，使教师有较好的生活保证，安心任教，以此增强活力，调动教职工的积极性。在陈垣的努力下，辅仁大学教师和管理队伍中西结合，为融会贯通中西文化提供了良好而必备的师资条件。

2. 有容乃大，坚持唯才是举的聘用标准

在教师聘用上，陈垣校长坚持有容乃大，唯才是举。"兼容并包"的办学思想虽非陈垣提出，但他的办学实践与此完全相通。在学校管理、教师选聘以及学术活动中，从不因循守旧，没有门户之见，不管党派信仰，唯才是举，唯才是用，这在一所教会学校里是非常难得的。正因为有了陈垣的包容与宽容，在校师生中既有崇奉三民主义的，也有信仰共产主义的，还有一些其他政治思想倾向的。在辅仁大学，中国共产党的地下组织成立了支部，第一任支部书记是韩仲轹，1935 年至 1937 年，历任书记还有史国定、刘达、刘国瑞、孟英。在抗战期间，共有共产党员 29 人，并培养了一批积极分子[②]，成为爱国师生在敌占区坚持民族解放事业的重要阵地。辅仁大学创办初期，知名教授有很大部分是陈垣从社会上发现、物色而来的。他们中有些没有现代大学文凭，基本上是自学成才，或

---

① 北京辅仁大学校友会编：《北京辅仁大学校史》，中国社会出版社 2005 年版，第 77—92 页。

② 同上书，第 39 页。

者在晚清接受过国学训练,具有某一方面的专长或真才实学,而且被辅仁聘请前没有或基本没有在大学执教的经历,甚至有的人是连中学都未毕业的青年,但是,他们从辅仁大学的讲台起步,最终成为名教授、名学者。① 如陈垣将默默无名,苦读《四库提要》,终日伏案一丝不苟地给提要作辨证的余嘉锡请到辅仁大学做国文系主任。自幼喜爱藏书,"以书为性命",并被人呼为"破伦"的伦明,接受过旧式教育,但精通校勘、版本目录学,也被陈垣请到辅仁任教。与他俩类似的还有唐兰、于省吾、溥雪斋、陆开钧等人。而陈垣校长破例录用和不遗余力地扶植的启功先生,更是体现出他唯才是举的思想。只是中学毕业的启功因学习"经史辞章",作古典诗文被陈垣校长称作"写作俱佳",因而被聘到辅仁任教,先在附中教"国文",但两年后因没有大学文凭被附中解聘。陈垣于是派他教大一的国文课,并将自己的教学方法毫无保留地传授给他,不仅使启功在辅仁大学站稳了脚跟,也使他成为中国当代大学名师和著名的书法家。学校其他领导人物也非常支持陈垣在教师聘用上的这一主张。因此,当时的名教授多被他请来任教。如周作人教小品文,朱希祖(前北大历史系主任)教历史及文学史,马衡(前北大教授,故宫博物院院长)教金石学,刘韵(北大教授)教教育学等。②

(二) 辅仁大学的学生生活

1. 学生人数稳步增加,增招女生

辅仁大学 1927 年秋季本科正式招生时只有文科的国文、

---

① 孙邦华:《身等国宝　志存辅仁:辅仁大学校长陈垣》,山东教育出版社 2004 年版,第 125 页。

② 北京辅仁大学校友会编:《北京辅仁大学校史》,中国社会出版社 2005 年版,第 394 页。

历史和英文 3 个系，共招生 34 人。到 1930 年，辅仁大学三个学院的所有系都招生，当年招生 197 人，以后每年逐年增长，1937 年，全校注册学生突破千人，到 1942 年，在校学生总数共计 2413 人。[①] 从 1938 年 9 月开始，辅仁大学增设女院，文学院、教育学院各系及理学院的数学系，开始招收女生，以旧恭王府为女院校舍。1938 年，在校学生共计达 1265 人，其中男生 959 人，女生 306 人，女生占学生总数的比例为24.2%。[②] 此后，各院系逐渐开始招收女生，女生入学人数进一步增加，到 1942 年，女生增加到 978 人，占学生总数的比例为 40.5%。女生人数的增加，有利于改变传统女性观念，使部分女性打破闺门禁锢，走上社会，接受西方近代自然科学和社会科学知识，逐步走上自强、自立的道路，对女性获得均等的高等教育机会起着积极的推动作用。

2. 开展丰富多彩的社团活动

辅仁大学十分注重校园文化特色的培育，通过开展丰富多彩的校园文化来促进通识教育的实现，促进中国式人才的培养。辅仁大学将教学与研究相结合延伸到课外活动，自 30 年代起，基本上每个学科都陆续组织起学会，由教师和学生共同参加，定期开展一些学术交流活动。这些学会一方面体现出辅仁大学发扬中国固有传统优秀文化，吸收外来文化的办学宗旨，另一方面，在于培养学生的研究兴趣，提供学生参与研究的机会。如文学院的国文学系语言文字学会，由沈兼士和余嘉锡共同发起，通过讲演、报告、调查和研究等形式，达到在课外学术活动中帮助学生课外研究，培养学生研究兴趣的目的。

---

① 《校史》，《私立辅仁大学一览（民国三十二年度）》，辅仁大学自印。
② 《校史》，《辅仁大学年刊》1939 年。

1941 年正式成立的历史学会，主要活动方式是请著名学者讲演，进行历史学术探讨的活动。在学会成立的第一次学会上，陈垣和沈兼士分别做了讲演，不仅介绍研究心得，为学生指导读书和学术研究的门径和方法，而且还敦劝学生努力读书，多做学术研究，对于开阔学生思路，扩大学生视野，增长学生知识，以及敦品励行，都是大有裨益的。此外，还有社会学会、经济学会、教育学会、心理学会、物理学会、化学学会、生物学会、数学学会、美术学会、哲学学会、英语（西语）学会等，这些学会在教师的指导下，从事本专业的学术研究以及社会调查研究工作，这对促进学生的学术研究，活跃学术空气，培养学生多方面兴趣，提高业务水平，都起了很好的作用。

在辅仁校园活跃着很多学生文体社团（团体）。这些社团有很高的文化品位，如京剧（当时称国剧）社、话剧社等。学生中也组建了艺术社团，如西洋乐团、合唱团等。这些学生社团到处交流演出，成为促进学校间交流的重要形式。我国著名的音乐指挥家李德伦，早年在辅仁大学读历史系时就参加艺术社团，奠定了音乐指挥的基础。辅仁大学在体育活动方面很有特色。当时的辅仁大学体育教育很普及，而且各种竞技成绩比较好。其足球队最有名，在北京的几所大学比赛中经常夺冠。我国著名的足球教练李凤楼先生就是当年辅仁大学的学生足球队员。丰富多彩的校园文化，不仅缓解了辅仁因严格教学而产生的学习紧张情绪，同时，也营造了良好的学术氛围，对学生发展起到积极的作用。

## 第三节　辅仁大学的办学特色

辅仁大学在校长陈垣的主持下，虽然只有短短的 27 年的历史，但在办学过程中形成自己的特色。

## 一 立足本土，坚持中国化的办学宗旨

辅仁大学从创办之初就走本土化的路线，表现在两个方面：一是发起人为中国人，二是办学宗旨的中国化。辅仁大学从办学之日起，就向当时的国民政府立案，被纳入到中国高等教育系统之中。辅仁大学的创始人英、马在《美国圣本笃会创设北京公教大学宣言》中就强调："近此大学初创之人，虽皆美产，但来华之意，非仿殖民，吸取人才，造成附属品也。本会在一国，便为一国之会士。极愿同志之人，同力合作，数十年后，会士为中国之会士，公教为中国之公教，大学为中国之大学，懿欤休哉！"[1] 非常明确地表现了他们的民族主义立场，以及他们心目中未来大学的方向，也得到首任校长奥图尔的响应，他在1924给英氏的信中说："我们希望北京公教大学成为一个中国文化的储聚点，一个中国文化的中心，并通过自己特有的天时、地利，将其发扬光大，有助于中国这一强大、古老的国度发展自己的艺术、语言、哲学等。"[2] 奥图尔的态度充分表现了传教士在观念上对本土文化的适应，无论这种适应性是主动的还是被动的，它总是有利于辅仁更多地倾向于中国人所设计的模式。1927年在《私立北京辅仁大学组织大纲》中明确规定："本校以介绍世界最新科学、发展中国固有文化、养成硕学通才为宗旨。"[3] 1927年6月，辅仁大学呈文教

---

[1] 方豪编：《马相伯（良）声文集续编》，文海出版社1972年版，第70—80页。

[2] 陶亚飞、吴梓明：《基督教大学与国学研究》，福建教育出版社1998年版，第153页。

[3] 北京辅仁大学校友会编：《北京辅仁大学校史》，中国社会出版社2005年版，第11页。

育部请求认可，教育部的视察认为，该校的双重目标为：（1）引介西方学术及科学的最现代化发展；（2）保存并复兴中国传统文化①。在批文中肯定了创办人英敛之等所提出的以介绍世界最新科学，发展中国固有优秀文化的办学宗旨。1929 年，陈垣接任奥图尔成为校长后，始终围绕这一办学宗旨，坚持"以文会友，以友辅仁"，营造了浓厚的学术氛围，构成了团结奋进而持久的凝聚力。陈垣校长主持校务期间，虽然由外国人担任校务长，但在教学方面主要由他主持，其中国学方面成就主要是出自中国学者，更凸显出辅仁的本土化办学特色。

## 二　会通中西，促进中西文化交流

中西文化教育的交汇、冲撞、融合是中国近代大学教育的主题之一，教会大学更是中西文化交汇的典型代表，辅仁大学也不例外，它是一个高等教育机构，也是一个中西文化交流的平台。辅仁大学成立后，以融汇中西文化、促进中西文化交流为己任。在陈垣校长的苦心经营下，立足本民族文化，以强烈的民族主义意识，会通中西文化，在促进中西文化交流方面作出积极的贡献。启功先生称陈垣校长对中华民族历史文化是"一片丹诚"，这是因为在学术研究中，他非常注重民族历史文化的作用。他利用辅仁大学这个平台，向天主教神甫们大力宣传中华民族历史文化，为神甫们讲授佛教在中国能够传播的原因，列举中华民族文化艺术对佛教及其传播的影响，劝诫天主教徒要努力学习中华民族历史文化，并大力表彰国学根底深厚的神甫学者。辅仁大学继承了利玛窦的传统，建立了与利玛

---

① 北京辅仁大学校友会编：《北京辅仁大学校史》，中国社会出版社 2005 年版，第 12 页。

窦寻求中西调适传统异代同调的学风。利玛窦在中国的成功主要取决于他认识到文化交流的重要性，坚持学术传教的思想，致力于中西文化的调适。利玛窦一方面运用他以及其他耶稣会士所熟悉的西洋科技赢得中国士人的青睐，另一方面尊重中华文化，相信儒家思想具有普世价值，可与基督教有无互通，故不排斥本土礼仪。辅仁大学从办学伊始就注意既不故步自封，也不盲目排外，既注意接受世界最新科学知识，又不排斥中国优秀的传统文化，在面对西方强势文化的冲击，民族传统文化日渐式微的情况下，辅仁坚持本土化办学思想，不是为传播西方宗教培养人才，而是要为中国社会培养人才，强调通才教育的培养目标。作为通才，首先就必须对中国固有的优秀文化有所了解，在发扬和保存民族优秀文化的基础上，才能将外来文化化作我用，才能真正会通中西，在这方面，辅仁大学非常重视国学教育，通过国学教育培养学生的民族意识和民族自信力，也构成了文化交流与沟通的基础。

辅仁的国学教学和研究不仅局限在国内，还通过外籍教员和创办学术刊物将中国固有的优秀文化向外传播，一方面提高了中国国学的国际声誉，另一方面，也有利于外国人对中国文化的了解。在陈垣领导下，在创校之初就形成重视中国学问的校风。为了推广国学研究成果，辅仁大学出版了《辅仁学志》等刊物，担当起沟通中西文化的使命，开展中国基督教的研究，并高度评价中国传统学问。辅仁大学教授们的研究偏重中国基督教及中国与西方关系的历史研究。如陈垣的《摩尼教入中国考》、英千里的《九世纪中国境内对景教基督徒之迫害》、奥图尔的《漫谈早期基督教在中国》和《十四世纪到中国传教的方济会士传记》、法兰西斯克劳提司铎的《与马可·波罗同时代的方济会士》、查尔斯·劳斯司铎的《自尧禅让至三代结束之中西关系》以及张星烺的《中西交通史料汇编》等。这些学术著作既体现了学术传教的目的,更是促进了中西文化的了解与交流,特别是中国文化的对外传播。

在辅仁大学,中外学者长期相处,彼此语言易于沟通。双方学者都受过良好的训练,交流容易取得成效。辅仁大学各院系都有外籍教师任教,约占教师总数30%的外籍教师主要来自美、德两国,他们中许多人都是当时世界科学前沿的专家学者,带来了西方的新近科学技术,有力地促进了辅仁引进西方科学的目的的达成,使西方科学技术和文化在中国的校园里得到传播,并不断地中国化。同时,辅仁大学还请一些西方的汉学专家学者,到辅仁来任教、演讲,有的甚至专门来进修,他们的到来也促进了中西文化的交流。辅仁大学还特别重视对外交流,也派教授去国外大学进修和讲学。辅仁的毕业生在中西文化交流上更是有着特殊的贡献。仅据20世纪80年代北京辅仁大学校友会的估计,辅仁毕业生在大陆以外地区工作服务的有近千人[①]。这些留学生也对在西方世界弘扬中华文化作出了贡献,许多人学成回国后,将西方的科学文化带回中国,服务于国家的建设。

## 三 弘扬民族文化,培育师生爱国主义精神

辅仁大学的国学研究具有鲜明的民族性。一个国家历史文化的教学与研究,本身就是在弘扬一种民族文化。中国历来就有经世致用的传统,辅仁的国学研究,特别是在抗战时期,已

---

① 林智源:《北京辅仁大学(1925—1952)办学特色与教学成果综述》,《21世纪大学追求卓越策略研讨会——校史论坛》,台北:辅仁大学校史室,2001年2月,第5—18页。

经不纯粹是为学术而学术，而是贯穿着一种民族主义精神。[1]陈垣青年时期就有救国救民之志，并参与了反帝反封的爱国运动，具有强烈的爱国主义思想，这些思想在他的教学和学术研究中都得到很好的体现，在抗战期间尤为明显。他特别强调通过对国学的教育与研究，以增长民族自信力，致力于确立中国的国际汉学研究中心的地位，在教学中不止一次强调要把汉学的中心夺回中国、夺回北京[2]，在学术研究上体现出民族竞争力和文化竞争力。为此，陈垣认为首先要立足自己的岗位，把工作做好，要超过别人，超过外国人，这是他的一贯思想。1935 年 11 月，日本人策划"华北国"的阴谋时，他对学生说："一个国家是从多方面发展起来的，一个国家的地位，是从各方面的成就积累的。……我们的学生要比人家的学生好。我们干史学的，就当处心积虑，在史学上压倒人家。"[3] 陈垣强调学术上的竞争力，并与军事和经济相提并论，说明了他强烈的爱国主义精神。

辅仁大学在北京沦陷后，充分利用其有利的国际关系，遵照国民政府教育部的密令维持现状，联络平津其他具有国际性的教育团体，尽量吸收沦陷区青年，培植爱国人士，延续中华民族的教育。陈垣严格遵守三项原则：（1）行政独立；（2）学术自由；（3）不悬伪旗，以示正义不屈。[4] 在日伪统治时期，他便利用辅仁大学每届毕业生出版一份年刊的机会，用中国儒

---

① 北京辅仁大学校友会编：《北京辅仁大学校史》，中国社会出版社 2005 年版，第 36 页。

② 陈智超：《励耘书屋问学记——史学家陈垣的治学》，三联书店 2006 年版，第 189 页。

③ 同上书，第 189 页。

④ 王绍桢：《辅仁大学校史》，董鼎主编《学府纪闻：私立辅仁大学》，南京出版有限公司 1982 年版，第 7 页。

家经典中的话语巧妙地进行爱国主义教育。陈垣校长一再引用
《论语》、《孝经》等经书中的话,谆谆教导学生,日伪明知他
的深意所在,但因为是引用经书,也对他无可奈何。① 与此同
时,陈垣的学术研究也发生了很大的变化,1943 年,他在给
友人的信中曾经概括说:"至于史学,此间风气亦变。从前专
重考证,服膺嘉定钱氏。事变后颇趋重实用,推尊昆山顾氏。
近又进一步,颇提倡有意义之史学……亦欲以正人心,端士
习,不徒为精密之考证也。"② 在此期间他完成的代表作——
《通鉴胡注表微》就是一个很好的例证,这是一部充满爱国思
想的史学代表作,全书表达了他对祖国的感情和爱国主义精
神。陈垣在该书后记里说:"我写《通鉴胡注表微》的时候,
正当敌人统治北京,人民在极端黑暗中过活,汉奸更依阿苟
容,助纣为虐。同人同学屡次遭受迫害,我自己更是时时受到
威胁,精神异常痛苦。阅读胡注,体会了他当日的心情,慨叹
彼此的遭遇,忍不住流泪,甚至痛哭。"陈垣学术研究的转向
在方法上强调为现实服务,正如他在给朋友的信中说:"言
道、言僧、言史,言考据,皆托词,其实斥汉奸,斥日寇,责
当政耳。"③ 陈垣校长的爱国思想由此可见。

　　在辅仁大学,不仅是校长陈垣,其他学者和学生也是同样
具有爱国主义精神。辅仁的教师在课堂内外向学生宣传民族意
识和爱国思想,教育青年刻苦读书,等待时机,报效国家。青
年教师和不少学生分别参加了由共产党或者国民党组织的抗日
斗争。1939 年,文学院院长沈兼士与其他几位教授秘密组织

---

　　①　刘乃和:《励耘承学录》,北京师范大学出版社 1992 年版,第 40 页。

　　②　陈智超编:《陈垣来往书信集·陈垣简谱》,上海古籍出版社 1990 年版,
第 302 页。

　　③　刘乃和:《陈垣的抗战史学》,《辅仁校友通讯》1995 年第 17 期。

了"炎社"，以顾炎武"天下兴亡、匹夫有责"为口号，学习顾氏与敌人不妥协的崇高品质，号召文教界参加抗日，后改为"华北文化教育协会"，继续开展爱国主义宣传教育活动。其他教授如余锡嘉作《杨家将故事考信录》，借"考证小说申明《春秋》严华夷之辨与为国家复仇之大义"①。在抗战期间，辅仁大学的学术研究，一方面继续挖掘民族文化的遗产，一方面，注重学术与现实政治的关系，体现出学术研究中的爱国主义精神。陈垣、沈兼士、英千里、孙金铭等师生在非常险恶的环境里，把生死置之度外，勇于发扬舍生取义的传统美德和爱国主义精神，抗敌不屈，保持民族气节。辅仁大学因此赢得了"抗日大本营"的赞誉。②

## 第四节　归道：辅仁大学的本土化特征

辅仁大学是一所教会大学，与其他教会大学一样，在中国的存在与发展都不得不面临一个共同的问题——本土化。杰西·格·卢茨认为："教会大学是移植到中国来的西式学校，西方式的管理、西方的资助和西方的课程以及学校的气氛，使教会大学成为西方文明的传递者。既然西方文明的标准和结构与建立在小农经济和儒家道德基础上的中国传统根本不同，教会大学在中国必然成为破坏力量。"③ 其实，卢茨只看到事物的一个方面，教会大学在中国不仅仅是破坏者，同时也是建设者，

---

① 牟润孙：《海遗杂著》，香港中文大学出版社1990年版，第134页。

② 刘乃和、周少川编：《陈垣年谱配图长编》，辽海出版社2000年版，第493页。

③ ［美］杰西·格·卢茨：《中国教会大学史（1850—1950）》，曾钜生译，浙江教育出版社1988年版，第466页。

尽管教会大学在中国的产生与发展是由多种因素促成的，但是我们绝不可忽视一个重要的内部因素，那就是教会大学在产生和发展中所采取的对中国文化和社会的适应性策略。基督教大学作为"化中国"的一种工具、手段，不管它是否愿意，都要自觉或不自觉地、或快或慢地踏上"本土化"的进程，这是由其所肩负的历史使命所决定的。从实际发展历程来看，中国教会大学从创办之日起就是本土化发展过程的开始，1877 年以及1890 年的在华传教士会议上，关于在中国设立教会大学的讨论就是明显的例证。尽管早期的教会大学的本土化努力，因迎合了当时中国社会的西学需求，浓郁的西方氛围掩盖了其"本土化"的面目，所采取的教育哲学带有明显的使中国基督化的目的，一度被看作是文化侵略的工具，但是，中国教会大学既是基督教文化与近代西方文明的载体，同时又处在东方传统文化环境与氛围之中，因而不可避免地要逐步走向本土化、世俗化。[①] 教会大学从一开始就表现出对中国文化的依赖以及凸显出文化教育功能。早期的教会大学是在寄宿制中学的基础上安上一顶"学院"的帽子，俗称"戴帽子学院"，以示发展方向和学校追求的目标。这些学院的名称多沿袭中国传统的书院，在形式上就是本土化的具体体现，具有浓厚中国文化底蕴。如"格致书院"（岭南大学前身）、"广文书院"、"汇文书院"，等等。在正式改名为大学时，也特别重视校名的文化内涵，如"燕京大学"，"燕京是北京的旧名称，提起来有无限历史上光荣的回忆"[②]。其他教会大学如齐鲁大学、金陵大学、之江大学、

---

① 孙邦华:《会友贝勒府:辅仁大学·序》，河北教育出版社 2004 年版，第 2 页。

② 董鼎:《私立燕京大学》，南京出版有限公司 1972 年版，第 61 页。

岭南大学等，皆以该地历史上的称谓命名，教会大学为择校名而煞费苦心，恰好反映出他们对融入中国文化、力求为中国社会所承认的渴望。① 更为明显的是办学过程中对办学宗旨、学校管理、教学等方面的不断本土化。在人才培养上，许多教会大学将自己定位于"中西并重"，重视对中国国学的教学，如燕京大学自建校以来，就强调培养的人才要对中西情形都有相当的了解，因此主张"中西文化同熔于一炉"②。以英语教学著称的圣约翰大学，即使在卜舫济执校时期，其中学斋课程中的中学内容也不比以重视国学著称的山东文会馆逊色。③

进入 20 世纪后，中国社会进入了剧烈的转型期，清王朝的覆灭，民国政府的建立，特别是新文化运动的兴起，标志着中国民族的自醒进入新的阶段，民族主义进一步高涨，而教会大学在本土化和世俗化道路上的缓慢进程，明显滞后于中国社会转型的需要，教会大学始终游离于中国高等教育管理体制之外，又因其西化倾向而游离于中国社会之外，与普通民众的生活脱节，引发了人们对教会大学的种种批评，由此引发的"收回教育权利运动"和"非基督教化"运动，迫使教会大学进一步加快本土化的步伐。1921 年以巴顿（Ernest T. Burton）为代表的教育调查团指出，"基督教学校如果想吸引学生和取得中国人的经济支持，且须速除去其外国性质……从速变为完全中国性质"④，明确提出了"更加中国化"的口号。对于如

---

① 刘家峰、刘天路：《抗日战争时期的基督教大学》，福建教育出版社 2003 年版，第 15 页。

② 司徒雷登：《燕京大学中西一治》，《燕京新闻》1935 年 9 月 24 日。

③ 陶亚飞、吴梓明：《基督教大学与国学研究》，福建教育出版社 1998 年版，第 58—59 页。

④ 中国基督教教育调查会：《基督教教育之宗旨与精神》，《新教育》1922 年第 1—2 期。

何使教会大学"更加中国化",可以归纳为如下几点:其一,要增加中国籍教师和行政人员在教会学校中的比例,尤其是行政人员要以后逐渐增加,"至全数替代外国人为止"。其二,要重视职业教育,使课程"适应中国之需要",服务于中国社会建设。其三,学校要重视国文教学和中国文化的研究,注意培养学生的国家观念与爱国精神。[①] 因此,在内外因素的共同促进下,20世纪20年代后期,教会大学加速了本土化进程,在形式上,向中国政府注册反映出教会大学在本土化的核心问题上迈出重要的一步。到1930年,除个别学校没有注册外,大部分教会大学都向国民政府注册备案,从晚清政府的"无庸立案",教会学校游离中国教育体制之外,到注册立案成为中国教育体制的一个组成部分,接受国家的管理和指导,教会大学的发展发生了重大转折。与之相适应的是,在办学思想上,更加强调大学的学术性,不断拓展新学科、新专业,并逐渐形成鲜明的专业特色。在人才培养上,更加强调与中国社会的联系,担负起为中国培养人才的使命。教会大学这种本土化发展的趋势,在抗战时期表现出更为明显的民族特征,在这段特殊的历史时期,大多数教会大学与中国大学共进退,向西南迁移坚持办学,只有一小部分大学利用其特殊的国际关系留在敌占区,但他们的一个共同特点就是坚持学术抗战,许多教会大学坚持对国学的教学和研究,对发扬中华文化,鼓舞民族士气,为支持抗战作出重要的贡献,表现出崇高的民族气节和高涨的爱国热情,在坚持抗战的旗帜下,教会大学已融入到中国教育体制之中,本土化发展在民族危急时刻得到充分的体现。

---

① 中国基督教教育调查会:《基督教教育之宗旨与精神》,《新教育》1922年第1—2期。

辅仁大学的办学虽晚，但其创办的过程也体现出教会大学在中国本土化发展进程的共同特征。在开始阶段，从校名和学校的建筑上都体现出浓厚的本土情怀。英敛之以《论语》中的"会友辅仁"为学校取名，既显得典雅，又能反映中国文化的特色。"仁"字在孔子之前，是传统文化的德目，孔子将其发展为一套仁学，此后的"仁"不只是一个规范，它是所有规范在人性中的基础，也是宇宙生成的原理。孔子的仁学为中国发展出一个道德宇宙，因而形成了一个以道德为中心的文化。① 因此，"仁"字足以代表中国文化的传统，是中国儒家学术的核心，它代表着中国传统优秀文化的精华，取名"辅仁"，准确地表达出英敛之要保存国学、发扬中华优秀传统文化的办学理念。另一方面，"仁"与"礼"构成以孔子为代表的儒家大学精神境界的两条边界，"仁"于其内，"礼"于其外。② 孔子不论天道，而注重人道，强调"朝闻道，夕死可矣"，这在一定程度上将人道扩大化和极端化，人道也就变成具有普遍意义的天道。因而儒家的大学之"道"注重"人道"，"仁义为儒家之道，故志于仁义即志于道"。③ 由此我们不难看出英敛之取名"辅仁"的深切意蕴，表达出辅仁大学对中国传统大学精神的回归，对中国传统文化的尊重，并以将其发扬光大为己任。在具体办学过程中，特别重视国学的教学和研究，注重对中国文化的发掘与对外传播。在培养人才方面，强调培养为中国社会需要的人才，并通过国学的教学和研究，培养学生的民族意识和爱国主义精神。这都在一定程度

---

① 韦政通：《中国思想史》，上海书店出版社 2003 年版，第 6 页。

② 储朝晖：《中国大学精神的历史与省思》，山西教育出版社 2006 年版，第 221 页。

③ 余英时：《士与中国文化》，上海人民出版社 2003 年版，第 26 页。

上，反映出儒家教育经世致用的思想。辅仁大学的办学充分表达出对中国大学之"道"的回归，克服了教会大学"化中国"的倾向和意图。因而辅仁大学的本土化在本体论上体现出"归道"的特征，内含两个方面的内容：一是对中国传统大学之道"明明德、亲民、止于至善"的继承，并赋予新的含义。二是对自蔡元培以来，在新的历史时期，在中国社会和文化转型期间所创造的兼容并包、融汇中西的大学精神的继承和发扬，自觉地承担起弘扬民族文化，促进中西交流的历史使命。正因为如此，辅仁大学从办学之初就具有自己的特色，在日寇占领时，仍然能够坚持自己的办学方针，为国家和社会培养大批人才。

辅仁大学作为教会大学，不可避免地带有明显的移植性，但在其本土化过程中，通过陈垣校长的努力改造，其宗教性越来越弱化，而教育功能，特别是对中国文化的传承和发扬的文化功能日趋彰显。因而，移植改造构成了辅仁大学本土化发展在方法论上的重要特征。在具体内容上，包括管理体制、学科设置、课程与教学以及教师队伍等许多方面，都是通过不断的本土化改造而逐渐完成的。辅仁大学的管理体制像其他教会大学一样是移植美国的董事会制度，它也面临着本土化的问题，随着教会大学的发展而不断地被改造，以洗去学校的"洋化"色彩。"当基督教大学步入第三个十年时，他们所面临的一个主要障碍是他们的外国色彩……不管他们如何热心如何好地服务于中国，除了他们的位置外，他们显然是外国机构。"① 克雷西（Earl Herbert Cressy）的这段论述不仅促进中国基督教教

---

① Earl Herbert Cressy, "Christian Higher Educationin China: A Study for the year 1925—1926", Shanghai: China Christian Educational Association Bulletin, 1928, No. 20, Chart17, p. 58.

育会在 1927 年的年会上通过了"将学校逐渐交还中国人办理"的决定，也为教会大学管理本土化提供了合法性。教会大学开始参照中国政府的教育体制相继作出了适当的调整，调整人事结构，提高中国人的地位和作用。辅仁大学在建校之初，就向政府申请立案，董事会的运行也是在中国政府的法令下进行的，并且中国董事占绝大多数，董事长也由中国人（或中国国籍的外国人）担任。在立案之后，校长一直由中国人担任，使中国人能够分享教育管理的权力，参与教育政策的制定，真正参与到学校管理之中，从而实现了对学校运行来说更具实质性的管理权的本土化。在学科和课程的设置上，文学院、理学院、教育学院的设立是移植西方大学分科设置，并实行校、院、系三级管理模式，学分制、选修制等也是西方教育模式的移植，但在辅仁大学并非简单移植，而是不断根据自己的办学宗旨、办学条件而进行改造。这一点在课程设置上更为明显，即使是理学院，一开始由于办学条件的限制，教材多来自外国原版教材，但在教学中，辅仁大学坚持对这些专业课程进行双语教学，并且在课程结构上，设立"国文"为共同必修课，加强对理科学生的国学基本知识的教学，培养他们对国学和中国传统文化的兴趣，以实现通识教育的培养目标。在教学上，辅仁大学强调教学与研究相结合的特色，特别是在优势和特色学科如文学和史学方面，通过对实事求是的科学精神的提倡，在教学和研究中激发学生的民族自信力和爱国热情，这与教会大学的初衷更是大相径庭。教师队伍的本土化更是辅仁大学积极努力的方向，从而有力地保障了教育目的的达成。总之，辅仁大学通过不断的本土改造，其中国化趋势更为明显，虽然没能完全达到英、马所期望的那样能够与英美并驾齐驱的中国式大学，但是辅仁大学的办学特色更多地体现出对中国社会和文化的适应性。

# 第八章

## 结语:中国近代大学
## 本土化的历史经验

溯源大学的历史,它绝不是来源于任何单个国家及其大学的历史,在大学的发展过程中,不同的水土浇灌出了不同的大学发展模式,产生了知识和智力活动的多样性。因而大学的发展实际上没有固定的模式。即使是中世纪大学,虽然有很多结构上的一致,但其体系具有弹性和多样性,受着地域环境及文化传统的影响①。在历史悠久的中国,也有着与西方不同的大学模式。毛礼锐先生认为中国"有悠久的大学教育传统。……应重视自己国家的教育传统,应注意挖掘整理我们这个文明古国的'土特产'。这些'土特产'也具有世界意义。一部中国大学发展史,是一幅自从有了文字以来中华民族创造和传递精神文明的历史画卷"②。中国近代大学是中国传统大学发展的延续,是吸收了西方大学制度和精神之后的中国"土特产"。总结中国近代大学本土化的历史经验,培育中国式的大学,不仅有助于继续发扬中国大学传统,而且在全球化

---

① 宋文红:《欧洲中世纪大学:历史描述与分析》,博士论文,华中科技大学,2005 年,第 193 页。

② 曲士培:《中国大学发展史·序言》,北京大学出版社 2006 年版,第 1—2 页。

的今天，对推动世界大学的发展也有借鉴意义。

## 第一节　士志于道:大学校长的教育理念
应与大学精神相耦合

法国社会学家、人类学家帕斯卡指出："任何事物都既是结果又是原因，既受到作用又施加作用，既是通过中介而存在的又是直接存在的。所有事物，包括相距最遥远的和最不相同的事物，都被一种自然的和难以觉察的联系维系着。不认识整体就不可能认识部分，同样地，不特别地认识各个部分也不可能认识整体"①。大学校长与大学发展的关系就是整体与部分的关系，已有的研究成果已从理论上充分证明大学校长一定会对中国近代大学本土化产生影响，本书四个案例的实证研究，也从历史实践层面证实了大学校长在大学本土化发展中起了重要作用。从大学校长的视角来看，大学校长的教育理念与"士志于道"的中国大学精神相耦合是中国近代大学本土化发展取得令人瞩目的成就的重要原因。

中国近代大学校长是中国传统"士人"与近代知识分子的结合，他们的群体特征和办学理念都与大学精神相通，"士"对大学之道的独立和持之以恒的追求，成为两者之间联系的基点。作为中国古代知识分子的"士"以"道"的承担者自居，在儒家学说中表现得最为明显。"笃信善学，守死善道。危邦不入，乱邦不居。天下有道则见，无道则隐。邦有道，贫且贱焉，耻也；邦无道，富且贵焉，耻也。"（《论语·

---

①　转引自［法］埃德加·莫兰《复杂性理论与教育问题》，陈一壮译，北京大学出版社 2004 年版，第 26 页。

泰伯》）"士志于道，而耻恶衣恶食者，未足与议也。"（《论语·里仁》）。余英时指出士的价值取向必须以"道"为依据，因而中国古代知识分子从产生之时起，就被"贯注一种理想主义精神，要求它的每一个分子——士都能够超越他自己个体的和群体的利害得失，而发展对整个社会的深厚关怀。这是一种近乎宗教信仰的精神"①。"士"的特殊身份和性格特征，与知识的保存与发展，更确切地说与人类学术思想的发展有着密切的关联。马克斯·韦伯认为在"哲学的突破"（philosophic breakthrough）之后，知识分子作为一种文化主体最终的形成，才获得了自身存在性，即以一种体系的方式获得了思想的形式。春秋战国时期是中国思想史上的"哲学的突破"时期，"礼崩乐坏"最终导致了"道"的分散，形成百家争鸣的学术环境。从社会学的角度来看，"哲学的突破"不仅是古代知识分子兴起的关键，更为重要的是文化系统从此与社会系统分化而具有相对的独立性②，也就确立了知识分子在社会发展中所具有的独特作用。许纪霖认为："所有国家和民族的知识分子，无疑都有其历史上的文化传统和精神谱系。不可能存在一种没有传统、横空出世的知识分子。"③"士"到了近代已成为中国早期的知识分子，无论从知识传承和角色扮演上都发生了很大的变化，但也没有改变"志于道"的关系。正如余英时所说："中国古代的'超越的突破'，事实上决定了此下两千多年的思想传统，也决定了中国知识人的基本性格。孔子所说的'士志于道'，不但适用于先秦时代的儒家知识人，而且也

① 余英时：《士与中国文化》，上海人民出版社 2003 年版，第 25 页。
② 同上书，第 21 页。
③ 许纪霖：《中国知识分子十论》，复旦大学出版社 2003 年版，第 6—7 页。

同样适用于后世各派的知识人。中国的'道'从一开始就具有特色，我们可以称这种特色为'内向的超越'（inward transcendence）。中国知识人大体上都带有'内向的超越'的色彩。"① 具体到大学教育来说，大学校长作为知识分子的代表，他们在复杂的社会环境中和极其困难的物质条件下，使中国近代大学从对西方的横向移植逐渐实现"内向的超越"，不仅在观念上，更是在实践层面上体现"志于道"的精神。这个"道"就是中国大学之道，它是中国大学本体性存在的内在规定性，从而产生"中国式的大学"，而非"在中国的大学"，中国近代大学的成功并为今日所称道的原因也正在此。涂又光先生认为，《大学》所说的"大学之道，在明明德，在亲民，在止于至善"就是中国高等教育的总规律②。中国近代大学校长循着这一规律办学也就体现出"士志于道"，说明了中国大学之道的连续性。梅贻琦对此总结说："今日之大学教育，骤视之，若与明明德、新民之义不甚相干，然若加深察，则可知今日大学教育之种种措施，始终未能超越此二义之范围，所患者，在体认尚有未尽而实践尚有不力耳。"③ "士志于道"是中国大学精神万变中的不变④。大学校长坚持中国大学之道的办学理念铸就了独具内涵的中国近代大学精神。

　　"士志于道"在近代是以蔡元培和北大为典型代表。季羡

---

① 余英时：《士与中国文化》，上海人民出版社 2003 年版，第 607 页。
② 涂又光：《中国高等教育史论》，湖北教育出版社 1997 年版，第 359 页。
③ 刘述礼、黄延复编：《梅贻琦教育论著选》，人民教育出版社 1993 年版，第 109 页。
④ 储朝晖：《中国大学精神的历史省思》，山西教育出版社 2006 年版，第 345 页。

林先生认为北大精神是中国"士"的精神的传承[①]。蔡元培也是"志于道"而培育了北大精神，孕育了中国近代大学精神的种子。这点可以在蔡元培身上找到诸多证据。他出任北大校长这件事本身即是"士"的精神使然，他抱着"苟切实从教育着手，未尝不可使吾国转危为安"[②]的想法，抛去个人名利，婉拒友人劝谏，毅然入主北大。他在北大，强调在多元中追求统一，立足本土，兼容并蓄，在中国社会剧烈转型，传统高等教育发生断裂，新型大学未能很好地建立的时期，以"兼容并包，思想自由"的精神，使北京大学走上了追求大学问的中国式大学发展之道，从而形成北大"蓄道"的本土化模式。同样，梅贻琦更是吸收和继承了蔡元培的大学之道，将留美预备学校的清华发展为中国著名的大学，成为中国大学本土化发展最为典型的代表，溯其缘由，还是梅贻琦坚持以中国的大学之道为根本，中西会通，融而化之，形成清华"卫道"的本土化发展模式。南开大学在张伯苓的带领下，奉行"土货化"的办学方针，秉持"知中国、服务中国"的宗旨，形成南开大学"持道"的本土化发展模式。教会大学所面临的中国化、本土化的任务更为艰巨，在一定程度上关切到他们的存在，陈垣主持辅仁大学形成"归道"的本土化模式是教会大学发展的典型。因此，正如杨东平教授所言:"值得认识的是，中国现代大学的生长，并不只是北大、清华之一二家，蔡元培、梅贻琦之一二人，而是有一个较大的规模和显著的群体。事实上，每一所大学的成长都与教育家相连，如蔡元培、

---

①　李宪瑜编:《北大缤纷一百年》，北京大学出版社1999年版，第347—348页。

②　高平叔编:《蔡元培全集》第3卷，中华书局1984年版，第48页。

蒋梦麟之于北京大学，梅贻琦、潘光旦之于清华大学……这些大师正是现代大学的人格化象征。他们在不同方向上的可贵探索，丰富着生长中的现代教育文化。这种多元化和多样化的实践，成为早期中国高等教育最重要的生态环境之一。当封建正统文化崩解、新的民族文化尚待建立之时，他们的一个共同追求，是继承儒家文化中培养君子、士的人格理想，使之与现代知识分子的养成衔接。"①

"士志于道"是优秀的大学校长成功办学的历史经验。大学之"道"既有历史的延续性，也有历史的发展性，在近代中国，大学之道在中西文化的交汇中，面临着西学和中学冲突，从人类知识的高度来思考，就是科学对人文的冲击，人文阶段与科学教育阶段的对立与统一的问题。会通中西，实为融合科学与人文教育，这就是中国近代大学之道，大学校长要以"道"为圭臬，以"志于道"的精神推动大学的发展。

## 第二节　制度建设：大学本土化发展的基点

中国近代大学的发展与大学校长的姓名紧密相连，从而凸显大学校长在大学发展中的作用，以至有人发出校长和制度谁更重要的疑问②。其实，校长与制度都是影响中国近代大学本土化发展的重要因素，是从两个不同的视角来考察问题。我们从校长的视角考察大学本土化发展，并不排斥和贬低其他影响因素的作用，同时，大学制度建设也是大学校长影响中国近代大学本土化的重要途径，可以说是大学本土化发展的基点。

---

① 杨东平主编：《大学精神·前言》，辽海出版社2000年版，第6页。
② 周毅然：《校长和制度谁更重要?》，《粤海风》2001年第3期。

从组织管理的角度来说,制度建设赋予组织管理权力的合法性,主要来自人们对制度理性的认可。西蒙认为,所谓的制度理性是指:"制度为我们提供了一种稳定的环境,使我们至少可能达到微弱的理性……靠着制度环境的这种稳定性,以及其他许多没有什么疑问的稳定性,我们就可能对自己的行动后果进行合理而稳定的规划了。"[①]制度理性使制度安排具有稳定性、可靠性和可预见性,有助于人们在给定的条件下实现指定的目标,可以在一定的制度环境下产生理性的行为。对大学组织来说,作为知识生产的组织,通过制度建设而形成的组织规训是实现管理专业化的重要技术手段。大学制度建设,在宏观上,是处理大学与社会、与政府关系的准则,大学由此取得合法性存在的文化和社会基础。在微观上,它处理和调节大学内部关系,将办学理念客体化、制度化,通过有组织的形式推动大学的发展。因而,大学制度对大学发展既具有约束功能,也具有促进功能。它通过规范调节,把确立的办学理念内化于大学人员身上,使他们按照办学理念的方向活动,变个人的活动为符合理念的发展的存在,使理念这一原本存在于客观世界之外的力量成为现实性力量。由此可见,制度建设对大学发展具有重要的作用。

近代中国大学是时代变革和中西文化交流、融合的产物。就大学制度而言,相对于西方近代大学制度的内源性发展而言,"移植性"是中国近代大学制度的首要特性。中国近代大学制度应该说是以北京大学为开端,而北京大学之制度,实是借鉴西方大学的,所以中国的近代大学是"横向的移植",而

---

① 〔美〕赫伯特·西蒙:《现代决策理论的基石:有限理性说》,杨砾译,北京经济学院出版社 1989 年版,第 162 页。

非"纵向的继承"。由西方移植过来的大学，要在中国生根苗壮成长，不可避免地会经过一个制度建构的转化过程，它的完善化、精致化是需要几代人的努力的。① 也就是说，移植西方的近代大学制度要与近代中国的国情性相适应，经历一个与本国、本民族文化相互接触、交融而实现本土化的过程。中国近代大学通过移植和内化西方大学制度，通过本土化发展，才实现"中土三十载，西邦一千年"的历史跨越，中国近代大学发展的起点就高在制度建设方面。这个成功应归功于 20 世纪初辛勤耕耘的大学校长们重视大学制度建设，在西方的大学制度中融入儒家思想，结合中国国情，在文化层面实现科学与人文的结合。到了 20 世纪二三十年代，通过本土化努力，近代中国大学制度基本形成，多元化的近代大学体系基本建立。

中国近代大学校长清晰地认识到大学制度建设的重要性，无论是在宏观方面，还是在微观方面，他们都是推动大学制度建设的重要力量。在宏观方面，以蔡元培为例，他从《大学令》开始，就奠定了中国近代大学制度的基础，基本确立了以"学"、"术"分离为理念的大学体系，确立了多元化办学模式，明确规定"私人或法人亦得设立大学"②，第一次从法律上承认了私立大学的合法性，从而形成了国立、省立、私立和教会大学的多元并存格局，极大地推动我国大学的发展。如果说《大学令》时的蔡元培是以教育总长身份参与的话，那么，此后的《修订大学令》则是他以北大的校长身份参与大学制度建设，并从制度上改变了大学的形

---

① 金耀基：《大学之理念》，三联书店 2001 年版，序第 2 页。
② 高平叔编：《蔡元培教育论集》，湖南教育出版社 1987 年版，第 59 页。

式,促成了我国大学发展的第一次浪潮。中国大学制度的本土化发展经历了移植日本、模仿德国到效仿美国的转变,期间还进行了移植法国大学区的短暂试验,前文已述,在这个过程中,模仿德国的主要推动力是蔡元培,转向美国则是郭秉文校长以及同期其他大学校长的成功经验,而大学区的试验则是蔡元培一己之力的推动。到 1929 年之后,随着《大学组织法》、《大学规程》以及相关法规和条令的颁布施行,我国近代大学制度基本确立。在宏观方面,进一步强化高度集权的国家管理体制,确立了政府管理中的行政运行机制,形成了多样化、多层次的高等学校及人才培养体系。

在大学制度微观方面,近代大学校长们在各自学校内部所进行的卓有成效的管理活动,无不建立在制度建设的基础之上,从而形成了有限自治下的近代大学内部管理制度。从主观上来说,蔡元培追求的是制度建设,不管是创设评议会作为全校最高的立法和权力机构,还是采用分系制、成立各系的教授会等思路,都反映出蔡氏对制度建设的重视。譬如他设想按学校的行政、教务和事务方面分别设各种相关的委员会,由教授分别领导,统一管理,以为这样就可以达到制度的完善了。用他自己的话来说就是:“照此办法,学校的内部,组织完备,无论何人来任校长,都不能任意办事。即使着德国办法,一年换一个校长,还成问题吗?”① 后来的事实证明,蔡元培的改革,提高了行政效率和教学质量,促进了学校的快速发展。五四运动中,蔡元培迫于军阀势力压迫,离职出京,北大虽群龙无首,运动此起彼伏,但秩序井然,就是因为蔡元培建立的评议会和教授会起了积极的作用。正如一位学生所言:“蔡校长

---

① 　高平叔编:《蔡元培教育论集》,湖南教育出版社 1987 年版,第 247 页。

迫而南下，幸有本校评议会、教授会共维校务，而同人等亦各本素日之修养照常力学，故未致以一人之去而令全校瓦解。"① 张伯苓认为学校不是校长的，是大家的学校，提出"责任分担、校务分掌、健全制度、定时做事"的民主管理模式。梅贻琦更是将蔡元培所倡导的"教授治校"制度在清华实行得最为彻底，真正做到不因校长一人去留而影响学校的发展。

因此，有人认为中国近代大学制度的设计有两个先天的优越性：一是大学制度的设计者是有世界眼光的人，像蔡元培，他是留德的学生，蒋梦麟是留美的学生。二是大学制度的设计者从一开始就居于教育的主导地位。像蔡元培、蒋梦麟都是做过大学校长和教育部长的人。制度的设计在于理念，在于对国家进步的强烈感情，在于对世界文明的诚意。中国早期大学制度的设计者们可以说都是具有这样品格的人。有了好人，才能有好制度，才能有好大学。② 这也说明了在大学制度的建设方面，大学校长起着重要而积极的作用。大学校长的人格力量所形成的"人治"与制度建设所形成的"法治"相耦合，两者作用互补，兼容并包。正如陈平原教授在谈"制度性的'兼容并包'"时所说："作为大学校长，蔡、梅二君都深知，能否'兼容并包'，对于大学来说，'生死攸关'。所谓吸引大师，所谓专深学术，所谓独立思考，没有制度性的'兼容并包'作为后盾，根本无法实现。"③ 把大学制度建设作为大学本土化发展的基点由此得到进一步的确证。

---

① 周天度：《蔡元培传》，人民出版社1984年版，第191页。
② 谢泳：《中国现代大学的"制度设计"》，《科学中国人》2003年第6期。
③ 陈平原：《中国大学十讲》，复旦大学出版社2002年版，第43页。

## 第三节　精神建构:大学本土化发展的核心

　　19世纪末和20世纪上半叶,中国社会处于急剧转型时期,近代大学在中国传统大学机构断裂的情况下,借鉴西方大学模式而孕育产生,大学与社会、大学与政府的关系面临重新定位和建构,随着社会的不断变革,大学也在通过自身的不断调整来寻找着合法性存在的文化和社会基础。"每一次的社会转型,每一次的大学危机,都在表达着对大学理想和理念的呼唤。"① 在急剧转型的近代中国,中国大学的传统精神和西方现代大学精神作为中国近代大学精神建构的资源,通过大学人,特别是大学校长,使外来资源与本土语境耦合相生,形成了中国本土的大学精神,并呈现出多元共生的发展态势。但是,作为"一个国家、一个民族取得和保持进步的重要条件"的外来知识的输入,不可以盲目引进且不加辨别。因为,"在近代、特别是现代世界,哪一个民族能够最迅速、最理智、最直接地利用当代人类智慧的最高创造,哪个国家就能够进到世界前列"②。对外来的资源如何择取,为我所用,并且能够与本土资源达到融会贯通的效应,这就是本土化所要解决的问题。因此,本土化的大学精神建构成中国近代大学发展的核心所在。

　　中国近代大学的发展得益于著名的大学校长引进和消化西方大学教育制度,但是核心是大学精神的培育。"士志于道"

---

① 邬大光:《大学理想和大学理念断想》,《高等教育研究》2005年第11期。

② 鲁军:《清末西学输入及其历史教训》,丁守和、方行主编《中国文化研究集刊》第2辑,复旦大学出版社1985年版,第125页。

既说明了大学校长对大学本土化发展的影响，同时也是中国大学精神的本土化表述。两者之间的联系在于大学校长所掌握的教育理念与大学精神的一致性。作为大学精神重要载体的校长，真正肩负起培育和传承大学精神的重任。以蔡元培和北大为例，蔡元培认为"在古代中国，文明之根一直没有停止过它的生长"①。在大学精神的塑造过程中，虽然吸收了西方文明，特别是西方大学精神的内核，但是大学作为一国最高的文化教育机构，就不可能不考虑如何吸纳、保存和发扬本国文化传统以及如何培植文化自主性的问题。中国大学精神的本土化过程就是如何避免中国大学沦为西方学术附庸的困境的问题。蔡元培引进德国古典大学精神来改造中国大学精神，其主要的历史契机是中国近代社会的文化危机意识，它注重的不仅是"价值无涉"的科学知识的生产，更重视"价值有涉"的人文知识的追求和探索，以期获得对一个新的"民族文化价值"的叙述和重建，大学精神的民族性在此得以彰显。蔡元培所要塑造的大学精神应是具有主体性的精神，主体价值是大学精神存在的重要基础。主体价值的存在，一方面要体现在对中国既有文化和大学精神的体认，另一方面是对西方大学精神的吸收，在精神层面得以消化，分不出彼此，从而产生出新的精神，这就是主体性存在。中国近代大学精神中的德治、自治、自由和爱国精神等内涵，都可以在中国大学校长的品格中得以体现，也反映出中国大学精神的本土化发展是一种主体性的存在。

　　从大学校长的视角来看，"士志于道"是中国近代大学精神建构的民族化或本土话语的表达方式。大学之道"在明明

---

① 高平叔编：《蔡元培教育论集》，湖南教育出版社1987年版，第395页。

德、在亲民、在止于至善"已经点明大学精神的恒久性,但在历史的变迁中,"道"的内容会相应地发生变化,变化的主体是士,士的任务就是"弘道",因而任重道远。本土化的大学精神表述就要面临一个大学精神的普世价值问题。正如杜维明先生指出的那样,"如果你一旦强调中国文化的本土性,就会发现自己落入维护中国专制政体的陷阱",因而产生了"在一切所谓普世化价值切入中国层面(Chinese dimension),以重构其内涵"① 的设想,也就陷入为了维护本土性而强调中国特殊论的危险。"从意识形态或民族主义出发来讨论中国特殊论,可能会导致中国对修正及创新普遍价值的弃权,那么在什么情况下可能从本土经验或特殊的传统文化来探讨其普世意义?"② 解决此问题的关键是对"道"的理解。大学之"道"作为大学本体的存在方式,它是运动的,绵延的,而不是僵化的和断裂的。中国大学精神沿着"明道、变道、弘道"③ 的发展走向演绎到近代,最终与西方大学精神接轨,其发展的最终结果是融入人类大学精神发展的洪流之中,从特殊性走向普遍性,成为世界大学精神的重要组成部分。因此,中国大学精神的本土化价值在于其内涵是世界主义、普遍主义和本土文化的嵌合,是对人类公认的知识、规律、真理、终极价值的表述。

　　社会学家韦伯在其《新教伦理与资本主义精神》一书中提出并验证了一个著名的社会学假说,即:"透过任何一项事业的表面现象,可以在其背后发现有一种无形的、支撑这一事

---

　　① 〔美〕杜维明:《东亚价值与多元现代性》,中国社会科学出版社 2001 年版,第 15 页。

　　② 同上。

　　③ 储朝晖:《中国大学精神的历史省思》,山西教育出版社 2006 年版,第 351 页。

业的时代精神力量；这种以社会精神气质（ethos）为表现的时代精神，与特定社会的文化背景有着某种内在的渊源关系；在一定条件下，这种精神力量决定着这项事业的成败。"① 大学的发展需要大学精神的"润物细无声"的熏陶作用，失去精神的大学只能是一个高级的培训机构，就会出现危机。日本教育家永井道雄曾告诫人们要警惕"现代大学的危机"，认为"当大学与企业结合得过于紧密，学术上又过于反映出实用性的时候，大学的创造性就会枯竭"②。从表面上看是在批判大学与企业、市场关系过于紧密的危害，其实质是指出大学"精神的自由交往"的缺失。因为创造性枯竭的根本原因在于大学的自由与批判精神的缺失。用尼采的话来说，大学成了"精神本能退化的工场"，"一切高等教育的任务"是"把人变成机器"，使人失去自我和生命本能，听命于知识，听命于金钱，听命于国家，而独不听命于他自己。③ 危机的根源是对大学本质认识的偏颇，也就缺乏对大学精神的尊重和体认，只重制度建设而缺乏大学精神构建是现代大学危机的重要原因。进入 21 世纪以来，香港大学甘阳教授曾指出："现在中国大学的问题在于不清楚自己的文化之根在哪里，又没有学到西方大学的根本之道，即其大学的生命力在于自觉植根于西方文明的深处。可以说，现代中国大学精神建设，第一要务是'知根、植根、育根'的问题。如果'不知根'，则可能'植错根'，更可能会'育坏根'。"④中国近代大学精神本土化的历史经验

---

① 苏国勋：《理性化及其限制——韦伯思想引论》，上海人民出版社 1988 年版，第 2 页。

② 参见邬大光《永井道雄的高等教育思想》，《高教文摘》1991 年第 5 期。

③ 刘以恒：《世纪之交的教育选择》，湖北教育出版社 1994 年版，第 120 页。

④ 蔡文鹏：《优秀传统文化，大学精神的根》，《政工研究动态》2008 年第 1 期。

告诉我们，中国大学精神的建构必须自觉地植根于中华优秀传统文化的沃土，同时不断吸纳世界文明的精华，从而呈现出中国气派，本土化的大学精神建构是大学发展的核心所在。

## 第四节　文化自觉:大学本土化发展的文化使命

潘懋元先生认为文化与高等教育之间，存在复杂的、潜在的关系，教育对文化具有传承和创新的两大功能。普通教育对文化一般只有选择与传承的功能，而高等教育则还具有批判与创新的特殊功能。[①]　大学作为生产高深知识的特殊机构，它不仅是推动社会发展的工具性存在，更是为了自身价值的"合目的性"存在，这就决定了大学从一开始就与人的精神道德和文化价值产生紧密联系，大学所具有的批判和创新文化的功能，在社会转型期间表现得特别明显，它面临着"双重超越"的任务:一是要超越自身现实，完善自己;二是要超越现实文化，促进文化整合。[②]　大学要完成这两种任务，首先要受到文化自身的限制，在近代社会中，文化殖民现象加剧了文化的复杂性，被殖民文化在"自我"和"他者"之间痛苦挣扎，文化危机意识的压力往往会造成自我文化的迷失，在这样的特殊背景下，文化自觉应是大学本土化发展的重要使命。

世界文化的不平衡发展导致两个问题:一是一些落后的非西方国家有自己的文化传统，但这些文化传统已不适应现代社会的发展了，他们要面临的问题是如何去适应现代社会的发

---

① 　参见张应强《文化视野中的高等教育·序》，南京师范大学出版社 1999 年版。

② 　同上书，第 223 页。

展。二是西方社会也要面临如何与这些发展中国家的文化发展相互协调，避免造成各种文化的对立化，以保证整个世界能和平相处下去。其结果就是，各民族都要面临一个文化自觉的问题，也就是如何去认识每个民族自身的文化的问题。① 基于这样一个思考背景，费孝通先生提出"文化自觉"的概念，其意义在于生活在一定文化中的人对其文化有"自知之明"，明白它的来历、形成的过程，所具有的特色和发展的趋向，自知之明是为了加强对文化转型的自主能力，取得适应新环境、新时代文化选择的自主地位②。文化自觉不是要"复归"，同时也不是主张"全盘西化"或"全盘他化"③。文化自觉的过程中必须打破两个观念，一是传统与现代的对立，二是民族性与世界性的对立。因此，文化自觉是要从文化自我出发，关注世界大潮流的发展变化，完成"文化自觉"的使命，在和西方世界保持接触，进行交流的过程中，把我们文化中好的东西讲清楚，使其变成世界性的东西。首先是本土化，然后是全球化。文化自觉是人类社会在转型过程中共同面临的问题，而非某个民族国家的特殊问题，文化本土化的过程，是文化交融的思想观，它要求我们对时代有一种特殊的敏感。"文化自觉"四个字表达了世界各地多种文化接触所引起的人类心态变化。④ 它是一个观察角度，一种处世心态，一种精神境界，最终应当是对人类文明的终极思考与关怀。文化自觉的理念是出于对文化起源的多样性和文化价值多元性的认同。

---

① 费孝通：《全球一体化发展中所遭遇的文化困境》，《民族艺术》2000 年第 2 期。
② 费孝通：《关于"文化自觉"的一些自白》，《群言》2003 年第 4 期。
③ 费孝通：《反思对话文化自觉》，《北京大学学报》1997 年第 3 期。
④ 费孝通：《我为什么主张"文化自觉"》，《冶金政工研究》2003 年第 6 期。

自鸦片战争以来，面对西方文化的强力冲击，中国人不得不进行着艰难的文化选择，近代中国与西方的文化交流不是一个纯粹的文化事件，因而文化之间的交流不再能够完全集中在融会贯通、发展创新的主题上，而是一切围绕着殖民与反殖民、压迫与反压迫、奴役与解放的政治斗争。在以他者文化为标准而苦苦寻觅自身文化与他者文化之相同才能得到文化认同的时代，更需要的是文化的本土化，这是文化主体的自我选择，因而，"本土化"既是运作机制，又是文化进化过程中必经的发展阶段。中国大学恰好于此时诞生，中国大学的本土化发展义不容辞地承担起文化自觉的历史使命。如同大学不能回避历史一样，大学也不能回避文化的责任。

阿特巴赫认为："大学是相当独特的机构，有着共同的历史渊源，却又深植在各自社会的土壤里。……大学是具有共同历史根源又深植于各国文化和环境的国际性机构。"[①] 在世界多元文化激荡交融的情况下，西方发达国家的大学也很注重保护和弘扬本民族的文化特性。德国学者赫尔穆特·施密特指出："应当在全球泛滥的伪文化的压力面前捍卫自己的文化特性，大学应该成为这方面的主要源泉……不能把本民族的伟大文化和价值继承抛进受忽略的角落。"[②] 正是凭借这种新旧结合的变革性、稳定性和连续性，哈佛、耶鲁等世界一流大学散发着独特的精神魅力。中国大学扎根于中国文化之中，通过制度建设和精神构建，逐渐走上了独立自主的本土化发展道路。费正清认为在民国时期，"那些高等教育的创立者，明显地旨

---

① ［美］阿特巴赫：《21世纪美国高等教育——社会、政治、经济的挑战》，杨耕、周作宇译，北京师范大学出版社2005年版，第73页。

② 转引自蔡文鹏《优秀传统文化，大学精神的根》，《政工研究动态》2008第1期。

在模仿外国模式，但究竟是哪一些模式呢？影响选择的因素很可能在于该外来模式能否与国内需要及传统相协调"①。作为大学创立者的校长对外来文化的反应首先是看外来文化是否与本土传统相协调，这就说明文化自觉靠的是文化主体的自我意识，近代中国知识分子在文化激进的道路上，虽然大力提倡西方文明，但中国却没有真正地完全西化过。正如傅斯年对胡适所说："我们的思想新、信仰新，我们在思想方面完全是西洋化了；但在安身立命之处，我们仍旧是传统的中国人。"② 所以许美德认为："从很多方面来说，在整个国民党统治时期，中国大学已经走过了对外来文化的适应和吸收阶段……此时期中国现代大学在其发展过程中，在吸收欧美大学思想的基础上，结合中国的传统和实际情况，最终形成了自己独特的知识自由和社会责任的大学办学思想。"③ 组织理论学者玛格丽特·阿切尔指出："一旦一种既定形态的教育得以存在，它就会对未来教育的变革产生影响。"④ 具有自身价值诉求的大学文化一旦形成，它自然而然就会参与到校长的治校活动之中并对治校产生积极的影响，中国近代大学校长利用自身文化选择的主体性自觉地承担起文化自觉的历史使命。

作为"志于道"并承担为大学"立心"使命的大学校长大都具有文化自觉意识。蔡元培从中国文明之根出发，在对待

---

① ［美］费正清编：《剑桥中华民国史》，章建刚等译，上海人民出版社1992年版，第401期。

② 罗志田：《再造文明的尝试：胡适传（1891—1929）》，中华书局2006年版，第26期。

③ ［加］许美德：《中国大学1895—1995：一个文化冲突的世纪》，许洁英主译，教育科学出版社2000年版，第85—86页。

④ 转引自［美］伯顿·R.克拉克《高等教育新论》，王承绪等译，浙江教育出版社2001年版，第134页。

外国思想文化方面,强调一要"择善",二要"消化",三要"能保我性",四要"更进之发明"。他身体力行地倡导出国留学,但反对留学的结果是"捐弃其我","同化于外人"。他提出了对待西方文明应采取消化和吸收的方法,而非输入西方文明,大学不仅在引进西方文明中起着重要作用,而且要把中国文明输出到世界,使中国知世界的同时,也使世界知中国,与处于转型时期的日本"求知识与世界"的口号相比,更具有对中国文化的体认与自信,表现出应有的文化自觉。梅贻琦以清华独立为己任,发掘传统文化中具有现代意义和价值的因素,为现代文化服务,努力把清华办成中国自己的大学,在清华实施通才教育,设立国学研究院,努力从整理中国国故出发,发扬中国传统文化。梅贻琦的《大学一解》,并没有用他熟悉的美国及西方的教育原理总结中国近代大学教育的经验,而"是用《大学》的原理,总结50年来中国大学教育的新鲜经验"①,对《大学》所提出的"明明德"与"新民"的现代意义解释成为中国近代大学文化的重要组成部分。马相伯认为引进外来文化、教育不能不注意中国的学术传统和国情民性。他创办震旦学院所立下的办学理念即是"崇尚科学,注重文艺,不谈教理"。其中,"崇尚科学",主要指崇尚西方的科学知识;而"注重文艺",则并非指注重狭义的文艺知识,而是指广义的东西方人文知识。许美德曾把"注重文艺"翻译成"to emphasize both Chinese and Western culture"②,这无疑表达出他对中国文化传统的继承与发扬。1905年的《复旦公学章

---

① 涂又光:《中国高等教育史论》,湖北教育出版社1997年版,第330页。
② Ruth Hayhoe, "Towards the Forging of a Chinese University Ethos: Zhendan and Fudan, 1903—1919", *China Quarterly*, June 1983, London, p. 329.

程》中特别注明，凡投考者若有意唾弃国学，即使录取之后，也将随时开除，表明了马相伯用制度化的方式来捍卫中国文化精神的态度。张伯苓从"知中国、服务中国"出发，提出土货化的办学方针，南开大学应以中国历史、中国社会为学术背景，以解决中国问题为最终教育目标。南开大学在当时中国教育照搬欧美模式，大学教育"概皆洋货"的潮流中，从中国社会实际的需要出发，将西方的科学精神和方法与中国的问题结合，从而产生中国问题的科学知识，培养出解决中国问题的科学人才，自觉地将西方科学与中国实际结合，办中国化的大学本身就是文化自觉的重要体现。陈垣主持的辅仁大学，结合自己的特点，以中国断代史研究为突破口，加强中国传统文化的教学与研究，成立国学研究所，培养高级人才。胡适从早期的《非留学篇》到后期的《争取学术独立的十年计划》，作为新文化运动旗手的他，在再造文明的努力中，仍然是站在弘扬中国民族文化的基础之上，关于大学的使命更是重视其学术独立和中国文化的传承。

陈平原犀利地指出："今天谈论的大学改革者，缺的不是'国际视野'，而是对'传统中国'以及'现代中国'的理解与尊重。"[1] 强调大学对民族文化的自信心，突出民族文化的主体地位正是中国近代大学的历史使命，也是中国大学未来发展的方向。金耀基先生认为："高等教育对于华人族群的文化身份与认同之建立，有重大的关系，因此，华人的高等教育在国际化的同时，在担负现代大学普遍的功能之外，如何使它在传承和发展华族文化上扮演一个角色，乃至于对建构华族的现

---

① 陈平原：《大学三问》，刘琅、桂苓主编《大学的精神》，中国友谊出版公司 2004 年版，第 229 页。

代文明秩序有所贡献,实在是对今日从事华人高等教育者的智慧与想象力的重大挑战"。① 建立与巩固中华民族的文化认同,增强民族自信心和凝聚力是中国的大学的庄严使命。在全球化的语境中,当我们习惯于用他者的话语体系来解读自我文明的时候,在不经意之间就会丧失文化的主体地位,没有主体性的文化就不存在与他者文化对话、沟通的资本,这样文化的没落就为期不远了。这样的民族就成为没有自我意识、没有主体性的民族,也就不能表达本民族独特的思想、经验、价值与利益,不能建立起解释自身生活世界、生活经验的意义框架。这实际上就是一个民族的自我放逐。② 为了避免由于丧失对本民族文化的信心而导致文化认同感的失衡,从而走向"自我殖民",将文化自觉作为大学的文化使命,既是中国近代大学本土化发展的成功经验,也是在全球化时代中国大学保持"自我"特性的应有觉悟,通过"他者"和"自我"之间视角的不断切换,认清自我的文化传统和他者的文化特质,以此来认识自己所处的学术传统在世界文化格局中的定位。通过"自我"与"他者"的平等对话,才能创造出中国式的大学,也为世界大学,进而为世界文明作出自己的贡献。

## 第五节　和而不同:大学本土化发展的全球视野

大学的发展使大学本身也产生了多样化,克尔对大学的发展历程有个很好的比喻,他说纽曼的大学是一个"村落",弗莱克斯纳的大学是一个"市镇",而今日所看到的大学则是一

---

① 金耀基:《大学之理念》,三联书店 2001 年版,第 171 页。
② 鲁洁:《应对全球化:提升文化自觉》,《北京大学教育评论》2003 第 1 期。

个五光十色的"城市"。作为组织的大学是不可能一成不变的，变是常量，是发展的契机，因而大学的发展模式也不是恒定的。因此当我们借鉴他国的大学模式时，一定要考虑到本国大学的本土性。同样，关注本土性时，也不能忘记全球化的视野。近代社会之后，任何的社会存在都既是全球的，也是本土的，也就出现了"全球地方化"（glocalize）和"地方全球化"（locglobalize）的过程。全球化与本土化的相互依存关系，说明两者之间是一个连续的发展体。"全球—本土化"的概念是对传统二元思维的否定，既要防止全球化的陷阱，又要自觉克服本土化意识中潜在的狭隘观念。全球与本土视野的统一，也就是指"在全球意识关照下的文化教育多元发展观"①。但当我们立足自我的视角来审视中国大学的发展时，"本土—全球化"的概念更能说明问题，它不仅表明大学发展应有民族情怀和文化自觉，更要有全球视野。"扎根本土，放眼全球"，不仅是对全球化的抗诉，而且是本土化应有的文化意蕴和家园意识，使大学发展获得本土化的文化认同和全球的发展方向。"和而不同"表达的就是本土化大学发展所应有的全球视野。

"和而不同"是人类文明发展的历史经验，罗素说："不同文明之间的交流过去已经多次证明是人类文明发展的里程碑。希腊学习埃及，罗马借鉴希腊，阿拉伯参照罗马帝国，中世纪的欧洲又模仿阿拉伯，而文艺复兴时期的欧洲则仿效拜占庭帝国……"② 到十七八世纪西方又曾吸收过印度文化和中国文化。可以毫不夸张地说，欧洲文化发展到今天之所以有强大的生命力正是由于它能不断地吸收不同文化的某些因素，使自

---

① 王啸：《全球化与中国教育》，四川人民出版社 2002 年版，第 13 页。
② 罗素：《一个自由人的崇拜》，胡品清译，时代文艺出版社 1988 年版，第 8 页。

己的文化不断得到丰富和更新。在中西文化交流中，如何得多失少，应选择融突而和合转生的方式。和而不同造就了中国文化的盛唐模式（涂又光语）。现代学者更是从文化交际的角度呼唤"和而不同"。北京大学汤一介教授认为，不同的民族和国家应该通过文化的交往与对话，在对话讨论中取得某种"共识"，这是一个由"不同"到某种意义上的相互"认同"的过程。这种相互"认同"，不是一方消灭一方，也不是一方"同化"一方，而是在两种不同文化中寻找交汇点，并在此基础上推动双方文化的发展，这正是"和"的作用。[①] 中华民族文化既是历史文化之根，也是未来文化之根。美国哈佛大学杜维明教授，长期以来致力于推动文明对话。他把哈佛大学燕京学社办成了多元文化交流对话的平台。他认为，儒家所体现的具有涵盖性的人文精神是中华民族可以提供给全球社群的丰富资源，在多元宗教的现实中，儒家"己所不欲，勿施于人"的恕道，"推己及人"的仁道以及"和而不同"的共生共处之道，才是文明对话不可或缺的基本原则。

　　罗素在他的《西方哲学史》中指出，笛卡尔体系提出来精神界和物质界两个平行而彼此独立的世界，研究其中之一能够不牵涉另一个。这就是说，西方哲学曾长期把精神和物质看成是各自独立的，是互不相干的，因此其哲学是以"心"、"物"的"外在关系"立论，或者说其思维模式是"心"与"物"各自独立，是二元的。费孝通先生称中国文化为"多元一体格局"，其根本点在于中国哲学的本身。中国哲学是强调"天人合一"的和合哲学，它十分重视自身的和谐。和而不同

---

　　① 胡一：《全球化时代的文化自觉与文明对话》，《福州大学学报》（哲社版）2006年第2期。

是克服西方单一思维模式的重要思想武器。在这样一个理想的指引下，强调"万物并育而不相害，道并行而不相悖"以及"和为贵"、"极高明而道中庸"等原则的中国传统文化，很有可能协调过分强调固定规律性和普世性的西方思维模式，缓冲和制止当今世界的盲目狂奔，修正西方文化霸权之弊，从而使全球多元文化得到和谐共处、合理共存。哈佛大学的杜维明教授曾坦言："在18世纪，人们曾承认另类观点对自我认识有意义，而在整个19世纪和20世纪大部分时期内，人们却对于现代西方心态的任何挑战都不屑一顾。在21世纪，18世纪的开放性可能会比19和20世纪的排他性更适用于指导各种文明的对话。"① 这就要求克服单一思维模式，承认多元共存的事实存在，用对话而不是霸权来解决文化的差异，从追求精神的高度实现文化的共存和共荣。全球化与本土化这两股既矛盾冲突又相辅相成的潮流在世界各地激起浪花，既释放出史无前例的创造力，又爆发出闻所未闻的破坏力。我们必须摆脱非此即彼的二分法和因果判断明确的线性逻辑，而采取即此而彼，因缘凑合的网络思维来认识、理解和诠释这一纷繁复杂、变动不居的现象。② 因此，"和而不同"不是二元对立的思维方式，而是互动认知的思维方式。它强调主体和他者在认知过程中都有所改变并带来新的进展。它与主体原则相对，强调了"他者原则"；与确定性"普适原则"相对，强调了不确定的"互动原则"。总之是强调对主体和客体的深入认识必须依靠从

---

① 〔美〕杜维明：《多种现代化：东亚现代性涵义初步探讨》，〔美〕塞缪尔·亨廷顿主编《文化的重要作用：价值观如何影响人类进步》，程克雄译，新华出版社2002年版，第375页。

② 〔美〕杜维明：《新轴心时代文明对话及儒学的精神资源》，吴光主编《中华文化研究集刊·当代新儒学探索》，上海古籍出版社2003年版，第25页。

"他者"视角的观察和反思，一切事物的意义并非一成不变，也不一定有预定答案，而是在千变万化的互动关系中、在不确定的无穷可能性中，有一种可能性由于种种机缘变成了现实。① 互动认知思维强调文化交际时应采用对话的方式，通过理解和阐释达到各对话者之间的"相互性的视界接纳"（reciprocal taking over of perspectives），最终形成一种具有可普遍化的伦理规范体系。② 对话的关系应是建立在主体间性（inter-subjectivity）之上的，以平等的方式展开，而不是以霸权的方式强求统一，和而不同，共生共荣。

中国近代大学本土化的发展，始于对西方大学的移植和模仿，但并非与西方大学雷同，无论从大学制度，还是精神，抑或大学的实践活动，都遵循"和而不同"的方法，循"道"而动，将中国近代大学深深烙上中华民族文化的印迹，具有鲜明的民族特色，虽然在特定的历史条件下，它还不能与西方大学相媲美，但是，"和而不同"使它具有高度的包容性，孕育着未来世界大学发展的方向。就国内大学的发展来说，各类大学能够根据自身的条件，办出特色，形成自己的大学精神和大学传统，到二三十年代基本形成多样化的大学发展格局，这不能不说是"和而不同"的结果。费孝通先生用"各美其美，美人之美，美美与共，天下大同"十六个字非常精辟地解释了现代社会中的"和而不同"。对于"和"的可能性的探讨把我们引到对话的可能性的问题。Stephen Rowe 有一个很好的概括，他认为，对话只有在各方都采取"开放的肯定性"（Open

---

① 乐黛云：《文化霸权理论与文化自觉》，《解放军艺术学院学报》2004 第 2 期。

② 万俊人：《寻求普世伦理》，商务印书馆 2000 年版，第 58 页。

definiteness）的态度时才有可能。① 也就说，在开放多元的社会，大学发展的"和而不同"从肯定自身的主体性出发，兼具全球视野，"本土—全球化"是"和而不同"在新时代的诠释。"和而不同"是中国近代大学发展的成功经验，也是中国大学摆脱依附地位，从边缘走向中心，构建中国式大学的希望，也是对世界大学发展作出积极贡献的重要途径。中国大学本土化的发展，绝不可以停留在与过去的根深蒂固的联系中，而是必须着眼于现在，特别是未来。这就是说，这不仅仅是一个恢复过去或维持已被全球化侵蚀过的大学教育形式的问题，而是，或许更重要的是，在它们的基础上继续发展，并创造出全新的形式出来。可以有理由认为，中国大学教育的黄金时代，并不是存在于过去，而是等待我们于不太遥远的未来。

---

① 参见［美］倪培民《儒家文化与全球性的对话与和谐》，任辉编《全球化与文明对话》，江苏教育出版社 2004 年版，第 305 页。

# 参考文献

**一　中文著作类**

1. 北京大学校史研究室编:《北京大学史料》,北京大学出版社 1993 年版。

2. 北京辅仁大学校友会编:《北京辅仁大学校史》,中国社会出版社 2005 年版。

3. 蔡建国编:《蔡元培先生纪念集》,中华书局 1984 年版。

4. 蔡元培研究会编:《论蔡元培》,旅游教育出版社 1989 年版。

5. 陈洪捷:《德国古典大学观及其对中国大学的影响》,北京大学出版社 2002 年版。

6. 陈景磐、陈学恂编:《清代后期教育论著选》,人民教育出版社 1997 年版。

7. 陈平原编:《北大精神及其他》,上海文艺出版社 2000 年版。

8. 陈平原:《中国大学十讲》,复旦大学出版社 2002 年版。

9. 陈学恂编:《中国近代教育史教学参考资料》,人民教育出版社 1986 年版。

10. 陈学恂主编:《中国近代教育文选》,人民教育出版社

1983 年版。

11. 陈原平、郑勇编:《追忆蔡元培》,中国广播电视出版社 1997 年版。

12. 陈智超编:《陈垣来往书信集》,上海古籍出版社 1990 年版。

13. 陈智超:《励耘书屋问学记——史学家陈垣的治学》(增订本),三联书店 2006 年版。

14. 程斯辉:《中国近代大学校长研究》,博士论文,华中师范大学,2007 年。

15. 程斯辉:《中国近代教育管理史》,武汉工业大学出版社 1989 年版。

16. 程同顺:《当代比较政治学理论》,南开大学出版社 2001 年版。

17. 储朝晖:《中国大学精神的历史省思》,山西教育出版社 2006 年版。

18. 崔国良编:《张伯苓教育论著选》,人民教育出版社 1997 年版。

19. 董孟怀:《百年教育回眸》,中国经济出版社 2000 年版。

20. 董鼐:《学府纪闻——私立辅仁大学》,南京出版有限公司 1982 年版。

21. 方增泉:《近代中国大学(1898—1937)与社会现代化》,北京师范大学出版社 2006 年版。

22. 封海清:《西南联大的文化选择与精神》,博士论文,华中科技大学,2006 年。

23. 高平叔编:《蔡元培教育论集》,湖南教育出版社 1987 年版。

24. 高平叔编：《蔡元培教育论著选》，人民教育出版社1991年版。

25. 高平叔编：《蔡元培教育文选》，人民教育出版社1980年版。

26. 高平叔编：《蔡元培全集》，中华书局1984年版。

27. 高奇：《中国高等教育思想史》，人民教育出版社1992年版。

28. 顾卫民：《中国与罗马教廷关系史略》，东方出版社2000年版。

29. 关成华：《北京大学校园文化》，北京大学出版社2001年版。

30. 郭齐家：《中国教育思想史》，教育科学出版社1987年版。

31. 韩延明：《大学理念论纲》，人民教育出版社2003年版。

32. 郝平：《北京大学创办史实考源》，北京大学出版社1998年版。

33. 贺国庆：《德国和美国大学发达史》，人民教育出版社1998年版。

34. 侯杰、秦方：《百年家族——张伯苓》，河北教育出版社2004年版。

35. 胡国铭：《大学校长与大学发展研究》，华中科技大学出版社2004年版。

36. 胡卫清：《普遍主义的挑战：近代中国基督教教育研究》，上海人民出版社2000年版。

37. 胡显章：《大学理念与人文精神》，清华大学出版社2006年版。

38. 黄福涛：《外国高等教育史》，上海教育出版社 2003 年版。

39. 黄俊杰：《大学校长遴选：理念与实务》，北京大学出版社 2006 年版。

40. 黄龙生、雷过鼎：《各国教育制度》（第 2 版），正中书局 1960 年版。

41. 黄延复：《清华传统精神》，清华大学出版社 2006 年版。

42. 黄延复：《二三十年代清华校园文化》，广西师范大学出版社 2000 年版。

43. 黄延复：《梅贻琦教育思想研究》，辽宁教育出版社 1994 年版。

44. 黄延复编：《梅贻琦先生纪念集》，吉林文史出版社 1995 年版。

45. 黄延复编：《梅贻琦与清华大学》，山西教育出版社 1995 年版。

46. 黄延复：《清华的大师们》，中国经济出版社 2005 年版。

47. 黄延复：《清华的校长们》，中国经济出版社 2003 年版。

48. 黄延复：《水木清华：二三十年代清华校园文化》，广西师范大学出版社 2001 年版。

49. 霍益萍：《近代中国的高等教育》，华东师范大学出版社 1999 年版。

50. 翦伯赞：《戊戌变法》，上海人民出版社 1957 年版。

51. 江崇廓：《清华大学》，湖南教育出版社 1995 年版。

52. 金林祥：《蔡元培教育思想研究》，辽宁教育出版社

1994 年版。

53. 金林祥：《思想自由　兼容并包：北京大学校长蔡元培》，山东教育出版社 2004 年版。

54. 金耀基：《从传统到现代》，中国人民大学出版社 1999 年版。

55. 金耀基：《大学之理念》，三联书店 2001 年版。

56. 金以林、丁双平：《大学史话》，社会科学文献出版社 2000 年版。

57. 金以林：《近代中国大学研究》，中央文献出版社 2000 年版。

58. 康永久：《教育制度的生成与变革——新制度教育学论纲》，教育科学出版社 2003 年版。

59. 李才栋：《中国教育管理制度史》，江西教育出版社 1996 年版。

60. 李冬君：《中国私学百年祭——严修新私学与中国近代政治文化系年》，南开大学出版社 2004 年版。

61. 李锺善：《大学校长的教育思想和实践》，陕西师范大学出版社 1989 年版。

62. 梁吉生：《允公允能　日新月异：南开大学校长张伯苓》，山东教育出版社 2003 年版。

63. 梁吉生编：《张伯苓的大学理念》，北京大学出版社 2006 年版。

64. 梁吉生：《张伯苓教育思想研究》，辽宁教育出版社 1984 年版。

65. 梁吉生编：《张伯苓与南开大学》，山西教育出版社 1995 年版。

66. 梁柱、王世儒编：《蔡元培与北京大学》，山西教育出版社 1995 年版。

67. 林明地：《校长学：工作分析与角色研究取向》，五南图书出版公司 2002 年版。

68. 刘家峰、刘天路：《抗日战争时期的基督教大学》，福建教育出版社 2003 年版。

69. 刘克选、方明东主编：《北大与清华》，国家行政学院出版社 1998 年版。

70. 刘琅、桂苓主编：《大学的精神》，中国友谊出版公司 2004 年版。

71. 刘乃和、周少川编：《陈垣年谱配图长编》，辽海出版社 2000 年版。

72. 刘少雪：《书院改制与中国高等教育近代化》，上海交通大学出版社 2004 年版。

73. 刘述礼、黄延复编：《梅贻琦教育论著选》，人民教育出版社 1993 年版。

74. 刘亚敏：《大学精神探论》，中国海洋大学出版社 2006 年版。

75. 龙飞、孔延庚：《张伯苓与张彭春》，百花文艺出版社 1997 年版。

76. 吕林编著：《北京大学》，湖南教育出版社 1989 年版。

77. 吕顺长：《晚清中国人日本考察记集成·教育考察记》，杭州大学出版社 1999 年版。

78. 马征：《教育家之梦：蔡元培传》，四川人民出版社 1995 年版。

79. 南开大学校长办公室编：《张伯苓纪念文集》，南开大学出版社 1986 年版。

80. 南开大学校史编写组编：《南开大学校史：1919—

1949》，南开大学出版社 1989 年版。

　　81. 潘懋元、刘海峰主编：《中国近代教育史资料汇编（高等教育）》，上海教育出版社 1993 年版。

　　82. 潘懋元主编：《中国高等教育百年》，广东高等教育出版社 2005 年版。

　　83. 钱曼倩、金林祥：《中国近代学制比较研究》，广东教育出版社 1996 年版。

　　84. 钱穆：《中国文化史导论》，三联书店上海分店 1988 年版。

　　85. 清华大学校史研究室编：《清华大学九十年》，清华大学出版社 2001 年版。

　　86. 清华大学校史研究室编：《清华大学校史资料选编》，清华大学出版社 1991 年版。

　　87. 曲士培：《中国大学发展史》，北京大学出版社 2006 年版。

　　88. 璩鑫圭、唐良炎主编：《中国近代教育史资料汇编·学制演变》，上海教育出版社 1991 年版。

　　89. 沈卫星主编：《重读张伯苓》，光明日报出版社 2006 年版。

　　90. 石中英：《教育学的文化性格》，山西教育出版社 1999 年版。

　　91. 舒新城编：《近代中国教育史资料》，中华书局 1928 年版。

　　92. 宋恩荣、章咸编：《中华民国教育法规选编》，江苏教育出版社 1990 年版。

　　93. 宋恩荣：《近代中国教育改革》，教育科学出版社 1994 年版。

94. 宋秋蓉：《近代中国私立大学研究》，天津人民出版社2003年版。

95. 宋文红：《欧洲中世纪大学：历史描述与分析》，华中科技大学，博士论文，2005年。

96. 苏国勋：《理性化及其限制：韦伯思想引论》，上海人民出版社1988年版。

97. 苏云蜂：《从清华学堂到清华大学（1911—1929）》，三联书店2001年版。

98. 苏云峰：《从清华学堂到清华大学（1928—1937）》，三联书店2001年版。

99. 苏云峰：《中国新教育的萌芽与成长》，北京大学出版社2007年版。

100. 眭依凡：《大学校长的教育理念与治校》，人民教育出版社2006年版。

101. 孙邦华：《会友贝勒府：辅仁大学》，河北教育出版社2004年版。

102. 孙邦华：《身等国宝 志存辅仁：辅仁大学校长陈垣》，山东教育出版社2004年版。

103. 汤一介：《北大校长与中国文化》，北京大学出版社1998年版。

104. 陶亚飞、吴梓明：《基督教大学与国学研究》，福建教育出版社1998年版。

105. 田玲：《北京中国高等教育对外交流现象研究：北京大学与清华大学个案分析》，民族出版社2003年版。

106. 田正平主编：《中国高等教育百年史论》，人民教育出版社2006年版。

107. 田正平主编：《中外教育交流史》，广东教育出版社

2004 年版。

108. 万俊人：《寻求普世伦理》，商务印书馆 2000 年版。

109. 王炳照：《中华人民共和国教育历史传统与基础》，海南出版社 2000 年版。

110. 王凤玉：《借鉴与创新：中国近现代高等教育的成长历程》，黑龙江人民出版社 2002 年版。

111. 王桂编著：《日本教育史》，吉林教育出版社 1987 年版。

112. 王栻主编：《严复集》，中华书局 1986 年版。

113. 王文俊编：《南开大学校史资料选（1919—1949）》，南开大学出版社 1989 年版。

114. 王文俊编：《张伯苓教育言论选集》，南开大学出版社 1984 年版。

115. 王小丁：《中美教育关系研究 1840—1927》，河北大学博士论文 2007 年版。

116. 王啸：《全球化与中国教育》，四川人民出版社 2002 年版。

117. 王学珍编：《北京大学纪事：1898—1997》，北京大学出版社 1998 年版。

118. 韦政通：《中国思想史》，上海书店出版社 2003 年版。

119. 吴洪成：《生斯长斯 吾爱吾庐：清华大学校长梅贻琦》，山东教育出版社 2004 年版。

120. 吴康宁：《教育社会学》，人民教育出版社 1998 年版。

121. 西南联大北京大学校友会编：《国立西南联大校史》，北京大学出版社 1996 年版。

122. 项贤明：《比较教育学的文化逻辑》，黑龙江教育出版社 2000 年版。

123. 萧超然等编：《北京大学校史（1898—1949）》（增订本），北京大学出版社 1988 年版。

124. 肖海涛：《大学的理念》，华中科技大学出版社 2001 年版。

125. 熊明安：《中国高等教育史》，重庆出版让 1988 年版。

126. 熊志翔：《高等教育制度创新论》，广东高等教育出版社 2002 年版。

127. 许纪霖：《中国知识分子十论》，复旦大学出版社 2003 年版。

128. 薛晓源、陈家刚：《全球化与新制度主义》，社会科学文献出版社 2004 年版。

129. 荀渊：《从传统到现代：近代中国的高等教育》，甘肃省民族出版社 2004 年版。

130. 杨东平主编：《大学精神》，辽海出版社 2000 年版

131. 杨东平：《通才教育论》，辽宁教育出版社 1989 年版。

132. 叶启政：《社会理论的本土化建构》，北京大学出版社 2006 年版。

133. 余英时：《士与中国文化》，上海人民出版社 2003 年版。

134. 袁征：《孔子·蔡元培·西南联大：中国教育的发展和转折》，人民日报出版社 2007 年版。

135. 张俊宗：《现代大学制度》，中国社会科学出版社 2004 年版。

136. 张应强：《文化视野中的高等教育》，南京师范大学出版社 1999 年版。

137. 张元济：《最近三十五年之中国教育》，商务印书馆 1931 年版。

138. 张允侯等编：《五四时期的社团（2）》，三联书店 1979 年版。

139. 赵婷婷：《大学何为：理想与现实间的冲突及协调》，高等教育出版社 2005 年版。

140. 郑登云：《中国高等教育史》，华东师范大学出版社 1994 年版。

141. 中国教育大系编纂委员会编：《历代教育制度考》，湖北教育出版社 1994 年版。

142. 周川主编：《百年之功：中国近代大学校长的教育家精神》，福建教育出版社 1994 年版。

143. 周天度：《蔡元培传》，人民出版社 1984 年版。

144. 周予同：《中国现代教育史》，上海书店 1989 年版。

145. 朱国仁：《西学东渐与中国高等教育近代化》，厦门大学出版社 1996 年版。

146. 朱维铮编：《马相伯集》，复旦大学出版社 1996 年版。

147. 朱有瓛：《中国近代学制史料》，华东师范大学出版社 1990 年版。

148. 庄吉发：《京师大学堂》，台湾大学文学院 1970 年版。

149. 庄泽宣：《如何使新教育中国化》，民智书局 1929 年版。

## 二　译著类

1. ［德］马丁：《全球化陷阱：对民族和福利的进攻》，张世鹏译，中央编译出版社 1998 年版。

2. ［德］马克斯·韦伯：《韦伯论大学》，孙传钊译，江苏人民出版社 2006 年版。

3. ［德］雅斯贝尔斯：《历史的起源与目标》，魏楚雄译，华夏出版社 1989 年版。

4. ［德］雅斯贝尔斯：《什么是教育》，邹进译，三联书店 1991 年版。

5. ［法］埃德加·莫兰：《复杂性理论与教育问题》，北京大学出版社 2004 年版。

6. ［法］雅克·勒戈夫：《中世纪的知识分子》，张宏译，商务印书馆 1996 年版。

7. ［法］雅克·韦尔热：《中世纪大学》，王晓辉译，上海人民出版社 2007 年版。

8. ［加］许美德、潘乃容：《东西方文化交流与高等教育》，南京师范大学出版社 2003 年版。

9. ［加］许美德：《东西方大学与文化》，赵曙明译，湖北教育出版社 1996 年版。

10. ［加］许美德：《中国大学 1895—1995：一个文化冲突的世纪》，许洁英主译，教育科学出版社 2000 年版。

11. ［加］许美德主编：《中外比较教育史》，上海人民出版社 1990 年版。

12. ［加］约翰·范德格拉夫：《学术权力》，王承绪等译，浙江教育出版社 2001 年版。

13. ［美］R. 科斯等：《财产权利与制度变迁：产权学派

与新制度经济学派译文集》，陈昕译，上海人民出版社1994年版。

14.［美］阿特巴赫：《比较高等教育：知识、大学与发展》，人民教育出版社教育室译，人民教育出版社2001年版。

15.［美］艾尔巴哈：《亚洲大学的发展：从依赖至自主》，伍振译，师大书苑1990年版。

16.［美］艾伦·布卢姆：《走向封闭的美国精神》，宋丽娜等译，中国社会科学出版社1994年版。

17.［美］伯顿·R. 克拉克：《高等教育新论》，王承绪等译，浙江教育出版社2001年版。

18.［美］杜维明：《东亚价值与多元现代性》，中国社会科学出版社2001年版。

19.［美］费正清：《剑桥中华民国史》，刘敬坤等译，中国社会科学出版社1994年版。

20.［美］佛罗斯特：《西方教育的历史和哲学基础》，吴有训等译，华夏出版社1987年版。

21.［美］赫伯特·西蒙：《现代决策理论的基石：有限理性说》，杨砾译，北京经济学院出版社1989年版。

22.［美］华勒斯坦等：《开放社会科学》，刘锋译，三联书店、牛津大学出版社1997年版。

23.［美］杰西·格·卢茨：《中国教会大学史（1850—1950年）》，曾钜生译，浙江教育出版社1988年版。

24.［美］柯文：《在中国发现历史——中国中心观在美国的兴起》，林同奇译，中华书局2003年版。

25.［美］克拉克·克尔：《高等教育不能回避历史：21世纪的问题》，王承绪译，浙江教育出版社2001年版。

26.［美］列文森：《儒教中国及其现代命运》，郑大华译，中国社会科学出版社 2000 年版。

27. ［美］塞缪尔·亨廷顿：《文明的冲突与世界秩序的重建》，周琪等译，新华出版社 2002 年版。

28. ［美］魏定熙：《北京大学与中国政治文化：1898—1920》，金安平、张毅译，北京大学出版社 1998 年版。

29. ［美］约翰·S. 布鲁贝克：《高等教育哲学》，王承绪等译，浙江教育出版社 1987 年版。

30. ［美］茱丽·A. 罗宾：《现代大学的形成》，尚九玉译校，贵州教育出版社 2004 年版。

31. ［日］阿部洋：《中国近代学校史研究——清末近代学校制度的成立过程》，福村出版 1993 年版。

32. ［日］大冢丰：《现代中国高等教育的形成》，黄福涛译，北京师范大学出版社 1998 年版。

33. ［日］实藤惠秀：《中国人留学日本史》，谭汝谦，林启彦译，三联书店 1983 年版。

34. ［西班牙］奥尔特加·加塞特著：《大学的使命》，徐小洲等译，浙江教育出版社 2001 年版。

35. ［英］J. B. 伯里：《思想自由史》，宋桂煌译，吉林人民出版社 1999 年版。

36. ［英］阿什比：《科技发达时代的大学教育》，滕大春译，人民教育出版社 1987 年版。

## 三　论文类

1. 蔡克勇：《教育国际化、本土化与学校个性化》，《湖南师范大学教育科学学报》2002 年第 3 期。

2. 蔡磊砢：《蔡元培时代的北大"教授治校"制度：困境与变迁》，《高等教育研究》2007 年第 2 期。

3. 陈桂生：《"校训"研究》，《宁波大学学报》（教科版）1998 第 1 期。

4. 陈荟：《移植 超越 创新——美国高等教育本土化历程及启示》，《北京教育》（高教版）2004 第 1 期。

5. 陈磊、高桂娟：《现代大学制度研究：概念与要素》，《辽宁教育研究》2005 年第 8 期。

6. 陈运超：《大学校长治校的机理探究》，《复旦教育论坛》2003 年第 2 期。

7. 程斯辉：《蔡元培在北大的管理实践》，《高等教育研究》1986 年第 2 期。

8. 丁钢：《书院精神与中国大学的民族性》，《高等教育研究》1995 年第 3 期。

9. 董云川、张建新：《本土情怀下的高等教育国际化选择》，《教育与现代化》2004 年第 3 期。

10. 费孝通：《反思对话文化自觉》，《北京大学学报》1997 年第 3 期。

11. 费孝通：《我为什么主张"文化自觉"》，《冶金政工研究》2003 年第 6 期。

12. 封海清：《全球化还是本土化：高等教育坚持民族文化主体地位的思考》，《黑龙江高教研究》2005 年第 11 期。

13. 高平叔：《北京大学的蔡元培时代》，《北京大学学报》（哲社版）1998 年第 2 期。

14. 高中理：《严复：会通中西与教育维新》，《北京大学学报》（哲社版）1998 年第 2 期。

15. 韩延明：《蔡元培教学改革思想及现实启迪》，《高等教育研究》1994 年第 4 期。

16. 和震：《西方学术自由：走向自觉的历程》，《清华大学教育研究》2003 年第 2 期。

　　17. 洪拓夷：《感悟清末民初本土西方高等教育》，《中国图书评论》2005 年第 3 期。

　　18. 侯耀先：《欧洲中世纪大学的独立自主性及其启示》，《黑龙江高教研究》2003 年第 4 期。

　　19. 胡赤弟：《大学制度的性质、结构及其形态多样化》，《复旦教育论坛》2005 年第 2 期。

　　20. 胡一：《全球化时代的文化自觉与文明对话》，《福州大学学报》（哲社版）2006 年第 2 期。

　　21. ［加］许美德：《西方大学的形成及其社会根源》，《教育研究》1981 年第 12 期。

　　22. 纪宗安，何万宁：《全球化与本土化互动脉络中的大学教育》，《现代大学教育》年第 3 期。

　　23. 靖国平：《"国际化"：大学的传统底蕴和本土性格》，《湖北大学学报》（哲社版）2004 年第 6 期。

　　24. 乐黛云：《文化霸权理论与文化自觉》，《解放军艺术学院学报》2004 年第 2 期。

　　25. 冷余生：《大学精神的困惑》，《高等教育研究》2004 年第 1 期。

　　26. 李承先，徐辉：《大学校训与大学理念——兼论道德论大学理念》，《高等教育研究》2005 年第 6 期。

　　27. 李海红：《我国高等教育本土化的选择》，《社会科学战线》2005 年第 6 期。

　　28. 李辉等：《大学精神的本质特征及其建设思路》，《中山大学学报》（社科版）1999 年第 3 期。

　　29. 李进才：《关于大学校长治校理念与风格的思考》，《中国高教研究》2002 年第 5 期。

30. 李政涛：《论教育研究的中国经验与中国知识》，《高等教育研究》2006 年第 9 期。

31. 梁吉生：《张伯苓与南开大学》，《中国大学教学》1998 年第 5 期。

32. 梁吉生：《严修、张伯苓与南开大学的创建》，《南开学报》1999 年第 5 期。

33. 梁柱：《论蔡元培在北京大学的革新》，《教育研究》1984 年第 8 期。

34. 刘宝存：《何谓大学精神》，《高教探索》2001 年第 3 期。

35. 刘晖：《论高等教育国际化与本土化的指向与内涵》，《教育与现代化》2005 年第 2 期。

36. 刘剑虹：《蔡元培学科建设理论初探》，《学位与研究生教育》2001 年第 6 期。

37. 刘志文：《自主与依附的抗争：中国高等教育百年发展道路》，《清华大学教育研究》2004 年第 3 期。

38. 鲁洁：《论中国教育学的本土化》，《高等教育研究》1993 年第 3 期。

39. 鲁洁：《应对全球化：提升文化自觉》，《北京大学教育评论》2003 年第 1 期。

40. 苗素莲：《大学精神及其演化——与李森同志商榷》，《教育发展研究》2003 年第 2 期。

41. 潘懋元：《走向社会中心的大学需要建设现代制度》，《现代大学教育》2001 年第 1 期。

42. 钱民辉：《校长与教育变革关系的研究述评》，《高等教育研究》1997 年第 5 期。

43. 宋彩萍：《全球化·民族文化·高等教育》，《教育研究》2004 年第 7 期。

44. 孙邦华：《试析北京辅仁大学的办学特色及其历史启示》，《清华大学研究》2006 年第 4 期。

45. 唐振常：《蔡元培与北大精神》，《东方艺术》1998 年第 4 期。

46. 涂端午、宋莉：《蔡元培与中国近代高等教育本土化》，《中国冶金教育》2003 年第 4 期。

47. 涂又光：《文明本土化与大学》，《高等教育研究》1998 年第 6 期。

48. 万俊人：《全球化心态中"现代心态"与"文化乡愁"》，《科学中国人》2002 年第 1 期。

49. 王冀生：《大学精神与制度建设》，《有色金属高教研究》2001 年第 1 期。

50. 王建华：《中国近代大学的形成与发展——大学校长的视角》，《清华大学教育研究》2000 年第 4 期。

51. 王建华：《从中国式大学到大学的中国模式》，《现代大学教育》2008 年第 1 期。

52. 王建军：《大学精神的坚守与失落》，《华南师范大学学报》（社科版）2003 年第 4 期。

53. 王香花：《全球化进程中高等教育本土化问题的思考》，《中北大学学报》（社科版）2004 年第 4 期。

54. 魏宏运：《张伯苓与南开精神》，《历史档案》2007 年第 3 期。

55. 邬大光：《高等教育理论创新与本土化》，《中国高等教育》2006 年第 9 期。

56. 邬大光：《现代大学制度的根基》，《现代大学教育》2001 年第 1 期。

57. 邬志辉：《论全球化时代中国教育学的本土化问题》，《集美大学学报》（教科版）2005 年第 1 期。

58. 肖海涛：《论大学的学术责任与学术自由》，《高等教育研究》2000 年第 6 期。

59. 谢泳：《中国现代大学的"制度设计"》，《科学中国人》2003 年第 6 期。

60. 徐红：《文化哲学视野中的教育本土化刍论》，《现代中小学教育》2007 年第 1 期。

61. 许纪霖：《本土化的理解误区》，《香港社会科学学报》1994 年第 4 期。

62. 薛天祥、侯定凯：《高等教育发展历程中的大学校长权力》，《高等教育研究》1996 年第 3 期。

63. 叶启政：《对社会研究"本土化"主张的解读》，《香港社会科学学报》1994 年第 3 期。

64. 袁本涛：《我国高等教育早期现代化延误之原析——中日国家政权性质对高等教育现代化的影响》，《江苏高教》2000 年第 2 期。

65. 袁祖望：《论大学精神》，《暨南学报》（哲社版）2006 年第 5 期。

66. 张斌贤、孙益，《西欧中世纪大学的特权》，《北京师范大学学报》（社科版）2004 年第 4 期。

67. 张胜军、王琰春：《教育本土化的多重涵义与分析》，《当代教育论坛》2005 年第 14 期。

68. 张希林：《张百熙与两个章程》，《新疆师范大学学报》（哲社版）2004 年第 6 期。

69. 赵婷婷：《大学市场化趋势与大学精神的传承》，《高等教育研究》2001 年第 5 期。

70. 周汝昌:《北大之大象大器》,《北京大学学报》(哲社版》1998 年第 2 期。

71. 周毅然:《校长和制度谁更重要?》,《粤海风》2001 年第 3 期。

## 四　外文类

1. Abraham Flexner, *Universities: American, English, German*, New York, etc: Oxford Umiversity Press, 1930.

2. Frank Newman, *The Future of Higher Education: Rhetoric, Reality, and the Risks of the Market*, San Francisco: Jossey-Bass, 2004.

3. Hao Chang, *Chinese Intellectuals in Crisis*, Berkeley: University of California Press, 1987.

4. Hastings Rashdall, *The Universities of Europe in the Middle Ages*, Volume I, Oxford University Press, 1936.

5. John Tomlinson, *Globalization and Culture*, Cambridge: Polity Press, 1999.

6. Kenneth W. Thompson, *Higher Education and Social Change: Promising Experiments in Developing Countries*, New York: Praeger, 1976 – 1977.

7. Mary Evans, *Killing Thinking: the Death of the Universities*, London: Continuum, 2004.

8. Michael Allen & Milton Keynes, *The Goals of Universities*, MK: SRHE and Open University Press, 1988.

9. Philip G. Altbach, *Higher Education in the Third World: Themes and Variations*, Singapore: Maruzen Asia Pte, 1982.

10. Paul Shore, *The Myth of the University: Ideal and Reality in Higher Education*, Lanham: University Press of America, 1992.

11. Peter Scott, *The Crisis of the Univeristy*, London: Croom Helm, 1984.

12. Richard A. Hartnett, *The Saga of Chinese Higher Education from the Tongzhi Restoration to Tiananmen Square: Revolution and Reform*, N. Y. : E. Mellen Press, 1998.

13. Robert Birnbaum, *How Academic Leadership Works: Understanding Success and Failure in the College Presidency*, San Francisco: Iossey-Bass Publishers, 1992.

14. Richard Hofstadter, *Academic Freedom in the Age of the College*, New York and London: Columbia University Press, 1955.

15. Ruiqing Du, *Chinese Higher Education: a Decade of Reform and Development (1978 - 1988)*, New York: St. Martins Press, 1992.

16. Ruth Hayhoe, *China's Universities and the Open Door*, Armonk: M. E. Sharpe, 1989.

17. Thomas Bender, *The University and the City from Medieval Origins to the Present*, New York: Oxford University Press, 1988.

18. Wen-Hsin Yeh, *The Alienated Academy: Culture and Politics in Republican China, 1919 - 1937*, Mass: Harvard University Press, 1990.

19. William Birch, *The Challenge to Higher Education: Reconciling Responsibilities to Scholarship and to Society*, Milton Keynes: the SRHE Open Univeristy Press, 1988.

20. Willies Rudy, *The Universities of Europe: 1100 - 1914*, Associated University Press, 1973.

21. Dael Wolfle, *The Home of Science: the Role of the University*, N. Y. : McGraw-Hill, 1972.

# 后　记

　　以中国近代大学作为博士论文的选题确实面临着巨大的挑战，与此相关的研究专著和博士论文已经相当丰富，因而在选择研究视角时颇费周折，起初想从知识生产、知识分子、组织变革等视角开展研究，但在文献综述的过程中，中国近代著名大学校长筚路褴褛的办学实践和丰富的办学思想让人敬佩不已，他们为之孜孜以求的不是个人的名利与得失，而是创造中国式的大学，也就是实现中国大学本土化，从大学校长的视角研究中国近代大学本土化发展的题目也就由此形成。

　　"寻梦？撑一支长篙，向青草更青处漫溯；满载一船星辉，在星辉斑斓里放歌。"在完成博士学业即将离校之时，我想起了徐志摩的《再别康桥》。2003 年，我随硕士生导师杜学元教授进行课题调研第一次来到华东师范大学，在校训碑前留影时就有个梦想，梦想着有朝一日能有机会进入华师的学术殿堂进一步深造。三年后寻梦华师，承蒙恩师厚爱，将我收入门下，实现了我的梦想，漫步在丽娃河畔，从游于名师之后，得此良机唯有发奋读书。当我畅游于知识之林，体验到学习快乐之时，身体开始亮起了红灯，在一场突如其来的疾病之后，我完全丧失了希望，几乎放弃了学业。此时，导师谢安邦教授亲自到我的宿舍看望我，给我以极大的鼓励，要我在养好身体的前提下不放弃学业，此后每次聚会、通电话都首先关心我的身体状况，在学习上也给了我最大限度的自由，在论文的选题和写作过程中给予特别的指导，才使我能顺利地完成论文。在此表达由衷的感谢。

三年的学习，得益于华东师范大学高等教育研究所全体老师的指导，论文完成之际，也是即将告别之时，课堂内外，诸位老师的睿智与学术成就深深地感染着我。感谢薛天祥教授、睦依凡教授、戚业国教授、唐玉光教授、房剑森教授、唐安国教授、阎光才教授、韩映雄博士、侯定凯博士、荀渊博士、李梅博士、陈曦博士、徐国兴博士、张东海博士、童康博士、张中敏老师给我的帮助！我将带着对诸位老师的感谢奔赴到新的工作岗位，以诸位老师为楷模，传道授业，不辜负诸位老师的教导。

感谢论文评阅人薛天祥教授、胡建华教授、母小勇教授和两名匿名评审专家，他们不仅给了论文较好的评价，而且提出许多宝贵的修改意见。感谢答辩委员会主席杨德广教授，以及薛天祥教授、戚业国教授、赵文华教授、阎光才教授，他们在答辩会上提出的问题是我修改论文的基础。

此外，还要特别感谢加拿大学者许美德教授和华中科技大学的涂又光教授。在与许美德教授的单独会谈中，她对我的选题给予了充分的肯定，并提出许多建设性意见。她对中国大学发展的持续研究，对中国大学在不远的将来会为世界大学发展作出重要贡献的坚定信心，激励着我在枯燥的文献中努力寻找研究的兴奋点。2007年在沈阳召开的高等教育国际会议上，会后偶遇涂又光先生，在宾馆的大厅里，和先生站着攀谈了近一个小时，竟然忘了请他坐下，先生对我就论文选题、研究重点等方面提出的问题给予了耐心的指导。

来自学友的关心、帮助和鼓励也是我能够坚定信心，完成学业的力量源泉。感谢张勇军、覃玉荣、李卫东、杜瑛、解群、许士荣、孟洁、胡仁东、周巧玲、唐安奎、周朝成、袁广林、朱宇波、朱国辉、黎志华、姜尔林、宋鸿雁、李金春、贾莉莉、张红峰、薛文正、周莹等诸位学友，相切相磋，互勉互励，经久难忘！感谢室友李冲锋博士，虽然只有不到一年时间的相伴，但学术上、思想上的交流使我受益匪浅，在我孤独彷徨之际给我最大的帮助。悄悄的我将离开，带走的是对学友的思念。

最后，我要感谢我的家人对我的支持。母亲席绪英女士已近八十，因为外出求学不能在身边尽孝，只能在春节期间陪伴她数日。由于脱产学习，没有了工资收入，爱人解梅女士无怨无悔地承担起家庭的重担，过着节俭的生活，除了歉意和感谢之外，只能有待日后加倍地补偿。

本书的出版还要特别感谢南京信息工程大学的校领导，他们对高等教育的重视，使我获得更好的研究平台和发展空间，得到南京信息工程大学科研启动经费的支持；感谢南京信息工程大学高教所严燕所长，在她的帮助和督促下，使我在学术的道路上继续成长，不敢倦怠。在本书付梓之时对所有为我学习提供帮助、支持的人表示由衷的感谢。

吴立保